ESTUDOS EM PROTEÇÃO DE DADOS PESSOAIS E GOVERNO DIGITAL

ESTUDOS EM PROTEÇÃO DE DADOS PESSOAIS E GOVERNO DIGITAL

ANDERSON SOUZA DA SILVA LANZILLO
PATRICIA BORBA VILAR GUIMARÃES
(organizadores)

Estudos em proteção de dados pessoais e governo digital
Anderson Souza da Silva Lanzillo e Patrícia Borba Vilar Guimarães

Uma publicação do **Direito, desenvolvimento sustentável e inovação - DINOVA**
Universidade Federal do Rio Grande do Norte

Preparação de texto
Anderson Souza da Silva Lanzillo e Patrícia Borba Vilar Guimarães

Revisão final
Jefferson Azevedo

Projeto da capa
Agência Designer do Livro

Projeto gráfico, diagramação
Editora Motres

CIP BRASIL — CATALOGAÇÃO NA PUBLICAÇÃO

L297e LANZILLO, Anderson Souza da Silva —

Estudos em proteção de dados pessoais e governo digital / Anderson Souza da Silva Lanzillo e Patrícia Borba Vilar Guimarães (Orgs.). 1ª edição / Salvador - BA. Editora Motres, 2023.

320p.: 14x21cm

ISBN 978-65-5513-121-5

1. Direito 2. Governo 3. Dados pessoais 4. Privacidade I. Título.

CDD 340 CDU 338.9

Índice para catálogo sistemático:
1. Direito : Dados pessoais 303.483

Editora Motres
contato@editoramotres.com.br
www.editoramotres.com.br

SUMÁRIO

APRESENTAÇÃO

A organização de uma obra coletiva é uma atividade ao mesmo prazerosa e desafiadora. Trata-se da agregação de textos de autores com visões de mundo diversas, mas unidos pelo propósito comum de avançar a margem do conhecimento científico, manifestando suas opiniões, ideias e comunicando suas pesquisas que, mesmo individualmente concebidas e executadas, ligam-se a um propósito maior de comunicar achados que julgam ser significativos para o conjunto do conhecimento de cada campo.

Com esse propósito comum, reuniram-se aqui trabalhos oriundos das atividades desenvolvidas pelos autores no Programa de Pós-graduação em Direito da Universidade Federal do Rio Grande do Norte, sobre o amplo tema da proteção de dados e a sua *interface* com o direito. São abordagens diversificadas, mas inovadores, reunidas em artigos, os quais os autores esperam que possam contribuir para a elucidação dos problemas complexos neste campo.

Os Organizadores

TUTELA COLETIVA DA PROTEÇÃO DE DADOS PESSOAIS EM *SMART GRIDS*

KARINNE BENASSULY DE MELO[1]
YANKO MARCIUS DE ALENCAR XAVIER[2]

1. INTRODUÇÃO

A rede elétrica passa por mudanças em sua estrutura, no contexto de desenvolvimento tecnológico impulsionado por uma economia pautada no conhecimento. Convencionalmente, a energia é produzida em um fluxo unidirecional em grandes plantas de geração distantes, então transmitida até as centrais de distribuição para ser usufruída pelos consumidores. Tal estrutura apresenta baixo nível de confiabilidade, pelas perdas energéticas na distância entre o gerador e o usuário final, exposição a fatores climáticos que podem interromper o fornecimento de energia, assim como apresenta riscos mediante exposição a alta voltagem, especialmente em áreas urbanizadas.

Mediante a implantação de tecnologias de *smart grids*, agrega-se tecnologias da informação e comunicação ao setor elétrico, modernizando e digitalizando dispositivos e equipamentos integrados às etapas de geração, transmissão, distribuição e consumo final de energia[3]. Possibilita-se o monitoramento dos dados em tempo real, de forma acurada e bi-direcional, com automatização de controle e operação do sistema de forma remota para promover reação quase imediata a eventuais falhas no fornecimento. Redes elétricas inteligentes apresentam-se como uma alternativa para garantir maior confiabilidade ao sistema de energia elétrica, conferir mais eficiência e racionalidade no uso de energia e viabilizar

---

[1] Mestranda em Direito pela Universidade Federal do Rio Grande do Norte (UFRN). Graduada em Direito pela Universidade Federal do Rio Grande do Norte (UFRN). E-mail: karinbenassuly@hotmail.com.

[2] Professor Titular do Departamento de Direito Processual e Propedêutica da Universidade Federal do Rio Grande do Norte (UFRN). Doutor em Direito pela Universität Osnabrück/ Alemanha. Pós-doutor pelo Instituto de Direito Internacional Privado e Direito Comparado da Universität Osnabrück/Alemanha. E-mail: yanko.xavier@gmail.com.

[3] Os aspectos técnicos de *smart grids* são descritos com maior detalhamento no tópico 3 deste artigo ("Dados pessoais e informação em redes elétricas inteligentes").

protagonismo ao consumidor ao se tornar produtor de energia em geração distribuída e descentralizada.

A utilização constante de dados dos consumidores no sistema elétrico digitalizado enseja questionamentos sobre o exercício dos direitos fundamentais à privacidade e à proteção de tais dados em *smart grids* em uma perspectiva coletiva, ao considerar o potencial de sujeitos envolvidos em incidentes e riscos decorrentes da cadeia energética. O presente estudo tem como objetivo analisar a aplicabilidade de tutela coletiva à proteção de dados em redes elétricas inteligentes, a partir dos fundamentos da proteção de dados pessoais pela normativa brasileira, identificação dos dados pessoais no contexto de *smart grids* com as suas peculiaridades tecnológicas, para então averiguar os possíveis meios de defesa de interesses coletivos dos titulares de dados pessoais inseridos na rede de comunicação de redes elétricas inteligentes.

2. SISTEMÁTICA DA PROTEÇÃO DE DADOS PESSOAIS NO BRASIL: TUTELA INDIVIDUAL E COLETIVA

No contexto contemporâneo da sociedade da informação[4], tem-se verificado como a tecnologia influencia no problema da informação, pela qual seu desenvolvimento, aprimoramento de técnicas e inserção no cotidiano da sociedade tem ocasionalmente conflitado com interesses relativos ao respeito de direitos fundamentais e valores presentes no ordenamento jurídico[5]. Tal desdobramento reforçou a proteção da privacidade na sociedade de vigilância, a qual passou a ser tutelada e caracterizada como direito fundamental, para, em posterior momento, se expandir para a proteção de dados pessoais.

[4] Suas características podem ser resumidas em: informação como matéria-prima; os efeitos das novas tecnologias têm alta penetrabilidade, uma vez que a informação é integrante de toda atividade humana, individual ou coletiva; predomínio da lógica de redes, com geração de relações complexas; flexibilidade, pela alta capacidade de reconfiguração; e a crescente convergência de tecnologias, especialmente a microeletrônica, telecomunicações, optoeletrônica, computacional e biológica, com interligação de diversas áreas do saber. (CASTELLS, Manuel. A era da informação: economia, sociedade e cultura. In: *A Sociedade em rede*. São Paulo: Paz e Terra, 2000. v. 1.)

[5] DONEDA, Danilo. *Da privacidade à proteção de dados pessoais*: elementos de formação da Lei Geral de Proteção de Dados. 2. ed. São Paulo: Thomson Reuters Brasil, 2020. p. 38.

Com a Emenda Constitucional nº 115/2022, a proteção de dados pessoais foi reconhecida como direito fundamental[6] expressamente na Constituição Federal de 1988, assegurada tanto nos meios físicos quanto virtuais, ante os riscos que o tratamento automatizado de dados traz à proteção da personalidade, podendo violar garantias constitucionais como igualdade substancial, liberdade, dignidade da pessoa humana[7], proteção da intimidade e da vida privada[8] [9]. Além dos dados pessoais, a Constituição traz disposições sobre a informação, contemplando as garantias da liberdade de expressão[10] e de direito à informação[11], os quais eventualmente são os direitos a entrarem em conflito com a proteção da personalidade e o direito à privacidade.

O direito à privacidade é entendido como o direito ao controle sobre um conjunto de informações sobre uma pessoa, realizado exclusivamente por ele próprio, para comunicar, decidindo a quem, quando, onde e em que condições podem ser utilizadas[12]. Tal direito é fortemente ligado à personalidade e elemento essencial ao seu desenvolvimento[13] em uma concepção marcadamente individualista, a fim de defender o titular contra agressões praticadas contra

---

[6] CF/1988. Art. 5º Todos são iguais perante a lei, sem distinção de qualquer natureza, garantindo-se aos brasileiros e aos estrangeiros residentes no País a inviolabilidade do direito à vida, à liberdade, à igualdade, à segurança e à propriedade, nos termos seguintes: [...] LXXIX - é assegurado, nos termos da lei, o direito à proteção dos dados pessoais, inclusive nos meios digitais.

[7] CF/1988. Art. 1º A República Federativa do Brasil, formada pela união indissolúvel dos Estados e Municípios e do Distrito Federal, constitui-se em Estado Democrático de Direito e tem como fundamentos: [...] III - a dignidade da pessoa humana;

[8] DONEDA, Danilo. A proteção dos dados pessoais como um direito fundamental. *Espaço Jurídico Journal Of Law*, v.12, nº 2, p. 91-108, 2011. Disponível em: <http://editora.unoesc.edu.br/index.php/espacojuridico/article/view/1315>. Acesso em: 18 dez. 2022. p. 103.

[9] CF/1988. Art. 5º [...] X - são invioláveis a intimidade, a vida privada, a honra e a imagem das pessoas, assegurado o direito a indenização pelo dano material ou moral decorrente de sua violação;

[10] CF/1988. Art. 5º [...] IX - é livre a expressão da atividade intelectual, artística, científica e de comunicação, independentemente de censura ou licença; Art. 220. A manifestação do pensamento, a criação, a expressão e a informação, sob qualquer forma, processo ou veículo não sofrerão qualquer restrição, observado o disposto nesta Constituição.

[11] CF/1988. Art. 5º [...] XIV - é assegurado a todos o acesso à informação e resguardado o sigilo da fonte, quando necessário ao exercício profissional;

[12] SILVA, José Afonso da. *Direito constitucional positivo*. 24. ed. São Paulo: Malheiros, 2005. p. 206.

[13] DONEDA, Danilo. *Da privacidade à proteção de dados pessoais*: elementos de formação da Lei Geral de Proteção de Dados. 2. ed. São Paulo: Thomson Reuters Brasil, 2020. p. 31.

a sua identidade intelectual, física e moral[14]. Protege-se os dados pertinentes ao seu titular, conferindo-lhe discricionariedade para mantê-los sobre seu domínio ou impor limites e condições (observados os limites impostos em lei)[15].

Para além de uma abordagem estritamente individual, o paradigma da proteção de dados tem considerado fatores externos na decisão de fornecimento de dados pelo titular. Examina-se a posição do indivíduo na sociedade, bem como o contexto no qual os dados lhe são solicitados[16]. A discricionariedade do fornecimento não depende apenas da vontade individual, necessitando de meios que supram o desequilíbrio da pessoa com relação às entidades que coletam e processam dados, para que possa exercer sua efetiva autodeterminação informativa[17].

A Constituição de 1988 estabelece ainda a ação de *habeas data*[18], uma modalidade de direito de acesso e retificação de dados pessoais retidos em bancos de dados de entidades governamentais ou de caráter público. Embora tenha tido sua significância na época do regime militar perante órgãos responsáveis pela repressão, atualmente não consegue efetivar a garantia fundamental de proteção de dados pessoais em plena Sociedade da Informação, por não possuir instrumentos que lhe conferem agilidade e eficácia[19].

---

[14] FINKELSTEIN, Maria Eugenia; FINKELSTEIN, Claudio. Privacidade e Lei Geral de Proteção de Dados. *Revista de Direito Brasileira*, Florianópolis/SC, v. 23, n. 9, p. 284-301, mai./ago. 2019.

[15] CARVALHO, Gisele Primo; PEDRINI, Taina Fernanda. Direito à privacidade na Lei Geral de Proteção de Dados Pessoais. *Revista da ESMESC,* [S. l.], v. 26, n. 32, p. 363–382, 2019. Disponível em: https://revista.esmesc.org.br/re/article/view/217. Acesso em: 17 dez. 2022. p. 367-368.

[16] DONEDA, Danilo. A proteção dos dados pessoais como um direito fundamental. *Espaço Jurídico Journal Of Law*, v.12, nº 2, p. 91-108, 2011. Disponível em: <http://editora.unoesc.edu.br/index.php/espacojuridico/article/view/1315>. Acesso em: 18 dez. 2022. p. 97.

[17] DONEDA, Danilo. A proteção dos dados pessoais como um direito fundamental. *Espaço Jurídico Journal Of Law*, v.12, nº 2, p. 91-108, 2011. Disponível em: <http://editora.unoesc.edu.br/index.php/espacojuridico/article/view/1315>. Acesso em: 18 dez. 2022. p. 98.

[18] CF/1988. Art. 5º [...] LXXII LXXII - conceder-se-á *"habeas-data":* a) para assegurar o conhecimento de informações relativas à pessoa do impetrante, constantes de registros ou bancos de dados de entidades governamentais ou de caráter público; b) para a retificação de dados, quando não se prefira fazê-lo por processo sigiloso, judicial ou administrativo;

[19] DONEDA, Danilo. A proteção dos dados pessoais como um direito fundamental. *Espaço Jurídico Journal Of Law*, v.12, nº 2, p. 91-108, 2011. Disponível em: <http://editora.unoesc.edu.br/index.php/espacojuridico/article/view/1315>. Acesso em: 18 dez. 2022. p. 104.

Na legislação infraconstitucional, tem-se o marco regulatório da Lei Geral de Proteção de Dados (LGPD - Lei nº 13.709/2018). Essa lei estabelece as diretrizes do tratamento de dados pessoais, nas relações entre usuário e setor público e privado, amparadas nos princípios fundamentais de liberdade, livre desenvolvimento da personalidade e privacidade[20]. Além destes princípios, a lei estabelece uma série de fundamentos para a proteção de dados[21], sendo centralizada nas pessoas físicas e na proteção de seus respectivos dados pessoais, assegurando garantias e descrevendo regras protetivas atreladas aos princípios da transparência e da informação. Os titulares possuem a prerrogativa de pleitear tais direitos nas condições previstas em lei, formalizando suas solicitações a serem confrontadas com as razões do tratamento trazidas pelos controladores, os quais poderão sustentar a legalidade e regularidade de sua atividade[22].

Ao detentor/titular dos dados é dado o direito de ter a ciência dos locais (físicos ou virtuais) nos quais circulam seus dados, pois já se poderia caracterizar o risco à inviolabilidade com o acesso a informações sigilosas ou pessoais, e sua utilização para fins diversos sem prévio consentimento como prática abusiva[23]. Mesmo que o usuário precise dispor de suas informações como requisito para a contratação e usufruto de serviços, o repasse clandestino de dados por pessoas físicas ou jurídicas, sem fins pré-definidos e por terceiros não-autorizados deixa o indivíduo em situação de vulnerabilidade.

---

[20] Lei 13.709/2018. Art. 1º Esta Lei dispõe sobre o tratamento de dados pessoais, inclusive nos meios digitais, por pessoa natural ou por pessoa jurídica de direito público ou privado, com o objetivo de proteger os direitos fundamentais de liberdade e de privacidade e o livre desenvolvimento da personalidade da pessoa natural.

[21] Lei 13.709/2018. Art. 2º A disciplina da proteção de dados pessoais tem como fundamentos: I - o respeito à privacidade; II - a autodeterminação informativa; III - a liberdade de expressão, de informação, de comunicação e de opinião; IV - a inviolabilidade da intimidade, da honra e da imagem; V - o desenvolvimento econômico e tecnológico e a inovação; VI - a livre iniciativa, a livre concorrência e a defesa do consumidor; e VII - os direitos humanos, o livre desenvolvimento da personalidade, a dignidade e o exercício da cidadania pelas pessoas naturais.

[22] MALDONADO, Viviane Nóbrega. *Capítulo III*: dos direitos do titular. In: MALDONADO, Viviane Nóbrega; BLUM, Renato Opice (coord.) LPGD: Lei Geral de Proteção de Dados comentada. 2. ed. São Paulo: Thomson Reuters Brasil, 2020. p. 273-274.

[23] CARVALHO, Gisele Primo; PEDRINI, Taina Fernanda. Direito à privacidade na Lei Geral de Proteção de Dados Pessoais. *Revista da ESMESC,* [S. l.], v. 26, n. 32, p. 363–382, 2019. Disponível em: https://revista.esmesc.org.br/re/article/view/217. Acesso em: 17 dez. 2022. p. 371.

Apesar do caráter de afirmação de direitos individuais pela LGPD, é possibilitado o exercício de tutela coletiva[24] para a defesa de interesses dos titulares de dados perante o Judiciário, sendo uma lei ambígua ao definir instrumentos de proteção de direitos coletivos e difusos[25]sem prejuízo da tutela individual. No contexto de proliferação e universalização de direitos, o que particulariza a mudança de paradigma processual para a tutela coletiva é a defesa de um interesse pertencente a um grupo ou a uma coletividade dentro um conflito coletivo, para satisfazer as necessidades do caso concreto, exigir a efetivação de direitos fundamentais e que se reverte em benefício para todos[26].

Tais disposições trazidas pela Lei Geral de Proteção de Dados denota a formatação da defesa de direitos de forma coletiva, por meio de tutela coletiva e ações coletivas por reparações de danos, em uma interação com a sistemática trazida pelo Código de Defesa do Consumidor[27]. Com as transformações sociais, conflitos de massa, e aumento da complexidade das relações jurídicas, a tutela meramente individual privilegiada pelo Estado liberal não é apta à solução de violações de direitos em massa, o que leva à compreensão de direitos de massa típicos de Estados de bem-estar social e pós-social[28].

Não apenas fica a encargo da Autoridade Nacional de Proteção de Dados (ANPD), mas outros atores institucionais administrativos podem atuar na tutela coletiva de proteção de dados pessoais[29]. É possível que os direitos básicos dos titulares de petição sejam exercidos perante entidades do Sistema Nacional de Defesa do Consumidor, incluindo o sistema dos Procons, sendo as instâncias

[24] Lei nº 13.709/2018. Art. 22. A defesa dos interesses e dos direitos dos titulares de dados poderá ser exercida em juízo, individual ou coletivamente, na forma do disposto na legislação pertinente, acerca dos instrumentos de tutela individual e coletiva.
[25] ZANATTA, Rafael A. F. *Tutela coletiva e coletivização da proteção de dados pessoais*. In: PALHARES, Felipe. Temas Atuais de Proteção de Dados Pessoais. São Paulo: Revista dos Tribunais, 2020. p. 14.
[26] BORBA, Joselita Nepomuceno. *Efetividade da tutela coletiva*. São Paulo: LTr, 2008. p. 52.
[27] ZANATTA, Rafael A. F. *Tutela coletiva e coletivização da proteção de dados pessoais*. In: PALHARES, Felipe. Temas Atuais de Proteção de Dados Pessoais. São Paulo: Revista dos Tribunais, 2020. p. 16.
[28] BORBA, Joselita Nepomuceno. *Efetividade da tutela coletiva*. São Paulo: LTr, 2008. p. 23.
[29] ZANATTA, Rafael; SOUZA, Michel. A tutela coletiva em proteção de dados pessoais: tendências e desafios, in: DE LUCCA, Newton; ROSA, Cíntia. Direito & Internet V: Proteção de Dados Pessoais. São Paulo: Quartier Latin, 2019.

administrativas de proteção ao consumidor e orientadas a casos de direitos difusos. Embora autarquia com regime especial e agência reguladora de energia[30], a Agência Nacional de Energia Elétrica (ANEEL) tem restringido sua atuação à fiscalização administrativa dos agentes do setor de energia elétrica[31], recorrendo à ANPD em caso de incidentes com dados pessoais[32].

Ao tratar das informações dos consumidores, o Código de Defesa do Consumidor define direitos e garantias para o consumidor quanto às suas informações pessoais presentes nos bancos de dados e cadastros de consumidores[33], referindo-se ao acesso e concessão de crédito. Aqui, a defesa se estrutura em regras de caráter procedimental, pautada nas *Fair Information Principles*, cujos princípios podem ser sintetizados em[34]: publicidade (ou transparência)[35], exatidão[36], finalidade[37], livre acesso[38] e segurança

[30] Lei nº 9.427/1996; Decreto nº 2.335/1997.
[31] Resolução Normativa nº 846/2019 ANEEL.
[32] Conforme item 8 do Aviso de Privacidade emitido pela ANEEL quanto à sua atividade de controladora de tratamento de dados, é descrito que, em caso de incidente de segurança que envolva dados pessoais, a ocorrência será comunicada à Autoridade Nacional de Proteção de Dados (ANPD) e ao titular quanto envolver risco ou dano relevante. (ANEEL. Aviso de privacidade. 2022. Disponível em: <https://git.aneel.gov.br/publico/centralconteudo/-/raw/main/documentos/lgpd/Aviso_privacidade.pdf>. Acesso em: 12 mar. 2023.)
[33] Lei nº 8.078/1990. Art. 43. O consumidor, sem prejuízo do disposto no art. 86, terá acesso às informações existentes em cadastros, fichas, registros e dados pessoais e de consumo arquivados sobre ele, bem como sobre as suas respectivas fontes.
[34] DONEDA, Danilo. A proteção dos dados pessoais como um direito fundamental. *Espaço Jurídico Journal Of Law*, v.12, nº 2, p. 91-108, 2011. Disponível em: <http://editora.unoesc.edu.br/index.php/espacojuridico/article/view/1315>. Acesso em: 18 dez. 2022. p. 103.
[35] A existência de um banco de dados pessoais deve ser de conhecimento público, seja por meio da exigência de autorização prévia para funcionar, da notificação a uma autoridade sobre sua existência, ou do envio de relatórios periódicos.
[36] Os dados armazenados devem ser fiéis à realidade, o que compreende a necessidade de que sua coleta e seu tratamento sejam feitos com cuidado e correção, e de que sejam realizadas atualizações periódicas conforme a necessidade.
[37] Qualquer utilização dos dados pessoais deve obedecer à finalidade comunicada ao interessado antes da coleta de seus dados.
[38] O indivíduo tem acesso ao banco de dados no qual suas informações estão armazenadas, podendo obter cópias desses registros, com a consequente possibilidade de controle desses dados; após o acesso, as informações incorretas poderão ser corrigidas e aquelas obsoletar ou impertinentes poderão ser suprimidas, ou se proceder a eventuais acréscimos.

física e lógica[39], seguindo ditames da Convenção de Strasbourg[40] e Diretrizes da OCDE[41].

A normativa consumerista também trata acerca da defesa do consumidor em juízo mediante procedimento coletivo, voltado à defesa de interesses ou direitos difusos[42], coletivos[43] e individuais homogêneos[44], em um fenômeno de coletivização do processo para solução de conflitos de interesses de natureza metaindividual[45]. Os interesses difusos e coletivos são interesses transindividuais (coletivos *lato sensu*), cujo objeto é indivisível, ou seja, existe uma identidade qualitativa entre situações intersubjetivas decorrentes de um mesmo ato, que permite a busca por uma única tutela coletiva acerca do ocorrido ao invés de cada um dos afetados, individualmente ou por litisconsórcio facultativo, buscar sua tutela[46].

Os interesses difusos têm por titular pessoas indeterminadas ou de difícil determinação, ligadas por circunstâncias de fato, enquanto que os interesses coletivos *stricto sensu* são aqueles cujos titulares são indeterminados e passíveis de determinação, ligados entre si ou com a parte contrária por uma relação jurídica base[47]. Ambos estão pautados no exercício de direitos fundamentais, ao

---

[39] Os dados devem ser protegidos contra os riscos de seu extravio, destruição, modificação, transmissão ou acesso não autorizado.

[40] Convenção nº 108 do Conselho Europeu – Convenção para a proteção das pessoas em relação ao tratamento automatizado de dados pessoais.

[41] Guidelines on the Protection of Privacy and Transborder Flows of Personal Data, disponível em: <www.oecd.org/document/18/0,2340,en_2649_34255_1815186_1_1_1_1,00.html>. Estes princípios seriam: (1) collection limitation principle; (2) data limitation principle; (3) purpose specification principle; (4) use limitation principle; (5) security safeguard principle; (6) openness principle; (7) individual participation principle.

[42] Lei nº 8.078/1990. Art. 81. A defesa dos interesses e direitos dos consumidores e das vítimas poderá ser exercida em juízo individualmente, ou a título coletivo. Parágrafo único. A defesa coletiva será exercida quando se tratar de: I - interesses ou direitos difusos, assim entendidos, para efeitos deste código, os transindividuais, de natureza indivisível, de que sejam titulares pessoas indeterminadas e ligadas por circunstâncias de fato;

[43] Lei nº 8.078/1990. Art. 81. [...] Parágrafo único. A defesa coletiva será exercida quando se tratar de: [...] II - os transindividuais, de natureza indivisível de que seja titular grupo, categoria ou classe de pessoas ligadas entre si ou com a parte contrária por uma relação jurídica base;

[44] Lei nº 8.078/1990. Art. 81. [...] Parágrafo único. A defesa coletiva será exercida quando se tratar de: [...] III - interesses ou direitos individuais homogêneos, assim entendidos os decorrentes de origem comum.

[45] SILVA, Juvencio Borges da. Direitos difusos, coletivos e individuais homogêneos: um novo paradigma jurídico-processual. *Revista Paradigma,* [S. l.], n. 18, 2011. Disponível em: <https://revistas.unaerp.br/paradigma/article/view/42>. Acesso em: 27 dez. 2022. p. 66-67.

[46] BORBA, Joselita Nepomuceno. *Efetividade da tutela coletiva*. São Paulo: LTr, 2008. p. 56.

[47] BORBA, Joselita Nepomuceno. *Efetividade da tutela coletiva*. São Paulo: LTr, 2008. p. 57.

passo que o sistema jurídico protege de forma unitária os direitos difusos e coletivos em sentido estrito, cuja tutela não é possível de ser fracionada.

Todavia, a composição do grupo interessado na tutela de direitos difusos se apresenta como instável enquanto suscetível de modificação segundo as circunstâncias fáticas[48]. Isso não ocorre com os direitos coletivos por existir uma relação jurídica base entre os integrantes do grupo e/ou com a parte contrária, sendo o fato gerador da ação coletiva independente da relação jurídica base.

Os direitos individuais homogêneos tratam de uma soma de interesses individuais e privativos que têm origem comum em um ato, caracterizando-se por situações jurídico-subjetivas que permitem aos titulares se unir para fortalecer suas posições[49]. Os direitos podem ser afetados de forma diferenciada e individualizada, satisfazendo ou lesando um ou alguns titulares sem afetar os demais, sendo individuais e divisíveis quanto ao objeto[50]. Trata-se de um instrumento para agregar processualmente direitos que permanecem individuais, mas que são homogêneos o suficiente para ser processados conjuntamente por existência de questão comum de fato ou de direito[51].

Portanto, a sistemática da tutela coletiva no Brasil permite duas vias: a tutela de direitos coletivos, englobando direitos coletivos na sua essência, nomeadamente direitos difusos e coletivos *stricto sensu*, e a tutela coletiva de direitos, os individuais homogêneos que se tornam acidentalmente coletivos[52]. Faz-se necessário investigar em qual categoria se encontra a tutela coletiva de dados

[48] ROQUE, André. A tutela coletiva dos dados pessoais na Lei Geral de Proteção de Dados Pessoais (LGPD). *Revista Eletrônica de Direito Processual*. Rio de Janeiro. v. 20. n. 2. p. 1-19. mai./ago. 2019. Disponível em: <https://sistemas.rj.def.br/publico/sarova.ashx/Portal/sarova/imagem-dpge/public/arquivos/Roque_-_Tutela_coletiva_dos_dados_pessoas_na_LGPD.pdf>. Acesso em: 17 dez. 2022. p. 5.

[49] BORBA, Joselita Nepomuceno. *Efetividade da tutela coletiva*. São Paulo: LTr, 2008. p. 59.

[50] ZAVASCKI, Teori Albino. Defesa de direitos coletivos e defesa coletiva de direitos. *Revista de Informação Legislativa*, Brasília, a. 32, n. 127, jul./set. 1995. p. 85.

[51] ROQUE, André. A tutela coletiva dos dados pessoais na Lei Geral de Proteção de Dados Pessoais (LGPD). *Revista Eletrônica de Direito Processual*. Rio de Janeiro. v. 20. n. 2. p. 1-19. mai./ago. 2019. Disponível em: <https://sistemas.rj.def.br/publico/sarova.ashx/Portal/sarova/imagem-dpge/public/arquivos/Roque_-_Tutela_coletiva_dos_dados_pessoas_na_LGPD.pdf>. Acesso em: 17 dez. 2022. p. 7.

[52] ROQUE, André. A tutela coletiva dos dados pessoais na Lei Geral de Proteção de Dados Pessoais (LGPD). *Revista Eletrônica de Direito Processual*. Rio de Janeiro. v. 20. n. 2. p. 1-19. mai./ago. 2019. Disponível em: <https://sistemas.rj.def.br/publico/sarova.ashx/

pessoais, uma vez que a lei estabelece distintos regimes jurídicos para cada uma das modalidades. No âmbito da proteção de dados, a tutela coletiva de dados pessoais é suscetível de envolver direitos difusos, coletivos em sentido estrito e individuais homogêneos[53], sendo necessária a análise da causa de pedir e o pedido de tutela jurisdicional concretamente formulado[54].

3. DADOS PESSOAIS E INFORMAÇÃO EM REDES ELÉTRICAS INTELIGENTES

Redes elétricas inteligentes, ou *smart grids*, se inserem em um contexto em que se busca promover segurança energética, integrar novas fontes de energia ao sistema energético e fomentar medidas que gerenciem o lado da demanda, para se adaptar à oferta disponível e evitar flutuação de preços. A princípio, a instalação de *smart grids* possibilita a preservação da confiança na cadeia energética e permite melhor alocamento de investimentos em nova infraestrutura de energia, trazendo benefícios ambientais e possibilitando à sociedade benefícios relacionados a um

Portal/sarova/imagem-dpge/public/arquivos/Roque_-_Tutela_coletiva_dos_dados_pessoas_na_LGPD.pdf>. Acesso em: 17 dez. 2022. p. 8.

[53] Como exemplo para cada um dos casos, em direitos difusos, pode-se pretender corrigir algum tratamento inadequado de dados pessoais realizado por autoridades públicas, relativamente a todos os que vivem em certa localidade (tutela indivisível e sem que exista relação jurídica base que delimite o grupo); nos coletivos em sentido estrito, tem-se o caso em que se pede a adequação do tratamento de dados pessoais realizado por uma empresa, relativamente a seus consumidores (tutela indivisível, relativa a uma relação jurídica de consumo base); e nos individuais homogêneos, pode-se buscar o pleito de danos morais e materiais veiculado contra certa empresa decorrente do vazamento de dados de um grupo de pessoas (tutela que poderia ser postulada em ações individuais, existindo uma origem comum para os danos alegados). (ROQUE, André. A tutela coletiva dos dados pessoais na Lei Geral de Proteção de Dados Pessoais (LGPD). *Revista Eletrônica de Direito Processual.* Rio de Janeiro. v. 20. n. 2. p. 1-19. mai./ago. 2019. Disponível em: <https://sistemas.rj.def.br/publico/sarova.ashx/Portal/sarova/imagem-dpge/public/arquivos/Roque_-_Tutela_coletiva_dos_dados_pessoas_na_LGPD.pdf>. Acesso em: 17 dez. 2022. p. 10.)

[54] A tutela postulada é divisível (passível de cisão em processos individuais sem repercutir na esfera jurídica de outros titulares)? Se sim, está configurada a presença de direitos individuais homogêneos. Em caso negativo, então pergunta-se: sendo a tutela indivisível, existe alguma relação jurídica base responsável pela conformação do grupo? Se sim, é caso de direito coletivo em sentido estrito. Do contrário, sendo o grupo formado por meras circunstâncias fáticas, o que existirá será um direito difuso. (ROQUE, André. A tutela coletiva dos dados pessoais na Lei Geral de Proteção de Dados Pessoais (LGPD). *Revista Eletrônica de Direito Processual.* Rio de Janeiro. v. 20. n. 2. p. 1-19. mai./ago. 2019. Disponível em: <https://sistemas.rj.def.br/publico/sarova.ashx/Portal/sarova/imagem-dpge/public/arquivos/Roque_-_Tutela_coletiva_dos_dados_pessoas_na_LGPD.pdf>. Acesso em: 17 dez. 2022. p. 10-11).

consumo racional de energia e eficiência energética[55]. Há uma convergência entre a infraestrutura de comunicações digitais e processamento de dados.

A implantação de *smart grids* ocorre nos Sistemas de Energia Elétrica (SEE) em seus segmentos físicos de geração, transmissão, distribuição e segmento virtual de comercialização de energia, a partir de uma utilização intensiva de tecnologia de automação, computação e comunicações para monitoramento e controle da rede elétrica[56]. Para seu funcionamento, tais sistemas dependem do fluxo de informações de cada aparelho inserido dentro da rede, a partir de uma comunicação bi-direcional entre o sistema e os consumidores[57], realizando funções como envio de informação de consumo em tempo real, suspensão e religação de fornecimento remoto, e tarifação dinâmica.

A nível de geração, *smart grids* se inserem como complemento à geração centralizada (GC), a forma convencional de geração de energia elétrica que consiste em centrais geradores de médio e grande porte localizadas em pontos distantes dos centros de consumo[58]. Iniciativas de geração distribuída (GD) invertem tal lógica por constituir pequenas unidades de geração localizadas próximas ao consumidor final, cujas novas fontes energéticas exigem desenvolvimento de novas técnicas de acomodação de características sazonais e intermitentes para a otimização energética da cadeia de produção.

Tal mudança também traz efeitos para o consumidor ao possibilitá-lo como produtor de energia por fontes alternativas, integrar a geração distribuída e estimular o armazenamento de energia eficiente, já que historicamente se tem um cenário centralizador,

---

[55] GUIMARÃES, Lucas Noura. The Dichotomy between Smart Metering and the Protection of Consumer's Personal Data in Brazilian Law. *Brazilian Journal of Public Policy*, [s. l.], v. 7, p. 274-293, 2017. p. 276.

[56] FALCÃO, Djalma M. et al. Integração de tecnologias para viabilização da smart grid. *III Simpósio Brasileiro de Sistemas Elétricos*, p. 1-5, 2010. Disponível em: <http://www.cricte2004.eletrica.ufpr.br/odilon/te339/artigo_SMART_GRID.PDF>. Acesso em: 17 dez. 2022. p. 1.

[57] MINISTÉRIO DE MINAS E ENERGIA. *Relatório Smart Grid – Grupo de trabalho de redes elétricas inteligentes Ministério de Minas e Energia*. 2010. Disponível em: <http://antigo.mme.gov.br/documents/36148/342584/RELAT%C3%93RIO+SMART+GRID/cf509d1b-b503-5eda-5392-97738fe6f45a>. Acesso em: 17 dez. 2022. p. 25-26.

[58] FALCÃO, Djalma M. et al. Integração de tecnologias para viabilização da smart grid. *III Simpósio Brasileiro de Sistemas Elétricos*, p. 1-5, 2010. Disponível em: <http://www.cricte2004.eletrica.ufpr.br/odilon/te339/artigo_SMART_GRID.PDF>. Acesso em: 17 dez. 2022. p. 2.

descoordenado, excludente e promotor de perdas de potencialidades no ramo da energia elétrica, uma vez que tecnicidade da área promove um distanciamento do consumidor de suas discussões principais[59].

Dentre as tecnologias viabilizadoras de *smart grids*, tem-se: a geração distribuída e microgeração[60]; infraestrutura automática de medição (AMI)[61]; precificação dinâmica[62]; equipamentos prediais e eletrodomésticos inteligentes[63]; *intelligent electronic devices* (IED)[64]; e medição fasorial sincronizada (PMU, sigla em inglês)[65].

O nível de avanço e implementação de tais tecnologias varia em cada um dos segmentos do setor elétrico, cuja organização é supervisionada por instituições como o Operador Nacional do Sistema Elétrico (ONS), a Empresa de Pesquisa Energética (EPE), a Câmara de Comercialização de Energia Elétrica (CCEE) e a Agência Nacional de Energia Elétrica (ANEEL). A ANEEL publicou algumas normativas para regulamentar aspectos relativos ao desenvolvimento de redes elétricas inteligentes, sendo as principais a Resolução Normativa nº 464 (11/2021), que regulamenta tarifas diferentes por horário de consumo; a Resolução Normativa nº 482 (04/2012),

---

[59] ALENCAR, Yanko Marcius de Xavier; GUIMARÃES, Patrícia Borba Vilar; ARAÚJO JÚNIOR, Evilásio Galdino de. Direito à cidade e energia: a regulação jurídica de smart grids no Brasil. *Revista de Direito da Cidade*, [S.l.], v. 11, n. 4, p. 525-568, fev. 2020. ISSN 2317-7721. Disponível em: <https://www.e-publicacoes.uerj.br/index.php/rdc/article/view/42003>. Acesso em: 17 dez. 2022. p. 13.

[60] A tendência de incorporação de fontes de energia dispersas, particularmente as renováveis (fotovoltaica, eólica, etc.), conectadas aos sistemas de distribuição de energia elétrica, vem crescendo por razões de ordem ambiental, políticas governamentais e avanços tecnológicos.

[61] Sistema de coleta automática de dados de medidores de energia para um sistema centralizado de processamento de dados. Permite analisar a demanda e influir em uma resposta através da disponibilização de sinais de preços e atuação em dispositivos nas instalações dos consumidores. Utiliza *smart meters*, medidores eletrônicos com funcionalidade ampla e capacidade de comunicação bi-direcional.

[62] Mediante a comunicação bi-direcional entre concessionárias e consumidores, permite-se a precificação dinâmica, pela qual o preço de energia varia ao longo do dia como forma de incentivar políticas de melhoria do perfil da demanda e, consequentemente, redução do custo total de expansão e operação do sistema elétrico.

[63] Equipamentos elétricos para uso em residências e estabelecimentos comerciais estão sendo equipados com recursos de controle capazes de alterar sua demanda em função de sinais de preço ou relacionados com a confiabilidade do sistema elétrico.

[64] A utilização de tecnologia digital proporciona a convergência de tecnologias de proteção, controle e supervisão em equipamentos padronizados, os quais recebem a denominação genérica de IEDs. Tais dispositivos são os elementos de interfaceamento da infraestrutura de comunicações e processamento de informação com o sistema de energia elétrica.

[65] Representam um avanço na disponibilização de informações para a determinação do estado operativo do sistema elétrico em grandes áreas geoelétricas.

que define as condições gerais de acesso à micro (até 100 kW) e mini (entre 100 kW e 1 MW) geração de eletricidade; e a Resolução Normativa nº 502 (08/2012), que regulamenta os requisitos básicos para medição eletrônica para o grupo B[66].

Em transmissão, tem-se a etapa de conexão entre as fontes de energia e os usuários finais, através dos sistemas de distribuição. As redes elétricas inteligentes podem ser implementadas em áreas de sensores, dispositivos de medição e comunicações digitais, permitindo a aquisição de dados e informações e ensejando substituição de equipamentos dedicados de proteção, controle e aquisição de dados por meio de IED's e PMUs[67].

Quanto à etapa de distribuição, a aplicação de *smart grids* se relaciona com a utilização de medição eletrônica, principalmente com o uso de *Advanced Metering Infrastructure* (AMI), com a leitura automática da demanda de consumidores individuais, e a detecção e isolamento automático de falta, reconfiguração e restauração de serviço[68]. Sistemas como *smart meters* e microgeração podem ser utilizados por consumidores[69], assim como implantar sistemas prediais para gerenciamento de energia, cujos sistemas monitoram e otimizam a demanda de residências e edifícios de forma isolada ou pela *internet*[70], pela Internet das Coisas (*Internet of Things* - IoT).

---

[66] O Grupo Tarifário B são os consumidores de baixa tensão (até 2300V), sendo composto por residências, comércios, pequenas propriedades rurais e indústrias pequenas. Os subgrupos do grupo B consistem em: B1 (classe residencial e subclasse residencial baixa renda); B2 (classe rural); B3 (outras classes - industrial, comercial, serviços e outras atividades, poder público, serviço público e consumo próprio); B4 (classe iluminação pública). A tarifação é feita com base no consumo de energia.

[67] FALCÃO, Djalma M. et al. Integração de tecnologias para viabilização da smart grid. *III Simpósio Brasileiro de Sistemas Elétricos*, p. 1-5, 2010. Disponível em: <http://www.cricte2004.eletrica.ufpr.br/odilon/te339/artigo_SMART_GRID.PDF>. Acesso em: 17 dez. 2022. p. 3.

[68] FALCÃO, Djalma M. et al. Integração de tecnologias para viabilização da smart grid. *III Simpósio Brasileiro de Sistemas Elétricos*, p. 1-5, 2010. Disponível em: <http://www.cricte2004.eletrica.ufpr.br/odilon/te339/artigo_SMART_GRID.PDF>. Acesso em: 17 dez. 2022. p. 3.

[69] Geração de pequeno porte instalada em residências e pequenos edifícios, com uso de paineis fotovoltaicos, microgeradores eólicos, e células a combustível, por exemplo. A energia produzida é para consumo próprio, e objetiva reduzir os custos com tarifas. O excedente pode ser vendido para a concessionária de energia. As atividades de microgeração e minigeração distribuída se encontram regulamentadas na Lei nº 14.300/2022.

[70] FALCÃO, Djalma M. et al. Integração de tecnologias para viabilização da smart grid. *III Simpósio Brasileiro de Sistemas Elétricos*, p. 1-5, 2010. Disponível em: <http://www.cricte2004.eletrica.ufpr.br/odilon/te339/artigo_SMART_GRID.PDF>. Acesso em: 17 dez. 2022. p. 3.

Para dar suporte tecnológico integrado aos *smart meters* e AMIs, necessita-se de *Home Area Network* (HAN), pela qual as residências são colocadas dentro da rede mediante a conexão de aparelhos domésticos que interagem com os sinais elétricos do gerenciador, dando forma à *smart grid* em uma rede doméstica[71]. Há também a possibilidade de criação e integração de redes locais prediais (*Local Area Network* - LAN) e redes de bairro (*Neighborhood Area Network*), as quais se ligam a um sistema central comum, com formatos e plataformas de comunicação distintos a depender das particularidades do grupo[72]. É possível que haja ainda a instalação de redes regionais (*Regional Area Network* - RAN) e rede em grande área (*Wide Area Network* - WAN) para transmissão de dados entre a unidade consumidora e os centros de operação de concessionárias[73].

No Brasil, já foram realizadas experiências-piloto para implantação de redes elétricas inteligentes com vários obstáculos, como necessidade de grande investimento e a falta de uma política pública consolidada de energia, já que as iniciativas em curso são fragmentadas em setores específicos[74].

A troca de informações sobre a operação do sistema elétrico permite o desenvolvimento de novos métodos de controle, automação e otimização, para fins de acomodar uma grande variedade de fontes e demandas, bem como identificar automaticamente falhas na rede e dar capacidade de resposta remota aos diversos tipos de demanda[75]. Ao invés de depender de uma medição mensal de

---

[71] ALENCAR, Yanko Marcius de Xavier; GUIMARÃES, Patrícia Borba Vilar; ARAÚJO JÚNIOR, Evilásio Galdino de. Direito à cidade e energia: a regulação jurídica de smart grids no Brasil. *Revista de Direito da Cidade*, [S.l.], v. 11, n. 4, p. 525-568, fev. 2020. ISSN 2317-7721. Disponível em: <https://www.e-publicacoes.uerj.br/index.php/rdc/article/view/42003>. Acesso em: 17 dez. 2022. p. 16.

[72] MORENO, Natália de Almeida. *Smart grids e a modelagem regulatória de infraestruturas*. Rio de Janeiro: Synergia Editora, 2015. p. 63.

[73] MINISTÉRIO DE MINAS E ENERGIA. *Relatório Smart Grid – Grupo de trabalho de redes elétricas inteligentes Ministério de Minas e Energia*. 2010. Disponível em: <http://antigo.mme.gov.br/documents/36148/342584/RELAT%C3%93RIO+SMART+GRID/cf509d1b-b503-5eda-5392-97738fe6f45a>. Acesso em: 17 dez. 2022. p. 33.

[74] ALENCAR, Yanko Marcius de Xavier; GUIMARÃES, Patrícia Borba Vilar; ARAÚJO JÚNIOR, Evilásio Galdino de. Direito à cidade e energia: a regulação jurídica de smart grids no Brasil. *Revista de Direito da Cidade*, [S.l.], v. 11, n. 4, p. 525-568, fev. 2020. ISSN 2317-7721. Disponível em: <https://www.e-publicacoes.uerj.br/index.php/rdc/article/view/42003>. Acesso em: 17 dez. 2022. p. 32.

[75] FALCÃO, Djalma M. et al. Integração de tecnologias para viabilização da smart grid. *III Simpósio Brasileiro de Sistemas Elétricos*, p. 1-5, 2010. Disponível em: <http://www.cricte2004.

consumo de energia, pode-se ter medições em tempo real, com as suas sazonalidades e variações diárias de consumo, por qual aparelho e por quanto tempo.

Redes elétricas inteligentes são desenhadas para facilitar conexões e operações de geradores de diversos tamanhos e tecnologias, para permitir que consumidores tenham mais informação, participação no sistema e opções de escolha de fornecimento/abastecimento de energia, bem como reduzir impactos ambientais provenientes do sistema elétrico[76]. A sistematização do volume de dados e informações que circulam dentro do sistema elétrico em *smart grids* serve a um proveito estratégico tanto ao Estado, para implementação de políticas de desenvolvimento do setor, quanto ao próprio consumidor, que passa a identificar como consome sua energia, para fazê-lo de forma mais eficiente e com menos gastos.

4. DEFESA DE INTERESSES COLETIVOS DOS TITULARES DE DADOS EM *SMART GRIDS*

A comunicação de dados via rede elétrica inteligente pode se dar entre a concessionária de energia e a unidade residencial do consumidor, conectada à rede (seja a nível de bairro, edifício ou unidade residencial), na circunstância jurídica do serviço público de fornecimento de energia, em uma relação cível-consumerista. Por meio da medição do consumo de energia nas etapas de distribuição e consumo final, pode se identificar aspectos como quanta energia foi consumida em certa localidade, por quais indivíduos, cujos dados pessoais são conhecidos e operados neste sistema por determinados agentes[77].

A informação de consumo de energia que circula em *smart grid* possui um vínculo objetivo com uma pessoa, se referindo a algum tipo de característica ou ações que lhe podem ser atribuídas em conformidade com a lei[78], o que lhe qualifica como dado pessoal.

eletrica.ufpr.br/odilon/te339/artigo_SMART_GRID.PDF>. Acesso em: 17 dez. 2022. p. 1.

[76] GUIMARÃES, Lucas Noura. The Dichotomy between Smart Metering and the Protection of Consumer's Personal Data in Brazilian Law. *Brazilian Journal of Public Policy*, [s. l.], v. 7, p. 274-293, 2017. p. 279.

[77] Em complemento às informações mencionadas, vide nota de rodapé 79.

[78] DONEDA, Danilo. A proteção dos dados pessoais como um direito fundamental. *Espaço Jurídico Journal Of Law*, v.12, nº 2, p. 91-108, 2011. Disponível em: <http://editora.unoesc.

Em uma perspectiva coletiva, tal situação se enquadra nos direitos coletivos *stricto sensu*, por haver uma circunstância jurídica que una os titulares dos dados pessoais conectados a uma mesma rede gerenciada por uma concessionária (por exemplo, em um bairro ou cidade), pelo qual o eventual incidente de violação de dados pessoais não se confunde com a relação jurídica.

A implantação de *smart grids*, com todos os potenciais que podem ser revertidos à sociedade, necessita de acesso às informações de consumo de energia e outros dados pessoais para promover eficiência energética e segurança energética[79] - o que suscita questionamentos sobre a necessidade de modulação do conceito de privacidade e sua noção como direito fundamental[80] nesse contexto.

Tal sistema pode, eventualmente, entrar em conflito com o princípio legal de proteção de dados do consumidor de energia (titular de dados), ao fazer uso de tecnologias inovadoras, como sensores, atuadores, microprocessadores, instrumentos de telecomunicações e outros dispositivos inteligentes para aprimorar o gerenciamento e monitoramento da rede elétrica, desde a geração até o uso final[81]. Essa nova forma de comunicação possui eventuais falhas, suscetível a ataques e erros, demandando sistemas de segurança cibernética que dêem suporte à implementação de *smart grids*, além de desenvolver meios de proteção de dados pessoais. A proteção de dados pode ser analisada a partir de três abordagens: confidencialidade, disponibilidade e integridade[82].

---

edu.br/index.php/espacojuridico/article/view/1315>. Acesso em: 18 dez. 2022. p. 93.

[79] A exemplo, no caso da concessionária Companhia Energética do Estado do Rio Grande do Norte, em seu Aviso de Privacidade para a contratação de sistemas *smart*, explana que poderão processar dados pessoais como endereço (postal e/ou eletrônico), telefone, número da unidade consumidora, RG/CPF/Passaporte, nome e sobrenome, características da residência, *credit bureau*, assinatura eletrônica, entradas, rendimentos, créditos, empréstimos, garantias bancárias, assinatura/biometria, data de nascimento e nacionalidade.

[80] GUIMARÃES, Lucas Noura. The Dichotomy between Smart Metering and the Protection of Consumer's Personal Data in Brazilian Law. *Brazilian Journal of Public Policy*, [s. l.], v. 7, p. 274-293, 2017. p. 277.

[81] OLEDO, Fábio de Oliveira. Redes elétricas inteligentes e a ruptura de paradigmas tecnológicos do setor elétrico. In: ROCHA, Fábio Amorim da (Org.). Temas relevantes no direito de energia elétrica. Rio de Janeiro: Synergia, 2013. t. 2. p. 312. BOCCUZZI, Cyro Vicente. Smart grid e o big brother energético. Metering International, v. 1, p. 10, 2010.

[82] GUIMARÃES, Lucas Noura. The Dichotomy between Smart Metering and the Protection of Consumer's Personal Data in Brazilian Law. *Brazilian Journal of Public Policy*, [s. l.], v. 7, p. 274-293, 2017. p. 280.

O princípio da confidencialidade objetiva manter o sigilo das informações coletadas e evitar que instrumentos de *smart metering* (uma das bases de *smart grids*) se tornem invasivos à privacidade do consumidor, com aumento de vigilância interna, pois pode identificar informações relativas aos hábitos de consumo e sobre a rotina do indivíduo, a exemplo sobre caso se encontra na residência ou não, as horas trabalhadas, se há visitantes ou não, horários de despertar e adormecer.

Ao passo que existe o benefício de identificar onde há redução de eficiência energética e gerenciar o funcionamento de equipamentos elétricos de uma casa, inclusive de forma remota, questiona-se acerca da segurança dos dados referentes ao perfil e hábitos de consumo de energia, e sobre a privacidade e consentimento da difusão de tais dados. Ou até se o consentimento é dispensável (ou não) nestes casos, diante dos interesses público e privado vinculados ao uso de energia.

A Lei Geral de Proteção de Dados admite a realização de tratamento de dados mediante o fornecimento de consentimento pelo titular dos dados[83] e para cumprimento de obrigação legal ou regulatória pelo controlador[84], como no caso de prestação de serviços de fornecimento de energia. Mesmo que não seja necessário o consentimento prévio para tratamento de dados, os agentes de tratamento ainda estão obrigados a seguir as disposições descritas na lei, especialmente quanto à observância de princípios gerais e garantia de direitos do titular[85].

Mesmo objeto de tratamento, com ou sem consentimento do titular de dados, a proteção de dados é necessária nos termos de disponibilidade dos dados, sobre quem tem acesso a eles, já que *smart grids* se apoiam na transmissão de informações de consumo e no controle remoto de dispositivos eletrônicos[86], sendo tais

[83] Lei 13.709/2018. Art. 7º O tratamento de dados pessoais somente poderá ser realizado nas seguintes hipóteses: I - mediante o fornecimento de consentimento pelo titular;

[84] Lei 13.709/2018. Art. 7º [...] II - para o cumprimento de obrigação legal ou regulatória pelo controlador;

[85] Lei 13.709/2018. Art. 7º [...] § 6º A eventual dispensa da exigência do consentimento não desobriga os agentes de tratamento das demais obrigações previstas nesta Lei, especialmente da observância dos princípios gerais e da garantia dos direitos do titular.

[86] GUIMARÃES, Lucas Noura. The Dichotomy between Smart Metering and the Protection of Consumer's Personal Data in Brazilian Law. *Brazilian Journal of Public Policy*, [s. l.], v. 7, p. 274-293, 2017. p. 280.

sistemas bi-direcionais sujeitos a intercepções, uso indevido ou abusivo, vazamento de dados ou hacking.

Para tanto, normas estabelecem parâmetros de segurança para o tratamento de dados por via administrativa dos operadores do sistema de energia elétrica, a exemplo da Resolução Normativa nº 964/2021 ANEEL, que dispõe sobre a política de segurança cibernética a ser adotada pelos agentes do setor de energia elétrica[87]. Os incidentes abrangidos pela normativa da agência reguladora envolvem aqueles que comprometem, real ou potencialmente, a disponibilidade, a integridade, a confidencialidade ou a autenticidade de sistema de informação ou das informações processadas, armazenadas ou transmitidas por esse sistema, que poderá também ser caracterizada pela tentativa de exploração de vulnerabilidade de sistema de informação que constitua violação de norma, política de segurança, procedimento de segurança ou política de uso[88].

Sob a perspectiva da integridade dos dados, refere-se à garantia de que exatamente o que é medido é repassado à unidade de distribuição, sem alterações, manipulações ou supressões dos dados transmitidos[89], além de prevenção de sabotagens e perigos de terrorismo em infraestrutura de energia. Resguardando tal aspecto, ao titular é reservado o direito de corrigir dados incompletos, ine-

[87] Resolução Normativa nº 964/2021 ANEEL. Art. 1º Estabelecer as diretrizes e o conteúdo mínimo das políticas de segurança cibernética a serem adotados pelos agentes do setor de energia elétrica. Parágrafo único. Sujeitam-se ao disposto nesta Resolução: I - os concessionários, os permissionários e os autorizados de serviços ou instalações de energia elétrica; e II - as entidades responsáveis pela operação do sistema, pela comercialização de energia elétrica ou pela gestão de recursos provenientes de encargos setoriais.

[88] Resolução Normativa nº 964/2021 ANEEL. Art. 2º I - incidente cibernético: ocorrência que comprometa, real ou potencialmente, a disponibilidade, a integridade, a confidencialidade ou a autenticidade de sistema de informação ou das informações processadas, armazenadas ou transmitidas por esse sistema, que poderá também ser caracterizada pela tentativa de exploração de vulnerabilidade de sistema de informação que constitua violação de norma, política de segurança, procedimento de segurança ou política de uso; II - incidente cibernético de maior impacto: é estabelecido com base na classificação de severidade que consta do processo de gestão de riscos de segurança da informação do agente; III - informações críticas: são aquelas com potencial de impacto negativo na prestação de serviços à população, em caso de comprometimento; e IV - rede de informação: rede corporativa de dados da empresa, composta por toda infraestrutura de telecomunicações própria e de terceiros destinada aos ativos de Tecnologia da Informação.

[89] GUIMARÃES, Lucas Noura. The Dichotomy between Smart Metering and the Protection of Consumer's Personal Data in Brazilian Law. *Brazilian Journal of Public Policy*, [s. l.], v. 7, p. 274-293, 2017. p. 281.

xatos ou desatualizados, bem como requerer a anonimização, bloqueio ou eliminação de dados desnecessários, excessivos ou tratados em desconformidade com a normativa de proteção de dados[90].

O titular de dados pode buscar a proteção de dados ou pleitear indenização por meios amplos podendo exercer fiscalização e reivindicar a tutela por via judicial, seja de modo individual ou coletivo. Tal controle não é incompatível com nem se restringe aos procedimentos administrativos a serem instaurados por atuação da Autoridade Nacional de Proteção de Dados (ANPD)[91]. São reservadas diversas garantias para o exercício dos seus direitos na proteção de dados, havendo possibilidade de requerer informações dos controladores de dados[92], com direito de acesso à informações, correção de dados, ou eliminação de dados tratados sem o consentimento do titular, por exemplo.

A compreensão da coletivização do processo se configura como meio necessário à efetivação da tutela de proteção de dados ao envolver interesses transindividuais dos usuários-consumidores, conferindo-lhes instrumentos necessários para reivindicar a prestação jurisdicional junto aos órgãos competentes por ela responsáveis[93]. Assim, um processo coletivo poderia ser aplicado em possível situação de vazamento de dados pessoais de usuários e dados cadastrais de unidades consumidoras vinculadas à rede elétrica em uma cidade ou região metropolitana, administrada pela concessionária de energia.

---

[90] Lei 13.709/2018. Art. 18. O titular dos dados pessoais tem direito a obter do controlador, em relação aos dados do titular por ele tratados, a qualquer momento e mediante requisição: [...] III - correção de dados incompletos, inexatos ou desatualizados; IV - anonimização, bloqueio ou eliminação de dados desnecessários, excessivos ou tratados em desconformidade com o disposto nesta Lei;

[91] MALDONADO, Viviane Nóbrega. *Capítulo III*: dos direitos do titular. In: MALDONADO, Viviane Nóbrega; BLUM, Renato Opice (coord.) LPGD: Lei Geral de Proteção de Dados comentada. 2. ed. São Paulo: Thomson Reuters Brasil, 2020. p. 273.

[92] Ao titular de dados pessoais é reservado o direito de obter informações sobre: a confirmação da existência do tratamento; acesso aos dados; correção de dados incompletos, inexatos ou desatualizados; quanto à anonimização, bloqueio ou eliminação de dados desnecessários, excessivos ou tratados em desconformidade com a LGPD; informação sobre a possibilidade de não fornecer consentimento e respectivas consequências, entre outros (Lei nº 13.709/2018. Art. 18). Tais informações podem ser requisitadas a qualquer momento ao controlador.

[93] SILVA, Juvencio Borges da Silva. Direitos difusos, coletivos e individuais homogêneos: um novo paradigma jurídico-processual. *Revista Paradigma,* [S. l.], n. 18, 2011. Disponível em: <https://revistas.unaerp.br/paradigma/article/view/42>. Acesso em: 27 dez. 2022. p. 60.

O Judiciário poderá determinar a responsabilidade de controladores e operadores pelo ressarcimento de danos individuais e/ou coletivos que tenham causado no exercício de atividade de tratamento de dados pessoais, em caso de violação[94]. Os controladores e operadores serão solidariamente responsáveis pelo ressarcimento de danos, exceto nos casos em que se prove que não realizaram o tratamento de dados pessoais que lhes é atribuído; que, ao realizar o tratamento de dados pessoais que lhes é atribuído, não houve violação à legislação de proteção de dados; ou quando for provado que o dano é decorrente de culpa exclusiva do titular de dados ou de terceiro[95].

Ante a ausência de disposição sobre os legitimados para a tutela de dados pessoais em juízo, recorre-se à legislação que trata de processos coletivos, ou seja, o próprio Código de Defesa do Consumidor[96] e a Lei da Ação Civil Pública (Lei nº 7.347/1985)[97]. O Ministério Público possui legitimidade e função institucional[98] de tutela dos direitos coletivos em geral, tendo papel de destaque na

[94] Lei nº 13.709/2018. Art. 42. O controlador ou o operador que, em razão do exercício de atividade de tratamento de dados pessoais, causar a outrem dano patrimonial, moral, individual ou coletivo, em violação à legislação de proteção de dados pessoais, é obrigado a repará-lo. [...] § 3º As ações de reparação por danos coletivos que tenham por objeto a responsabilização nos termos do caput deste artigo podem ser exercidas coletivamente em juízo, observado o disposto na legislação pertinente.

[95] Lei nº 13.709/2018. Art. 43. Os agentes de tratamento só não serão responsabilizados quando provarem: I - que não realizaram o tratamento de dados pessoais que lhes é atribuído; II - que, embora tenham realizado o tratamento de dados pessoais que lhes é atribuído, não houve violação à legislação de proteção de dados; ou III - que o dano é decorrente de culpa exclusiva do titular dos dados ou de terceiro.

[96] Lei nº 8.078/1990. Art. 82. Para os fins do art. 81, parágrafo único, são legitimados concorrentemente: I - o Ministério Público; II - a União, os Estados, os Municípios e o Distrito Federal; III - as entidades e órgãos da Administração Pública, direta ou indireta, ainda que sem personalidade jurídica, especificamente destinados à defesa dos interesses e direitos protegidos por este código; IV - as associações legalmente constituídas há pelo menos um ano e que incluam entre seus fins institucionais a defesa dos interesses e direitos protegidos por este código, dispensada a autorização assemblear.

[97] Lei nº 7.347/1985. Art. 5º Têm legitimidade para propor a ação principal e a ação cautelar: I - o Ministério Público; II - a Defensoria Pública; III - a União, os Estados, o Distrito Federal e os Municípios;IV - a autarquia, empresa pública, fundação ou sociedade de economia mista; V - a associação que, concomitantemente: a) esteja constituída há pelo menos 1 (um) ano nos termos da lei civil; b) inclua, entre suas finalidades institucionais, a proteção ao patrimônio público e social, ao meio ambiente, ao consumidor, à ordem econômica, à livre concorrência, aos direitos de grupos raciais, étnicos ou religiosos ou ao patrimônio artístico, estético, histórico, turístico e paisagístico.

[98] CF/1988. Art. 129. São funções institucionais do Ministério Público: [...] III - promover o inquérito civil e a ação civil pública, para a proteção do patrimônio público e social, do meio ambiente e de outros interesses difusos e coletivos;

proteção de dados pessoais na esfera coletiva. Especificamente sobre proteção de dados pessoais, alguns dos casos levados ao Judiciário por meio de ações civis públicas foram decorrentes de prática de *geo-blocking* e *geo-pricing*[99], incidentes de segurança com exposição de dados e coleta de dados por provedores de serviço de *e-mail* sem consentimento.

Na atuação de sua função jurisdicional do Estado[100], a Defensoria Pública possui legitimidade ampla quando o caso envolve potencialmente interesse de hipossuficientes, embora não seja necessária a comprovação de que apenas hipossuficientes sejam beneficiados com a tutela[101]. A Administração Pública também possui legitimidade universal na tutela coletiva, abrangendo inclusive órgãos sem personalidade jurídica[102], incluindo a Autoridade Nacional de Proteção de Dados (ANPD).

Para as associações civis possuírem legitimidade, devem preencher os requisitos de pré-constituição de um ano (podendo ser dispensada pelo juiz se houver manifesto interesse social) e da pertinência temática, pela qual a matéria discutida na ação coletiva deve se inserir nos fins institucionais da associação. Não podem as associações se habilitar a tutelar qualquer direito coletivo ou difuso de forma genérica, sob pena de comprometer sua representatividade adequada[103] - o que se acentua ao se tratar

---

[99] Práticas utilizadas para definir valor de produtos ou serviços ou bloquear o acesso a partir de critérios geográficos.

[100] CF/1988. Art. 134. A Defensoria Pública é instituição permanente, essencial à função jurisdicional do Estado, incumbindo-lhe, como expressão e instrumento do regime democrático, fundamentalmente, a orientação jurídica, a promoção dos direitos humanos e a defesa, em todos os graus, judicial e extrajudicial, dos direitos individuais e coletivos, de forma integral e gratuita, aos necessitados, na forma do inciso LXXIV do art. 5º desta Constituição Federal.

[101] ADI 3.943 STF, Plenário, Rel. Min. Cármen Lúcia, julg. 7.5.2015.

[102] Lei nº 8.078/1990 Art. 83. Para a defesa dos direitos e interesses protegidos por este código são admissíveis todas as espécies de ações capazes de propiciar sua adequada e efetiva tutela.

[103] "As associações civis necessitam, portanto, ter finalidades institucionais compatíveis com a defesa do interesse transindividual que pretendam tutelar em juízo. Entretanto, essa finalidade pode ser razoavelmente genérica; não é preciso que uma associação civil seja constituída para defender em juízo especificamente aquele exato interesse controvertido na hipótese concreta. (...) Essa generalidade não pode ser, entretanto, desarrazoada, sob pena de admitirmos a criação de uma associação civil para a defesa de qualquer interesse, o que desnaturaria a exigência de representatividade adequada do grupo lesado" (STJ, AgRg no REsp 901.936, 1ª T., Rel. Min. Luiz Fux, julg. 16.10.2008).

de proteção de dados, ao envolver diferentes matérias e áreas do ordenamento jurídico[104].

Ao indivíduo, este possui legitimidade restrita à ação popular, cujo cabimento se restringe à proteção de patrimônio público e abrangendo a moralidade administrativa, o meio ambiente e o patrimônio histórico e cultural[105] e os bens de valor econômico, artístico, estético, histórico ou turístico - o que não se adequa à proteção de dados pessoais. Considera-se que, apenas em casos excepcionais, quando não houver nenhum legitimado coletivo disponível, é que pode ser admitida a legitimação coletiva do indivíduo[106], sob pena de violação à garantia constitucional do acesso à justiça[107].

O cenário tende ao aumento de litígios levados ao Poder Judiciário como alternativa a um regime de proteção coletiva de dados pessoais, (potencialmente reduzido em um modelo administrativo de governança[108]). Como consequência, tende a fazer que haja conflitos de visões sobre matrizes individuais e coletivas sobre a proteção de dados pessoais, as quais ganham contornos específicos dentro do Judiciário e que promovem uma relação dinâmica na interpretação da legislação aplicável à privacidade e tratamento de dados pessoais[109]. Por outro lado, a legislação brasileira permite uma atuação repressiva a nível administrativo, valendo-se do microssistema de proteção de direitos difusos para a tutela

---

[104] ROQUE, André. A tutela coletiva dos dados pessoais na Lei Geral de Proteção de Dados Pessoais (LGPD). *Revista Eletrônica de Direito Processual*. Rio de Janeiro. v. 20. n. 2. p. 1-19. mai./ago. 2019. Disponível em: <https://sistemas.rj.def.br/publico/sarova.ashx/Portal/sarova/imagem-dpge/public/arquivos/Roque_-_Tutela_coletiva_dos_dados_pessoas_na_LGPD.pdf>. Acesso em: 17 dez. 2022. p. 12.

[105] CF/1988. Art. 5º [...] LXXIII - qualquer cidadão é parte legítima para propor ação popular que vise a anular ato lesivo ao patrimônio público ou de entidade de que o Estado participe, à moralidade administrativa, ao meio ambiente e ao patrimônio histórico e cultural, ficando o autor, salvo comprovada má-fé, isento de custas judiciais e do ônus da sucumbência;

[106] ROQUE, André. A tutela coletiva dos dados pessoais na Lei Geral de Proteção de Dados Pessoais (LGPD). *Revista Eletrônica de Direito Processual*. Rio de Janeiro. v. 20. n. 2. p. 1-19. mai./ago. 2019. Disponível em: <https://sistemas.rj.def.br/publico/sarova.ashx/Portal/sarova/imagem-dpge/public/arquivos/Roque_-_Tutela_coletiva_dos_dados_pessoas_na_LGPD.pdf>. Acesso em: 17 dez. 2022. p. 12-13.

[107] CF/1988. Art. 5º, [...] XXXV - a lei não excluirá da apreciação do Poder Judiciário lesão ou ameaça a direito;

[108] Ao invés de se tutelar tais conflitos sobre um prisma coletivo, se reduziria a um modelo administrativo de governança, em tese, para um enfoque nas relações entre titular, controlador e autoridade.

[109] ZANATTA, Rafael A. F. *Tutela coletiva e coletivização da proteção de dados pessoais*. In: PALHARES, Felipe. Temas Atuais de Proteção de Dados Pessoais. São Paulo: Revista dos Tribunais, 2020. p. 17.

da proteção de dados pessoais, tornando a dinâmica regulatória mais complexa.

Tal complexidade se evidencia ao constatar que a tutela coletiva de dados pessoais pode envolver uma grande diversidade de pedidos como em extensas ações civis públicas (para apuração de incidentes com violação dos padrões de segurança de tratamento de dados e exposição de intimidade dos usuários inseridos em determinado *smart grid*), ou então se tratar de providências pontuais, como em pagamento de indenização por danos morais e materiais (diante de casos de aumento abusivo de tarifação de energia elétrica a partir de geolocalização, ou por compartilhamento de dados pelo controlador a terceiros não identificados). Ao envolver a Administração Pública no polo passivo, pode se complicar ao dialogar com burocracias estatais ou privadas, buscando eventualmente uma reforma estrutural de um ente, organização ou instituição para concretizar um direito fundamental, realizar determinada política pública ou resolver litígios complexos[110].

5. CONCLUSÃO

A proteção de dados pessoais pode ser exercida por via individual ou coletiva, permitida por todos os meios necessários à efetividade da tutela desse direito fundamental. A Lei Geral de Proteção de Dados permite a conexão com o microssistema de direitos difusos, coletivos e individuais homogêneos, cuja aplicação das respectivas sistemáticas depende do caso concreto e identificação da categoria de direito coletivo na qual se encaixa. Em conjunto com a via judicial, a proteção de dados também pode ser buscada por vias administrativas perante a autoridade competente para fiscalização de controladores de dados.

No contexto de redes elétricas inteligentes, dados e informações são utilizados para dar operabilidade aos sistemas de monitoramento e controle da rede elétrica em toda a cadeia de produção

[110] ROQUE, André. A tutela coletiva dos dados pessoais na Lei Geral de Proteção de Dados Pessoais (LGPD). *Revista Eletrônica de Direito Processual*. Rio de Janeiro. v. 20. n. 2. p. 1-19. mai./ago. 2019. Disponível em: <https://sistemas.rj.def.br/publico/sarova.ashx/Portal/sarova/imagem-dpge/public/arquivos/Roque_-_Tutela_coletiva_dos_dados_pessoas_na_LGPD.pdf>. Acesso em: 17 dez. 2022. p. 13-14.

de energia, desde a geração até o consumo final. *Smart grids* se apoiam em sistemas de comunicação bi-direcional para medição dos níveis de consumo de energia de todos os dispositivos conectados em rede, realizada entre a concessionária de energia e a unidade consumidora. Os níveis de consumo de energia podem ser considerados como dados pessoais por atribuir uma característica ao consumidor-usuário de serviço público essencial.

Pela característica de estruturação em rede que pode abranger desde um edifício a uma região geográfica conectada em *smart grid*, eventuais violações à proteção de dados e aos fundamentos da tutela de dados podem afetar um grupo de consumidores ou uma parcela da população, não se restringindo à esfera individual. Ao identificar em qual categoria de direito coletivo tal situação se encaixa, considera-se a possibilidade de ser caso de direitos coletivos *stricto sensu*, nos quais os titulares estão conectados à mesma rede na circunstância jurídica de consumo de energia perante o controlador/operador de tratamento dos dados, podendo ser realizado por instituições públicas ou privadas. Isso não exclui a possibilidade de demandas de direitos difusos e individuais homogêneos pautadas em proteção de dados pessoais, a depender das circunstâncias do fato.

Seja qual for o direito coletivo *lato sensu* suscitado, conclui-se que é possível utilizar o procedimento coletivo para a tutela da proteção de dados em juízo, com os respectivos legitimados e ações adequadas tematicamente para tanto. Estudos posteriores podem analisar a eficácia dos instrumentos de tutela de direitos coletivos para a proteção de dados em *smart grid*, após ser implementado futuramente em maior escala.

REFERÊNCIAS

ALENCAR, Yanko Marcius de Xavier; GUIMARÃES, Patrícia Borba Vilar; ARAÚJO JÚNIOR, Evilásio Galdino de. Direito à cidade e energia: a regulação jurídica de smart grids no Brasil. *Revista de Direito da Cidade*, [S.l.], v. 11, n. 4, p. 525-568, fev. 2020. ISSN 2317-7721. Disponível em: <https://www.e-publicacoes.uerj.br/index.php/rdc/article/view/42003>. Acesso em: 17 dez. 2022. DOI: https://doi.org/10.12957/rdc.2019.42003.

ALVES, Flávia Cristina Lima; PEREIRA JUNIOR, Amaro Olímpio; SÁNCHEZ, Juan Carlos Mateus. Analysis of regulatory process for the implementation of smart metering in Brazil. *Decision Analytics Journal*, v. 3, jun. 2022. Disponível em: <https://www.sciencedirect.com/science/article/pii/S2772662222000170>. Acesso em: 20 dez. 2022.

BAUMEISTER, Todd. Literature review on smart grid cyber security. *Collaborative software development laboratory at the University of Hawaii*, v. 650, 2010. Disponível em: <https://csdl.ics.hawaii.edu/techreports/2010/10-11/10-11.pdf>. Acesso em: 17 dez. 2022.

BORBA, Joselita Nepomuceno. *Efetividade da tutela coletiva*. São Paulo: LTr, 2008.

BRASIL. *Constituição da República Federativa do Brasil*, 1988. Disponível em: <http://www.planalto.gov.br/ccivil_03/constituicao/constituicaocompilado.htm>. Acesso em: 17 dez. 2022.

BRASIL. *Lei n. 13.709* de 14 de ago. de 2018. Dispõe sobre a proteção de dados pessoais e altera a Lei nº 12.965, de 23 de abril de 2014. Disponível em: <http://www.planalto.gov.br/ccivil_03/_ato2015-2018/2018/Lei/L13709.htm >. Acesso em: 17 dez. 2022.

BRASIL. *Lei n. 7.347* de 24 de jul. de 1985. Disciplina a ação civil pública de responsabilidade por danos causados ao meio-ambiente, ao consumidor, a bens e direitos de valor artístico, estético, histórico, turístico e paisagístico (VETADO) e dá outras providências. Disponível em: <https://www.planalto.gov.br/ccivil_03/leis/l7347orig.htm>. Acesso em: 17 dez. 2022.

BRASIL. *Lei n. 8.078* de 11 de set. de 1990. Dispõe sobre a proteção do consumidor e dá outras providências. Disponível em: <https://www.planalto.gov.br/ccivil_03/leis/l8078compilado.htm>. Acesso em: 17 dez. 2022.

CARVALHO, Gisele Primo; PEDRINI, Taina Fernanda. Direito à privacidade na Lei Geral de Proteção de Dados Pessoais. *Revista da ESMESC*, [S. l.], v. 26, n. 32, p. 363–382, 2019. Disponível em: https://revista.esmesc.org.br/re/article/view/217. Acesso em: 17 dez. 2022. DOI: 10.14295/revistadaesmesc.v26i32.p363.

CENTRO DE GESTÃO E ESTUDOS ESTRATÉGICOS (CGEE). *Redes elétricas inteligentes*: contexto nacional. Brasília, DF. 2012. Disponível em: <https://www.cgee.org.br/documents/10195/734063/Redes_Eletricas_Inteligentes_22mar13_9539.pdf/36f87ff1-43ed-4f33-9b53-5c869ace9023?version=1.1>. Acesso em: 17 dez. 2022.

DONEDA, Danilo. A proteção dos dados pessoais como um direito fundamental. *Espaço Jurídico Journal Of Law*, v.12, nº 2, p. 91-108, 2011. Disponível em: <http://editora.unoesc.edu.br/index.php/espacojuridico/article/view/1315>. Acesso em: 18 dez. 2022.

______. *Da privacidade à proteção de dados pessoais*: elementos de formação da Lei Geral de Proteção de Dados. 2. ed. São Paulo: Thomson Reuters Brasil, 2020.

EUROPEAN COMMISSION *et al. Smart grid projects in Europe: lessons learned and current developments*: 2012 update. Luxembourg: Publications Office of the European Union, 2013. Disponível em: <http://dx.publications.europa.eu/10.2790/82707>. Acesso em: 20 dez. 2022.

FALCÃO, Djalma M. et al. Integração de tecnologias para viabilização da smart grid. *III Simpósio Brasileiro de Sistemas Elétricos*, p. 1-5, 2010. Disponível em: <http://www.cricte2004.eletrica.ufpr.br/odilon/te339/artigo_SMART_GRID.PDF>. Acesso em: 17 dez. 2022.

FINKELSTEIN, Maria Eugenia; FINKELSTEIN, Claudio. Privacidade e Lei Geral de Proteção de Dados. *Revista de Direito Brasileira*, Florianópolis/SC, v. 23, n. 9, p. 284-301, mai./ago. 2019.

GRINOVER, Ada Pellegrini et al. Código de defesa do consumidor comentado pelos autores do anteprojeto: Processo Coletivo (arts. 81 a 104 e 109 a 119). Vol. II. Rio de Janeiro: Forense, 2011.

GUIMARÃES, Lucas Noura. The Dichotomy between Smart Metering and the Protection of Consumer's Personal Data in Brazilian Law. *Brazilian Journal of Public Policy*, [s. l.], v. 7, p. 275, 2017.

GUIMARÃES, Pedro Henrique V. et. al. Comunicação em redes elétricas inteligentes: eficiência, confiabilidade, segurança e escalabilidade. 31° Simpósio Brasileiro de Redes de Computadores e Sistemas Distribuídos, 2013. Disponível em: <http://sbrc2013.unb.br/files/anais/minicursos/minicurso-3.pdf>. Acesso em: 18 dez. 2022.

MACHADO, Matheus F; NASCIMENTO, Décio Estevão do; FONSECA, Keiko Veronica Ono. A proteção de dados pessoais no contexto da rede elétrica inteligente. *Revista Mundi Engenharia, Tecnologia e Gestão*. [S.l.], v. 5, n. 3, p. 244-01, 244-14, 2020. Disponível em: <https://periodicos.ifpr.edu.br/index.php?journal=MundiETG&page=article&op=view&path%5B%5D=1247>. Acesso em: 17 dez. 2022. DOI: http://dx.doi.org/10.21575/25254782rmetg2020vol5n31247.

MALDONADO, Viviane Nóbrega. *Capítulo III*: dos direitos do titular. In: MALDONADO, Viviane Nóbrega; BLUM, Renato Opice (coord.) LPGD: Lei Geral de Proteção de Dados comentada. 2. ed. São Paulo: Thomson Reuters Brasil, 2020.

MINISTÉRIO DE MINAS E ENERGIA. *Relatório Smart Grid – Grupo de trabalho de redes elétricas inteligentes Ministério de Minas e Energia*. 2010. Disponível em: <http://antigo.mme.gov.br/documents/36148/342584/RELAT%C3%93RIO+SMART+GRID/cf509d1b-b503-5eda-5392-97738fe6f45a>. Acesso em: 17 dez. 2022.

MORENO, Natália de Almeida. Smart grids e a modelagem regulatória de infraestruturas. Rio de Janeiro: Synergia Editora, 2015.

RIVERA, Ricardo; ESPOSITO, Alexandre Siciliano; TEIXEIRA, Ingrid. *Redes elétricas inteligentes* (smart grid): oportunidade para adensamento produtivo e tecnológico local. Revista do BNDES, n. 40, dez. 2013. Disponível em: <https://web.bndes.gov.br/bib/jspui/bitstream/1408/2927/1/RB%2040%20Redes%20el%C3%A9tricas%20inteligentes_P.pdf>. Acesso em: 18 dez. 2022.

ROQUE, André. A tutela coletiva dos dados pessoais na Lei Geral de Proteção de Dados Pessoais (LGPD). *Revista Eletrônica de Direito Processual*. Rio de Janeiro. v.

20. n. 2. p. 1-19. mai./ago. 2019. Disponível em: <https://sistemas.rj.def.br/publico/sarova.ashx/Portal/sarova/imagem-dpge/public/arquivos/Roque_-_Tutela_coletiva_dos_dados_pessoas_na_LGPD.pdf>. Acesso em: 17 dez. 2022. DOI: https://doi.org/10.12957/redp.2019.42138.

SILVA, José Afonso da. *Direito constitucional positivo.* 24. ed. São Paulo: Malheiros, 2005.

SILVA, Juvencio Borges da. Direitos difusos, coletivos e individuais homogêneos: um novo paradigma jurídico-processual. *Revista Paradigma,* [S. l.], n. 18, 2011. Disponível em: <https://revistas.unaerp.br/paradigma/article/view/42>. Acesso em: 27 dez. 2022.

VERBICARO, Dennis; OHANA, Gabriela. A responsabilidade civil das concessionárias de energia elétrica quanto aos danos aos consumidores e a necessidade de fortalecimento da atuação dos órgãos de defesa coletiva. *Revista de direito, globalização e responsabilidade nas relações de consumo,* v. 5, n. 2, 2019. Disponível em: <https://www.indexlaw.org/index.php/revistadgrc/article/view/5909/pdf>. Acesso em: 20 dez. 2022.

ZANATTA, Rafael A. F. *Tutela coletiva e coletivização da proteção de dados pessoais.* In: PALHARES, Felipe. Temas Atuais de Proteção de Dados Pessoais. São Paulo: Revista dos Tribunais, 2020.

ZAVASCKI, Teori Albino. Defesa de direitos coletivos e defesa coletiva de direitos. *Revista de Informação Legislativa,* Brasília, a. 32, n. 127, jul./set. 1995.

IMPACTO DA LGPD NO MANUSEIO DE DOCUMENTOS FISCAIS ELETRÔNICOS

HUDSON ANDRADE VIANA[111]

MATHEUS ABDON MEIRELLES[112]

OTACÍLIO DOS SANTOS SILVEIRA NETO[113]

1. INTRODUÇÃO

A digitalização das relações sociais é uma das características mais marcantes da sociedade do século XXI. A tecnologia avançou tanto que é praticamente impossível que alguém fique alheio a esse fenômeno, exceto em comunidades que não estão integradas à sociedade contemporânea. Com a expansão da digitalização, o intercâmbio de dados, incluindo informações pessoais, aumentou significativamente, principalmente devido à facilitação do processamento, armazenamento e transmissão de dados por meios automatizados.

Esse avanço tecnológico, sobretudo no tocante à Internet e suas aplicações em diferentes áreas, fez com que o tratamento de dados se tornasse algo comum em nossas vidas. À vista disso, o tema da proteção dos dados pessoais se tornou objeto de interesse da comunidade jurídica, especialmente no panorama legislativo, com o estabelecimento de normas legais para regular essas relações, visando proteger a individualidade e a privacidade das pessoas, sem prejudicar a iniciativa comercial e produtiva.

---

[111] Auditor-Fiscal de Tributos Municipais do Município de Parnamirim/RN. Graduado em Ciências Contábeis e em Direito, especialista em Auditoria e Controladoria e mestrando em Direito, todos pela Universidade Federal do Rio Grande do Norte (UFRN). E-mail: hudson1206@gmail.com.

[112] MMestrando em Direito Constitucional pela Universidade Federal do Rio Grande do Norte (UFRN). MBA em Controle Externo e Inovação pela Universidade de São Paulo (USP). Especialista em Direito e Processo Tributário pela Universidade Potiguar (UNP), em Gestão Fiscal e Tributária e em Auditoria e Perícia Contábil pelo Centro Universitário do Rio Grande do Norte (UNIRN). Graduado em Direito (UNIRN), Ciências Sociais (UFRN) e Ciências Contábeis (UFRN). Assessor das Comissões Permanentes da Assembleia Legislativa do Estado do Rio Grande do Norte. E-mail: matheusabdon@yahoo.com.br.

[113] Professor Associado do Departamento de Direito Público da UFRN. Mestrado em Ciências Jurídicas pela UFPB em Direito Econômico. Doutorado em Direito Público pela Universidade de Zaragoza/Espanha (2009) com o Título de Doutor. E-mail: otaciliosneto@yahoo.com.br

Nesse contexto, a Lei Nº 13.709, de 14 de agosto de 2018, denominada Lei Geral de Proteção de Dados Pessoais (LGPD), foi promulgada com o objetivo de proteger os direitos de privacidade e de proteção de dados pessoais dos cidadãos, de modo a garantir que esses dados sejam tratados de forma segura e responsável. Com efeito, a LGPD representa um marco importante na área de proteção de dados pessoais e tem sido amplamente discutida em diversos setores da sociedade, incluindo a administração tributária, enquanto conjunto de atividades que envolvem a arrecadação, fiscalização e controle de tributos[114].

No que diz respeito a documentos fiscais, a LGPD tem um impacto significativo na forma como esses documentos são gerados e armazenados. Isso porque muitos documentos fiscais contêm informações pessoais, como nome, endereço, CPF e outras informações de contato.

Além disso, a LGPD estabelece regras para o armazenamento e compartilhamento de dados pessoais entre órgãos públicos, exigindo que esses dados sejam armazenados de forma segura, bem como que os compartilhamentos estejam de acordo com os princípios da finalidade, da necessidade e da transparência.

É sob essa perspectiva que o presente trabalho se propõe a abordar a interferência da LGPD nas relações tributárias, máxime quanto ao tratamento dos dados pessoais dos contribuintes presentes em documentos fiscais eletrônicos no âmbito federal. Para atingir o objetivo estabelecido, serão examinadas também as regras da LGPD concernentes às informações obtidas pelo Fisco protegida pelo sigilo fiscal.

2. SIGILOS FISCAL E BANCÁRIO E A PROTEÇÃO DE DADOS PESSOAIS

No contexto do Direito Tributário, os conceitos de sigilo fiscal e bancário reafirmam o direito à privacidade dos contribuintes. No entanto, como não são explicitamente mencionados na nossa Constituição Federal, os contornos doutrinários são auferidos a partir de outros dispositivos constitucionais. Assim, os sigilos

[114] Apesar das regras de sigilo fiscal, a incidência da LGPD não é excluída formalmente da área tributária, havendo capítulo sobre a Administração Pública (Capítulo IV: "Do Tratamento de Dados Pessoais Pelo Poder Público")

fiscal e bancário encontram fundamento na Constituição Federal no seu art. 5º, inciso X[115], que trata do direito à inviolabilidade da intimidade, da vida privada, da honra e da imagem das pessoas.

Nesse sentido, o sigilo fiscal, malgrado não esteja expressamente previsto na Carta Política, deriva dos direitos constitucionais à inviolabilidade da privacidade e da vida privada, representando uma proteção, tanto para as pessoas naturais quanto as jurídicas, contra o compartilhamento das informações fiscais pela Administração Tributária[116].

Na esfera infraconstitucional, o dever de observância do sigilo fiscal está previsto no artigo 198 do Código Tributário Nacional, se referindo à proibição de divulgação, por parte dos agentes da Administração Tributária, de qualquer informação ou dado sobre a situação econômica ou financeira dos contribuintes ou de terceiros, bem como sobre a natureza e o estado de seus negócios e atividades. No que diz respeito ao sigilo bancário, o art. 197, II, do CTN, regulamenta que os bancos e demais instituições financeiras, mediante intimação escrita, são obrigados a prestar à Administração Tributária todas as informações de que disponham com relação aos bens, negócios ou atividades de terceiros.

As duas noções não se confundem: o sigilo bancário é uma garantia de privacidade que protege os dados pessoais e financeiros dos clientes de instituições financeiras, tanto públicas quanto privadas. Isso inclui informações como saldo de contas bancárias, movimentações financeiras e dados de cartão de crédito. O sigilo bancário tem como objetivo garantir a privacidade dos clientes e evitar que essas informações sejam divulgadas sem o consentimento dos titulares. De acordo com o entendimento do Supremo Tribunal Federal, no que se refere à autonomia individual, o sigilo bancário é considerado uma manifestação do direito à personalidade que se manifesta na proteção das atividades e informações financeiras de interferências ou violações consideradas arbitrárias

---

[115] Art. 5º Todos são iguais perante a lei, sem distinção de qualquer natureza, garantindo-se aos brasileiros e aos estrangeiros residentes no País a inviolabilidade do direito à vida, à liberdade, à igualdade, à segurança e à propriedade, nos termos seguintes: [...] X - são invioláveis a intimidade, a vida privada, a honra e a imagem das pessoas, assegurado o direito a indenização pelo dano material ou moral decorrente de sua violação.

[116] SARLET, Ingo Wolfgang. MARINONI, Luiz Guilherme. MITIDIERO, Daniel. *Curso de direito constitucional*. 6. ed. São Paulo: Saraiva, 2017, p. 493.

ou ilegais por qualquer pessoa, incluindo o Estado ou a própria instituição financeira[117].

Já o sigilo fiscal é uma garantia de privacidade que protege os dados pessoais e financeiros dos contribuintes em relação à administração tributária. Isso inclui informações como renda, patrimônio e atividades econômicas. O sigilo fiscal tem como objetivo garantir a privacidade dos contribuintes e evitar que essas informações sejam divulgadas sem o consentimento dos titulares pelos funcionários do Fisco[118].

Com isso, o poder de acesso das autoridades fazendárias a informações sobre os particulares, detidas por eles ou por terceiros, encontra limite no dever de sigilo fiscal. Ou seja, se a autoridade administrativa obteve uma informação em razão de seu cargo, ela só pode utilizá-la no exercício de suas funções[119]. Dessa conclusão decorrem duas consequências relevantes.

Em primeiro lugar, as autoridades tributárias não podem utilizar os dados pessoais dos titulares de forma indiscriminada, mas apenas no contexto da incidência tributária e das atividades de fiscalização. Isso protege a privacidade e a intimidade do contribuinte contra uma possível devassa estatal, evitando que esses dados sejam usados em outras áreas, como fiscalização ambiental ou trabalhista.

Em segundo lugar, a Administração Tributária não pode ter acesso irrestrito a dados pessoais dos contribuintes, e o uso desses dados deve ser limitado à finalidade para a qual foi justificada, conforme reforçado no artigo 6°, inciso I, da LGPD. Isso significa que as autoridades tributárias não devem realizar acessos a dados pessoais indistintamente e somente depois deliberar como usá-los de forma seletiva[120].

---

117 BRASIL. Supremo Tribunal Federal. Recurso Extraordinário n° 601.314-SP. Relator: Min. Edson Fachin. Data de Julgamento: 24/02/2016.

118 TORRES, Ricardo Lobo. Sigilos bancário e fiscal. In: SARAIVA FILHO, Oswaldo Othon de Pontes, GUIMARÃES, Vasco Branco (Coords.). Sigilo bancário e fiscal: homenagem ao Jurista José Carlos Moreira Alves. Belo Horizonte: Fórum, 2011, p. 147.

119 SCHOUERI, Luis Eduardo. Direito tributário. 9. ed. São Paulo: Saraiva Educação, 2019, p. 97.

120 BRITO, José Valmi. *O uso de dados pessoais pelo setor público e as administrações tributárias no contexto da LGPD*. Dissertação (Mestrado em Direito). Instituto Brasiliense de Direito Público. Brasília, 2021, p. 72.

A despeito disso, é importante notar que o sigilo fiscal não é de todo absoluto, sendo legítimo o compartilhamento de informações protegidas em situações específicas previstas no Código Tributário Nacional.

Nesse sentido, os parágrafos 1º e 3º do artigo 198 e o artigo 199 do CTN cuidam das hipóteses excepcionais em que se admite a divulgação de informações protegidas por sigilo fiscal, que podem ser assim resumidas: requisição de autoridade judiciária (art. 198, §1º, I), solicitações de autoridade administrativa no interesse da Administração Pública (art. 198, §1º, II), representações fiscais para fins penais (art. 198, §3º, I), inscrições na dívida ativa (art. 198, §3º, II), parcelamento ou moratória (art. 198, §3º, III), benefícios fiscais deferidos à pessoa jurídica (art. 198, §3º, IV), e permuta de informações fiscais, por lei ou convênio, entre União, Estados, Distrito Federal e Municípios (art. 199, *caput*). Deveras, essa relativização do sigilo fiscal é imprescindível para que o Estado possa agir de forma eficaz e transparente.

Nesse sentido, é importante que a administração tributária esteja em conformidade com as normas da LGPD, adotando medidas de segurança e privacidade adequadas para proteger os dados pessoais dos contribuintes, além de estabelecer procedimentos claros e transparentes para a quebra do sigilo fiscal, em conformidade com as disposições da LGPD.

Quanto à proteção dos bancários, os procedimentos pertinentes encontram-se atualmente regulamentados pela Lei Complementar nº 105, de 10 de janeiro de 2001, que estabelece a obrigatoriedade das instituições financeiras em informar à Administração Tributária sobre as operações financeiras realizadas pelos seus clientes, incluindo a identificação dos titulares e os montantes movimentados mensalmente. Além disso, segundo essa lei complementar, a Administração Tributária pode requisitar, dentro de um processo fiscal, o exame de documentos, livros e registros relacionados às movimentações financeiras.

Nesse proscênio, não se pode se falar em uma quebra de sigilo propriamente, mas sim, em uma transferência de sigilo, considerando que o Fisco tem a obrigação de manter sob sigilo fiscal as informações sob sigilo bancário a que tem acesso[121].

Portanto, os sigilos fiscal e bancário se harmonizam com a LGPD na medida em que o interesse público decorrente do exercício da Administração Tributária e a proteção de dados pessoais passam a ser interpretados como conceitos não conflitantes, mas sim complementares e reciprocamente reforçadores[122].

Todavia, há de se ressaltar que a proteção do sigilo fiscal há muito tempo demanda custos significativos, não apenas desde a implementação da LGPD. Isso inclui a criação e manutenção de uma cultura de sigilo pelos funcionários da administração tributária, a capacitação contínua em boas práticas de preservação do sigilo fiscal, e a implementação e operação de sistemas de tratamento de dados que permitam a realização das atividades tributárias sem comprometer o sigilo.

3. INCIDÊNCIA DA LGPD NAS ATIVIDADES DA ADMINISTRAÇÃO TRIBUTÁRIA

A Lei nº 13.709 de 2018 (Lei Geral de Proteção de Dados Pessoais), conforme disposto no *caput* do seu artigo 1º, tem por objetivo regular o tratamento de dados pessoais, físicos ou digitais, por pessoa natural ou por pessoa jurídica de direito privado ou público. Em complemento, o parágrafo único, estabelece que as normas gerais contidas na nesta lei têm interesse nacional e devem ser observadas pela União, pelos Estados, pelo Distrito Federal e pelos Municípios[123]. É indiscutível, portanto, a aplicabilidade da LGPD à seara tributária, uma vez que está se insere no exercício da Administração Pública, em decorrência da soberania do Estado.

O tratamento de dados pessoais pela Administração Pública é uma necessidade premente e atual, principalmente devido à digitalização das relações sociais e automatização do processamento de dados. Hodiernamente, não se cogita a possibilidade do Estado

---

[121] PAULSEN, Leandro. Curso de direito tributário completo. 8.ed. São Paulo: Saraiva, 2017, p. 308.
[122] BRITO, José Valmi. O uso de dados pessoais pelo setor público e as administrações tributárias no contexto da LGPD. Dissertação (Mestrado em Direito). Instituto Brasiliense de Direito Público. Brasília, 2021, p. 73-74.
[123] BRASIL. Lei Nº 13.709, de 14 de agosto de 2018.

cumprir suas responsabilidades sem o uso de tecnologia, o que incluiu o tratamento de dados pessoais.

Com efeito, constantemente o Poder Público precisa tratar os dados dos indivíduos, o que gera uma tensão entre a eficiência administrativa e os riscos relacionados à vigilância e controle da sociedade pelo Estado[124]. Por exemplo, a viabilidade de programas assistenciais, tais como o Auxílio Emergencial, criado inicialmente pela Lei Federal Lei n. 13.982, de 2 de abril de 2020 em resposta à crise ocasionada pela Covid-19, depende da coleta de dados pessoais corretamente entregues pelos dependentes dessa política governamental. Isso mostra que há uma tendência de aumento do volume de informações dos cidadãos em poder do Estado.

Tal cenário se verifica igualmente no campo de atuação da Administração Tributária, cujo conceito abrange, em seu aspecto subjetivo, o aparato burocrático composto por vários órgãos autorizados a tributar, responsável pela arrecadação e fiscalização de tributos, assim como, em sentido objetivo, se revela na própria atividade de aplicação da lei fiscal, de maneira a atender aos interesses públicos de proteção dos direitos dos contribuintes e da arrecadação tributária[125]. Essa tensão entre a eficiência administrativa e os riscos associados à guarda de dados é especialmente relevante nesta área de atuação do Estado.

Com isso, o tratamento de dados pessoais torna-se fundamental para as funções de arrecadação e fiscalização de tributos, mormente nas situações que envolvem lançamento tributário por homologação, devido ao uso de instrumentos de praticidade fiscal que exigem que o contribuinte execute atividades que seriam de responsabilidade do ente tributante. Esses instrumentos de praticidade também envolvem o fornecimento de muitas informações ao Fisco, o que amplia significativamente o banco de dados sobre contribuintes e terceiros.

Além disso, o tratamento de dados pessoais é indispensável tanto para combater a evasão fiscal quanto para recuperar créditos tributários ajuizados. Com efeito, o compartilhamento de dados,

---

[124] CABRAL, Thales Francisco Amaral. A Administração Tributária e o Direito Fundamental à Proteção de Dados. In: *Revista Eletrônica ANAPE*, 2021, p. 209.

[125] COSTA, Regina Helena. *Curso de direito tributário*: Constituição e Código Tributário Nacional. 4. ed. São Paulo: Saraiva, 2014, p. 185.

permitido pelo art. 5º, inciso XVI, e art. 26 da LGPD, possibilita o intercâmbio de informações entre órgãos e entidades públicas. Por conseguinte, a partir do cruzamento dos dados coletados, aumentam as chances de identificação pelo Fisco, por exemplo, de grupos econômicos não formalizados, de sócios ocultos de empresas e de operações comerciais não declaradas.

Ademais, o compartilhamento de dados é uma importante ferramenta para melhorar o cenário atual de cobrança judicial de créditos tributários pendentes. Isso porque, frequentemente, a falta de localização do devedor ou de bens penhoráveis é a causa de acúmulo de execuções fiscais. Certamente, o tratamento de dados pessoais pode contribuir para mitigar esse problema.

No entanto, não é aceitável que uma Fazenda Pública utilize dados como prova emprestada para autuar contribuintes, quando esses dados são levantados por outra Fazenda. Isso porque a informação recebida, nessa hipótese, não tem valor probatório, devendo a Fazenda autuante realizar sua própria fiscalização e, sendo o caso, instaurar o processo administrativo apropriado com base em tais dados recebidos[126].

Nesse ponto, vale ressaltar que desde 2003 a Constituição Federal[127] permite o compartilhamento de informações cadastrais no âmbito das Administrações Tributárias, desde que isso seja feito na forma da lei ou convênio. Por sua vez, o Código Tributário Nacional também regulamenta o intercâmbio de informações fiscais sigilosas, não só em toda a Administração Pública[128], mas também entre as fazendas públicas da União, dos Estados, do Distrito Federal e dos Municípios[129], sendo assegurado o sigilo mediante a obrigatoriedade de instauraçao de processo regular.

Assim, com base nessas disposições constitucionais e legais específicas, infere-se que no contexto da Administração Tributária, o art. 26 da LGPD tem aplicação apenas subsidiária no tocante ao compartilhamento de informações fiscais, que é regulado primariamente pela Constituição Federal e pelo Código Tributário

[126] CARVALHO, Paulo de Barros. *Curso de direito tributário*. 30. ed. São Paulo: Saraiva, 2019, p. 691-692.
[127] Conforme artigo 37, XXII, incluído pela Emenda 42/2003.
[128] Conforme art. 198, §2º, do Código Tributário Nacional.
[129] Conforme art. 199, do Código Tributário Nacional.

Nacional. Não obstante, é importante destacar que essas disposições devem ser interpretadas em consonância com os princípios e diretrizes estabelecidos pela LGPD e com os direitos e garantias fundamentais protegidos pela Constituição Federal. Portanto, é preciso equilibrar a necessidade de compartilhar informações fiscais para realizar as atividades de arrecadação e fiscalização tributária com a proteção dos direitos de privacidade e de tutela dos dados pessoais dos indivíduos envolvidos[130].

Faz-se relevante ponderar ainda que o conceito amplo de dados pessoais adotado pela LGPD implica grande repercussão na Administração Tributária quanto à proteção das informações coletadas, que até o surgimento da aludida lei, estava sujeita apenas ao sigilo fiscal regulamentado no Código Tributário Nacional.

Conforme visto no capítulo anterior, o artigo 198 do Código Tributário Nacional conceitua como sigilosas as informações pertinentes à situação econômica ou financeira do sujeito passivo ou de terceiros, bem como sobre a natureza e o estado de seus negócios ou atividades. Logo, excetuam-se à essa definição os dados meramente cadastrais, isto é, aqueles não diretamente relacionados à situação econômica ou financeira do contribuinte, responsável tributário ou terceiro, tais como nome, endereço, CPF, CNPJ ou composição societária.

Dessa forma, a LGPD aumentou sobremaneira o dever da Administração Tributária de proteger os dados pessoais sob sua guarda, passando a incluir também aqueles não abrangidos pelo sigilo fiscal, tendo em vista a possibilidade de que seu uso indevido venha a servir de elemento para extração de informações espe-

---

[130] O Supremo Tribunal Federal (STF), por maioria dos votos, decidiu na análise conjunta da Ação Direta de Inconstitucionalidade (ADI 6649) e da Arguição de Descumprimento de Preceito Fundamental (ADPF 695) que órgãos e entidades da administração pública federal podem compartilhar dados pessoais entre si, desde que cumpram alguns critérios. Segundo o entendimento do STF, o compartilhamento deve ser restrito ao mínimo necessário para atender a finalidade informada e estar em conformidade com os requisitos, garantias e procedimentos estabelecidos na Lei Geral de Proteção de Dados (LGPD - Lei 13.709/2018) compatíveis com o setor público. Dentre esses critérios, destacam-se mecanismos rigorosos de controle de acesso ao Cadastro Base do Cidadão, publicidade do compartilhamento ou acesso a bancos de dados pessoais, e fornecimento de informações claras e atualizadas sobre a previsão legal, finalidade e práticas utilizadas.

cíficas sobre os seus titulares, o que pode ser feito por meio de técnicas de cruzamento ou estruturação de dados[131].

Essa ampliação dos deveres de custódia de informações atribuídos à Administração Tributária, inevitavelmente, causa impacto nos direitos das pessoas naturais previstos na LGPD sobre o exercício da fiscalização, principalmente porque o tratamento de dados pelo Fisco pode ser feito sem o consentimento do titular[132].

É sabido que as atividades da Administração Tributária são realizadas no interesse público, ou seja, decorrem de uma obrigação legal. Por isso, nesse caso, o consentimento para o tratamento de dados pessoais é dispensado de acordo com o artigo 7º, II, e artigo 11, II, 'a', da LGPD. Isso se deve ao fato de que a atividade de lançamento tributário é considerada plenamente vinculada pelo Código Tributário Nacional, o que significa que o tratamento de dados pessoais, enquanto operação instrumental a essa atividade, prescinde de consentimento prévio. Via de consequência, não são aplicáveis à Administração Tributária os direitos elencados no art. 18 da LGPD que estão relacionados ao consentimento para o tratamento de dados. Isso inclui a portabilidade de dados (inciso V), a eliminação de dados sem consentimento (inciso VI), a possibilidade de não fornecer consentimento (inciso VIII) e, por óbvio, a revogação do consentimento (inciso IX). Isso se deve ao fato de que o Fisco não precisa de consentimento para tratar dados, porquanto atua para cumprir uma obrigação legal completamente vinculada. Também está excluído o direito de informação sobre o uso compartilhado de informações (inciso VII), pois essa questão, conforme dito alhures, já é disciplinada pela Constituição Federal e pelo Código Tributário Nacional.[133]

Igualmente, não pode o contribuinte solicitar ao Fisco a anonimização, bloqueio ou eliminação de dados que entenda desnecessários, excessivos (inciso IV), pois parte-se da premissa de que

---

[131] SEER, Roman; SIGNORETTI, Diogo Brandau. Proteção de dados e tributação na Alemanha: repercussões do Regulamento Geral sobre Proteção de Dados. Revista Jurídica da Presidência, v. 22, n. 126, p. 20-47, 2020. p. 23.

[132] OLIVEIRA, Henrique Silva de. SILVA, Adrielle De Cirqueira da. Transparência e Proteção de Dados dos Contribuintes: os Custos Sociais e os Limites Jurídicos para a Implantação da LGPD e do Governo Digital no Âmbito da Administração Tributária. *in: III Encontro Virtual do CONPEDI*. Florianópolis: CONPEDI. p. 62-82, 2021. p. 77.

[133] CABRAL, Thales Francisco Amaral. A Administração Tributária e o Direito Fundamental à Proteção de Dados. *In: Revista Eletrônica ANAPE*, 2021, p. 201-214. p. 211.

cabe à Administração Tributária o julgamento da pertinência do tratamento desses dados no interesse da fiscalização, cobrança e arrecadação de tributos.

Por outro lado, os outros direitos enumerados no artigo 18 da LGPD são oponíveis à Administração Tributária. Dessa forma, o contribuinte pode confirmar a existência de tratamento de dados (inciso I), ter acesso aos seus dados (inciso II) e corrigir dados incompletos, inexatos ou desatualizados (inciso III)[134].

Dito isto, há de se concluir que as atividades próprias da Administração Tributária, tais como arrecadação, fiscalização e cobrança de tributos, em princípio, não são afetadas diretamente pela LGPD, uma vez que esta lei não influi nos atos administrativos relacionados à verificação do cumprimento de obrigações tributárias, sejam principais ou acessórias, ao lançamento do crédito tributário e sua constituição definitiva, ou à cobrança de dívidas fiscais na esfera judicial ou extrajudicial.

Outrossim, a Administração Tributária precisa manter registro de suas operações de tratamento de dados pessoais e estar pronta para fornecer relatórios de impacto à proteção desses dados, se solicitado pela Autoridade Nacional de Proteção de Dados (ANPD). Além disso, deve implementar medidas tecnológicas e administrativas para proteger os dados pessoais dos contribuintes de acessos não autorizados, de modo a identificar os responsáveis pelos acessos efetuados.

4. TRATAMENTO DE DADOS ORIUNDOS DOS DOCUMENTOS FISCAIS ELETRÔNICOS E A LGPD

O Sistema Público de Escrituração Digital (SPED) foi criado pelo Decreto nº 6.022, de 22 de janeiro de 2007, com o intuito de ser uma ferramenta voltada para informatização dos fiscos, aumentando os padrões de eficiência na relação entre a administração tributária e o contribuinte. O foco, no momento da instituição do SPED, era padronizar o meio eletrônico como forma corrente de cumprimento de obrigações acessórias.

[134] CABRAL, Thales Francisco Amaral. A Administração Tributária e o Direito Fundamental à Proteção de Dados. *In: Revista Eletrônica ANAPE*, 2021, p. 201-214. p. 212.

Para isso, os documentos fiscais típicos da relação entre contribuinte e administração tributária foram integralmente migrados para o ambiente virtual, tudo com asseguração de higidez e integridade através do sistema de certificação digital, que garantia validade jurídica ao processo. À rigor, quando da criação do SPED, fundaram-se três grandes sistemas, quais sejam, Escrituração Contábil Digital, Escrituração Fiscal Digital e a Nota Fiscal eletrônica de âmbito nacional.

O SPED surgiu com a promessa de fornecer benefícios a todos os atores envolvidos, em razão, especialmente, de garantir a redução de custos relacionados ao manuseio e autenticação de documentos e livros de papel, simplificação do atendimento das obrigações acessórias, otimização do tempo destinado às atividades de envio (contribuinte) e análise (fisco) e aperfeiçoamento dos instrumentos de combate à sonegação fiscal. Todos esses benefícios redundaram na melhoria da qualidade da informação e racionalização dos custos financeiros e administrativos tanto para o Poder Público quanto para a Iniciativa Privada.

Registrem-se também as premissas encontradas na implantação do sistema, como melhoria do ambiente de negócios no país, mínima interferência no ambiente do contribuinte e completa eliminação do papel como forma de transmissão das informações fiscais. Outro aspecto a ser considerado é a promoção da integração dos fiscos mediante a padronização e compartilhamento das informações contábeis e fiscais.

Hoje, o SPED conta com doze módulos para atender da forma mais ágil e segura possível aqueles enredados no "dever fundamental" do pagamento de tributos e prestação dos pertinentes subsídios acessórios. São subsistemas interligados buscando atender a missão de eficiência proposta. Tais são os módulos existentes: Conhecimento de Transporte (CT-e), Escrituração Contábil Digital (ECD), Escrituração Contábil-Fiscal (ECF), Escrituração Fiscal Digital (EFD-ICMS/IPI), Escrituração Fiscal Digital (EFD-Contribuições), Escrituração Fiscal Digital de Retenções e Outras Informações Fiscais (EFD-Reinf), Operações Financeiras (e-Financeira), Escrituração Digital das Obrigações Fiscais, Previdenciárias e Trabalhistas (e-Social), Nota Fiscal Eletrônica (NF-e), Nota Fiscal de

Serviço Eletrônica (NFS-e), Manifesto Eletrônico de Documentos Fiscais (MDF-e) e Nota Fiscal de Consumidor Eletrônica (NFC-e).

Não obstante as disposições legais já existentes sobre o sigilo fiscal, marcadamente aquelas contidas no art. 198 do Código Tributário Nacional (CTN), a partir de 2018, com o advento da Lei Federal nº 13.709, a Lei Geral de Proteção de Dados Pessoais (LGPD), o paradigma de tratamento de dados existente foi significativamente modificado. Além das mudanças empíricas experimentadas pela evolução dos mecanismos informacionais, houve uma inequívoca progressão no modelo jurídico.

Por certo, não é que a matéria relativa aos dados pessoais (fiscais ou gerais) fosse juridicamente "terra de ninguém", somente prestigiada pela vigência da LGPD[135].

Inclusive, já se encontravam sementes do direito à proteção de dados na Declaração Universal dos Direitos Humanos (1948) e na Convenção Europeia dos Direitos do Homem (1950). Contudo, somente com a Convenção de Estrasburgo, também conhecida como Convenção nº 108 para a Proteção de Indivíduos com Respeito ao Processamento Automatizado de Dados Pessoais, promulgada em 1981, e posteriormente com o artigo 8 da Carta de Direitos Fundamentais da União Europeia de 2000, o direito à proteção de dados foi finalmente reconhecido como um direito fundamental autônomo. No entanto, esse reconhecimento vinculou apenas os estados membros da União Europeia e só entrou em vigor com o Tratado de Lisboa em 2009[136].

Antes, a temática dos dados fiscais era vista somente sob o prisma das próprias normas tributárias, que basicamente resumiam a proteção aos dados bancários e aos documentos fiscais "per si". Conforme se lê do art. 198, caput, do CTN, "é vedada a divulgação, por parte da Fazenda Pública ou de seus servidores, de informação obtida em razão do ofício sobre a situação econômica ou financeira do sujeito passivo ou de terceiros e sobre a natureza

[135] CABRAL, Thales Francisco Amaral. A administração tributária e o direito fundamental à proteção de dados. In: XLVII Congresso Nacional de Procuradores dos Estados e do Distrito Federal. 2021.

[136] SARLET, Ingo Wolfgang. Proteção de dados pessoais como direito fundamental na Constituição Federal brasileira de 1988: contributo para a construção de uma dogmática constitucionalmente adequada. *In: Direitos Fundamentais & Justiça*. Belo Horizonte, ano 14, n. 42, p. 179-218, jan./jun. 2020. p. 183.

e o estado de seus negócios ou atividades". Atualmente, a normativa vigente é mais abrangente quanto ao sigilo dos dados de modo geral (não só os dados fiscais), protetora e garantista.

A LGPD, que – sem maiores dúvidas – insere-se integralmente no contexto do manuseio dos documentos fiscais, excetua-se nos casos em que se desenvolvam atividades de investigação e repressão de infrações penais.

Assim, o tratamento de dados oriundos de documentos fiscais, com a presença da LGPD, demanda da administração tributária, por seus órgãos interfederativos, que atendam os diversos princípios e fundamentos decorrentes da nova legislação. Ou seja, para mais das normas que já existiam no ordenamento jurídico nacional, agora os fiscos deverão acatar o fundamento de respeito à privacidade harmonizado à finalidade (na medida em que a realização do tratamento será feita envolvendo propósitos legítimos, específicos, explícitos e informados ao titular dos dados, sem possibilidade de tratamento posterior de forma incompatível com essas finalidades), à adequação (na forma da compatibilidade do tratamento com as finalidades informadas ao titular, de acordo com o contexto do tratamento) e à necessidade (consistente na limitação do tratamento ao mínimo necessário para a realização de suas finalidades, com abrangência dos dados pertinentes, proporcionais e não excessivos em relação às finalidades do tratamento de dados)[137].

As perspectivas jurídicas apresentadas passam a ganhar ainda maior relevo, eis que, em 10 de fevereiro de 2022, o Congresso Nacional promulgou a Emenda Constitucional n° 115 conferindo status de direito fundamental ao direito à proteção dos dados pessoais, inclusive nos meios digitais.

5. PROTEÇÃO DE DADOS PESSOAIS COMO UM DIREITO FUNDAMENTAL E O CONCEITO DE SIGILO FISCAL

A proteção de dados pessoais como um direito fundamental senão modifica o contexto instalado pela publicação da LGPD, intensifica a importância jurídica de uma qualificada "intimidade

[137] Art. 6º LGPD

informática"[138]. Esse reforço principiológico materializa a importância da proteção de dados pessoais em face da ação privada de índole mercadológica, mas também em face à ação pública de natureza fiscal.

A LGPD, em esforço classificatório, busca diferenciar as espécies de dados pessoais conceituando o que são "dados pessoais", "dados pessoais sensíveis" e "dados anonimizados". Portanto, os dados pessoais são aqueles que, durante o tratamento, são capazes revelar o indivíduo titular dos dados. Os dados pessoais sensíveis são mais específicos, sendo os dados sobre origem racial ou étnica, convicção religiosa, opinião política, filiação a sindicato ou a organização de caráter religioso, filosófico ou político, dado referente à saúde ou à vida sexual, dado genético ou biométrico, quando vinculado a uma pessoa natural. Dados anonimizados, por sua vez, são aqueles em que o titular não é identificável no momento do tratamento.

Da LGPD enxerga-se uma precaução maior quanto aos dados pessoais sensíveis, entretanto, a depender da extensão dos dados fiscais e das correlações informacionais é possível que um dado a priori não sensível, torne-se um dado sensível, disponibilizando à administração tributária não um panorama meramente fiscal, mas informações relativas à vida privada do titular.

A ideia é que todo dado pessoal tem importância e valor[139]. Desse modo, tributos permeados pela individualidade e pessoalidade, a exemplo daqueles que incidem sobre a renda, certamente levarão a impactos significativos nos princípios e direitos relativos à proteção de dados pessoais dos titulares de dados[140].

O Tribunal Constitucional Federal Alemão já se manifestou sobre esse ponto em específico. O fio condutor da argumentação foi o fundamento da autodeterminação informativa (também existente

---

[138] SARLET, Ingo Wolfgang. Fundamentos Constitucionais: o direito fundamental à proteção de dados. In BIONI, Bruno et al (Coords.). Tratado de Proteção de Dados Pessoais. São Paulo: Grupo GEN, 2020. APUD CABRAL, Thales Francisco Amaral. A administração tributária e o direito fundamental à proteção de dados. In: XLVII Congresso Nacional de Procuradores dos Estados e do Distrito Federal. 2021.

[139] DE TEFFÉ, Chiara Spadaccini; VIOLA, Mario. Tratamento de dados pessoais na LGPD: estudo sobre as bases legais. Civilistica. com, v. 9, n. 1, p. 1-38, 2020.

[140] BRITO, José Valmi. O uso de dados pessoais pelo setor público e as administrações tributárias no contexto da LGPD. 2021, p. 66.

na LGPD), ou seja, independente de como os dados sejam tratados, categorizados ou estruturados, esses dados ainda pertencem ao titular. Nesse sentido, informações individualizáveis da tributação, sensíveis ou não, ainda que tratadas com finalidade tributária, encontram-se sob proteção, eis que, embora não tenham conteúdo informativo extenso, tem potencial de interferir nas liberdades dos cidadãos, principalmente se empregadas técnicas de tratamento e cruzamento de dados (atuais ou vindouras).[141]

No dizer de Marcelo Miranda Ribeiro, o sistema SPED é um exemplo paradigmático do conflito entre o poder de fiscalização e o direito fundamental à privacidade dos contribuintes, embora este mesmo conflito possa ocorrer com qualquer outro método de controle estatal imposto aos contribuintes, seja ele eletrônico ou não. O sistema SPED foi escolhido para este estudo por ser um dos métodos mais invasivos e complexos existentes[142].

Este modelo de construção informacional dos documentos fiscais agiganta-se cada vez mais e constitui-se uma forma intrincada e intrusiva a expor a vulnerabilidade do contribuinte diante do poder das administrações tributárias[143.] Tal fato, expõe a fragilidade do contribuinte através de diversas perspectivas, mormente enquanto sujeito de direito à proteção de dados pessoais.

Com efeito, é preciso superar o pensamento que iguala o interesse arrecadatório e o interesse público. Esses interesses não se confundem em nenhuma medida. Na verdade, o interesse em arrecadar é sempre submisso ao interesse público, devendo o primeiro sintonizar-se pelo segundo[144].

Uma administração tributária orientada somente pela arrecadação não pode se dizer eficiente. Ganhos de eficiência operacional em detrimento da concretização dos direitos fundamentais

---

[141] SEER, Roman; SIGNORETTI, Diogo Brandau. Proteção de dados e tributação na Alemanha: repercussões do Regulamento Geral sobre Proteção de Dados. Revista Jurídica da Presidência, v. 22, n. 126, p. 20-47, 2020. p. 23

[142] RIBEIRO, Marcelo Miranda. A era do controle tributário eletrônico e o direito fundamental à privacidade. Revista de Direitos e Garantias Fundamentais, n. 11, p. 279-300, 2012. p. 285

[143] RIBEIRO, Marcelo Miranda. A era do controle tributário eletrônico e o direito fundamental à privacidade. Revista de Direitos e Garantias Fundamentais, n. 11, p. 279-300, 2012. p. 287

[144] RIBEIRO, Marcelo Miranda. A era do controle tributário eletrônico e o direito fundamental à privacidade. Revista de Direitos e Garantias Fundamentais, n. 11, p. 279-300, 2012. p. 289

– ou mesmo em detrimento desses direitos sublimes – configuraria política tributária contraproducente.

Nesse contexto, demanda-se pensar um novo conceito de sigilo fiscal que abarcasse o pensamento tradicional de sigilo bancário e das informações fiscais propriamente ditas, mas que conformasse também as determinações relativas à proteção de dados pessoais. Inclusivo porque o atual paradigma trazido pela LGPD exalta a dimensão existencial dos dados pessoais, em superação de aspectos meramente patrimoniais[145].

No processo de evolução para uma Era da Informação, tanto a sociedade quanto os indivíduos já concorrem com variados riscos inerentes. Um entendimento acertado sobre o novo papel do sigilo fiscal no tratamento de dados tributários é a insígnia maior da cidadania fiscal, especialmente se estiver em franco diálogo com o cumprimento de deveres e de proteção dos direitos fundamentais.[146]

6. CONCLUSÃO

O manuseio de documentos fiscais tratados sob o viés da LGPD ganha uma nova dimensão. Mais que isso, ganha um novo paradigma de entendimento. Deixa de existir a ideia tradicional de contato físico (manual) para dar lugar ao "tratamento de dados pessoais".

Anteriormente, a fim de garantir o atendimento aos enunciados constitucionais de intimidade e privacidade, o "sigilo fiscal" que assegurava ao contribuinte a condição da administração tributária de resguardar informações pessoais, em especial aquelas de índole econômico-financeira, agora ganham abrangência nunca vista. Divisando que a sociedade atual se encontra face a face com a Era da Informação e suas idiossincrasias, uma dinâmica evolução constitucional consagrou a valor de direito fundamental o direito à proteção dos dados pessoais.

---

[145] CABRAL, Thales Francisco Amaral. A administração tributária e o direito fundamental à proteção de dados. In: XLVII Congresso Nacional de Procuradores dos Estados e do Distrito Federal. 2021. p. 11.

[146] DE MELLO BRANDÃO FILHO, Murillo Cesar; DA SILVA LANZILLO, Anderson Souza. Tratamento de dados pessoais e direito tributário: a privacidade na perspectiva fiscalização dos deveres fundamentais de pagar impostos e de individualização e identificação do indivíduo. Revista de Direito Tributário e Financeiro, v. 7, n. 1, p. 82-102, 2021. p. 95

No novo modelo instalado, o sigilo fiscal possui importância proporcional ao seu objeto e não se destina unicamente às informações fiscais propriamente ditas. São estabelecidas duas premissas: a primeira, o titular dos dados pessoais não perde essa condição, mesmo que outrem trate esses dados (autodeterminação informacional); e, segundo, todo conjunto de informações, potencialmente, pode compor um quebra-cabeça informacional – que, conjugado com alto poder computacional – habilita aquele que trata os dados pessoais a conhecer mais do que foi autorizar a conhecer.

É consabido que a atuação dos Fiscos depende em boa medida do acesso a informações pessoais dos contribuintes. Aqui não se nega a realidade nem se procura opor limitações injustificadas ao papel arrecadatório do Estado. Ao contrário, põe-se a administração tributária em contraste com uma nova perspectiva de deveres e obrigações, típicas de um novo tempo, de uma nova era – com novos desafios, procedimentos e soluções.

REFERÊNCIAS

BRITO, José Valmi. *O uso de dados pessoais pelo setor público e as administrações tributárias no contexto da LGPD*. Dissertação (Mestrado em Direito). Instituto Brasiliense de Direito Público. Brasília, 2021.

CABRAL, Thales Francisco Amaral. A Administração Tributária e o Direito Fundamental à Proteção de Dados. In: *Revista Eletrônica ANAPE*, 2021, p. 201-214.

CARVALHO, Paulo de Barros. *Curso de direito tributário*. 30. ed. São Paulo: Saraiva, 2019.

COSTA, Regina Helena. *Curso de direito tributário*: Constituição e Código Tributário Nacional. 4. ed. São Paulo: Saraiva, 2014.

DE MELLO BRANDÃO FILHO, Murillo Cesar; DA SILVA LANZILLO, Anderson Souza. Tratamento de dados pessoais e direito tributário: a privacidade na perspectiva fiscalização dos deveres fundamentais de pagar impostos e de individualização e identificação do indivíduo. *Revista de Direito Tributário e Financeiro*, v. 7, n. 1, p. 82-102, 2021.

DE TEFFÉ, Chiara Spadaccini; VIOLA, Mario. *Tratamento de dados pessoais na LGPD*: estudo sobre as bases legais. Civilistica. com, v. 9, n. 1, p. 1-38, 2020.

OLIVEIRA, Henrique Silva de. SILVA, Adrielle De Cirqueira da. Transparência e Proteção de Dados dos Contribuintes: os Custos Sociais e os Limites Jurídicos para a Implantação da LGPD e do Governo Digital no âmbito da Administração Tributária. *in: III Encontro Virtual do CONPEDI*. Florianópolis: CONPEDI. p. 62-82, 2021.

PAULSEN, Leandro. *Curso de direito tributário completo*. 8.ed. São Paulo: Saraiva, 2017.

RIBEIRO, Marcelo Miranda. A era do controle tributário eletrônico e o direito fundamental à privacidade. *Revista de Direitos e Garantias Fundamentais*, n. 11, p. 279-300, 2012.

SARLET, Ingo Wolfgang. Proteção de dados pessoais como direito fundamental na Constituição Federal brasileira de 1988: contributo para a construção de uma dogmática constitucionalmente adequada. *In: Direitos Fundamentais & Justiça. Belo Horizonte*, ano 14, n. 42, p. 179-218, jan./jun. 2020.

SARLET, Ingo Wolfgang. MARINONI, Luiz Guilherme. MITIDIERO, Daniel. Curso de direito constitucional. 6. ed. São Paulo: Saraiva, 2017.

SCHOUERI, Luis Eduardo. *Direito tributário*. 9. ed. São Paulo: Saraiva Educação, 2019.

SEER, Roman; SIGNORETTI, Diogo Brandau. Proteção de dados e tributação na Alemanha: repercussões do Regulamento Geral sobre Proteção de Dados. *Revista Jurídica da Presidência*, v. 22, n. 126, p. 20-47, 2020.

TORRES, Ricardo Lobo. Sigilos bancário e fiscal. In: SARAIVA FILHO, Oswaldo Othon de Pontes, GUIMARÃES, Vasco Branco (Coords.). *Sigilo bancário e fiscal*: homenagem ao Jurista José Carlos Moreira Alves. Belo Horizonte: Fórum, 2011.

IDENTIDADE DIGITAL DO CIDADÃO E USO DO *BLOCKCHAIN*: POLÍTICAS PÚBLICAS DE GOVERNO DIGITAL E GARANTIA DOS DIREITOS FUNDAMENTAIS

LUANA ANDRADE DE LEMOS[147]
ANDERSON SOUZA DA SILVA LANZILLO[148]

1. INTRODUÇÃO

No contexto da sociedade moderna se verifica cada vez mais a migração dos serviços públicos para o meio digital. O desenvolvimento tecnológico dos últimos anos causou impacto para os indivíduos, para as atividades econômicas e para o Estado, causando uma mudança de paradigmas que atingem o exercício dos direitos fundamentais e a própria democracia.

De maneira cada vez mais patente, verifica-se uma transformação das estruturas do governo pautadas na ação e prestação de serviços digitais, em uma reorganização da Administração Pública no sentido de aplicar elementos da gestão privada na gestão pública, para garantir maior eficiência, acessibilidade, celeridade, desburocratização, inovação, entre outros, conceituado esse processo no governo digital.

Em prol de uma nova dimensão do exercício da cidadania e da democracia participativa, o cidadão passou a necessitar de uma identidade digital para utilizar os serviços públicos. Contudo, no modelo atual a autenticidade das informações sobre a identidade digital da pessoa é garantida por certificados, que, usualmente, não é a possibilidade mais eficiente e segura, facilitando a ocorrência de fraudes.

No Brasil, verifica-se a busca pelo governo digital, como a nova dimensão do exercício da cidadania e da democracia participativa, para tanto, inaugurou-se um arcabouço de legislação acerca da

[147] Assessora Ministerial do Ministério Público do Rio Grande do Norte (MPRN). Graduada e Mestranda em Direito pela Universidade Federal do Rio Grande do Norte (UFRN). Especialista em Direito Digital pela UNIFAEL. E-mail: luaaalemos@gmail.com.

[148] Advogado. Professor Associado do Departamento de Direito Privado e do Programa de Pós-Graduação em Direito da UFRN. Graduado e Mestre em Direito e Doutor em Estudos da Linguagem pela UFRN. E-mail:anderson.lanzillo@ufrn.br.

transformação digital, consubstanciado principalmente na Estratégia de Governo Digital, Decreto nº 10.332/2020, na Lei do Governo Digital, Lei nº 14.129/2021, e mais recentemente o Decreto nº 11.260/2022, que dispõe sobre a elaboração e o encaminhamento da Estratégia Nacional de Governo Digital e prorroga o período de vigência da Estratégia de Governo Digital.

Considerando o cenário exposto, considera-se no presente trabalho a utilização da tecnologia *Blockchain* como uma possível alternativa para uma autenticação mais segura da identidade digital, visto que baseado em um protocolo de confiança criptografado, já existindo experiências positivas nesse sentido em outros países.

Não obstante, na ótica do ordenamento jurídico brasileiro, faz-se necessário verificar se a utilização do *Blockchain* no processo de autenticação se adequa aos ditames constitucionais, de maneira que funcione como instrumento para o exercício de direitos fundamentais da cidadania, respeitando os princípios e regras da administração pública e possibilitando a construção de políticas públicas seguras para o cidadão.

Nesse contexto, o presente artigo tem como objetivo principal analisar a identidade digital do cidadão no governo digital do Brasil e a possibilidade do uso do *Blockchain* no processo de autenticação, com o fim de examinar a garantia e exercício dos direitos fundamentais pelo cidadão no âmbito das plataformas digitais do governo.

O método de abordagem utilizado para o desenvolvimento da pesquisa foi o dedutivo, por meio de pesquisa teórico-descritiva de caráter qualitativa, uma vez que parte da pesquisa e do cenário atual sobre o governo digital, identidade digital e *Blockchain* para a formulação dos resultados. Os procedimentos técnicos usados foram pesquisa bibliográfica e documental.

Por fim, quanto a sua estrutura, o presente artigo aborda no primeiro tópico questões sobre a democracia e o avanço do governo digital, continua no segundo tópico com a abordagem do que seria a identidade digital do cidadão e sua atual importância para o exercício dos direitos fundamentais, se aprofunda no terceiro tópico com a possibilidade da identidade digital com sua autenticação baseada em *Blockchain*, com as considerações finais no quarto e último tópico.

2. DEMOCRACIA E GOVERNO DIGITAL

No Brasil, a consolidação do conceito de democracia é observada no art. 1º, parágrafo único, da Constituição Federal de 1988, com a seguinte redação: "Todo o poder emana do povo, que o exerce por meio de representantes eleitos ou diretamente, nos termos desta Constituição".

Ademais, também há a previsão do exercício da soberania popular, além do sufrágio universal e voto direto e secreto, através do plebiscito, referendo e iniciativa popular, nos termos do art. 14, I, II e III, da CF/88[149].

Em sua origem mais remota, a democracia foi concebida como o governo do povo, no qual os próprios governados participavam do governo e atuavam na tomada das decisões políticas diretamente, com liberdade e autodeterminação, através do debate e do voto direto nas questões suscitadas. Esse fenômeno, na sua configuração inicial, era chamado de democracia direta[150].

Depois, e atualmente, após ser adotada pela teoria política da civilização ocidental, a democracia passou a ser exercida na sua forma indireta ou representativa, em que os governados elegem um governante para tomar as decisões políticas, sem o debate direto do povo[151].

O termo em si, "democracia", formado pela teoria política da Grécia antiga, significa "governo do povo" (demos = povo, kratein = governo), e na essência do fenômeno político os governados participavam do governo com liberdade e autodeterminação política, tendo sido essa a ideia que depois veio a ser adotada pela teoria política da civilização ocidental[152].

Nesse cenário, observa-se que na democracia direta o exercício político dos governados era mais efetivo, visto que as questões eram debatidas e decididas sem a figura de um representante, de

---

[149] Art. 14. A soberania popular será exercida pelo sufrágio universal e pelo voto direto e secreto, com valor igual para todos, e, nos termos da lei, mediante: I - plebiscito; II - referendo; III - iniciativa popular.

[150] TAVARES, André Ramos. *Curso de Direito Constitucional*. 19. ed. São Paulo: Saraiva, 2021. 1248 p.

[151] MORAIS, Alexandre de. *Direito Constitucional*. 38. ed. São Paulo: Atlas, 2022. 1088 p.

[152] KELSEN, Hans. *A democracia*. 2. ed. São Paulo: Martins Fontes, 2000.

maneira que os cidadãos eram os reais detentores do poder de cada decisão.

Não obstante, considerando as dimensões que os Estados alcançaram e a complexidade de seus deveres, a democracia direta deixou de representar uma forma possível de democracia, por muito tempo, restando praticável a democracia indireta ou representativa, em que a maioria dos titulares dos direitos políticos eleger alguns para exercer a vontade geral diretiva.

Nessa configuração, a eleição do representante é parte do processo democrático, mas não esgota a sua atuação, sendo imprescindível a participação do povo no governo e na ordem social.

Não obstante, na realidade atual, em um cenário no qual a tecnologia possibilita novamente a participação direta dos governados, verifica-se uma espécie de retomada de uma democracia mais participativa, com uma maior atuação do povo nos processos políticos.

Essa mudança, no entanto, não é resultado apenas do avanço tecnológico, mas também da mudança que tal avanço significou para a sociedade, com a alteração dos paradigmas mercadológicos que inevitavelmente alcançaram a maneira que a administração pública atua, e como consequentemente o cidadão participa.

Para explicar melhor esse processo, é necessário retomar aspectos da sociedade e do desenvolvimento da economia digital.

Ocorreu que a tecnologia, ao alcançar um espaço concomitante de mercadoria e unidade de medida de valor, inaugurou o que hoje se entende por "sociedade do conhecimento", em que o trabalho deixa de ser manual para ser intelectual e a medida de valor do capital é a informação.

Na obra "O imaterial: conhecimento, valor e capital", André Gorz[153], em contraponto à teoria do valor de Marx, no qual o valor de uma mercadoria se constitui a partir do trabalho empreendido na sua produção, apresenta o conceito do capital do conhecimento, ou o capital imaterial, em que se reconhece a utilização proveitosa do conhecimento em forma de capital, para ser vendido como verdadeira mercadoria.

---

[153] GORZ, André. *O imaterial*: conhecimento, valor e capital. São Paulo: Annablume, 2005.

Contudo, considerando que o saber em princípio não aceita ser manipulado como mercadoria e os custos de sua produção muitas vezes não podem ser determinados, entende-se que o seu valor mercantil não pode ser auferido de acordo com o tempo de trabalho necessário que foi gasto em sua criação[154], então se cria uma escassez artificial, para manipular o mercado.

Em sua obra, Gorz ainda defende que o trabalho abstrato simples, que era considerado como a fonte do valor, é agora substituído por trabalho complexo, e que o trabalho de produção material, mensurável em unidades de produtos por unidades de tempo, é substituído por trabalho dito imaterial, ao qual os padrões clássicos de medida não mais podem se aplicar. Nesse novo paradigma, o valor encontra hoje sua fonte na inteligência e na imaginação[155].

Em análise similar, Ladislau Dowbor[156], no livro "O capitalismo se desloca: novas arquiteturas sociais", aponta que o capitalismo surgiu através da revolução nas forças produtivas, por meio do acoplamento do maquinário a novas fontes energéticas, em que o homem passou a operar máquinas ligadas a fontes externas de energia, contudo, atualmente, o homem programa a operação das máquinas, e o que ele gera, fundamentalmente, são conhecimentos, tecnologias, design, o chamado "imaterial".

Essa mudança na lógica do capitalismo mudou a atuação do setor privado em questões de celeridade, produtividade, eficiência, acessibilidade, estabelecimento de metas, entre outros aspectos, e tais elementos da gestão particular começou a ser incorporado na gestão pública, de forma que o governo, para acompanhar as mudanças nos modelos de comunicação e gestão, passou a promover a digitalização dos seus serviços.

Esse movimento, ocasionado pelas expectativas de uma sociedade digital - que prima pela facilidade de acesso, simplicidade, rapidez, baixo custo e eficiência na entrega de serviços -, insatisfeita com a organização burocrática estatal tradicional - marcada pela desconexão, lentidão e ambiente de desconfiança com excesso

---

[154] *Ibid.*

[155] *Ibid.*

[156] DOWBOR, Ladislau. *O capitalismo se desloca*: novas arquiteturas sociais. São Paulo: Edições Sesc: São Paulo, 2020.

de procedimentos de garantia *ex ante* -, resultou na implantação do governo digital, no qual se observa uma verdadeira mudança na mentalidade da administração pública e uma transformação na prestação dos serviços públicos[157].

Essa mudança de mentalidade é o que separa a busca pelo governo digital da ideia de governo eletrônico, pois, no caso do governo digital a preocupação não está apenas em revestir a administração pública de equipamentos atualizados com a tecnologia para melhorar os processos de gestão interna, mas também em mudar sua lógica de funcionamento na prestação de serviços e presença perante o cidadão e a sociedade em geral[158].

Assim, entende-se que o governo digital está montando em alguns princípios, como: a) transparência (acesso às informações públicas e simplificação dos mecanismos de controle); b) inovação (processo constante de aprimoramento e mudanças das práticas institucionais tendo em vista a oferta de novas soluções; serviços públicos *digital by design*); c) confiança (a estrutura do governo digital deve produzir novos modelos de atestar a confiabilidade entre administração pública e cidadão de modo a gerar um ambiente de segurança e previsibilidade)[159].

No Brasil, verifica-se essa busca pelo governo digital, como a nova dimensão do exercício da cidadania e da democracia participativa, nos moldes da gestão privada, em que se prima pela transparência, desburocratização, participação social, inovação, transformação digital e luta contra a corrupção[160].

Para tanto, inaugurou-se um arcabouço de legislação acerca da transformação digital, consubstanciado principalmente na Estratégia de Governo Digital, Decreto nº 10.332/2020, na Lei do Governo Digital, Lei nº 14.129/2021, e mais recentemente o Decreto nº 11.260/2022, que dispõe sobre a elaboração e o encaminhamento

---

[157] CARVALHO, L. Borges de. *Governo digital e direito administrativo*: entre a burocracia, a confiança e a inovação. Revista de Direito Administrativo, [S. l.], v. 279, n. 3, p. 115–148, 2020. DOI: 10.12660/rda.v279.2020.82959. Disponível em: https://bibliotecadigital.fgv.br/ojs/index.php/rda/article/view/82959. Acesso em: 17 abr. 2022.

[158] *Ibid.*

[159] *Ibid.*

[160] NEVES, Otávio Moreira de Castro. *Evolução das Políticas de Governo Aberto no Brasil.* In: VI CONGRESSO CONSAD DE GESTÃO PÚBLICA, 2013, Brasília. Artigo. [s. l.]: Consad, 2013. p. 1-21. Disponível em: https://exposicao.enap.gov.br/items/show/277. Acesso em: 18 nov. 2021.

da Estratégia Nacional de Governo Digital e prorroga o período de vigência da Estratégia de Governo Digital, conforme será abordado nos subtópicos a seguir.

2.1 LEI DO GOVERNO DIGITAL

A Lei do Governo Digital, Lei nº 14.129/2021[161] trouxe como realidade institucional e jurídica a adoção desses novos paradigmas, ao dispor sobre princípios, regras e instrumentos para o governo digital, no âmbito do Governo Federal, com a finalidade principal de aumentar a eficiência pública, refletindo sobre suas implicações para o cidadão brasileiro, relativamente ao acesso à informação de órgãos públicos federais, bem como à proteção dos seus dados pessoais pela Administração Pública.

A referida lei, no art. 1º, estabeleceu como meios para o aumento da eficiência pública a desburocratização, a inovação, a transformação digital e a participação do cidadão, e no art. 3º, lista um rol de princípios e diretrizes do governo digital que inclui, dentre outros: o fortalecimento e a simplificação da relação do poder público com a sociedade; a transparência na execução dos serviços públicos, o incentivo à participação social, a atuação integrada entre os órgãos e as entidades.

O advento da referida Lei do Governo Digital resultou também da evolução das políticas de governo aberto que teve início com a Lei de Responsabilidade Fiscal e continuou com o advento de outras legislações em consonância com os novos paradigmas de gestão, como o Decreto do Pregão Eletrônico, a Lei de Acesso à Informação, o Marco Civil da Internet, a atual Lei Geral de Proteção de Dados Pessoais (LGPD), entre outras[162].

O que se observa na inauguração desse modelo cooperativo é que a interpretação deixa de ser atributo exclusivo dos gover-

---

[161] BRASIL. *Lei do Governo Digital.* Lei nº 14.129, de 29 de março de 2021. Dispõe sobre princípios, regras e instrumentos para o Governo Digital e para o aumento da eficiência pública e altera a Lei nº 7.116, de 29 de agosto de 1983, a Lei nº 12.527, de 18 de novembro de 2011 (Lei de Acesso à Informação), a Lei nº 12.682, de 9 de julho de 2012, e a Lei nº 13.460, de 26 de junho de 2017. Disponível em: http://www.planalto.gov.br/ccivil_03/_ato2019-2022/2021/lei/L14129.htm. Acesso em: 15 abr. 2022.

[162] NEVES, Otávio Moreira de Castro. *Evolução das Políticas de Governo Aberto no Brasil.* In: VI CONGRESSO CONSAD DE GESTÃO PÚBLICA, 2013, Brasília. Artigo. [s. l.]: Consad, 2013. p. 1-21. Disponível em: https://exposicao.enap.gov.br/items/show/277. Acesso em: 18 nov. 2021

nantes, diante da percepção de sua incapacidade de regular completamente as relações dos particulares, e os cidadãos recebem o direito/dever da autogestão em alguns casos, onde precisam utilizar a sua estrutura própria enquanto sociedade para colaborar com o Estado, no seu papel de supervisor e controlador final.

2.2 ESTRATÉGIA DE GOVERNO DIGITAL

Além disso, já na Estratégia de Governo Digital, Decreto nº 10.332/2020[163], ficou previsto para o período de 2020 a 2022 a instituição de Comitê de Governança Digital, para deliberar sobre os assuntos relativos à implementação das ações de governo digital e ao uso de recursos de tecnologia da informação e comunicação (art. 2º, Decreto nº 10.332/2020).

No Plano de Transformação Digital, deveriam constar ações relativas à transformação digital de serviços, unificação de canais digitais e interoperabilidade de sistemas (art. 3º, I, Decreto nº 10.332/2020). O detalhamento do estágio de implementação da Estratégia de Governo Digital, conforme previsto no art. 4º, §2º, do referido Decreto, é disponibilizado e atualizado no seguinte endereço eletrônico: www.gov.br/governodigital.

Ademais, o que se percebe é que o Governo tem concentrado a disponibilização dos seus serviços no endereço eletrônico: www.gov.br, no qual o cidadão tem acesso direto às principais plataformas dos serviços públicos e, em outra via, o Estado tem mais controle sobre a demanda e utilização destes.

Mais recentemente, o Decreto nº 11.260/2022 dispôs sobre a elaboração e o encaminhamento da Estratégia Nacional de Governo Digital e prorrogou o período de vigência da Estratégia de Governo Digital, estabelecendo como o primeiro objetivo da estratégia transformar cem por cento dos serviços públicos para o digital até 2023.

---

[163] BRASIL. *Estratégia de Governo Digital.* Decreto nº 10.332, de 28 de abril de 2020. Institui a Estratégia de Governo Digital para o período de 2020 a 2022, no âmbito dos órgãos e das entidades da administração pública federal direta, autárquica e fundacional e dá outras providências. Disponível em: https://www.in.gov.br/web/dou/-/decreto-n-10.332-de-28-de-abril-de-2020-254430358. Acesso em: 15 abr. 2022.

Assim, observa-se que através das mudanças tecnológicas e dos paradigmas mercadológicos, o governo está cada vez mais digital e o exercício da democracia participativa é garantido ao povo.

3. IDENTIDADE DIGITAL DO CIDADÃO PARA O EXERCÍCIO DOS DIREITOS FUNDAMENTAIS

A identidade de um indivíduo é formada pelo agrupamento de atributos e particularidades que caracterizam e individualizam a pessoa, diferenciando-a das demais[164].

Seguindo a mesma linha, a identidade digital seria o mesmo, mas no ambiente da internet, com a diferença de que tal imagem seria construída pela participação e tomada de decisões da pessoa nas plataformas. Ou seja, existe um espaço de criação na formação das particularidades que individualizam cada um, de maneira que, para além de dados pessoais, existem elementos de subjetividade.

Frequentemente, os sites solicitam a criação de perfis e senhas para permitir o acesso a conteúdos e serviços, como compras online, contas de e-mails, transações bancárias, redes sociais, busca de empregos, comunicação com outras pessoas, download de arquivos, cursos à distância, entre outros, assim, é comum que um indivíduo possua uma numerosidade de identidades na internet[165].

Considerando o quadro exposto, não é possível garantir a autenticidade da identidade e das informações fornecidas pelo usuário em todos os casos, de forma integrada, esse fato favorece a criação de perfis falsos e a utilização de tais perfis para disseminar informações falsas, praticar bullying, fraudes, difamação ou simplesmente permitir o acesso e a publicação de informações de forma anônima[166].

---

[164] BATISTA, Alex Oliveira Abreu et al. Identificação digital baseada em blockchain: Um conceito disruptivo no ciberespaço. *Simpósio Internacional de Inovação em Mídias Interativas*, v. 5, p. 307-320, 2018. Disponível em: https://files.cercomp.ufg.br/weby/up/777/o/28_-_Alex_Batista.pdf. Acesso em 16 jul. 2022.

[165] BATISTA, Alex Oliveira Abreu et al. Identificação digital baseada em blockchain: Um conceito disruptivo no ciberespaço. *Simpósio Internacional de Inovação em Mídias Interativas*, v. 5, p. 307-320, 2018. Disponível em: https://files.cercomp.ufg.br/weby/up/777/o/28_-_Alex_Batista.pdf. Acesso em 16 jul. 2022.

[166] *Ibid.*

Desse modo, observa-se que a verificação da identificação digital é uma situação sensível em todos os âmbitos. No setor financeiro, por exemplo, a confiança mútua entre os indivíduos envolvidos em operações é importante, para a conformidade com regulamentos, avaliação de limites de crédito e possibilidade de ofertas de produtos personalizadas ao consumidor, tudo dependendo das informações de identidade da pessoa, ainda com espaço de subjetividade[167].

Todavia, ao se pensar na identidade digital do cidadão face ao Estado, não há espaço para a subjetividade ou falsidade de informações.

Para garantir a segurança, faz-se necessário que a identidade digital seja autenticada, de maneira que estejam protegidos os dados pessoais do indivíduo e do outro lado exista a confiabilidade do Estado de que aquele perfil corresponde à pessoa verdadeira, sem fraude no registro.

Isso é relevante também porque na configuração atual do governo digital, o acesso do cidadão ao exercício dos direitos fundamentais ocorre principalmente através de plataformas virtuais, como, por exemplo, o acesso à previdência pelo aplicativo "Meu INSS", o devido processo legal pelo "Pje", o certificado de vacinação pelo "Conecte SUS", entre muitos outros, tudo através do registro no "gov.br".

De acordo com a explicação contida no próprio site gov.br, trata-se de uma conta que visa garantir a identificação de cada cidadão que acessa os serviços digitais do governo, um portal que unifica os canais digitais do governo federal, reunindo em um só lugar os serviços e informações para o cidadão[168].

Assim, nesse contexto, depreende-se que a garantia da identidade digital é hoje um elemento imprescindível para o exercício dos direitos fundamentais. Sobre a criação da identidade digital, de acordo com CLARK *et al.*[169], o ciclo de criação ocorre em três fases, sendo elas: (1) registro, com o cadastro/inscrição e a validação dos dados; (2) emissão de documentos ou credenciais; (3) autenticação.

---

[167] *Ibid.*

[168] Disponível em: https://www.gov.br/sobre/.

[169] CLARK, Julia et al. *Digital Identity*: Towards Shared Principles for Public and Private Sector Cooperation. A joint World Bank Group – GSMA – Secure Identity Alliance Discussion Paper, 2016. Disponível em: https://elibrary.worldbank.org/doi/abs/10.1596/24920. Acesso em 15 jul. 2022.

O registro é considerado uma das partes mais importantes da criação de uma identidade digital, visto que é a etapa na qual são capturados e gravados os atributos do indivíduo, e a forma dessa captura é o que vai garantir a credibilidade da identidade[170].

Quando a pessoa assume uma identidade durante o registro, essa identidade é validada confrontando os dados apresentados com os dados existentes, geralmente em documentos oficiais, esse processo passa por uma etapa de emissão ou credenciamento e por fim é autenticado[171].

Para a identidade digital, os certificados de autenticação precisam ser eletrônicos, com o armazenamento e a permuta de dados eletronicamente, desse modo, as credenciais eletrônicas podem ser por meio de *smartcards* (cartões inteligentes), código de barras 2D, identidade digital móvel ou na nuvem, dentre outros, e após o registro e credenciamento, o indivíduo pode utilizar sua identidade digital para acessar o conteúdo desejado, sendo essa a fase de uso[172].

Para o uso, ou seja, para o acesso aos conteúdos do sítio, o usuário deve ser autenticado por meio dos dados informados, é nessa etapa principalmente que existe um ponto crítico para a segurança da informação, visto que a maioria dos tipos de controle de acesso e permissões é baseada no gerenciamento da identidade, de forma que, quanto mais segura a autenticação, maior a segurança para todos os envolvidos[173].

Garantida uma identificação digital autêntica, existiriam no ambiente virtual dois tipos de usuários, o comum (*common user*) e o com identificação digital (*digital indentify*), sendo que este último teria sua identificação digital única e exclusiva na plataforma (*DigitalID*)[174].

---

[170] *Ibid.*

[171] *Ibid.*

[172] BATISTA, Alex Oliveira Abreu et al. Identificação digital baseada em blockchain: Um conceito disruptivo no ciberespaço. *Simpósio Internacional de Inovação em Mídias Interativas*, v. 5, p. 307-320, 2018. Disponível em: https://files.cercomp.ufg.br/weby/up/777/o/28_-_Alex_Batista.pdf. Acesso em 16 jul. 2022.

[173] BATISTA, Alex Oliveira Abreu et al. Identificação digital baseada em blockchain: Um conceito disruptivo no ciberespaço. *Simpósio Internacional de Inovação em Mídias Interativas*, v. 5, p. 307-320, 2018. Disponível em: https://files.cercomp.ufg.br/weby/up/777/o/28_-_Alex_Batista.pdf. Acesso em 16 jul. 2022.

[174] *Ibid.*

Esse processo de autenticação já é uma questão observada no site do "gov.br", no qual o cidadão se cadastra e dependendo da forma de autenticação tem três níveis de segurança, podendo ser nível bronze, prata ou ouro, níveis que condicionam as possibilidades de acesso.

Pelo exposto, para a configuração do cidadão digital, tem-se como necessária a integridade entre o indivíduo real e legal com o virtual, com o fim da garantia dos direitos fundamentais e exercício da cidadania do sujeito.

4. IDENTIDADE DIGITAL BASEADA EM BLOCKCHAIN

Delimitadas as nuances da importância de uma identidade digital do cidadão em um contexto de governo digital, levanta-se aqui a possibilidade do uso da tecnologia *Blockchain* no processo de autenticação dessa identificação do indivíduo nos sistemas oficiais, partindo-se do pressuposto de que um sistema de identidade digital baseado em *Blockchain* pode proporcionar segurança de acesso e confiabilidade nas informações, desde transações complexas a cadastros básicos[175].

Inicialmente, tem-se que a tecnologia *Blockchain* surgiu em 2008, explicada no artigo intitulado "*Bitcoin: a peer-to-peer eletronic cash system*", ou, em tradução livre, "Bitcoin: um sistema ponto-a-ponto de dinheiro eletrônico", no qual o pseudônimo Satoshi Nakamoto propôs um modelo de criptomoeda, com o fim de reproduzir as características da moeda física no ambiente virtual, tendo como alicerce a tecnologia que ele denominou por *Blockchain.*

Na sua explicação, o *Blockchain* foi descrito como um banco de dados descentralizado, de ponto a ponto, que, de forma autônoma, mantém uma cadeia de blocos, nos quais são armazenados dados criptografados, protegidos de eventuais adulterações[176].

Cada bloco da cadeia é uma unidade de registro de informações e, para ser validado, se conecta com um bloco anterior, em ordem cronológica, de maneira que se forma uma cadeia de regis-

---

[175] *Ibid.*

[176] NAKAMOTO, Satoshi. *Bitcoin:* a peer-to-peer eletronic cash system. Bitcoin, [s. l.], p. 1-9, 2008. Disponível em: https://bitcoin.org/bitcoin.pdf. Acesso em: 15 set. 2021.

tros em sequência, que não pode ser copiada, alterada ou quebrada e fica armazenada na internet.

A proposta foi inaugurada para eliminar a necessidade de um terceiro confiável intermediando as transações, visto que os próprios usuários participantes desempenham a função de validar qualquer informação adicionada. Nessa lógica, a segurança da transação é baseada na prova criptografada não reversível, e não na confiança depositada em um agente mediador, o que evita fraudes e diminui os custos das transações[177].

Dentre as principais características positivas, a tecnologia *Blockchain* garante: mais celeridade nas transações; segurança contra as perdas ou adulterações das informações; integridade dos dados; transparência nas operações; rastreabilidade dos acréscimos ou alterações; descentralização do controle; e economia no funcionamento[178].

As criptomoedas são as aplicações mais conhecidas do protocolo, contudo, elas foram pensadas para reproduzir as características da moeda física, de maneira que os envolvidos não precisam confiar uns nos outros. Atualmente, sistemas de *Blockchain* podem ser configurados de diversas maneiras para criar aplicativos com diferentes propriedades, dessa forma, a participação pode ser limitada, a plataforma pode ser mais ou menos descentralizada e mais ou menos anônima[179].

Após o avanço na sua utilização, fala-se geralmente na existência de quatro tipos de *Blockchain*, sendo eles[180]: (1) pública não permissionada, em que todos podem participar do mecanismo de consenso; (2) pública permissionada, na qual apenas uma parte restrita pode participar do mecanismo; (3) privada permissionada,

---

[177] NAKAMOTO, Satoshi. *Bitcoin:* a peer-to-peer eletronic cash system. Bitcoin, [s. l.], p. 1-9, 2008. Disponível em: https://bitcoin.org/bitcoin.pdf. Acesso em: 15 set. 2021.

[178] PORTO, Antônio Maristrello; LIMA JUNIOR, João Manoel de; SILVA, Gabriela Borges. *Tecnologia Blockchain e Direito Societário*: aplicações práticas e desafios para a regulação. Revista de Informação Legislativa: RIL, Brasília, DF, v. 56, n. 223, p. 11-30, jul./set. 2019. Disponível em: http://www12.senado.leg.br/ril/edicoes/56/223/ril_v56_n223_p11. Acesso em: 15 set. 2021.

[179] BACON, Jean et al. *Blockchain demystified.* Queen Mary School of Law Legal Studies Research Paper, n. 268, 2017.

[180] BRASIL. MINISTÉRIO DA ECONOMIA. *Blockchain*: tecnologias emergentes, blockchain. Tecnologias emergentes, Blockchain. Disponível em: https://www.gov.br/governodigital/pt-br/governanca-de-dados/blockchain. Acesso em: 15 jul. 2022.

em que o dono é quem define os usuários e quais nós podem participar do mecanismo; e (4) privada não permissionada, em que o mecanismo é aberto a qualquer nó, mas existe restrição quanto à realização de transações e visualização.

Diante da proposta disruptiva, para além do seu uso no setor financeiro, verificou-se um crescente interesse no potencial do uso do *Blockchain* para as relações jurídicas, como: a concepção de contratos inteligentes; a criação de cartórios automatizados; o registro de imóveis em sistema eletrônico de *Blockchain;* o desenvolvimento de novos sistemas de governança; a utilização do *Blockchain* em processos licitatórios; entre outros.

Mais especificamente, em nível governamental, para a construção de um Governo Digital, o *Blockchain* pode ser usado para auxiliar no desenvolvimento de políticas públicas e no monitoramento e controle de certas tarefas públicas, a exemplo da emissão de passaportes, entrega de benefícios, arrecadação de impostos, elaboração de sistemas de votação e outros[181].

No Brasil, a Lei do Governo Digital[182] dispõe sobre princípios, regras e instrumentos para o Governo Digital e para o aumento da eficiência da administração pública, primando especialmente pela desburocratização, inovação, transformação digital e participação do cidadão[183][184]. Objetivos esses que podem ser alcançados ou acelerados com o uso do *Blockchain.*

Nesse sentido, a Estratégia de Governo Digital[185] para o período de 2020 a 2022 estabelece expressamente como iniciativas para o uso de tecnologias emergentes nos serviços públicos do

---

[181] CORRALES, Marcelo; FENWICK, Mark; HAAPIO, Helena. Digital technologies, legal design and the future of the legal profession. In: *Legal Tech, Smart Contracts and Blockchain.* Springer, Singapore, 2019. p. 1-15. Disponível em: https://doi.org/10.1007/978-981-13-6086-2_1. Acesso em: 16 set. 2021.

[182] Lei Federal nº 14.129, de 29 de março de 2021.

[183] Art. 1º Esta Lei dispõe sobre princípios, regras e instrumentos para o aumento da eficiência da administração pública, especialmente por meio da desburocratização, da inovação, da transformação digital e da participação do cidadão.

[184] BRASIL. *Lei do Governo Digital.* Lei nº 14.129, de 29 de março de 2021. Dispõe sobre princípios, regras e instrumentos para o Governo Digital e para o aumento da eficiência pública e altera a Lei nº 7.116, de 29 de agosto de 1983, a Lei nº 12.527, de 18 de novembro de 2011 (Lei de Acesso à Informação), a Lei nº 12.682, de 9 de julho de 2012, e a Lei nº 13.460, de 26 de junho de 2017. Disponível em: http://www.planalto.gov.br/ccivil_03/_ato2019-2022/2021/lei/L14129.htm. Acesso em: 15 abr. 2022.

[184] Decreto nº 10.332, de 28 de abril de 2020.

futuro a disponibilização de, pelo menos, nove conjuntos de dados por meio de soluções de *Blockchain* na administração pública federal, até 2022, e a implementação de recursos para a criação de uma rede *Blockchain* do Governo federal interoperável, com uso de identificação confiável e de algoritmos seguros[186].

Assim, depreende-se que o *Blockchain* se trata de uma inovação diretamente relacionada à organização social, em moldes que se coadunam com o avanço tecnológico e o desenvolvimento de uma sociedade mais colaborativa, configurando-se em um verdadeiro mecanismo de consenso.

Como visto no tópico anterior, a criação de uma identidade digital ocorre em três fases, sendo o registro (incluindo o cadastro e a validação), a emissão de documentos/credenciais e a autenticação. Para a última fase, o *Blockchain* pode ser aplicado no tratamento das vulnerabilidades da identidade digital, como uma alternativa inovadora e promissora, tornando a autenticação mais segura e confiável[187].

O modelo dessa tecnologia, baseada em confiança distribuída, permite que os usuários tenham controle sobre a própria identidade e compartilhem seus dados de forma consentida, assim, a utilização de *Blockchain* associado à criptografia possibilitaria que os registros de identidade digital fossem imutáveis e que a vinculação de identidade a transações ou outros dados pudessem ocorrer somente mediante autorização explícita do usuário, em uma configuração de identidade auto-soberana[188].

A existência dessa identidade digital única já é realidade em alguns países como Estônia, Cazaquistão e Índia. Na Estônia, por exemplo, a identidade unifica o acesso a diversos serviços como transações bancárias, solicitação de benefícios estatais, declaração de impostos, registros escolares, etc.

---

[186] Iniciativa 8.3. Disponibilizar, pelo menos, nove conjuntos de dados por meio de soluções de **blockchain** na administração pública federal, até 2022. Iniciativa 8.4. Implementar recursos para criação de uma rede **blockchain** do Governo federal interoperável, com uso de identificação confiável e de algoritmos seguros.

[187] BATISTA, Alex Oliveira Abreu *et al.* Identificação digital baseada em blockchain: Um conceito disruptivo no ciberespaço. *Simpósio Internacional de Inovação em Mídias Interativas*, v. 5, p. 307-320, 2018. Disponível em: https://files.cercomp.ufg.br/weby/up/777/o/28_-_Alex_Batista.pdf. Acesso em 16 jul. 2022.

[188] *Ibid.*

Ainda no caso da Estônia, o país é considerado o pioneiro nesse sentido, tendo desenvolvido o conceito de "*e-Government*" e implementado um vasto rol de serviços digitais utilizando para tanto o protocolo do *Blockchain*. Segundo CAVALCANTI e NÓBREGA[189], 99% (noventa e nove por cento) dos serviços públicos do país possuem acesso digital, sendo possível casar, divorciar-se, registrar propriedades, registrar dados médicos, votar, entre outros, tudo através do meio eletrônico.

Os cidadãos, além dos efetivos residentes da Estônia, adquirem a identificação digital emitida pelo Estado e passam a ter acesso total a todos os serviços eletrônicos oferecidos no país, situação que, de acordo com o governo, garante confiabilidade a custos e dificuldades mínimos, sendo todo o sistema baseado na tecnologia KSI Blockchain[190].

Com o *Blockchain*, os dados inseridos nas plataformas não podem ser alterados nem mesmo pelo próprio poder público, de maneira que resta garantida a autenticidade das informações e a não corrupção dos agentes, pela própria particularidade do sistema.

Se tornando uma verdadeira sociedade digital, a Estônia passou a ser altamente dependente dos sistemas de informação e da segurança dos seus dados, motivo pelo qual possui vários servidores de dados espalhados em várias localidades fora de seu território, mas que continuam sob a sua jurisdição, formalizando a ideia da descentralização apontada como inerente ao Blockchain[191].

Assim, nesse contexto, o que se observa é que a arquitetura distribuída e descentralizada utilizada nos sistemas de identificação baseados em *Blockchain* oferece mais segurança, impedindo violações de dados e corrupção de dados, garantindo uma identidade au-

[189] CAVALCANTI, Mariana Oliveira de Melo; NÓBREGA, Marcos. Smart contracts ou "contratos inteligentes": o direito na era da blockchain. *Revista Científica Disruptiva*, Recife, v. 2, n. 1, p. 92-118, jan./jun. 2020. Disponível em: http://revista.cers.com.br/ojs/index.php/revista/article/view/75. Acesso em: 28 jul. 2022.

[190] *Ibid.*

[191] CAVALCANTI, Mariana Oliveira de Melo; NÓBREGA, Marcos. Smart contracts ou "contratos inteligentes": o direito na era da blockchain. *Revista Científica Disruptiva*, Recife, v. 2, n. 1, p. 92-118, jan./jun. 2020. Disponível em: http://revista.cers.com.br/ojs/index.php/revista/article/view/75. Acesso em: 28 jul. 2022.

tenticada de forma imutável, inquestionável e segura, por meio de assinaturas digitais baseadas em criptografia de chave pública[192].

Além disso, a implementação da identidade em *Blockchain*, se feita da maneira correta, além de ser mais segura, gera um custo menor para o cliente final, descentralizando o esquema hierárquico criado pela Infraestrutura de Chaves Públicas Brasileira (ICP-Brasil)[193].

De acordo com Ramos e Cabral[194], atualmente o modo de identificação digital mais utilizado é o Certificado Digital, que é utilizado em escala exponencial, com dados que demonstram que no ano de 2017, entre janeiro e setembro, foram emitidos 2.693.298 certificados de CPF e CNPJ, que podem ser utilizados em forma de arquivo ou em tokens/cartões.

Não obstante, ainda que os Certificados Digitais usem também de criptografia, utilizando chaves privadas e públicas e um sistema centralizado que tem como base o ICP-Brasil que é a AC (Autoridade Certificadora) Raiz, podem ter uma maior taxa de ataques, principalmente de engenharia social[195].

Desse modo, considerando as vantagens do *Blockchain* e a possibilidade da sua utilização no processo de autenticação da identidade digital, considerando inclusive a experiência promissora em outros países, entende-se pela viabilidade futura de tal aplicação no Brasil, de maneira que o cidadão, no acesso ao site oficial do governo para o exercício dos seus direitos fundamentais, tenha como garantia a sua identidade.

Também para o Estado, responsável pela plataforma, a autenticação com o protocolo *Blockchain* seria vantajoso, visto que menos suscetível de ataques e vazamento de dados, além de maior

---

[192] BATISTA, Alex Oliveira Abreu et al. Identificação digital baseada em blockchain: Um conceito disruptivo no ciberespaço. *Simpósio Internacional de Inovação em Mídias Interativas*, v. 5, p. 307-320, 2018. Disponível em: https://files.cercomp.ufg.br/weby/up/777/o/28_-_Alex_Batista.pdf. Acesso em 16 jul. 2022.

[193] RAMOS, João Marcos; CABRAL, Rafael Hungaro. *Percepções de colaboradores de certificação digital acerca das influências da criação de uma identidade digital baseada em blockchain no comércio de certificados digitais.* 2021. Disponível em: http://repositorio.unis.edu.br/handle/prefix/2269. Acesso em 16 jul. 2022.

[194] *Ibid.*

[195] RAMOS, João Marcos; CABRAL, Rafael Hungaro. *Percepções de colaboradores de certificação digital acerca das influências da criação de uma identidade digital baseada em blockchain no comércio de certificados digitais.* 2021. Disponível em: http://repositorio.unis.edu.br/handle/prefix/2269. Acesso em 16 jul. 2022.

credibilidade e confiança dos administrados na utilização dos serviços disponibilizados no âmbito virtual.

5. CONCLUSÃO

Consoante exposto, em razão das mudanças tecnológicas e dos paradigmas mercadológicos, o governo digital possibilita uma democracia mais participativa e direta para o povo, através da plataforma do governo que unifica os canais digitais dos serviços públicos, com a interoperabilidade de sistemas.

A plataforma em questão é o site "gov.br", no qual o cidadão se cadastra e dependendo da forma de autenticação pode ter como nível de segurança a classificação de bronze, prata ou ouro, níveis que condicionam as possibilidades de acesso. A autenticação é um fator relevante na criação do cidadão digital, visto que imprescindível para a integridade entre o indivíduo real e legal com o virtual, com o fim da segurança da administração pública, além da garantia dos direitos fundamentais e exercício da cidadania do administrado.

A tecnologia *Blockchain* é analisada, portanto, como alternativa no processo de autenticação. Considerando a sua arquitetura distribuída e descentralizada, tem-se que o *Blockchain* oferece mais segurança, impedindo violações de dados e corrupção de dados, garantindo uma identidade autenticada de forma imutável, inquestionável e segura, por meio de assinaturas digitais baseadas em criptografia de chave pública.

Desse modo, tendo em vista as características inerentes da tecnologia *Blockchain* e a experiência da sua utilização no contexto da democracia digital e do governo aberto em outros países, conclui-se que seria possível conceber a ideia de sua utilização no processo de autenticação da identidade digital do cidadão brasileiro, com o fim de garantir maior segurança na utilização dos serviços digitais e, consequentemente, no exercício dos direitos fundamentais.

Também se observa que para o Estado, responsável pela plataforma, a autenticação com o protocolo *Blockchain* seria vantajoso, visto que menos suscetível de ataques e vazamento de dados, problema enfrentado atualmente, além de resultar em maior credibilidade e confiança dos governados na utilização dos serviços disponibilizados pelo governo no âmbito virtual.

REFERÊNCIAS

BATISTA, Alex Oliveira Abreu et al. Identificação digital baseada em blockchain: Um conceito disruptivo no ciberespaço. *Simpósio Internacional de Inovação em Mídias Interativas*, v. 5, p. 307-320, 2018. Disponível em: https://files.cercomp.ufg.br/weby/up/777/o/28_-_Alex_Batista.pdf. Acesso em 16 jul. 2022.

BACON, Jean et al. *Blockchain demystified.* Queen Mary School of Law Legal Studies Research Paper, n. 268, 2017.

BARROS, Maurício de Vasconcelos et al. *Um comprovante de vacinação baseado em Identidade Auto-Soberana, Blockchain e Provas de Zero Conhecimento.* 2021. Disponível em: https://repositorio.ufsc.br/handle/123456789/228616. Acesso em 16 jul. 2022.

BRASIL. *Decreto do Pregão Eletrônico.* Decreto nº 10.024, de 20 de setembro de 2019. Regulamenta a licitação, na modalidade pregão, na forma eletrônica, para a aquisição de bens e a contratação de serviços comuns, incluídos os serviços comuns de engenharia, e dispõe sobre o uso da dispensa eletrônica, no âmbito da administração pública federal.Disponível em: http://www.planalto.gov.br/ccivil_03/_ato2019-2022/2019/decreto/D10024.htm. Acesso em: 15 abr. 2022.

BRASIL. *Estratégia de Governo Digital.* Decreto nº 10.332, de 28 de abril de 2020. Institui a Estratégia de Governo Digital para o período de 2020 a 2022, no âmbito dos órgãos e das entidades da administração pública federal direta, autárquica e fundacional e dá outras providências. Disponível em: https://www.in.gov.br/web/dou/-/decreto-n-10.332-de-28-de-abril-de-2020-254430358. Acesso em: 15 abr. 2022.

BRASIL. *Lei de Acesso à Informação.* Lei nº 12.527, de 18 de novembro de 2011. Regula o acesso a informações previsto no inciso XXXIII do art. 5º, no inciso II do § 3º do art. 37 e no § 2º do art. 216 da Constituição Federal; altera a Lei nº 8.112, de 11 de dezembro de 1990; revoga a Lei nº 11.111, de 5 de maio de 2005, e dispositivos da Lei nº 8.159, de 8 de janeiro de 1991; e dá outras providências. Disponível em: http://www.planalto.gov.br/ccivil_03/_ato2011-2014/2011/lei/l12527.htm. Acesso em: 15 abr. 2022.

BRASIL. *Lei de Responsabilidade Fiscal.* Lei Complementar nº 101, de 4 de maio de 2000. Estabelece normas de finanças públicas voltadas para a responsabilidade na gestão fiscal e dá outras providências. Disponível em: http://www.planalto.gov.br/ccivil_03/leis/lcp/lcp101.htm. Acesso em: 15 abr. 2022.

BRASIL. *Lei do Governo Digital.* Lei nº 14.129, de 29 de março de 2021. Dispõe sobre princípios, regras e instrumentos para o Governo Digital e para o aumento da eficiência pública e altera a Lei nº 7.116, de 29 de agosto de 1983, a Lei nº 12.527, de 18 de novembro de 2011 (Lei de Acesso à Informação), a Lei nº 12.682, de 9 de julho de 2012, e a Lei nº 13.460, de 26 de junho de 2017. Disponível em: http://www.planalto.gov.br/ccivil_03/_ato2019-2022/2021/lei/L14129.htm. Acesso em: 15 abr. 2022.

BRASIL. *Lei Geral de Proteção de Dados Pessoais (LGPD).* Lei nº 13.709, de 14 de agosto de 2018. Disponível em: http://www.planalto.gov.br/ccivil_03/_ato2015-2018/2018/lei/l13709.htm. Acesso em: 15 abr. 2022.

BRASIL. *Marco Civil da Internet.* Lei nº 12.965, de 23 de abril de 2014. Estabelece princípios, garantias, direitos e deveres para o uso da Internet no Brasil. Disponível em: http://www.planalto.gov.br/ccivil_03/_ato2011-2014/2014/lei/l12965.htm. Acesso em: 15 abr. 2022.

BRASIL. MINISTÉRIO DA ECONOMIA. *Blockchain*: tecnologias emergentes, blockchain. Tecnologias emergentes, Blockchain. Disponível em: https://www.gov.br/governodigital/pt-br/governanca-de-dados/blockchain. Acesso em: 15 jul. 2022.

CARVALHO, L. Borges de. *Governo digital e direito administrativo*: entre a burocracia, a confiança e a inovação. Revista de Direito Administrativo, [S. l.], v. 279, n. 3, p. 115–148, 2020. DOI: 10.12660/rda.v279.2020.82959. Disponível em: https://bibliotecadigital.fgv.br/ojs/index.php/rda/article/view/82959. Acesso em: 17 abr. 2022.

CAVALCANTI, Mariana Oliveira de Melo; NÓBREGA, Marcos. Smart contracts ou "contratos inteligentes": o direito na era da blockchain. *Revista Científica Disruptiva*, Recife, v. 2, n. 1, p. 92-118, jan./jun. 2020. Disponível em: http://revista.cers.com.br/ojs/index.php/revista/article/view/75. Acesso em: 28 jul. 2022.

CLARK, Julia et al. *Digital Identity*: Towards Shared Principles for Public and Private Sector Cooperation. A joint World Bank Group – GSMA – Secure Identity Alliance Discussion Paper, 2016. Disponível em: https://elibrary.worldbank.org/doi/abs/10.1596/24920. Acesso em 15 jul. 2022.

CORRALES, Marcelo; FENWICK, Mark; HAAPIO, Helena. Digital technologies, legal design and the future of the legal profession. In: *Legal Tech, Smart Contracts and Blockchain*. Springer, Singapore, 2019. p. 1-15. Disponível em: https://doi.org/10.1007/978-981-13-6086-2_1. Acesso em: 16 set. 2021.

CRUZ-RUBIO, César Nicandro. O que é (e o que não é) governo aberto? Uma discussão conceitual. *Revista Temas de Administração Pública*, v. 10, n. 1, p. 129-148, 2015.

DOWBOR, Ladislau. *O capitalismo se desloca*: novas arquiteturas sociais. São Paulo: Edições Sexc São Paulo, 2020.

GORZ, André. *O imaterial*: conhecimento, valor e capital. São Paulo: Annablume, 2005.

KELSEN, Hans. *A democracia*. 2. ed. São Paulo: Martins Fontes, 2000.

MARCONI, Marina de Andrade; LAKATOS, Eva Maria. *Metodologia científica*. 8. ed. São Paulo: Atlas|GEN, 2017, p. 63.

MORAIS, Alexandre de. *Direito Constitucional*. 38. ed. São Paulo: Atlas, 2022. 1088 p.

NAKAMOTO, Satoshi. *Bitcoin:* a peer-to-peer eletronic cash system. Bitcoin, [s. l.], p. 1-9, 2008. Disponível em: https://bitcoin.org/bitcoin.pdf. Acesso em: 15 set. 2021.

NEVES, Otávio Moreira de Castro. *Evolução das Políticas de Governo Aberto no Brasil*. In: VI CONGRESSO CONSAD DE GESTÃO PÚBLICA, 2013, Brasília. Artigo. [s. l.]: Consad, 2013. p. 1-21. Disponível em: https://exposicao.enap.gov.br/items/show/277. Acesso em: 18 nov. 2021.

PORTO, Antônio Maristrello; LIMA JUNIOR, João Manoel de; SILVA, Gabriela Borges. *Tecnologia Blockchain e Direito Societário*: aplicações práticas e desafios para a regulação. Revista de Informação Legislativa: RIL, Brasília, DF, v. 56, n. 223, p. 11-30, jul./set. 2019. Disponível em: http://www12.senado.leg.br/ril/edicoes/56/223/ril_v56_n223_p11. Acesso em: 15 set. 2021.

RAMOS, João Marcos; CABRAL, Rafael Hungaro. *Percepções de colaboradores de certificação digital acerca das influências da criação de uma identidade digital baseada em blockchain no comércio de certificados digitais*. 2021. Disponível em: http://repositorio.unis.edu.br/handle/prefix/2269. Acesso em 16 jul. 2022.

SABO, Isabela Cristina et al. Entraves ao governo aberto na Justiça Federal brasileira. *Revista Direito GV*, v. 16, 2020.

TAVARES, André Ramos. *Curso de Direito Constitucional.* 19. ed. São Paulo: Saraiva, 2021. 1248 p.

VIANA, Ana Cristina Aguilar. Transformação digital na administração pública: do governo eletrônico ao governo digital. *Revista Eurolatinoamericana de Derecho Administrativo*, Santa Fe, vol. 8, n. 1, p. 115-136, ene. /jun. 2021. DOI 10.14409/redoeda.v8i1.103303.

PROTEÇÃO DE DADOS PESSOAIS NA ORDEM CONSTITUCIONAL E SUA APLICABILIDADE NA PRESTAÇÃO DIGITAL DO PODER JUDICIÁRIO: CONTORNOS À LUZ DO PRINCÍPIO DA DIGNIDADE DA PESSOA HUMANA

ADRIANA CARLA SILVA DE OLIVEIRA[196]
MICHELLSON COSTA DE LIMA CORDEIRO[197]
RAMON CAVALCANTI ASFORA ALVES[198]

1. INTRODUÇÃO

A ordem constitucional pressupõe a existência de um processo de Poder, no qual está inserido o Estado Democrático de Direito e as ideias relacionadas ao bem-estar social são indissociáveis à ideia de Estado, sendo a Constituição um projeto de Estado construído por aqueles que integram a sociedade em sua pluralidade, a partir dos valores de sua época e da moral de seu povo.

Nesse contexto, discorre-se sobre a Justiça Constitucional como forma de controle da maioria, para garantia dos direitos fundamentais, que abrangem a dignidade da pessoa humana, tratando das normas constitucionais e fazendo uma relação direta do comportamento humano com a Constituição.[199] O povo e sua tradição repercutem, assim, no ordenamento jurídico e este oferece

[196] Pós-doutora em Direito, Doutora em Ciência da Informação, Bacharel em Direito e em Biblioteconomia. Chefe de Biblioteca e da Gestão Documental do TJRN e Membro Integrante do Comitê Gestor de Privacidade e Proteção de Dados Pessoais e dos Grupos Técnicos de Trabalho do Poder Judiciário do Rio Grande do Norte. Professora colaboradora da Universidade Federal do Rio Grande do Norte. CEO do Instituto Adriana Carla (IAC). E-mail: adrianacarla.a@gmail.com

[197] Analista Judiciário e Chefe de Seção de Requisitórios de Pagamento do Tribunal de Justiça do Estado do Rio Grande do Norte. Mestrando em Direito e graduando em Filosofia pela Universidade Federal do Rio Grande do Norte. Especialista em Direito Constitucional e Administrativo pela ESMARN. Bacharel em Direito pela UnP. Pesquisador do Grupo de Pesquisa Direito e Desenvolvimento Sustentável e Inovação – DINOVA e do Grupo de Pesquisa em Administração, Governo e Políticas Públicas do Poder Judiciário – GPJus da UFRN. E-mail: michellsoncordeiro@gmail.com

[198] Advogado. Mestrando em Direito pela Universidade Federal do Rio Grande do Norte (UFRN). Especialista em Direito e Processo do Trabalho pela Universidade do Estado do Rio Grande do Norte – UERN. Graduado em Direito pelo Centro Universitário do Rio Grande do Norte (UNI-RN). E-mail: asfora.ramon@gmail.com

[199] MIRANDA, Jorge. *Manual de Direito Constitucional*, t. VI, Coimbra: Coimbra, 1988, p. 07/44.

as garantias para proteção dos direitos tidos como essenciais à convivência humana.

Dentro do escopo da concepção de dignidade da pessoa humana, inserem-se os dados pessoais como direito fundamental a ser tutelado pelas garantias constitucionais, abrangendo a tutela do ser humano, e como este pode ser compreendido no contexto da governança desses dados, diante das políticas públicas voltadas para essa temática.

Particularmente, no Poder Judiciário, o volume de dados pessoais existentes no acervo processual nacional é bastante expressivo, os quais são disponibilizados mediante consulta processual aos sistemas automatizados nos sítios dos tribunais, contendo todos os tipos de dados inseridos no Processo Judicial eletrônico (PJe), que é um exemplo de serviço digital prestado e gerenciado por esta esfera de poder.

Ao mesmo tempo em que pode haver alguma fragilidade decorrente de eventual compartilhamento dos dados pessoais, por ocasião do tratamento desses dados pelo Poder Judiciário, a virtualização dos processos judiciais para o meio eletrônico contribui para facilitar o acesso do cidadão ao processo judicial de que ele participa, procedimento que se alinha aos moldes definidos pela Lei 14.129[200], de 29 de março de 2021 (Lei do Governo Digital).

Vejam-se alguns dos benefícios para o jurisdicionado que puderam ser auferidos a partir da implementação do meio eletrônico nos processos judiciais: i) fácil consulta processual pela internet; ii) redução de custos com transporte e deslocamento para fins de coletar informações, acessar e protocolar documentos; iii) possível redução do tempo de tramitação dos processos, decorrente da simplificação do manuseio dos autos e do fluxo de trabalho nos serviços prestados, com a transformação digital presente no judiciário nacional[201].

Percebe-se, assim, a importância de manejar as ferramentas disponíveis na prestação digital pelo Poder Judiciário, com vistas

[200] BRASIL. *Lei 14.129*, de 29 de março de 2021. Brasília, 2021. Disponível em: <http://www.planalto.gov.br/ccivil_03/_ato2019-2022/2021/lei/L14129.htm>. Acesso em: 30 dez. 2022.
[201] BRASIL. CONSELHO NACIONAL DE JUSTIÇA: *Automação traz celeridade para a tramitação de processos judiciais*. Disponível em: <https://www.cnj.jus.br/automacao-traz-celeridade-para-a-tramitacao-de-processos-judiciais/>. Acesso em: 28 dez. 2022.

ao desenvolvimento e aplicação das inovações tecnológicas, tornando mais eficientes os serviços prestados através da virtualização. Entretanto, surge a dificuldade de gerenciar os dados pessoais contidos nos processos judiciais inseridos no meio eletrônico, à luz da proteção desses dados como direito fundamental, de maneira a preservar a função jurisdicional, que não pode prescindir de acessar os documentos necessários a sua atividade, cuja guarda dos dados pessoais serve para o exercício regular dos direitos pelo titulares desses dados.

Diante disso, o presente estudo pretende provocar reflexões para responder o seguinte questionamento: como a Administração Pública, por meio do Poder Judiciário, poderá (i) realizar a governança de dados a partir da virtualização dos processos judiciais, procedimento que aproxima as partes e representantes legais da prestação jurisdicional, observando-se os princípios constitucionais da eficiência e da celeridade; e (ii) garantir, de mesmo modo, o direito fundamental à proteção de dados daqueles jurisdicionados, a preservar seu lugar enquanto seres humanos tutelados nesse contexto, tendo como pano de fundo o princípio constitucional da dignidade da pessoa humana.

2. PROTEÇÃO DOS DADOS PESSOAIS NA ORDEM CONSTITUCIONAL BRASILEIRA

2.1 O DIREITO À PROTEÇÃO DE DADOS COMO DIREITO FUNDAMENTAL DENTRO DO PRINCÍPIO DA DIGNIDADE DA PESSOA HUMANA

A Constituição Brasileira (CF) de 1988 adotou o modelo de Estado de Bem-Estar Social (*Welfare State*), possuindo como base do ordenamento jurídico o princípio da Dignidade Humana (artigo 1º, III). Esta opção fica demonstrada, por exemplo, na "ordem econômica", a qual deve ser fundada na valorização do trabalho humano e com o princípio da livre iniciativa. Todos os princípios devem convergir para preservar e alcançar o objetivo constitucional da dignidade da pessoa humana.

Este princípio tem tanta importância que é classificado como "valor supremo da democracia", "norma das normas dos direitos fundamentais", "princípio dos princípios constitucionais" e até como o "coração do patrimônio jurídico-moral da pessoa humana".

Em vista disso, a nossa Corte Constitucional entende a dignidade da pessoa humana como verdadeiro valor fonte que conforma e inspira todo o ordenamento constitucional vigente em nosso país.[202]

Corrobora com este pensamento, quando descreve-se[203] que de acordo com o conceito absoluto, a garantia da dignidade humana é considerada como uma norma que tem precedência sobre todas as outras normas, em todos os casos. Se a dignidade tem precedência sobre todas as outras normas, em todos os casos, isso implica a impossibilidade, por preclusão, de realizar o balanceamento. Isso, a seu turno, significa que a cada intervenção sobre a dignidade humana resta consubstanciada uma violação à dignidade. Mesmo justificada, torna-se impossível haver uma intervenção sobre a dignidade humana.

O Supremo Tribunal Federal, no julgamento da Ação Direta de Inconstitucionalidade (ADI) 6387, já havia dado a proteção de dados o caráter de direito fundamental implícito, com base no art. 5°, X e XII, da CF. [...] a dignidade humana foi aqui caracterizada como um valor fundamental que está na origem dos direitos humanos, assim como um princípio jurídico que (1) fornece parte do significado nuclear dos direitos fundamentais e (2) exerce a função de um princípio interpretativo, particularmente na presença de lacunas, ambiguidades e colisões entre os direitos ou entre direitos e metas coletivas, bem como no caso de desacordos morais.[204]

Posteriormente, a Emenda Constitucional n.° 115/2022 incluiu no corpo da Constituição a proteção de dados como um Direito Fundamental, conforme a nova redação do inciso LXXIX, do art. 5° de que "é assegurado, nos termos da lei, o direito à proteção dos dados pessoais, inclusive nos meios digitais". Por ser norma de Direito Fundamental, torna-se consequentemente cláusula pétrea, não podendo ser retirado do ordenamento jurídico.

---

[202] SARMENTO, Daniel. *Dignidade da Pessoa Humana: Conteúdo, trajetórias e metodologia.* Fórum: Belo Horizonte. 2016. p. 14.

[203] ALEXY, Robert. Dignidade humana, direitos sociais e não-positivismo inclusivo/ Organizadores: Robert Alexy, Narciso Leandro Xavier Baez, Rogério Luiz Nery da Silva. 1.ed. Florianópolis: Qualis, 2015, p. 13.

[204] BARROSO, Luís Roberto. *"Aqui, lá e em todo lugar": a dignidade humana no direito contemporâneo e no discurso transnacional.* In: BOGDANDY, Armin Von; PIOVESAN, Flávia; ANTONIAZZI, Mariela Morales (orgs.). *Direitos humanos, democracia e integração jurídica: emergência de um novo direito público.* Rio de Janeiro: Elsevier, 2013, p. 463.

No Brasil, além da base constitucional já mencionada, entre os marcos legais infraconstitucionais, convém citar a Lei de Acesso à Informação, Lei nº 12.527/2011; o Marco Civil da Internet, Lei nº 12.965/2014; a Lei Geral de Proteção de Dados Pessoais (LGPD) - Lei nº 13.709/2018.

2.1.1 Tutela do ser humano e seu lugar no contexto da proteção de dados pessoais e da liberdade

Para além do escopo de discussões acerca da proteção de dados em si e sua natureza jurídica como direito fundamental, consolidado pela ordem constitucional brasileira, existe a necessidade de se colocar essa proteção com um olhar direcionado ao seu destinatário, titular do direito, que vem a ser a pessoa humana.

A tutela do ser humano não pode deixar de ser tema central no campo das discussões sobre proteção de dados, exigindo que se insira nas concepções relacionadas à personalidade, à liberdade e aos valores humanos, que devem estar sempre presentes ou à vista das causas e conclusões científicas, ao menos como pano de fundo em meio ao guarda-chuva de conceitos e institutos jurídicos amplamente pesquisados.

As liberdades[205] dos indivíduos são elementos constitutivos básicos, atentando-se particularmente para a expansão das "capacidades" das pessoas de levar o tipo de vida que elas valorizam — e com razão. Essas capacidades podem ser aumentadas pela política pública, mas também, por outro lado, a direção da política pública pode ser influenciada pelo uso efetivo das capacidades participativas do povo. O êxito de uma sociedade deve ser avaliado, nesta visão, primordialmente segundo as liberdades substantivas que os membros dessa sociedade desfrutam.

A liberdade e a dignidade caminham juntas[206], o princípio da dignidade tem grande potencial para proteger e promover os interesses mais importantes da pessoa, e para tornar mais humanas e inclusivas as relações sociais. Ao invés de descartar o princípio, deve-se fazer um esforço para definir o seu conteúdo e metodo-

---

[205] SEN, Amartya. *Desenvolvimento como liberdade*. Companhia das letras, 2018, p. 23.

[206] DANIEL SARMENTO. *Dignidade da Pessoa Humana na Ordem Constitucional Brasileira: Conteúdo, trajetória e metodologia*. Belo Horizonte: Fórum, 2016, p. 339.

logia de aplicação; é um princípio constitucional fundamental que tem enorme potencial para a proteção da personalidade humana, em todas as suas dimensões. Porém, o princípio não pode continuar sendo usado como uma fórmula retórica flácida, maleável de acordo com as preferências do intérprete, nem tampouco como um artifício para a imposição de modelos de "vida boa" às pessoas, ou para a preservação de privilégios e hierarquias entrincheiradas.

Discorrendo sobre a democracia, afirma-se que ela se constitui em um ambiente onde as pessoas dispõem de permissão, ficando evidente que cada uma delas organizará sua própria vida da maneira que bem a agradar.[207]

Ao destacar a democracia, na verdade, Platão parece estar se referindo, também, às faculdades individuais ou liberdades, inerentes ao ser humano, o que permite inferir sobre a ideia de consentimento da pessoa com relação à sua vida, nela abrangidas as informações de personalidade, e por que não os dados pessoais e sua dignidade.

Registre-se que, mesmo não exigido formalmente o consentimento para o exercício regular de direitos, a tutela do direito fundamental de proteção de dados abrange normas que dizem respeito à personalidade e à dignidade da pessoa humana.

2.1.2 O Direito à Privacidade como Direito Fundamental

Considera-se pertinente versar sobre a relevância da Privacidade como Direito Fundamental, contextualizando a proteção de dados pessoais no âmbito das dimensões dos Direitos Fundamentais da Pessoa Humana das quais decorre sua tutela. A partir delas, surgiram os institutos criados pela legislação brasileira para salvaguardar a privacidade e os dados pessoais.

Nesse sentido, classifica-se[208] a proteção dos dados pessoais nos direitos da primeira e quarta geração, afirmando que a proteção de dados pessoais resulta notadamente dos direitos de primeira dimensão, relacionados à liberdade, e dos direitos de quarta dimensão, consistentes na sociedade de informação, sem

[207] PLATÃO. *A República*. 2. ed. São Paulo: Edipro, 2014, p. 346.
[208] BONAVIDES, Paulo. *Curso de Direito Constitucional*. 17. ed. São Paulo: Malheiros, 2005, p. 563.

excluir sua integralidade ou unidade com as demais dimensões dos Direitos Fundamentais.

2.1.2.1 A proteção de dados como Direitos Fundamentais da 1ª dimensão

Os direitos humanos da 1ª dimensão surgem a partir do século XVIII, durante a transição do Estado Absolutista autoritário para o Estado de Direito, ou como um dos motivadores desse momento histórico, no qual se busca o respeito às liberdades individuais, que acabam por se traduzir como direito às liberdades públicas (direitos civis) e aos direitos políticos.

De acordo ainda com Bonavides, os direitos da primeira geração são os direitos da liberdade, os primeiros a constarem do instrumento normativo constitucional, a saber, os direitos civis e políticos, que em grande parte correspondem, por um prisma histórico, àquela fase inaugural do constitucionalismo do Ocidente.

Alguns documentos históricos representam esse primeiro momento, intitulado de Direitos Humanos de 1ª geração durante os séculos VII, XVII e XIX. São eles: Magna Carta (1215); Paz de Westfália (1648); *Habeas Corpus Act* (1679); *Bill of Rights* (1688); Declaração Americana (1776); e Declaração Francesa (1789).

No Brasil, a Constituição do Império de 1824 incluiu entre os Direitos Fundamentais dois direitos sociais, os socorros públicos e a instrução primária gratuita (Art. 179, incisos XXXI e XXXII), inspirados na Declaração Francesa.

2.1.2.2 A proteção de dados como Direitos Fundamentais da 4ª dimensão

A tais direitos relacionados aos riscos e impacto da tecnologia na sociedade da informação e do conhecimento – valendo-nos aqui da terminologia usual - verifica-se, contudo, que, a despeito de estarem ainda em processo de reivindicação e desenvolvimento os mesmos correspondem, em verdade, a facetas novas deduzidas do princípio da dignidade da pessoa humana, encontrando-se intimamente vinculados à ideia da liberdade-autonomia e da proteção da vida e outros bens fundamentais (igualdade, privacidade, integridade corporal e identidade pessoal) contra ingerências por parte do Estado e dos particulares.[209]

Desse modo, deve-se entender a proteção dos dados pessoais como Direitos Fundamentais de primeira e quarta dimensões, inerentes às pessoas, garantidos pela Constituição brasileira de 1988 por meio do direito à intimidade e à privacidade, e Habeas Data para efetivação da Dignidade da Pessoa Humana.

Essa tutela ganha força quando aplicados princípios hermenêuticos, ao lado dos métodos de interpretação constitucional, destacando-se o princípio da máxima efetividade, tendo em vista sua importância perante os demais princípios, especialmente por apontar para a eficiência das normas constitucionais.

É um princípio operativo em relação a todas e quaisquer normas constitucionais [...], é hoje sobretudo invocado no âmbito dos direitos fundamentais (no caso de dúvidas deve preferir-se a interpretação que reconheça maior eficácia aos direitos fundamentais).[210]

2.1.3 Inviolabilidade da intimidade, vida privada, honra e imagem das pessoas

São invioláveis a intimidade, a vida privada, a honra e a imagem das pessoas, assegurado o direito à indenização pelo dano material ou moral decorrente de sua violação.[211]

Nesse contexto, a privacidade parece estar inserida na proteção de dados pessoais, que vai além da tutela da intimidade individual. Evidencia-se, assim, que o texto constitucional não admite, ao declarar a inviolabilidade, que a intimidade, a vida privada, a honra e a imagem das pessoas sejam desrespeitadas, constituindo tais valores Direitos Fundamentais individuais.

---

[209] SARLET, Ingo Wolfgang. Mark Tushnet e as assim chamadas dimensões (" gerações") dos direitos humanos e fundamentais: breves notas. *Rei-Revista Estudos Institucionais*, v. 2, n. 2, p. 498-516, 2016.

[210] CANOTILHO. José Joaquim Gomes. *Direito Constitucional e Teoria da Constituição*. 7. ed. Coimbra: Almedina, 2000, p. 1.224.

[211] BRASIL. Constituição (1988). *Art. 5º, X, da Constituição da República Federativa do Brasil*. Brasília, 1988. Disponível em: <http://www.planalto.gov.br/ccivil_03/constituicao/constituicao.htm>. Acesso em: 30 abr. 2020.

2.1.4 Da Privacidade como Direito Fundamental à Proteção de Dados Pessoais

A ideia da privacidade surgiu muito antes do advento da internet, quando apareceu a preocupação de se respeitar ou resguardar minimamente os direitos da pessoa em si, não somente de seus bens dentro do direito de propriedade, por exemplo.

O artigo "The right to privacy", publicado em *Havard Law Review*, em 1890, por Samuel Warren e Louis Brandeis, expõe: A quebra de um contrato e da confiança foi utilizada para solucionar muitos casos, porém, a violação da vida privada nem sempre será atribuível a um contratante. Também o direito de propriedade, invocado para proteger os bens imateriais, não mais seria suficiente no mundo moderno. Desde então, "o direito à privacidade foi, primeiramente, definido (...) a partir de precedentes da *common law*, o direito a ser deixado só (*right to be let alone*), tanto mais relevante quando se consideravam as crescentes ameaças à personalidade humana decorrentes da massificação da mídia e do abuso da imagem e de informações pessoais".[212]

Nesse sentido, visando proteger as pessoas diante do crescimento tecnológico e das ameaças à intimidade e à vida privada, a Carta dos Direitos Fundamentais da União Europeia[213] estabeleceu, em seu Art. 8°, que "todas as pessoas têm direito à proteção dos dados de caráter pessoal que lhes digam respeito".

Além disso, esse mesmo direito não é tratado diferentemente no ordenamento jurídico brasileiro, no que diz respeito aos direitos individuais e coletivos, conforme traçado pela Constituição Federal (1988), em seu Art. 5°, incisos X e XII, para proteção da intimidade e da vida privada, do sigilo da correspondência e das comunicações telegráficas, de dados e das comunicações telefônicas.

Legislações posteriores infraconstitucionais também se esforçaram para buscar a tutela da privacidade. São exemplos a Lei Carolina Dieckmann e a Lei 12.965/2014 (Marco Civil da Internet),

---

[212] TEPEDINO, Gustavo; FRAZÃO, Ana; OLIVA, Milena Donato (coord.). *Lei Geral de Proteção de Dados Pessoais e suas repercussões no Direito Brasileiro.* São Paulo: Thomson Reuters Brasil, 2020, p. 54-84.

[213] EUROPA. EU. *Carta dos Direitos Fundamentais da União Europeia*, 2020. Disponível em: <https://op.europa.eu/webpub/com/carta-dos-direitos-fundamentais/pt/>. Acesso em: 19 fev. 2020.

além dos Códigos Civil e de Defesa do Consumidor, Lei do Cadastro Positivo, dentre outras.

2.2 A LEI GERAL DE PROTEÇÃO DE DADOS PESSOAIS NO CONTEXTO DAS FUNÇÕES ELUCIDATIVAS DOS DIREITOS FUNDAMENTAIS

O direito de acesso aos dados pessoais está assegurado na Constituição Federal pelo Habeas Data (art. 5°, LXXII e lei 9.507/1997), assim como pela Lei Geral de Proteção de Dados (lei 13.709/2018), facilitando ao titular dos dados pessoais, o acesso gratuito destes, que estão sobre domínio dos controladores ou operadores, os quais podem ser privados ou públicos.

Torna-se obrigatório a guarnição e entrega das informações por completo, de modo compreensível e mais transparente possível sobre o tratamento das informações aos titulares dos dados.

Para tanto, a Lei Geral de Proteção de Dados Pessoais, traz no artigo 5° I, II e III, o que é um dado pessoal "informação relacionada a pessoa natural identificada ou identificável", dado sensível "dado pessoal sobre origem racial ou étnica, convicção religiosa, opinião política, filiação a sindicato ou a organização de caráter religioso, filosófico ou político, dado referente à saúde ou à vida sexual, dado genético ou biométrico, quando vinculado a uma pessoa natural" e dados que devam ser anonimizados "dado relativo a titular que não possa ser identificado, considerando a utilização de meios técnicos razoáveis e disponíveis na ocasião de seu tratamento".

Assim, existe a necessidade de realizar o tratamento desses dados acima, na forma da lei (art.5, X, Lei 13.709/2018), resultante dos Direitos Fundamentais da Pessoa Humana. Tal propósito decorre da Função da Defesa ou Liberdade[214], a primeira função dos Direitos Fundamentais - sobretudo dos direitos, liberdades e garantias - é a defesa da pessoa humana e da sua dignidade perante os poderes do Estado; cumprem a função de direitos de defesa dos cidadãos; outra função primordial é a de proteção perante terceiros, na qual o Estado tem o dever de proteger o direito à vida perante eventuais agressões de outros indivíduos [...]. O mesmo acontece com 11 numerosos direitos, como o direito de inviolabi-

[214] CANOTILHO. José Joaquim Gomes. *Direito Constitucional e Teoria da Constituição*. 7. ed. Coimbra: Almedina, 2000, p. 408-409.

lidade de domicílio, o direito de proteção de dados informativos e o direito de associação.

Existe, ainda, a função da não-discriminação, baseada na própria letra da lei que revela a intenção do legislador em preservar que nenhum sujeito sofra qualquer tipo de discriminação em razão de sua convicção religiosa, política, filosófica, orientação sexual, situação de saúde etc., cujos dados sensíveis são tutelados pela LGPD e em consonância com os objetivos fundamentais de nossa República (art. 3°, IV, CF).

Tais funções elucidativas dos Direitos Fundamentais encontram-se de maneira a impor limites à atuação na esfera estatal ou privada com objetivo de proteger os dados, assim como traz a garantia que a finalidade da obtenção de dados deve ser alcançada, preservando em ambos os casos a dignidade da pessoa humana.

3 GOVERNANÇA DE DADOS PESSOAIS NO CONTEXTO DA PRESTAÇÃO DIGITAL PELO PODER JUDICIÁRIO

3.1 O GOVERNO DIGITAL E OS DADOS PESSOAIS NA CONCEPÇÃO DO PRINCÍPIO DA EFICIÊNCIA NA ADMINISTRAÇÃO PÚBLICA BRASILEIRA

O princípio da eficiência contido no Art. 37 da Carta Magna constitui requisito mínimo para garantia dos bons serviços prestados pela administração pública, servindo de base para as políticas e procedimentos adotados pela governança dos dados pelo Poder Judiciário.

As iniciativas do Governo Digital — que sucedem e ampliam o foco das políticas de governo eletrônico — pretendem, justamente, transformar essa realidade, mediante a instituição de serviços públicos digitais, que sejam mais simples, céleres e eficientes. Trata-se de constituir um novo paradigma, fundado sobre os princípios da transparência, da inovação e da confiança, segundo os quais o uso das tecnologias digitais pode e deve viabilizar: (i) a ampliação do acesso às informações públicas e a simplificação de mecanismos de prestação de contas e de interação entre a administração pública e a sociedade, incluindo a instituição de novos mecanismos de avaliação dos serviços; (ii) a efetiva e constante inovação, mediante a adoção de modelos administrativos e jurídicos flexíveis, a admissibilidade controlada do risco, a relativa tolerância ao erro, o questionamento de práticas vigentes e a criação de incentivos para a experimentação e para a implementação de soluções criativas por parte de gestores públicos; (iii) com base na arquitetura disponibilizada pelas tecnologias digitais, a constituição de novos modos de produção da confiança, por meio dos quais seja possível a redução de exigências burocráticas, bem como a garantia de maior simplicidade, celeridade, previsibilidade e segurança nas relações entre cidadãos e órgãos e entidades públicos. [215]

No entanto, há diversos obstáculos que podem dificultar ou desvirtuar o sentido e os resultados das políticas de governo digital. De um lado, há o risco de digitalização de fachada, isto é, de manutenção da lógica burocrática tradicional sob uma roupagem eletrônica, equívoco muitas vezes encontrado na administração pública brasileira. De outro lado, se realizada sem as devidas salvaguardas técnicas e jurídicas, a incorporação de tecnologias digitais pode gerar externalidades negativas, produzindo novos riscos e incertezas ou, ainda, abusos e violação de direitos[216].

A política de governança digital brasileira adota como princípios: o foco nas necessidades da sociedade; a abertura e a transparência; o compartilhamento da capacidade de serviço; a simplicidade na prestação de serviços à sociedade; a priorização de serviços públicos disponibilizados em meio digital; a segurança e a privacidade dos dados pessoais dos cidadãos; abertura à participação e ao controle social; o governo como plataforma aberta voltada às aplicações tecnológicas para a prestação de serviços e o desenvolvimento socioeconômico do país; e o investimento em inovação para a melhoria dos serviços públicos. A medida contará ainda com o estabelecimento de redes de conhecimento sobre assuntos relativos à Governança Digital e a temas correlatos, abertas a todos os cidadãos interessados.[217]

Dentro do escopo da Lei 14.129, de 29 de março de 2021 (Lei do Governo Digital), o Poder Judiciário nacional, por meio do Con-

[215] DE CARVALHO, Lucas Borges. *Governo digital e direito administrativo: entre a burocracia, a confiança e a inovação.* Revista de Direito Administrativo, v. 279, n. 3, p. 115-148, 2020, p. 144.

[216] DE CARVALHO, Lucas Borges. *Governo digital e direito administrativo: entre a burocracia, a confiança e a inovação.* Revista de Direito Administrativo, v. 279, n. 3, p. 115-148, 2020, p. 144.

[217] MOURA, Maria Aparecida. *Política de Governança Digital Brasileira: em pauta a participação social e a transparência ativa.* Revista Ágora: políticas públicas, comunicação e governança informacional, v. 1, n. 1, p. 121-125, 2016.

selho Nacional de Justiça, tem editado normativos, programas e ações, incluindo boas práticas para tornar mais eficiente o serviço jurisdicional, ampliar o acesso ao cidadão.

Como exemplo, tem-se o Programa 4.0[218], que segundo o qual torna a Justiça brasileira mais: Inovadora, pois desenvolve e usa tecnologias disruptivas para aperfeiçoar os serviços prestados à sociedade; Eficiente, pois automatiza atividades dos órgãos de Justiça, aproveitando melhor os recursos humanos e materiais, fomentando a produtividade, reduzindo despesas e agilizando a prestação de serviços; Inteligente, pois extrai, gerencia e armazena dados de tribunais de todo o país, apoiando a implementação de políticas judiciais efetivas com base em evidências; Colaborativa, pois disponibiliza plataformas nacionais que os tribunais podem usar para compartilhar soluções tecnológicas, adaptá-las a suas necessidades e evitar iniciativas duplicadas para as mesmas demandas; Integrada, pois consolida uma política nacional para a gestão do Processo Judicial Eletrônico e viabiliza o compartilhamento de sistemas entre os tribunais; Transparente, pois divulga dados e informações em painéis completos, acessíveis e fáceis de usar tanto pelos órgãos de Justiça como pela sociedade como um todo.

O Programa Justiça 4.0 – Inovação e Efetividade na Realização da Justiça para Todos – é desenvolvido em parceria entre o CNJ, o Programa das Nações Unidas para o Desenvolvimento (PNUD) e o Conselho da Justiça Federal (CJF), com apoio do Tribunal Superior Eleitoral (TSE), Superior Tribunal de Justiça (STJ) e Conselho Superior da Justiça do Trabalho (CSJT).

Nesse sentido, a Resolução n. 455/CNJ[219], de 27 de abril de 2022, que instituiu o Portal de Serviços do Poder Judiciário (PSPJ), trouxe relevante contribuição ao regulamentar instrumentos para possibilitar a citação pela via eletrônica instituída pelo Art. 246, do Código de Processo Civil brasileiro[220], na Plataforma Digital do Poder Judiciáiro (PDPJ-Br) para usuários externos.

---

[218] BRASIL. CONSELHO NACIONAL DE JUSTIÇA: *Justiça 4.0.* Disponível em: <https://www.cnj.jus.br/tecnologia-da-informacao-e-comunicacao/justica-4-0/>. Acesso em: 28 dez. 2022.

[219] BRASIL. CONSELHO NACIONAL DE JUSTIÇA. *Resolução CNJ 455,* de 27 de abril de 2022. Brasília, 2022. Disponível em: <https://www.cnj.jus.br/atos_normativos/>. Acesso em: 30 dez. 2022.

[220] BRASIL. *Código de Processo Civil.* Brasília, 2015. Disponível em: <http://www2.senado.leg.br/bdsf/handle/id/507525>. Acesso em: 30 dez. 2022.

A citação por meio eletrônico como modo de ampliação do procedimento de exibição de documentos ou coisas possui a capacidade de influenciar positivamente no grau de eficiência do processo civil.[221]

3.2 DO TRATAMENTO DE DADOS PESSOAIS PELO PODER JUDICIÁRIO BRASILEIRO: CONTORNOS SOBRE A DISPONIBILIDADE DOS DADOS BÁSICOS DO PROCESSO JUDICIAL ELETRÔNICO (PJE) PARA CONSULTA PÚBLICA

A Resolução 335/CNJ[222], de 29 de setembro de 2020, instituiu política pública para a governança e a gestão de processo judicial eletrônico, integrando os tribunais do país com a criação da Plataforma Digital do Poder Judiciário Brasileiro (PDPJ-Br), mantendo o sistema PJe como sistema de Processo Eletrônico prioritário do Conselho Nacional de Justiça; e a Resolução 334/CNJ[223], de 21 de setembro de 2020, instituiu o Comitê Consultivo de Dados Abertos e Proteção de Dados no âmbito do Poder Judiciário.

Importante normativo foi instituído para regular a forma de disponibilização dos dados processuais em todo o território nacional, por meio da Resolução 121/CNJ[224], de 5 de outubro de 2010, que já tratava sobre a divulgação de dados processuais eletrônicos na rede mundial de computadores, de modo que as consultas públicas devem ficar restritas aos dados básicos dos processos judiciais (Art. 4º), de acordo com critérios que especifica, sem acesso a todo o conteúdo documental do processo, ressalvado para as partes e advogados legalmente habilitados. O Art. 5º da citada Resolução ainda prescreve: "A disponibilização de consultas às bases de de

---

[221] ZANETI JR, Hermes. *BREVES NOTAS SOBRE AS ALTERAÇÕES DO CÓDIGO DE PROCESSO CIVIL PELA LEI 14.195/2021: CITAÇÃO ELETRÔNICA, EXIBIÇÃO DE DOCUMENTO OU COISA E PRESCRIÇÃO INTERCORRENTE*. Revista de Processo| vol, v. 330, n. 2022, p. 43-73, 2022.

[222] BRASIL. CONSELHO NACIONAL DE JUSTIÇA. *Resolução CNJ 335,* de 29 de setembro de 2020. Brasília, 2020c. Disponível em: <https://www.cnj.jus.br/atos_normativos/>. Acesso em: 12 out. 2020.

[223] BRASIL. CONSELHO NACIONAL DE JUSTIÇA. *Resolução CNJ 334,* de 21 de setembro de 2020. Brasília, 2020b. Disponível em: <https://www.cnj.jus.br/atos_normativos/>. Acesso em: 12 out. 2020.

[224] BRASIL. CONSELHO NACIONAL DE JUSTIÇA. *Resolução CNJ 121,* de 5 de outubro de 2010. Brasília, 2010. Disponível em: <https://www.cnj.jus.br/atos_normativos/>. Acesso em: 12 out. 2020.

cisões judiciais impedirá, quando possível, a busca pelo nome das partes" (BRASIL, 2010).

A Resolução 185/CNJ[225], de 18 de dezembro de 2013, que instituiu o Sistema Processo Judicial Eletrônico (PJe) como sistema de processamento de informações e prática de atos processuais, no mesmo sentido, disciplinou na Seção V, Art. 27, sobre a consulta e o sigilo das informações, de maneira que a consulta do inteiro teor dos documentos juntados no PJe fica restrita para as partes processuais, advogados em geral, Ministério Público e para os magistrados.

Ademais, os dispositivos previstos no Art. 28, §§ 2º e 3º, da Resolução 185/CNJ, dispõem que se for solicitado pelo jurisdicionado, titular dos direitos sobre os dados, o segredo de justiça ou sigilo de documento ou arquivo, estes permanecerão sigilosos até que o magistrado da causa decida em sentido contrário, de ofício ou a requerimento da parte contrária. Além disso, ressalta-se que cada Tribunal pode configurar o sistema de modo que processos de determinadas classes, assuntos ou por outros critérios sejam considerados segredos de justiça automaticamente.

Este último dispositivo, que autoriza a configuração do sistema para observar as classes e os assuntos que ensejam segredo de justiça de forma automática, tem grande importância para a adequação dos sistemas de automação utilizados pelos diversos tribunais, uma vez que cada ente federativo utilizava um sistema próprio, até o advento do PJe pelo Conselho Nacional de Justiça.

Um sistema de automação sem esse tipo de adequação pode, por exemplo, disponibilizar nas movimentações processuais constantes no histórico dos processos, conteúdos de interior teor de decisões judiciais com os nomes das partes processuais ou de informações, cujo caráter é sigiloso, ou ainda contendo dados sensíveis, tudo em decorrência da visibilidade externa ao público em geral, sem o devido tratamento dos dados, o que poder ser auferido mediante pesquisas processuais em sítios dos órgãos judiciários.

No âmbito dos tribunais brasileiros, foram editados alguns normativos para a implementação da LGPD, como é o caso do Tribunal

[225] BRASIL. CONSELHO NACIONAL DE JUSTIÇA. *Resolução CNJ 185*, de 18 de dezembro de 2013. Brasília, 2010. Disponível em: <https://www.cnj.jus.br/atos_normativos/>. Acesso em: 12 out. 2020.

de Justiça do Estado de São Paulo (Portaria 9.923/2020-TJSP[226], de 24 de setembro de 2020), que instituiu a Política de Proteção de Dados Pessoais naquele Estado; o Tribunal Superior Eleitoral (Portaria 14[227], de 08 de janeiro de 2021), que instituiu unidade encarregada pela proteção de dados pessoais no âmbito do TSE.

Assim, com relação aos dados constantes em todo o acervo processual do Judiciário nacional, convém destacar o DATAJUD – Base Nacional de Dados do Poder Judiciário, instituído pela Resolução Nº 331[228] de 20/08/2020, como fonte primária de dados do Sistema de Estatística do Poder Judiciário – SIESPJ para os tribunais indicados nos incisos II a VII do art. 92 da Constituição Federal. Dentre os 91 tribunais existentes no país, há 305 milhões de processos em tramitação, com 12,67 bilhões de movimentações processuais[229].

Dentre as inovações[230] trazidas pela Resolução, cabe destacar a possibilidade das informações do DATAJUD serem disponibilizadas por meio de API pública, resguardados o sigilo e a confidencialidade das informações, nos termos da legislação processual e da Lei Geral de Proteção de Dados. A base é composta com dados e metadados processuais relativos a todos os processos físicos ou eletrônicos, públicos ou sigilosos, de qualquer das classes previstas nas Tabelas Processuais Unificadas –TPUs, criadas pela Resolução CNJ nº 46/2007.

A apresentação oficial da Base de dados ocorreu na 1ª Reunião Preparatória para o XIV Encontro Nacional do Poder Judiciário,

---

[226] SÃO PAULO. Tribunal de Justiça. *Portaria n. 9.923/2020. Institui a Política de Proteção de Dados Pessoais dos sítios eletrônicos do Poder Judiciário de São Paulo*. 2020a. Disponível em: <https://www.tjsp.jus.br/Download/Portal/LGPD/Portaria_LGPD_9923-2020-2.pdf?637534566833897466>. Acesso em: 11 abr. 2021.

[227] BRASIL. Tribunal Superior Eleitoral. *Portaria n. 14, de 8 de janeiro de 2021. Institui Unidade Encarregada pela Proteção de Dados Pessoais no âmbito do Tribunal Superior Eleitoral*. Diário da Justiça Eletrônico do Tribunal Superior Eleitoral, Brasília, terça-feira, 12 de janeiro de 2021. Disponível em: <https://www.tse.jus.br/legislacao/compilada/prt/2021/portaria-no-14-de-8-de-janeiro-de- 2021?SearchableText=prote%C3%A7%C3%A3o%20de%20dados>. Acesso em: 11 abr. 2021.

[228] BRASIL. CONSELHO NACIONAL DE JUSTIÇA. *Resolução CNJ 331*, de 20 de agosto de 2020. Brasília, 2020a. Disponível em: <https://www.cnj.jus.br/atos_normativos/>. Acesso em: 12 out. 2020.

[229] BRASIL. CONSELHO NACIONAL DE JUSTIÇA: *Datajud*. Disponível em: <https://www.cnj.jus.br/sistemas/datajud/>. Acesso em: 28 dez. 2022.

[230] BRASIL. CONSELHO NACIONAL DE JUSTIÇA: *Datajud*. Disponível em: <https://www.cnj.jus.br/sistemas/datajud/sobre/>. Acesso em: 28 dez. 2022.

em 25 de maio de 2020. Os dados do DATAJUD são usados para estudos e diagnósticos do Poder Judiciário a fim de contribuir com a construção e acompanhamento de políticas públicas, otimizar as rotinas de trabalho com a unificação de sistemas, promover integração de dados entre entes públicos, além de conferir maior transparência ao Poder Judiciário.

4. CONSIDERAÇÕES FINAIS

A proteção de dados pessoais e sua aplicabilidade na prestação digital no Judiciário decorre da análise de uma perspectiva sobre a aplicabilidade do Governo digital instituído pela Lei n.º 14.129/2021, com foco no desenvolvimento e na eficiência do serviço digital prestado, mediante virtualização dos processos judiciais para o PJe, e preservação dos dados pessoais à luz do princípio da dignidade da pessoa humana, ainda com amparo nas Leis n.º 11.419, de 19 de dezembro de 2006, e 12.682, de 09 de julho de 2012, bem como no Decreto n.º 10.278, de 18 de março de 2020, e na Resolução n.º 420, de 29 de setembro de 2021, do Conselho Nacional de Justiça.

Assim, fica evidente que a governança dos dados pelo poder público trata de direitos constitucionalmente reconhecidos, deduzindo-se que a raiz antropológica se reconduz ao homem como pessoa, como cidadão, como trabalhador e como administrado, e que muitos dos direitos fundamentais são direitos de personalidade, que abarcam os direitos sobre a própria pessoa (direito à vida, à integridade moral e física, direito à privacidade).[231]

Nesse sentido, a partir da análise da ordem constitucional brasileira e do princípio da dignidade da pessoa humana, infere-se que a nação não pode prescindir, para alcançar o bem-estar social e a proteção dos dados pessoais, da tutela do ser humano, com respeito às liberdades, às diferenças e às individualidades naturais do ser humano, em suas características, qualidades e faculdades, a bem da coletividade.

E como alcançar esses objetivos? Como garantir o bem em seu sentido mais concreto junto à sociedade e de maneira a preservar

---

[231] CANOTILHO. José Joaquim Gomes. *Direito Constitucional e Teoria da Constituição*. 7. ed. Coimbra: Almedina, 2000, p. 248-396.

os direitos fundamentais do homem, universalmente declarados pelas diversas nações unidas, conforme Declaração Universal do Direitos do Homem[232] (ONU, 1948)? Como preservar a dignidade da pessoa humana e buscar a concretização desses direitos?

Talvez a resposta, inconclusiva, a esses questionamentos passe por algo que se torna mais complexo, porque diz respeito às faculdades individuais e coletivas no exercício de poder, para se realizar em última instância as políticas públicas necessárias para esse fim.

Como esforço, ainda, para elucidar sobre os caminhos para concretização do direito fundamental de proteção de dados pessoais, no âmbito de sua aplicabilidade na prestação digital pelo Poder Judiciário, infere-se que (i) o exercício da cidadania e das liberdades pelos sujeitos titulares dos dados pessoais, (ii) bem como a participação ativa da sociedade junto aos órgãos responsáveis pelo tratamento dos dados das pessoas, por meio de suas faculdades legais, podem favorecer a construção de uma relação útil e para o bem social, na ordem democrática, entre as entidades estatais jurisdicionais e o cidadão, de modo a preservar a dignidade da pessoa humana.

Por fim, parece essencial, também, que o Poder Judiciário continue a promover estudos e políticas públicas para aprimoramento da gestão e da segurança dos dados pessoais, com o apoio das inovações tecnológicas voltadas para o livre desenvolvimento da personalidade, sem prescindir dos mecanismos disponíveis para salvaguardar os direitos dos titulares.

[232] ONU. *Declaração Universal dos Direitos Humanos: Declaração. In: Declaração Universal dos Direitos Humanos.* [*S. l.*], 30 dez. 2022. Disponível em: <https://brasil.un.org/pt-br/91601-declaracao-universal-dos-direitos-humanos>. Acesso em: 30 dez. 2022.

REFERÊNCIAS

ALEXY, Robert. *Dignidade humana, direitos sociais e não-positivismo inclusivo*/ Organizadores: Robert Alexy, Narciso Leandro Xavier Baez, Rogério Luiz Nery da Silva. 1.ed. Florianópolis: Qualis, 2015.

BARROSO, Luís Roberto. *'Aqui, lá e em todo lugar": a dignidade humana no direito contemporâneo e no discurso transnacional*. In: BOGDANDY, Armin Von; PIOVESAN, Flávia; ANTONIAZZI, Mariela Morales (orgs.). *Direitos humanos, democracia e integração jurídica: emergência de um novo direito público*. Rio de Janeiro: Elsevier, 2013.

BIONI, Bruno. *Proteção de dados pessoais*: a função e os limites do consentimento. Rio de Janeiro: Forense, 2019.

BONAVIDES, Paulo. *Curso de Direito Constitucional*. 17. ed. São Paulo: Malheiros, 2005.

BRASIL. Constituição (1988). *Constituição da República Federativa do Brasil*. Brasília, 1988. Disponível em: <http://www.planalto.gov.br/ccivil_03/constituicao/constituicao.htm>. Acesso em: 30 abr. 2020.

BRASIL. *Código de Processo Civil*. Brasília, 2015. Disponível em: <http://www2.senado.leg.br/bdsf/handle/id/507525>. Acesso em: 30 dez. 2022.

BRASIL. *Lei n. 9.507*, de 12 de novembro de 1997. Regula o direito de acesso a informações e disciplina o rito processual do habeas data. Disponível em: <http://www.planalto.gov.br/ccivil_03/leis/l9507.htm>. Acesso em: 30 abr. 2020.

BRASIL. *Lei n. 10.406*, de 10 de janeiro de 2002. Código Civil. Brasília, 2002. Disponível em: <http://www.planalto.gov.br/ccivil_03/leis/2002/l10406.htm>. Acesso em: 30 abr. 2020.

BRASIL. *Lei n. 12.414*, de 09 de junho de 2011a. Lei do Cadastro Positivo. Brasília, 2011. Disponível em: <http://www.planalto.gov.br/ccivil_03/_Ato2011-2014/2011/Lei/L12414.htm>. Acesso em: 30 abr. 2020.

BRASIL. *Lei n. 12.527*, de 18 de novembro de 2011b. Lei de Acesso à Informação. Brasília, 2011. Disponível em: <http://www.planalto.gov.br/ccivil_03/_ato2011- 2014/2011/lei/l12527.htm>. Acesso em: 30 abr. 2020.

BRASIL. *Lei n. 12.965*, de 23 de abril de 2014. Marco Civil da Internet. Brasília, 2014. Disponível em: <http://www.planalto.gov.br/ccivil_03/_ato2011-2014/2014/lei/l12965.htm>. Acesso em: 30 abr. 2020.

BRASIL. *Lei n. 13.709*, de 14 de agosto de 2018. Lei Geral de Proteção de Dados Pessoais. Brasília, 2018. Disponível em: <http://www.planalto.gov.br/ccivil_03/_ato2015- 2018/2018/lei/L13709.htm>. Acesso em: 30 abr. 2020.

BRASIL. *Lei n. 14.129*, de 29 de março de 2021. Lei do Governo Digital. Brasília, 2021. Disponível em: <https://www.planalto.gov.br/ccivil_03/_ato2019-2022/2021/lei/l14129.htm>. Acesso em: 30 dez. 2022.

BRASIL. CONSELHO NACIONAL DE JUSTIÇA. *Resolução CNJ 121*, de 5 de outubro de 2010. Brasília, 2010. Disponível em: <https://www.cnj.jus.br/atos_normativos/>. Acesso em: 12 out. 2020.

BRASIL. CONSELHO NACIONAL DE JUSTIÇA. *Resolução CNJ 185*, de 18 de dezembro de 2013. Brasília, 2010. Disponível em: <https://www.cnj.jus.br/atos_normativos/>. Acesso em: 12 out. 2020.

BRASIL. CONSELHO NACIONAL DE JUSTIÇA. *Resolução CNJ 331*, de 20 de agosto de 2020. Brasília, 2020a. Disponível em: <https://www.cnj.jus.br/atos_normativos/>. Acesso em: 12 out. 2020.

BRASIL. CONSELHO NACIONAL DE JUSTIÇA. *Resolução CNJ 334*, de 21 de setembro de 2020. Brasília, 2020b. Disponível em: <https://www.cnj.jus.br/atos_normativos/>. Acesso em: 12 out. 2020.

BRASIL. CONSELHO NACIONAL DE JUSTIÇA. *Resolução CNJ 335*, de 29 de setembro de 2020. Brasília, 2020c. Disponível em: <https://www.cnj.jus.br/atos_normativos/>. Acesso em: 12 out. 2020.

BRASIL. CONSELHO NACIONAL DE JUSTIÇA. *Resolução CNJ 455*, de 27 de abril de 2022. Brasília, 2022. Disponível em: <https://www.cnj.jus.br/atos_normativos/>. Acesso em: 30 dez. 2022.

BRASIL. CONSELHO NACIONAL DE JUSTIÇA: *Automação traz celeridade para a tramitação de processos judiciais*. Disponível em: <https://www.cnj.jus.br/automacao-traz-celeridade-para-a-tramitacao-de-processos-judiciais/>. Acesso em: 28 dez. 2022.

BRASIL. Tribunal Superior Eleitoral. *Portaria n. 14*, de 8 de janeiro de 2021. *Institui Unidade Encarregada pela Proteção de Dados Pessoais no âmbito do Tribunal Superior Eleitoral*. Diário da Justiça Eletrônico do Tribunal Superior Eleitoral, Brasília, terça-feira, 2021. Disponível em: <https://www.tse.jus.br/legislacao/compilada/prt/2021/portaria-no-14-de-8-de-janeiro-de-021?SearchableText=prote%C3%A7%C3%A3o%20de%20dados>. Acesso em: 11 abr. 2021.

CANOTILHO. José Joaquim Gomes. *Direito Constitucional e Teoria da Constituição*. 7. ed. Coimbra: Almedina, 2000.

DE CARVALHO, Lucas Borges. *Governo digital e direito administrativo: entre a burocracia, a confiança e a inovação*. Revista de Direito Administrativo, v. 279, n. 3, p. 115-148, 2020, p. 144.

EUROPA. EU. *Carta dos Direitos Fundamentais da União Europeia*, 2020. Disponível em: <https://op.europa.eu/webpub/com/carta-dos-direitos-fundamentais/pt/>. Acesso em: 19 fev. 2020.

MIRANDA, Jorge. *Manual de Direito Constitucional*, t. VI, Coimbra: Coimbra, 1988, p. 07/44.

MOURA, Maria Aparecida. *Política de Governança Digital Brasileira: em pauta a participação social e a transparência ativa*. Revista Ágora: políticas públicas, comunicação e governança informacional, v. 1, n. 1, p. 121-125, 2016.

ONU. ORGANIZAÇÃO DAS NAÇÕES UNIDAS. *Universal Declaration of Human Rights*. 1948. Disponível em: <https://www.un.org/en/universal-declaration-human- rights/index.html>. Acesso em: 27 set. 2020.

SÃO PAULO. Tribunal de Justiça. *Portaria n. 9.923/2020*. Institui a Política de Proteção de Dados Pessoais dos sítios eletrônicos do Poder Judiciário de São Paulo. 2020a. Disponível em: <https://www.tjsp.jus.br/Download/Portal/LGPD/Portaria_LGPD_9923-2020- 2.pdf?637534566833897466>. Acesso em: 11 abr. 2021.

SÃO PAULO. Tribunal de Justiça. *Tribunal regulamenta Política de Privacidade e Proteção de Dados Pessoais no PJ paulista*. 2020b. Disponível em: <https://www.tjsp.jus.br/Noticias/Noticia?codigoNoticia=62288>. Acesso em: 11 abr. 2021.

SARLET, Ingo Wolfgang. Mark Tushnet e as assim chamadas dimensões (" gerações") dos direitos humanos e fundamentais: breves notas. *Rei-Revista Estudos Institucionais*, v. 2, n. 2, p. 498-516, 2016.

SARMENTO, Daniel. *Dignidade da Pessoa Humana: Conteúdo, trajetórias e metodologia*. Fórum: Belo Horizonte. 2016.

SEN, Amartya. *Desenvolvimento como liberdade*. Editora Companhia das letras, 2018. P. 23.

TEPEDINO, Gustavo; FRAZÃO, Ana; OLIVA, Milena Donato (coord.). *Lei Geral de Proteção de Dados Pessoais e suas repercussões no Direito Brasileiro*. São Paulo: Thomson Reuters Brasil, 2020.

TREMEL, Daniel; CARIELLO, Juliana; CONSANI, Natalie. *22% dos candidatos em São Paulo têm antecedente criminal*. Folha de S. Paulo, São Paulo, 28 set. 2008. Disponível em: <https://www1.folha.uol.com.br/fsp/brasil/fc2809200802.htm>. Acesso em: 11 abr. 2021.

ZANETI JR, Hermes. *BREVES NOTAS SOBRE AS ALTERAÇÕES DO CÓDIGO DE PROCESSO CIVIL PELA LEI 14.195/2021: CITAÇÃO ELETRÔNICA, EXIBIÇÃO DE DOCUMENTO OU COISA E PRESCRIÇÃO INTERCORRENTE*. Revista de Processo, vol. v. 330, n. 2022, p. 43-73, 2022.

SETORES TRADICIONAIS DE TELECOMUNICAÇÕES E APLICATIVOS *OVER-THE-TOP*: UMA ANÁLISE A PARTIR DOS SISTEMAS DE REGULAÇÃO BRASILEIRO E AS IMPLICAÇÕES AOS CONSUMIDORES

MARCELO HENRIQUE DE SOUSA TORRES[233]
ORLANDO SOARES DA SILVEIRA FILHO[234]
ANDRÉ DE SOUZA DANTAS ELALI[235]
FABRÍCIO GERMANO ALVES[236]

1. INTRODUÇÃO

O aumento expressivo do fluxo de dados pessoais nos últimos anos está diretamente interligado com a progressiva popularização das redes sociais, seja na órbita privada ou nas relações consumeristas. Desse modo, os critérios concorrenciais atrelam-se às relações de consumo, mas mesmo diante de um cenário ágil e em constantes renovações, faz-se necessário os agentes fiscalizadores atuarem em proteção ao destinatário final.

---

[233] Advogado. Professor do Centro Universitário do Rio Grande do Norte (UNI-RN). Mestrando em Direito pela Universidade Federal do Rio Grande do Norte (UFRN). Especialista em Direito Civil e Empresarial pela Universidade Potiguar (UNP). Pesquisador do Grupo de pesquisa em Direito das Relações de Consumo da Universidade Federal do Rio Grande do Norte (UFRN). E-mail: marcelohstorresadv@gmail.com.

[234] Advogado. Procurador-geral do Município de São Francisco-PB. Mestrando em Direito pela Universidade Federal do Rio Grande do Norte (UFRN). Especialista em Direito Penal e Processo Penal pela Universidade Federal de Campina Grande (UFCG). Graduado em Direito pela Universidade Federal de Campina Grande (UFCG). E-mail: orlandosilveirafilho@gmail.com.

[235] Advogado. Professor Associado de Direito Tributário da UFRN. Mestre e Doutor em Direito Público e Visiting Scholar do Max-Planck-Institüt für Steuerrecht e da Queen Mary University of London. E-mail: andreelali@gmail.com

[236] Advogado. Especialista em Direito do Consumidor e Relações de Consumo (UNP), Direito Eletrônico (Estácio), Direito Autoral e Propriedade Intelectual (Uniamérica), Direito Educacional (Uniamérica), Publicidade e Propaganda: mídias, linguagens e comportamento do consumidor (Intervale), Marketing Digital (Intervale), Docência no Ensino Superior (FMU), Metodologias em Educação a Distância (Intervale) e Metodologia da Pesquisa Científica (FACSU). Mestre em Direito (UFRN). Mestre e Doutor pela Universidad del País Vasco / Euskal Herriko Unibertsitatea (UPV/EHU) – Espanha. Líder do Grupo de Pesquisa Direito das Relações de Consumo. Coordenador do Laboratório de Estudos e Pesquisas em Direito das Relações de Consumo (LABRELCON). Professor da Graduação e Pós-Graduação da Universidade Federal do Rio Grande do Norte (UFRN). Vice-Coordenador do Programa de Pós-Graduação em Direito do Centro de Ciências Sociais Aplicadas (CCSA). Avaliador do INEP/MEC. Lattes: http://lattes.cnpq.br/4247505371266682. Orcid: http://orcid.org/0000-0002-8230-0730. E-mail: fabriciodireito@gmail.com

Com efeito, o surgimento das novas plataformas de interação social, como: *Netflix*, *Whatsapp*, *YouTube*, dentre outras redes, estão modulando a cultura e a forma econômica de agir dos meios de comunicação. Com isso, as empresas que já se encontravam consolidadas em solo nacional diagnosticaram um perigo frente ao crescente engajamento dessas novas mídias.

Além disso, a Agência Nacional de Telecomunicações - ANATEL, faz parte da reforma do Estado brasileiro na década de 90 do século XX, sendo fruto de uma nova atuação estatal frente ao cenário dinâmico e que almeja um aprimoramento nos serviços públicos prestados. Nesse contexto, a relevância desta pesquisa figura-se a partir do processo de modernização do Estado brasileiro, e com a criação de um grupo especial de autarquias, chamadas de Agências Reguladoras, que objetivam fiscalizar e regular os serviços públicos executados pelo setor privado e, atualmente, por todo fornecedor e criador de conteúdo de modo *on-line*.

Desse modo, com a demonstração da redução do cenário favorável às empresas de forte tradição popular no mercado das telecomunicações, há uma relação direta com o ordenamento jurídico pátrio, em decorrência da necessidade de uma análise pormenorizada das questões que envolvem os ditames do Direito, da democracia e com os conflitos socioeconômicos oriundos dessa nova roupagem de prestação de serviços públicos.

Ademais, o objetivo deste estudo baseia-se em analisar como a regulação do tratamento de dados pessoais e as possíveis distorções no campo concorrencial são temas que necessitam de um diálogo entre a Lei Geral de Proteção de Dados (LGPD)[237] e o Direito do Consumidor. Com isso, discorrendo acerca da ascensão das mídias sociais, expondo o sistema regulatório brasileiro e como os dados dos cidadãos são utilizados, mensurando acerca do *modus operandi* presente na ordem econômica a partir da preservação da defesa da livre concorrência.

---

[237] FRAZÃO, Ana; SANTOS, Luiza Mendonça da Silva Belo. *Plataformas Digitais e o Negócio de Dados: necessário diálogo entre o direito da concorrência e a regulação dos dados*. Revista de Direito Público, Brasília, v. 17, n. 93, p. 58-81, 2020. Trimestral. Disponível em: http://www.professoraanafrazao.com.br/files/publicacoes/2020-08-05-Plataformas_Digitais_e_o_Negocio_de_Dados_Necessario_Dialogo_entre_o_Direito_da_Concorrencia_e_a_Regulacao_de_Dados.pdf. Acesso em: 17 mar. 2023.

Dessa maneira, um questionamento foi levantado: qual mecanismo deve ser utilizado para se atingir os resultados acerca da análise dos setores tradicionais e aplicativos *Over-The-Top* na regulação nacional? Com isso, a pesquisa necessita de uma estruturação para garantir rigor metodológico, pois conhecimento científico não existe sem um método a ser utilizado[238].

Dessa forma, o percurso metodológico parte de uma análise pormenorizada acerca do Estado Regulador e como os aplicativos *OTT* acabam ganhando força frente há uma regulação em construção, enquanto nos setores mais tradicionais esta regulação se apresenta de modo mais enfático.

Com isso, as etapas deste estudo tiveram as pesquisas bibliográficas como meio de investigação, utilizando um procedimento dissertativo-descritivo, baseado em documentos, e produções bibliográficas do Direito Econômico, Constitucional, Administrativo e do Consumidor. Assim, a investigação em material teórico precede o reconhecimento do problema, buscando uma análise acerca da ANATEL por meios legislativos e estudos feitos pela própria agência reguladora. Ademais, por meio das legislações vigentes se busca possibilitar um questionamento crítico acerca do sistema regulatório nacional atual.

Diante disso, a delimitação do tema fundamenta-se por meio de doutrinas essenciais ao estudo, dentre os quais destaca-se: Eros Roberto Grau (2013), Jorge Caldeira (2017), Vinícius Klein e outros (2020), Maria Sylvia Zanella Di Pietro (2012), Leonardo Vizeu Figueiredo (2010), dentre outros doutrinadores da seara do Direito Econômico e Administrativo, que foram utilizados para definir conceitos e possibilitar os direcionamentos teóricos.

Dessa forma, com o surgimento dos citados aplicativos a ANATEL não acompanhou a crescente evolução e difusão dessa nova prática de consumir e viver da sociedade. Os critérios concorrenciais são afetados, tendo em vista os setores tradicionais serem alvo de uma política mais severa e de constante fiscalização, fazendo com que a alternativa seja o implemento dos aplicativos *on-line* nos pacotes ofertados aos consumidores.

---

[238] SERRANO, Francisco Perujo. *Pesquisar no labirinto: a tese, um desafio possível*. Tradução: Marcis Marcionilo. São Paulo: Parábola, 2011.

Diante disso, em relação à proteção de dados, mesmo com a preocupação do Estado em proteger as informações dos administrados, há limitações impostas pela própria origem dos aplicativos. Com isso, há uma dúplice constatação: a constante evolução inibe a atuação estatal, e os aplicativos não nativos em solo brasileiro, causam a sensação de desproteção para os setores concorrentes e para os usuários.

2. PROGRAMA NACIONAL DE DESESTATIZAÇÃO

A vida em sociedade consagra muitas relações que necessitam de atenção estatal, seja no aspecto social ou no econômico. Dessa forma, ao analisar o desempenho das atividades das agências reguladoras, em especial a ANATEL, busca-se estabelecer de modo gradual os movimentos históricos, políticos e econômicos que possibilitaram o surgimento e constante evolução destas instituições que transformaram a ordem econômica atual.

Tendo por base a preocupação que foi surgindo com a estrutura social do Estado no decorrer do século XX, foi-se criando um projeto que idealizava a redução das obrigações do Estado perante os cidadãos. Dessa forma, anteriormente não havia uma análise pormenorizada do indivíduo no seu aspecto social, privilegiando um segmento mais remoto, ou seja, o patrimonialismo.

Com o Programa Nacional de Desestatização (PND) surgiu um novo parâmetro de Administração Pública em que buscava reter esforços apenas às funções típicas de Estado e reduzir a participação em atividades que a iniciativa privada detinha mais capacidade técnica, econômica e independente de atuar, sem apadrinhamento político e prezando pelo caráter qualitativo.

Nessa medida, o Estado passou a diminuir sua participação em algumas atividades econômicas e em alguns serviços públicos, visando uma melhoria substancial na prestação de serviços e maior eficiência aos ditames já previstos constitucionalmente, que apesar de serem implicitamente mensurados, foi taxativamente expresso na Constituição a partir de 1998.

Dessa forma, com o deslocamento de algumas funções, antes exercidas pelo poder público, sendo prestadas pela iniciativa privada, houve a carência da participação do Estado nas relações que se referem ao trato com o público, além de como se daria a prestação dos serviços e algumas garantias mínimas essenciais aos administrados.

Com isso, as Agências Reguladoras surgiram como uma medida de fiscalizar os serviços prestados pelas empresas privadas à população brasileira. Ademais, o objetivo dessas entidades é de cunho econômico e social, pois a saúde econômica de um país afeta diretamente a qualidade de vida de toda sociedade, ou seja, a melhoria nos serviços, no preço ofertado, na disponibilidade de opções e atualidade dos bens postos, foi o parâmetro idealizado.

Com efeito, essas agências são autarquias sob regime especial[239] em decorrência de terem uma maior autonomia em relação às outras da Administração indireta. Esta autonomia diz respeito a não estar sob subordinação a nenhum órgão da Administração Pública e nem das grandes empresas, além de uma maior autonomia de gestão financeira, possibilitando, com isso, relevância social ao trabalho desempenhado em prol do interesse público e defesa da concorrência.

Nesse ponto, a defesa da concorrência na atualidade não pode ser entendida como uma possibilidade de os agentes econômicos agirem de modo desenfreado sem a interferência estatal, ou seja, a concorrência idealizada pela ordem econômica constitucional decorre de preceitos sociais em prol da proteção coletiva.

Diante disso, embora a idealização de que a livre concorrência e a redução do Estado possam majorar a efetividade de serviços prestados, mesmo nesta situação, a presença do Estado não pode ser desvirtuada de modo a deixar a iniciativa de entes privados se autorregularem sem observar questões fiscalizatórias que o poder público executa de modo mais abrangente.

3. ESTADO REGULADOR

Inicialmente, foi idealizado o Programa Nacional de Desestatização (PND), sendo a maneira encontrada pelo governo brasileiro para aprimorar a qualidade dos serviços ofertados, e para que hou-

---

[239] DI PIETRO, Maria Sylvia Zanella. *Direito Administrativo* / Maria Sylvia Zanella Di Pietro. – 25. Ed. – São Paulo: Atlas, 2012.

vesse uma garantia aos administrados de não serem explorados pela iniciativa privada por tarifas elevadas e serviços não compatíveis com a realidade da população[240].

Com o PND surgiu um novo parâmetro de Administração Pública em que buscava reter esforços apenas às funções típicas de Estado e reduzir a participação em atividades que a iniciativa privada detinha mais capacidade técnica, econômica e independente de atuar, sem apadrinhamento político e prezando pelo caráter qualitativo.

Com isso, o Brasil figura como Estado Regulador por meio de uma reforma administrativa promovida na década de 90, inserindo o princípio da eficiência a partir da emenda constitucional n° 19/98 que alterou o art. 37 da Constituição Federal. Assim, as agências reguladoras foram pensadas para garantir uma melhor prestação desses serviços e ser uma entidade focada na fiscalização das empresas que encabeçariam a execução dos serviços[241].

Dessa forma, o PND que teve sua origem em decorrência das altas taxas de desemprego, inflação descontrolada, e em meio a uma crise fiscal que assolava o Brasil já ao final da década de 80 impulsionaram uma política mais liberal, buscando afastar o Estado de setores que não estavam executando os serviços de modo satisfatório.

Com isso, a reforma do Estado deve ser entendida a partir de uma interpretação de redefinição acerca do papel desempenhado por meio do Estado, em que acaba não figurando como o único responsável pelo desenvolvimento econômico e social pela via da produção de bens e serviços, para se concentrar em uma atribuição regulatória.

Neste ponto, o art. 174 da Constituição Federal expressa que o Estado é agente normativo e regulador da atividade econômica, devendo exercer na forma da lei as funções de fiscalização, incentivo e planejamento, sendo este determinante para o setor público e indicativo para o setor privado.

---

240 NORONHA JUNIOR, José Carlos Zanca de. *BNDES*: o papel do agente de desenvolvimento no controle das privatizações. 2017. 48 f. Monografia (Graduação em Ciências Econômicas) - Instituto de Ciências Sociais Aplicadas, Universidade Federal de Ouro Preto, Mariana, 2017.

241 SOUSA SEVERINO, M. R.; DE CARVALHO, I. L. *O papel das Agências Reguladoras sobre a realização dos serviços públicos por particulares frente ao Estado Regulador.* Revista Digital Constituição e Garantia de Direitos, v. 10, n. 1, p. 52 - 74, 21 jan. 2018.

Nesse sentido, objetiva-se regulamentar a prestação de serviços e exploração de bens públicos em determinados setores, tais como: telecomunicações, transportes e energia, ou seja, são responsáveis por editar e fiscalizar normas técnicas para o controle de atividades realizadas pelos prestadores de cada serviço, objetivando diminuir a estrutura do Estado para torná-lo mais eficiente e menos burocrático.

Ademais, essas entidades têm poder normativo técnico, que é a atribuição das agências reguladoras de editarem normas técnicas. Assim, essa transferência de responsabilidade é conhecida por deslegalização, e permite que sejam produzidos atos administrativos regulamentares que ocorrem na maioria das vezes por meio de resoluções. Dessa forma, a agência recebe por meio da lei que a criou, o poder de editar normas técnicas para o setor que ela é responsável por regulamentar[242].

Por outro lado, essas entidades exercem sua função social na ordem econômica, sendo consagrada por intermédio de institutos constitucionais que possibilitam a participação do Estado em algumas situações na economia, dentre elas: a livre concorrência. Com isso, este instituto privilegia valores próprios, mas que estão interligados pela essência do objeto de estudo.

As grandes empresas de internet são contrárias à regulação por intermédio do Estado, defendendo a necessidade da manutenção da desregulação nestes setores *Over-The-Top* - OTT[243]. Por outro lado, estas empresas ganham mercado e se tornam cada ano mais ágeis e presentes nas vidas dos usuários dos serviços virtuais.

Com efeito, o direito concorrencial no Brasil somente se fortaleceu a partir de uma mudança no perfil regulatório na década de 1990, em que a competição passou a figurar como instrumento de controle de preços e de qualidade de bens e serviços[244]. Dessa for-

---

242 MINISTÉRIO DAS COMUNICAÇÕES e AGÊNCIA NACIONAL DE TELECOMUNICAÇÕES. *Alternativas para a revisão do modelo*: Relatório Final do Grupo de Trabalho entre o Ministério das Comunicações e a Anatel. 2016, p. 69.

243 FERNANDES, V. O. (2018). *Regulação de serviços over-the-top (OTT) e pós convergência tecnológica*: uma análise do regime jurídico setorial de serviços OTT de voz nos EUA e no Brasil. Dissertação de Mestrado em Direito, Faculdade de Direito, Universidade de Brasília, Brasília, DF, 173 p.

244 AGUILLAR, Fernando Herren. *Direito Econômico: do direito nacional ao supranacional* / Fernando Herren Aguillar. – 2 ed. – São Paulo: Atlas, 2009, p. 259.

ma, como atualmente está acontecendo uma transição na exigência de parâmetros de qualidade mais eficientes, os serviços OTT, ganham vantagem frente às gigantes da telecomunicação brasileira.

As plataformas de conteúdo *on-line* são resistentes à política regulatória, tendo por base a ideia de que as previsões dos órgãos de fiscalização podem comprometer a inovação da internet e causar altos custos atrelados ao licenciamento de serviços e ao controle regulatório em si[245]. O tratamento seguiria a mesma regra da política aplicada às empresas tradicionais, tais como: Claro, Oi, Tim e Vivo.

O cenário atual do mercado de telecomunicações, tanto em aspectos globais quanto em nível regional, tem mostrado a necessidade social por uso de dados com resultados satisfatórios. Com isso, as mudanças de cultura dos usuários dos serviços tradicionais de comunicação fizeram com que houvesse uma migração para a internet.

Os aplicativos *OTT* e os veículos de comunicação tradicionais se complementam em uma parte, mas em outras os meios virtuais são considerados substitutos dos serviços de telefonia fixa e móvel[246]. Dessa forma, o Ministério das Comunicações e a Agência Nacional de Telecomunicações expressam que a ameaça de produtos substitutos será maior quando estiverem sujeitos a maior competitividade de preços[247].

Por outro lado, a forma como a prestação dos serviços estão dispostas no mercado, possibilita uma reflexão: as empresas tradicionais são obrigadas a observar e seguir um extenso normativo de regras, enquanto que as empresas OTT´s atuam no mercado sem sofrer regulamentação, e desse modo, ter um grau competitivo mais seguro e capaz de ofertar as melhores condições aos usuários de seus serviços[248].

---

[245] FERNANDES, V. O. (2018). *Regulação de serviços over-the-top (OTT) e pós convergência tecnológica*: uma análise do regime jurídico setorial de serviços OTT de voz nos EUA e no Brasil. Dissertação de Mestrado em Direito, Faculdade de Direito, Universidade de Brasília, Brasília, DF, 173 p.

[246] FERNANDES, V. O. (2018). *Regulação de serviços over-the-top (OTT) e pós convergência tecnológica*: uma análise do regime jurídico setorial de serviços OTT de voz nos EUA e no Brasil. Dissertação de Mestrado em Direito, Faculdade de Direito, Universidade de Brasília, Brasília, DF, 173 p.

[247] MINISTÉRIO DAS COMUNICAÇÕES e AGÊNCIA NACIONAL DE TELECOMUNICAÇÕES. *Alternativas para a revisão do modelo*: Relatório Final do Grupo de Trabalho entre o Ministério das Comunicações e a Anatel. 2016, p. 69.

[248] FERNANDES, V. O. (2018). *Regulação de serviços over-the-top (OTT) e pós convergência tecnológica*: uma análise do regime jurídico setorial de serviços OTT de voz nos

Além disso, as aspirações públicas, sob a intervenção estatal gera respostas às pressões sociais, para que haja a correção de prejuízos que foram gerados ao longo da história do Brasil, sendo, com isso, justificável a respectiva intervenção[249].

Desse modo, a moderna noção de regulação que se molda parte de diversos parâmetros, desde a função social que cada empresa deve observar, até quesitos de competição, interesse privado e os direitos dos usuários que são os atingidos de modo direto a partir da exploração dessa atividade econômica.

4. LIVRE CONCORRÊNCIA

A livre concorrência é a opção da atual conjuntura da economia de mercado assumida pela Constituição Federal de 1988. Com isso, o constituinte originário buscando alcançar o equilíbrio, estipula como forma não mais o atomístico do liberalismo tradicional, mas uma relação de equilíbrio entre os agentes que compõem a relação econômica com os grandes grupos[250].

Com efeito, os parâmetros interventivos proporcionados entre os competidores tradicionais e os aplicativos *OTT* determinam a nova era da concorrência globalizada. Os mercados não ficarão restritos a limites geográficos, e, desse modo, as políticas regulatórias de cada nação é que poderão determinar o limite e até que ponto o exercício dessas atividades moldará o sistema de telecomunicações.

Assim, o papel interventivo do Estado à proteção da concorrência globalizada e virtual cumpre papel social e resguarda o desenvolvimento econômico de modo conjugado com a interação de nações[251]. Por outro lado, a política regulamentária deve observar se a imposição de regras que limitem a atividade dessas plataformas, poderá restringir o Brasil a uma limitação aos serviços *on-line* oferecidos nas mais diversas plataformas.

EUA e no Brasil. Dissertação de Mestrado em Direito, Faculdade de Direito, Universidade de Brasília, Brasília, DF, 173 p.

[249] TAVARES, André Ramos. *Direito Constitucional Econômico* / André Ramos Tavares. – 3. ed. – Rio de Janeiro: Forense; São Paulo: Método, 2011.

[250] FONSECA, João Bosco Leopoldino da. *Direito Econômico* / João Bosco Leopoldino da Fonseca. – Rio de Janeiro: Forense, 2000, p. 90.

[251] FERRAZ JÚNIOR, Tercio Sampaio. *Direito da Concorrência*: Sua função social nos países desenvolvidos e em desenvolvimento. In: RODAS, João Grandino (coordenador). *Direito Econômico e Social*. São Paulo. Revista dos Tribunais, 2012, p. 66-68.

Segundo Eros Grau (2013), ao estudar a ordem econômica na atual constituição brasileira, já destacou que ela não pode ser interpretada em tiras, mas sim como um todo interligado[252], e a compreensão da tutela jurídica da concorrência exige que se tenha por ponto de partida a ordem econômica na Constituição de 1988, que veicula um modelo capitalista de viés global.

Ademais, esse modelo econômico capitalista em que a intervenção do Estado se faz em prol da proteção da ordem econômica e social é voltado sob uma perspectiva em que a intervenção estatal em matéria concorrencial instrumentaliza uma política pública que se destina a viabilizar um ambiente econômico capaz de resguardar os postulados do sistema de mercado, mas alinhado aos limites possíveis para a existência da concorrência. Sendo assim, é sob tal perspectiva que as agências reguladoras atuam para prevenir e reprimir abusos de poder econômico sob as vestes da preservação do modo de produção capitalista.

Diante disso, a legislação brasileira deve proporcionar aos administrados um maior dinamismo na coordenação e efetividade às autoridades regulatórias para melhorias no desempenho e implementação de infraestruturas de suporte a redes de telecomunicações. Essa melhoria na infraestrutura tem por foco o aumento na capacidade de intervenção e de resolução de conflitos, diante entraves relacionados ao aproveitamento das estruturas existentes no setor de telecomunicações ou com possibilidade de compartilhamento com outros setores.

Com isso, exemplo diagnosticado atualmente é a compra de pacotes de serviços de dados para aquisição de conteúdo de dados móveis para uso de determinado aplicativo *OTT*, que apesar de não sofrer restrições na política regulatória brasileira, serve de objeto de comercialização para as empresas que são alvos deste mecanismo de controle. Além disso, para possibilitar acesso mais efetivo e possibilidade de regulação, outros processos também devem ser adotados para a ampliação da infraestrutura no mercado de telecomunicações no Brasil, tais como: agilidade no licenciamento de torres e antenas, a racionalização e a virtualização de redes.

[252] GRAU, Eros Roberto. *A ordem econômica na constituição de 1988*. 15° ed. – São Paulo: Malheiros, 2013.

5. AS PLATAFORMAS *OVER THE TOP* E AS IMPLICAÇÕES AOS CONSUMIDORES ANTE A AUSÊNCIA DE REGULAMENTAÇÃO

As constantes inovações trazidas por intermédio do desenvolvimento tecnológico vêm cada vez mais impactando a sociedade de consumo, merecendo destaque o advento das plataformas *Over The Top*, e o consequente questionamento acerca da proteção dos dados dos usuários desses serviços.

Se em décadas passadas os consumidores dispunham de formas limitadas de entretenimento audiovisual, fosse pela grade comum do rádio e TV, fosse pelo avanço tecnológico do VHS (sigla para Sistema Doméstico de Vídeo) ou do DVD (sigla para Disco Digital de Vídeo), atualmente o mercado de consumo dispõe de uma série de plataformas digitais com inúmeros catálogos de opções de entretenimento, seja pela TV por assinatura, serviços de *streaming* ou VOD (sigla para Vídeo sob demanda) que consiste em opções de vídeos previstos em um catálogo armazenado em uma plataforma digital, como exemplo do *Youtube*, *Netflix*, *Prime Vídeos* e *Amazon Prime*.

Esse tipo de serviço cada vez mais se populariza no meio social, uma vez ser grande a comodidade ao permitir que o usuário, de qualquer local que esteja, tenha acesso a praticamente um infindável conteúdo de entretenimento, em outro ponto pela rapidez e facilidade na contratação destes serviços e produtos facilmente oferecidos na internet, sem a necessidade de deslocamento físico do usuário consumidor.

Com isso, faz necessário salientar que as plataformas OTT se caracterizam como fornecedores de produtos e serviços. Dessa maneira, em conformidade com o art. 3° do Código de Defesa do Consumidor, a definição é ampla, ou seja, quanto ao fornecimento de produtos, transformação, distribuição e comercialização, o critério caracterizador é desenvolver atividades tipicamente profissionais[253].

[253] MARQUES, Claudia Lima; BENJAMIN, Antônio Herman de V; MIRAGEM, Bruno. *Comentários ao Código de Defesa do Consumidor*. 6. ed. São Paulo: Revista dos Tribunais, 2019. p. 200.

Ademais, a indiscutibilidade que as referidas plataformas de serviços OTT facilitam o entretenimento no meio social, deve ser atentado que a patente ausência de regulamentação torna os consumidores desta modalidade de serviços ainda mais vulneráveis e hipossuficientes, como por exemplo no fato de inexistir um espaço físico com endereço determinado para o consumidor buscar a responsabilização do fornecedor perante possível vício ou defeito do produto ou serviço ou ainda diante da ausência de uma qualificação precisa com nome completo e dados da pessoa física ou jurídica que possam permitir ao consumidor individualizar quem efetivamente é o dito fornecedor.

Com efeito, a ausência de uma sede física, cumulado com a total falta de ciência de como os dados virtuais dos consumidores serão utilizados, tratados e até cedidos, evidencia ainda mais o princípio da vulnerabilidade dos consumidores. Desse modo, o princípio da vulnerabilidade expresso no art. 4º. I, do CDC, é também um princípio estruturante do seu sistema, ou seja, é o elemento informador da Política Nacional de Relações de Consumo[254].

As normas do CDC estão sistematizadas a partir desta ideia básica de proteção de um determinado sujeito: o consumidor, por ser a parte mais vulnerável da relação que se forma. Além disso, a hipossuficiência, deve ser levada em consideração a partir de uma diferenciação entre o poder de conhecimento, comprovação dos fatos e muitas vezes também de desigualdade material, visto que o fornecedor na esmagadora maioria das relações consumeristas possui melhor condição que a massa de consumidores.

Com isso, com base nos serviços prestados pelos aplicativos *OTT* no mercado de consumo brasileiro, faz-se necessário mensurar a ausência da ANATEL diante entraves que limitam o acesso à justiça dos consumidores quando almejam responsabilizar as plataformas digitais, tendo em vista a falta de sedes físicas desses aplicativos.

Dessa maneira, a expressão "acesso à Justiça" é reconhecidamente de difícil definição, mas serve para determinar duas finalidades básicas do sistema jurídico: primeiro, o sistema deve

---

[254] CAVALIERI FILHO, Sérgio. *Programa de Direito do Consumidor*. São Paulo. Ed. Atlas S.A. 2014. P.48-49.

ser igualmente acessível a todos; segundo, ele deve produzir resultados que sejam individual e socialmente justos[255].

Diante disso, permitir que as plataformas OTT atuem no Brasil, sem possuírem uma sede física, impede que a sociedade de consumo efetivamente busque a defesa dos seus interesses jurídicos decorridos de possíveis violações à Carta Constitucional, Código de Processo Civil, Código de Defesa do Consumidor e todas as demais legislações que foram editadas para a defesa dos cidadãos brasileiros.

6. A IMPORTÂNCIA DA PROTEÇÃO DOS DADOS PESSOAIS TRANSMITIDOS PELAS PLATAFORMAS *OTT*, FRENTE À LGPD, GDPR E ADPAA

Em decorrência do célere avanço tecnológico que a sociedade de consumo está inserida, o acesso à comunicação e informação se desenvolveu de maneira muito acentuada, gerando então para o Direito novos planos, objetos de estudo e necessidade de tutela em razão dos desafios criados pelas transformações sociais decorrentes da maior agilidade na circulação de informações e concretização de pactos, sendo o Direito Digital uma nova e atual vertente que necessita de acompanhamento legislativo, social e também por parte do Poder Judiciário, uma vez que novas formas de conflitos surgiram.

Com isso, se outrora para se firmar um negócio jurídico dependia de todo um trâmite burocrático e uso demasiado de documentos em papéis, a citada velocidade de informações eclodiu o nascimento de uma nova forma de contratar e firmar acordos, baseada agora na permuta de informações por intermédio da internet, de maneira rápida, dinâmica, simples e também informal.

Dessa maneira, surge então a ideia de *eletronic commerce*[256] (e-commerce), uma forma inovadora e que desconstitui o anterior modelo enraizado na lentidão e necessidade do contato físico entre comprador/consumidor e vendedor/fornecedor, evitando-se assim o uso do papel. Além disso, as relações de consumo ganham novos

---

[255] CAPPELLETTI Mauro; GARTH Bryant. *Acesso à Justiça*. Porto Alegre: Fabris, 1988, p. 8.
[256] Tradução livre: comércio eletrônico.

parâmetros, onde os dados dos usuários, preferências e informações têm valor agregado.

Destarte, essa nova atmosfera virtual traz consigo uma série de transformações, dúvidas, oportunidades de exploração econômica e circulação de riquezas, uma vez que os empreendedores enxergaram na internet um novo formato de apresentação e venda de produtos e serviços, podendo de forma mais célere se chegar a um universo muito maior de pessoas do que por intermédio do antigo e enraizado espaço físico de um empreendimento comercial.

Se para os consumidores houve uma facilitação no ato da compra, diferentemente não foi para os fornecedores, que por intermédio de uma plataforma virtual, redes sociais e/ou aplicativos, agora podem oferecer seus produtos e serviços de maneira mais rápida, para um maior número de potenciais compradores e muitas vezes sem a necessidade de gastos com a contratação de funcionários, pagamento de encargos trabalhistas e previdenciários, e ainda sem a necessidade de investimentos na compra ou locação de um espaço físico, gerando com isso produtos que podem até mesmo serem vendidos com uma margem de preço mais interessante ao público consumidor, como é o caso das plataformas *OTT*.

Com efeito, a coleta, a extração e o compartilhamento de dados pessoais trazem inúmeras consequências aos consumidores. Inicialmente, as contratações digitais provenientes de navegação em sites, aplicativos e redes sociais são problemáticas no que tange aos métodos de aceite dos termos de uso e das políticas de extração e uso de dados pessoais – quando presentes – visto que os indivíduos são compelidos a fornecer suas informações pessoais e de navegação caso necessitem prosseguir navegando, pois inexiste qualquer possibilidade de negociação ou modulação dos dados a serem fornecidos[257].

Desse modo, por intermédio do estudo do algoritmo e inteligências artificiais, os fornecedores que trabalham sob as plataformas digitais dispõe de tecnologias que podem, durante a navegação dos usuários, realizarem uma verdadeira varredura nas preferências dos consumidores, de maneira individualizada, tra-

[257] EHRHARDT JÚNIOR, Marcos; CATALAN, Marcos; MALHEIROS, Pablo (Coord), *Direito do consumidor e novas tecnologias*. Belo Horizonte. Ed.Fórum. 2021. p. 42.

çando, assim, um perfil individual de navegação na rede, gerando então o armazenamento de *cookies*, que são sistemas virtuais que captam os rastros do aspecto singular dos consumidores.

Com isso, a facilitação para que os fornecedores direcionem publicidades particulares para produtos específicos que os consumidores buscaram em seus navegadores e redes sociais e até mesmo comentaram em voz alta perto dos seus computadores ou aparelhos celulares, são manifestações de que os aplicativos *OTT* não sofrem qualquer espécie de regulamentação pelo Estado Brasileiro. Ademais, tudo o que se escreve, e até mesmo se fala, materializa-se em dados que preencherão um perfil de oferecimento de produtos e serviços dos consumidores aos fornecedores.

Nessa medida, a Lei n° 13.709/2018, surge como uma maneira encontrada pelo Estado brasileiro de possibilitar uma resposta aos novos parâmetros de vida social e comercial que os cidadãos estão inseridos. A Lei Geral de Proteção de Dados – LGPD, dispõe sobre o tratamento de dados pessoais, inclusive nos meios digitais, que atualmente ganham uma preocupação por parte do Estado em decorrência da necessidade da proteção ao direito fundamental de privacidade.

Os aplicativos de música, vídeos, séries, e de consumo *on-line* tornaram-se parte do modo de viver globalizado, e para a manutenção desses serviços no mercado atual, o critério básico não se limita em desempenhar um serviço qualitativamente superior ao concorrente, que em muitas situações pode ser um setor da economia que sofre regulação do Estado e que está em constante observância das normas prescritas pelas agências que os regulam, mas na qualidade da informação que o aplicativo *OTT* detém de seus usuários.

Dessa maneira, as Agências Reguladoras brasileiras não detêm uma instrumentalização capaz de possibilitar minimizar esses comportamentos, tendo em vista alguns motivos, quais sejam: a maioria dos aplicativos têm suas sedes constituídas fora do Brasil, impedindo a aplicação efetiva e até mesmo uma simples citação; os aplicativos não têm autorização de modo expresso dos usuários de que os dados podem ser utilizados nos moldes atuais; não há uma política de privacidade que informe aos usuários quais serão as finalidades em aceitar determinado pacote de serviços.

Além disso, cumpre salientar ainda que com o advento da Emenda Constitucional nº 115/2022, atualmente a proteção de dados pessoais passa a ser tratada como um direito fundamental, gerando uma maior necessidade de transparência e informação aos consumidores de como os seus dados digitais serão captados, armazenados, utilizados, tratados e destinados pelas plataformas *OTT*, o que muitas vezes é desrespeitado.

A proteção de dados parte do pressuposto de que atualmente, parte da personalidade da pessoa humana, é constituída de dados, como mencionado na ideia de "corpo eletrônico", e é por isso que é possível defender que a proteção de dados pessoais é hoje uma nova espécie de direito da personalidade, capaz de auxiliar na garantia da dignidade, paridade, não discriminação e liberdade da pessoa humana, constituindo, também, nítido direito fundamental[258].

Destarte, atualmente há necessidade de maior atenção à proteção e fiscalização dos dados pessoais dos consumidores perante as plataformas *OTT*, uma vez que os referidos dados são na realidade bens que possuem propriedade e caráter privado, não podendo serem usados de maneira desarrazoada e sem o consentimento do público consumidor, tendo em vista o reconhecimento de direito fundamental.

Com o advento da LGPD, intencionou-se ofertar mais efetividade à proteção dos direitos fundamentais de liberdade, bem como a proteção da privacidade dos dados dos indivíduos. Tal ordenamento nasceu com alicerce fundamental do Regulamento Geral sobre a Proteção de Dados (GDPR) do Direito Europeu.

O Regulamento Geral de Proteção de Dados (GDPR), alterou a sistemática que coordena a aplicação da normativa sobre o tema no espaço jurídico europeu, dado que o GDPR, enquanto Regulamento dentro do sistema de fontes do direito comunitário, é diretamente aplicável em todos os países-membros da União Europeia, não sendo necessária a transposição de seus termos para o direito interno de cada jurisdição[259].

---

[258] BASAN, Arthur Pinheiro. *Publicidade digital e proteção de dados pessoais: o direito ao sossego*. Indaiatuba. São Paulo. Ed. Foco, 2021. p 109.

[259] DONEDA, Danilo. *Da privacidade à proteção de dados pessoais*. São Paulo. 2021. p. 206.

Ademais, diferente da Europa e em contraponto ao fato de os principais e mais populares serviços *OTT* atuantes no Brasil serem o *YouTube, WhatsApp, Telegram, Netflix, Prime Vídeos* e *Amazon Prime* que são americanos, nos Estados Unidos, a proteção de dados ainda é tema legislado apenas isoladamente pelos estados daquela Confederação, inexistindo ainda um ordenamento jurídico no âmbito federal que verse sobre a proteção de dados da sociedade, existindo atualmente tão somente o projeto de lei federal conhecido como Lei Americana de Privacidade e Proteção de Dados (ADPPA), a qual se encontra atualmente sob análise do Comitê de Energia e Comércio desde 20 de julho de 2022.

7. CONCLUSÃO

A partir da mudança ocorrida no Brasil na década de 1990, em que houve alteração na titularidade da prestação dos serviços públicos, e o implemento do princípio da eficiência no *caput* do art. 37 da Constituição Federal, e com a criação das Agências Reguladoras, pode-se mensurar que o Estado Brasileiro reconhece que de modo isolado não pode desempenhar um serviço público efetivo, mas que também não pode deixar a iniciativa privada ditar os rumos da prestação de serviços de modo desenfreado.

Dessa maneira, com o passar das décadas, e com o aprimoramento dos serviços públicos, do grau concorrencial, das necessidades da população, e com a volátil e ágil forma de consumir, a presença do Estado na vida da sociedade não se restringe, apenas, a funções típicas de governo ou de políticas públicas limitadas à saúde, educação, infraestrutura e assistência social.

Atualmente, o princípio da eficiência figura como um dos princípios mais significativos, tendo em vista a velocidade de situações que necessitam de regulamentação e que em muitos casos, a burocracia estatal não acompanha os acontecimentos em tempo hábil para possibilitar soluções aos administrados.

As Agências Reguladoras desempenham um excepcional serviço à sociedade brasileira, promovendo a qualidade dos serviços ofertados, segurança aos consumidores, política de privacidade aos usuários, e constante fiscalização junto aos demais entes da Administração Pública.

Por outro lado, os serviços disponibilizados por meio de aplicativos *Over-The-Top*, estão na contramão da regulação brasileira. Se os setores tradicionais, como por exemplo, Claro, Oi, Tim, Vivo, sistemas de rádio e TV, são diariamente regulados, os serviços disponibilizados de modo virtual ganham vantagem ao passo que atuam sem necessariamente sofrerem as mesmas restrições, impactos econômicos, e possibilidade de serem provocados de modo judicial, por exemplo.

A ANATEL, Agência Reguladora responsável pela justa comercialização de serviços de telecomunicações, atua de modo limitado junto aos aplicativos *OTT*. A dinâmica regulatória nacional de editar normas e fiscalizar o setor de telefonia e internet, por exemplo, ainda mostra-se limitado, tendo em vista as violações cometidas por meio de sites e aplicativos que se utilizam de dados pessoais como uma forma de possibilitar maior alcance entre os usuários.

Com efeito, a Lei Geral de Proteção de Dados – LGPD, estreita as relações para que o trabalho da ANATEL possa ter respaldo jurídico e político. Com a promulgação da Lei n° 13.709/2018, o tratamento de dados pessoais disponibilizados, inclusive, em meios digitais, devem ser preservados, seja no fornecimento de um bem ou serviço.

Com a crescente popularidade das mídias sociais e demais aplicativos *OTT*, informações inerentes à privacidade de todo e qualquer cidadão que adere ao serviço, acaba sendo negligenciado por muitos usuários diante o "contrato de adesão" disponibilizado de modo *on-line*, no qual não se discute cláusulas de aceite, e de modo programado, os dados inerentes a pessoas e empresas estão dispostos para a saga da melhor informação coletada.

Por outro lado, é latente a discrepância que há entre os setores tradicionais de telecomunicações diante os aplicativos *OTT*, tendo em vista a falta de regulamentação e fiscalização daqueles. Mas, em decorrência da atual roupagem concorrencial, uma maneira encontrada aos serviços tradicionais foi o de implementar os serviços *on-line* na grade de pacotes disponibilizados aos consumidores.

Com isso, diante a ausência legislativa específica sobre a regulamentação das plataformas *OTT* no Brasil, e pouca efetividade da ANATEL em relação a este tipo de serviço prestado e em constante adesão das pessoas, há o Projeto de Lei nº 8.889/2017, a disposição sobre a provisão de Conteúdo Audiovisual por Demanda (CAvD).

Diante disso, a proteção de dados é reconhecida como uma preocupação do Estado Brasileiro. Como na década de 90 havia uma preocupação na eficiência e qualidade dos serviços ofertados aos cidadãos, hoje há uma preocupação na segurança e proteção dos dados que as empresas, plataformas digitais, bancos de dados do governo e até os próprios setores já regulados pela ANATEL têm à disposição, dos quais individualiza, e identifica qualquer que seja o cidadão.

A constitucionalização das legislações possibilitou, além disso, a mudança da natureza jurídica da Autoridade Nacional de Proteção de Dados (ANPD), passando a ser uma autarquia de regime especial, que nas suas funções típicas está a proteção de dados pessoais. Essa alteração é uma manifestação de que a partir dos ditames previstos na LGPD, do reconhecimento do direito à privacidade como direito fundamental, e as voláteis relações de consumo na atual conjuntura econômica possibilitam e determinam a necessidade de mais efetividade, seja por meio das Agências Reguladoras já criadas, seja por meio de novos institutos que possam surgir para abarcar situações novas no cenário nacional.

REFERÊNCIAS

AGUILLAR, Fernando Herren. *Direito Econômico: do direito nacional ao supranacional* / Fernando Herren Aguillar. – 2 ed. – São Paulo: Atlas, 2009.

BASAN, Arthur Pinheiro. *Publicidade digital e proteção de dados pessoais*: o direito ao sossego. Indaiatuba. São Paulo. Foco, 2021.

BRASIL. Constituição (1988). *Constituição da República Federativa do Brasil de 1988*. Brasília, DF: Senado, 1989. Disponível em:< http://www.planalto.gov.br/ccivil_03/constituicao/constituicao.htm>. Acesso em: 15 dez. 2022.

BRASIL. Constituição (1988). *Emenda Constitucional n° 19, de 04 de junho de 1998*. Disponível em:<http://www.planalto.gov.br/ccivil_03/constituicao/Emendas/emc/emc19.htm>. Acesso em: 13 dez. 2022.

BRASIL. *Decreto n° 7.962, de 15 de março de 2013*. Lei do E-commerce. Disponível em:< http://www.planalto.gov.br/ccivil_03/_ato2011-2014/2013/decreto/d7962.htm>. Acesso em: 28 dez. 2022.

BRASIL. *Lei n° 8.078, de 11 de setembro de 1990*. Código de Defesa do Consumidor. Dispõe sobre a proteção do consumidor e dá outras providências. Disponível em:< http://www.planalto.gov.br/ccivil_03/Leis/L8078.htm>. Acesso em: 27 dez. 2022.

BRASIL. *Lei n° 13.105, de 16 de março de 2015*. Código de Processo Civil. Disponível em:< http://www.planalto.gov.br/ccivil_03/_ato2015-2018/2015/lei/l13105.htm>. Acesso em: 27 dez. 2022.

BRASIL. *Lei n° 13.709, de 14 de agosto de 2018*. Lei Geral de Proteção de Dados (LGPD). Disponível em:< http://www.planalto.gov.br/ccivil_03/_ato2015-2018/2018/lei/L13709.htm>. Acesso em: 27 dez. 2022.

BRASIL. *Lei Geral das Agências Reguladoras Federais*. Lei n° 13.848, de 25 de junho de 2019. Disponível em:<http://www.planalto.gov.br/ccivil_03/_Ato20192022/2019/Lei/L13848.htm>. Acesso em: 28 nov. 2022.

BRASIL. *Projeto de Lei n° 8.889/2017*. Dispõe sobre a provisão de conteúdo audiovisual por demanda (CAvD) e dá outras providências. Disponível em:< https://www.camara.leg.br/proposicoesWeb/fichadetramitacao?idProposicao=2157806>. Acesso em: 26 dez. 2022.

CAPPELLETTI, Mauro; GARTH Bryant. *Acesso à Justiça*. Porto Alegre: Fabris, 1988.

CAVALIERI FILHO, Sérgio. *Programa de Direito do Consumidor*. São Paulo. Atlas S.A. 2014.

DI PIETRO, Maria Sylvia Zanella. *Direito Administrativo* / Maria Sylvia Zanella Di Pietro. – 25. Ed. – São Paulo: Atlas, 2012.

DONEDA, Danilo. *Da privacidade à proteção de dados pessoais*. São Paulo. 2021.

EHRHARDT JÚNIOR, Marcos; CATALAN, Marcos; MALHEIROS, Pablo (Coord). *Direito do consumidor e novas tecnologias*. Belo Horizonte. Fórum. 2021.

FERNANDES, V. O. (2018). *Regulação de serviços over-the-top (OTT) e pós convergência tecnológica*: uma análise do regime jurídico setorial de serviços OTT de voz nos EUA e no Brasil. Dissertação de Mestrado em Direito, Faculdade de Direito, Universidade de Brasília, Brasília, DF, 173 p.

FERRAZ JÚNIOR, Tercio Sampaio. *Direito da Concorrência*: Sua função social nos países desenvolvidos e em desenvolvimento. In: RODAS, João Grandino (coordenador). *Direito Econômico e Social*. São Paulo. Revista dos Tribunais, 2012, p. 66-68.

FIGUEIREDO, Leonardo Vizeu. *Lições de direito econômico* / Leonardo Vizeu Figueiredo. – Rio de Janeiro: Forense, 2010.

FONSECA, João Bosco Leopoldino da. *Direito Econômico* / João Bosco Leopoldino da Fonseca. – Rio de Janeiro: Forense, 2000.

FRAZÃO, Ana; SANTOS, Luiza Mendonça da Silva Belo. *Plataformas Digitais e o Negócio de Dados: necessário diálogo entre o direito da concorrência e a regulação dos dados*. Revista de Direito Público, Brasília, v. 17, n. 93, p. 58-81, 2020. Trimestral. Disponível em: http://www.professoraanafrazao.com.br/files/publicacoes/2020-08-05-Plataformas_Digitais_e_o_Negocio_de_Dados_Necessario_Dialogo_entre_o_Direito_da_Concorrencia_e_a_Regulacao_de_Dados.pdf. Acesso em: 17 mar. 2023.

GRAU, Eros Roberto. *A ordem econômica na constituição de 1988*. 15° ed. – São Paulo: Malheiros, 2013.

MARQUES, Claudia Lima; BENJAMIN, Antônio Herman de V; MIRAGEM, Bruno. *Comentários ao Código de Defesa do Consumidor*. 6. ed. São Paulo: Revista dos Tribunais, 2019.

MINISTÉRIO DAS COMUNICAÇÕES e AGÊNCIA NACIONAL DE TELECOMUNICAÇÕES. *Alternativas para a revisão do modelo*: Relatório Final do Grupo de Trabalho entre o Ministério das Comunicações e a Anatel. 2016, p. 69.

NORONHA JUNIOR, José Carlos Zanca de. *BNDES: o papel do agente de desenvolvimento no controle das privatizações*. 2017. 48 f. Monografia (Graduação em Ciências Econômicas) - Instituto de Ciências Sociais Aplicadas, Universidade Federal de Ouro Preto, Mariana, 2017.

SERRANO, Francisco Perujo. *Pesquisar no labirinto*: a tese, um desafio possível. Tradução: Marcis Marcionilo. São Paulo: Parábola, 2011.

SOUSA SEVERINO, M. R.; DE CARVALHO, I. L. *O papel das Agências Reguladoras sobre a realização dos serviços públicos por particulares frente ao Estado Regulador*. Revista Digital Constituição e Garantia de Direitos, v. 10, n. 1, p. 52 - 74, 21 jan. 2018.

TAVARES, André Ramos. *Direito Constitucional Econômico* / André Ramos Tavares. – 3. ed. – Rio de Janeiro: Forense; São Paulo: Método, 2011.

DIÁLOGO ENTRE A LGPD E A LAI: DESAFIOS DO DIREITO FUNDAMENTAL À PROTEÇÃO DE DADOS PESSOAIS E SUA TUTELA PELA ADMINISTRAÇÃO PÚBLICA

THAIRONE DE SOUSA PAIVA[260]
WEUDER MARTINS CÂMARA[261]
PATRÍCIA BORBA VILAR GUIMARÃES[262]

1. INTRODUÇÃO

O marco regulatório da proteção de dados pessoais no Brasil, concentrado na Lei nº 13.709/2018 - Lei Geral de Proteção de Dados Pessoais (LGPD)[263] -, tem como premissa a tutela do direito à proteção dos dados pessoais dos cidadãos em uma conjuntura de garantia dos preceitos de liberdade, livre desenvolvimento da personalidade e privacidade[264].

Essa regulação das relações entre os titulares de dados e os agentes de tratamento ocorre, indistintamente, nas esferas pú-

---

[260] Advogado. Mestrando em Direito pela Universidade Federal do Rio Grande do Norte (UFRN). Especialista em Direito Empresarial. Especialista em Direito Constitucional. E-mail: thaironepaiva@gmail.com.

[261] Advogado. Mestrando em Direito pela Universidade Federal do Rio Grande do Norte (UFRN). Especialista em Licitações e Contratos. E-mail: weudermartins@hotmail.com.

[262] Bacharel em Direito pela Universidade Estadual da Paraíba (1997). Tecnóloga em Processamento de Dados pela Universidade Federal da Paraíba (1989); Mestre em Direito pela Universidade Federal do Rio Grande do Norte (2008). Mestre pelo Programa Interdisciplinar em Ciências da Sociedade, na área de Políticas Sociais, Conflito e Regulação Social, pela Universidade Estadual da Paraíba (2002). Doutora em Recursos Naturais pela Universidade Federal de Campina Grande (2010). É Advogada e Professora da Universidade Federal do Rio Grande do Norte, no Departamento de Direito Processual e Propedêutica (DEPRO). Líder da Base de pesquisa em Direito e Desenvolvimento (UFRN-CNPq) Docente vinculada ao Programa de Pós-graduação em Direito (UFRN-Mestrado Acadêmico) e ao Programa de Pós-graduação em Gestão de Processos Institucionais (UFRN- Mestrado Profissional). Membro do European Law Institute (ELI). Membro da Associação Portuguesa de Direito Intelectual (APDI). Participa de atividades de cooperação internacional diversas, com projetos em desenvolvimento com: Universidade do Porto (UPORTO), no Centro de Investigação Jurídico-econômica (CIJE), Instituto Politécnico de Leiria (IPLEIRIA), Universidade de Coimbra, Departamento de Altos Estudos em Direito da Universidade de Coimbra (DaED), European Law Institute (ELI), Universidade do País Basco, Departamento de Direito Empresarial. Universidade de la Plata, Argentina (Governo Eletrônico). Membro da Associação Portuguesa de Recursos Hídricos (APRH). Email: patricia.borba@ufrn.br.

[263] BRASIL. *Lei Federal nº 13.709, de 14 de agosto de 2018*. Lei Geral de Proteção de Dados Pessoais (LGPD).

[264] CARVALHO, Gisele Primo; PEDRINI, Taina Fernanda. Direito à privacidade na Lei Geral de Proteção de Dados Pessoais. *Revista da Esmesc*, [S.L.], v. 26, n. 32, p. 363-382, 16 dez. 2019. p. 365.

blica e privada, abarcando quaisquer situações em que os dados pessoais de determinado ou determinável cidadão estão sendo utilizados, cabendo à atividade empresarial ou estatal a devida observância aos critérios estabelecidos pela LGPD.

Essa proteção legal aos dados pessoais dos cidadãos surge no ordenamento jurídico brasileiro em um contexto de avanço massivo do meio digital e do uso desenfreado de tecnologias disruptivas e essenciais às atividades rotineiras dos cidadãos que, ao visar a oferta de serviços cada vez mais personalizados e voltados à realidade de cada usuário, passam a coletar os dados pessoais de cada indivíduo para tornar prestações de serviços, publicidades e consumo de informações cada vez mais singularizados para cada cidadão.

Apesar de ser de mais fácil visualização a ocorrência dessa utilização de dados no âmbito das relações privadas, a LGPD também possui ampla aplicação dentro da Administração Pública brasileira, onde os dados dos usuários dos serviços públicos e dos agentes públicos são essenciais para manter uma estrutura organizacional transparente, impessoal e em consonância com os princípios constitucionais de gestão da máquina pública.

Não obstante, destaca-se ainda que, indubitavelmente, a mesma evolução tecnológica que modificou completamente a dinâmica das relações civis e das atividades empresariais também atingiu o setor público. Assim, a utilização de novas tecnologias dentro da Administração Pública, em um processo de implementação de um sistema de governo digital com a finalidade de tornar mais acessíveis e digitais os serviços públicos[265], ensejou a adoção de métodos de coleta e tratamento de dados dos usuários para que os serviços sejam devidamente prestados.

Para além dos dados pessoais dos usuários dos serviços públicos, a Administração Pública também realiza a coleta e o tratamento dos dados pessoais dos agentes que compõem as entidades vinculadas ao Estado. Essa atividade está diretamente ligada ao dever de transparência e de garantia da impessoalidade estatal,

---

[265] CUNHA, Fabíola Pessoa da; ABREU, Cynara Carvalho de. O uso de Tecnologias de Informação e Comunicação nas práticas pedagógicas em uma Instituição de Ensino Superior. In: GUIMARÃES, Patrícia Borba Vilar; ROSÁRIO, José Orlando Ribeiro; SÁVIA, Sérgio Luis Rizzo Dela; ABREU, Cynara Carvalho de. *Governo Digital:* uma abordagem interdisciplinar na gestão da educação superior. 1. ed. Natal: Motres, 2019. p. 90.

visto que o Estado, enquanto entidade vinculada à supremacia do interesse público, tem o dever de prestar contas com a sociedade no que tange aos gastos de erário, à contratação de agentes públicos e à prestação de serviços aos seus usuários.

Além disso, a coleta e o tratamento dos dados pessoais dos agentes públicos também servem para verificar as condições de contratação, para controlar a frequência de serviços e para garantir a segurança e a eficiência da Administração Pública. É possível coletar e tratar dados como o nome do agente, o endereço, o cargo ocupado, o período de contratação, a remuneração, as informações de saúde, as informações sobre a formação e o currículo.

Nesse mesmo sentido, a Lei nº 14.129/2021[266], que dispõe sobre princípios, regras e instrumentos para o Governo Digital, prevê o dever da Administração Pública de promover os dados abertos, que são, nos termos da própria lei, em seu art 4º, inciso IV[267], aqueles dados acessíveis ao público, preferencialmente apresentados em meio digital, estruturados em formato aberto, que possam ser processados por máquina de computação, referenciados na internet e disponibilizados sob licença aberta que permita sua livre utilização, consumo ou tratamento por qualquer pessoa, física ou jurídica. A adoção do governo aberto tem como objetivo garantir que as instituições públicas estejam mais transparentes e responsáveis para com a sociedade. Essa prática incentiva a participação cidadã, possibilitando acompanhar e fiscalizar mais de perto as ações governamentais. Além disso, o governo aberto garante ao cidadão o direito de obter informações que lhe dizem respeito, assim como acesso a dados e documentos produzidos pelo Estado.

Essas medidas são fundamentais para que as instituições públicas ganhem credibilidade, pois mostram ao povo que elas não só estão abertas à fiscalização, mas também à discussão de suas ações.

Essa conjuntura de transparência e de dever de informação, além de estar em consonância com os preceitos constitucionais de organização da Administração Pública, também atende às exigên-

---

[266] BRASIL. *Lei Federal nº 14.129, de 29 de março de 2021. Lei do Governo Digital.*

[267] Lei do Governo Digital, art. 4, inciso IV: [...] dados abertos: dados acessíveis ao público, representados em meio digital, estruturados em formato aberto, processáveis por máquina, referenciados na internet e disponibilizados sob licença aberta que permita sua livre utilização, consumo ou tratamento por qualquer pessoa, física ou jurídica;

cias previstas pela Lei nº 12.527/2011 – Lei de Acesso à Informação (LAI)[268] –, normativa infraconstitucional que surgiu em um cenário de necessidade de garantia de transparência pública e de incentivo à uma aproximação entre o cidadão e o Estado, de forma a tornar a máquina pública mais democrática, acessível e disponível para os indivíduos.

Nesse sentido, a LAI estabelece que todos os órgãos públicos devem ter como premissa a presunção de acesso à informação, fomentando, assim, um ambiente de transparência e responsabilidade na gestão pública. Dessa forma, a Lei exige que a Administração Pública se organize de forma a disponibilizar os dados solicitados pelo cidadão, permitindo que ele possa conhecer e fiscalizar as ações desenvolvidas pelo Estado.

Considerando esse cenário, infere-se que a Administração Pública deve, comitantemente, manter seguros os dados pessoais dos usuários que compõem a máquina pública e do público-alvo dos serviços públicos, enquanto garante a publicização e a transparência dos atos públicos para toda a sociedade.

Assim, há, simultaneamente, um dever de transparência e um dever de segurança de dados pessoais, fato que promove um aparente conflito entre a concretização dos direitos constitucionais à proteção dos dados pessoais e à transparência e publicidade dos atos da Administração Pública. Neste sentido, é necessário o desenvolvimento de um modelo de proteção de dados pessoais que contemple ainda a necessidade de transparência e publicidade dos atos da Administração Pública.

Desta forma, este estudo pretende desenvolver o debate em torno da proteção dos dados pessoais em face da publicização e transparência de atos da Administração Pública, discutindo como a LGPD pode ser aplicada conjuntamente com a LAI e os preceitos do Governo Digital, sobretudo tendo em vista que existem discussões dentro e fora do Poder Judiciário sobre a suposta inaplicabilidade

[268] BRASIL. *Lei Federal nº 12.527, de 18 de novembro de 2011*. Lei de Acesso à Informação (LAI). Regula o acesso a informações previsto no inciso XXXIII do art. 5º , no inciso II do § 3º do art. 37 e no § 2º do art. 216 da Constituição Federal; altera a Lei nº 8.112, de 11 de dezembro de 1990; revoga a Lei nº 11.111, de 5 de maio de 2005, e dispositivos da Lei nº 8.159, de 8 de janeiro de 1991; e dá outras providências.

da LAI em situações de suposta violação do direito fundamental à proteção de dados pessoais.

Nesse sentido, abordar-se-á aspectos básicos da LAI e da LGPD, bem como suas ferramentas principais para a concretização de suas áreas de aplicabilidade dentro da Administração Pública. Também abordar-se-á o conceito de direito de acesso previsto em ambas as legislações como forma de compreender como as normativas regulam o acesso dos cidadãos às informações públicas. Em seguida, analisar-se-á hipóteses de suposta divergência entre as duas normas legais, abordando casos concretos em que a dúvida sobre a aplicação de dispositivos legais das legislações de forma simultânea surgiu. Por fim, adotar-se-á à pesquisa o método indutivo para aferir fundamentos jurídicos e descrições de casos concretos para a aplicabilidade da LGPD e da LAI de forma concomitante.

2. PROTEÇÃO DE DADOS PESSOAIS E ACESSO À INFORMAÇÃO NA ADMINISTRAÇÃO PÚBLICA: ASPECTOS DA LGPD E DA LAI

A concretização dos direitos à proteção de dados pessoais e ao acesso às informações públicas vinculadas à atividade da Administração Pública ocorre como forma de garantir o pleno exercício da democracia. Assim, enquanto que a LAI, ao regular o acesso à informação, surge para garantir o efetivo funcionamento da democracia através do controle social dos atos públicos[269], a LGPD surge como uma normativa essencial à democracia em um contexto atual de sociedade informatizada, com o uso massivo de dados dos indivíduos para a realização de diversas atividades rotineiras, de forma que os próprios dados pessoais dos usuários passaram a ser vistos como ativos financeiros[270].

---

[269] COUTINHO, Hugo César Peixoto; ALVES, José Luiz. Lei de Acesso à Informação como ferramenta de controle social de ações governamentais. *Comunicação & Informação*, Goiânia, Goiás, v. 18, n. 1, p. 124–139, 2015. Disponível em: https://revistas.ufg.br/ci/article/view/33985. Acesso em: 29 dez. 2022. p. 127.

[270] TEIXEIRA, Guilherme Cardoso. *O papel social da Lei Geral de Proteção de Dados no Brasil*. 2020. 59 f. TCC (Graduação) – Curso de Direito, Universidade do Sul de Santa Catarina, Araranguá, 2020. p. 17.

Desta forma, ambas as normativas existem para concretizar direitos fundamentais em um cenário de garantia da democracia, sobretudo em virtude da necessidade de regulamentar relações sociais em que o papel do indivíduo enquanto cidadão político pode correr riscos - em sua relação com o Estado ou com atividades empresariais.

No que concerne à aplicação de ambas as normas legais na atividade da Administração Pública, é perceptível a diversidade de pontos de convergência entre as legislações, sobretudo tendo em vista que ambas são construídas com base na perspectiva de manutenção e tutela do sistema democrático brasileiro. Nessa vereda, o dever de transparência que existe nas duas normas convergem entre si, visto que a LAI, de um lado, prevê as ferramentas da transparência ativa e passiva para garantir o acesso às informações públicas[271], enquanto que a LGPD determina que os entes públicos devem garantir a transparência no tratamento de dados pessoais de seus cidadãos[272].

Por sua vez, ambas as legislações também determinam como requisito à atividade estatal o respeito à intimidade. A LAI, no seu artigo 31[273], já previa a necessidade de que houvesse o respeito à intimidade, à vida privada, à honra e à imagem dos cidadãos no tratamento de informações pessoais de usuários da Administração Pública. A LGPD, no seu artigo 26, complementa a regulamentação da LAI ao determinar que o tratamento de dados pessoais, compartilhado pelo Poder Público, deve atender a finalidades específicas e, consequentemente, deve estar em consonância com todos os preceitos da legislação de proteção de dados, incluindo, portanto, o respeito à intimidade e à vida privada dos cidadãos.
Outro ponto que se destaca na convergência das duas legislações

[271] LAI, Art. 3º [...] IV – fomento ao desenvolvimento da cultura de transparência na administração pública;

[272] LGPD, Art. 23. O tratamento de dados pessoais pelas pessoas jurídicas de direito público [...] desde que:
I – sejam informadas as hipóteses em que, no exercício de suas competências, realizam o tratamento de dados pessoais, fornecendo informações claras e atualizadas sobre a previsão legal, a finalidade, os procedimentos e as práticas utilizadas para a execução dessas atividades, em veículos de fácil acesso, preferencialmente em seus sítios eletrônicos;

[273] LAI, Art. 31. O tratamento das informações pessoais deve ser feito de forma transparente e com respeito à intimidade, vida privada, honra e imagem das pessoas, bem como às liberdades e garantias individuais.

é a responsabilização dos administradores públicos, no sentido de que a LAI traz a responsabilização dos servidores públicos, inclusive com a possibilidade de responsabilização civil, enquanto a LGPD traz a responsabilidade dos controladores de dados e a possibilidade de punições administrativas.

Em síntese, as legislações convergem em diversos pontos, sendo que o objetivo maior é sempre a promoção de transparência, responsabilização dos entes públicos e a tutela dos direitos fundamentais, além da efetivação do Estado Democrático de Direito.

A gestão de dados, por sua vez, faz parte da regulamentação da LAI, visto que o processo de implementação de um sistema de informação com a sua devida gestão dos dados da Administração Pública incorpora a estrutura de controle social e de efetivação de políticas públicas[274]. Já na LGPD, temos a determinação que o poder público deve organizar e inventariar todas as informações tratadas e que versam sobre dados pessoais[275]. Logo, a inserção do marco regulatório dos dados pessoais na atividade estatal serviu, nesse contexto, para melhorar a gestão dos dados pessoais de forma a proteger o seu titular, e não somente para tornar mais acessível a informação ao público.

Não obstante, percebe-se que a legislação de proteção de dados, como um marco regulatório posterior à LAI, também surge como um instrumento de expansão de métodos de governança de dados dentro da Administração Pública, prevendo expressamente objetivos e fins do tratamento dos dados pessoais, bem como riscos e benefícios da atividade para a máquina pública.[276].

Desta forma, a LGPD não só insere no ordenamento jurídico brasileiro aspectos contemporâneos sobre tratamento de dados pessoais que convergem com a LAI, como também traz novos instrumentos que devem ser utilizados, simultaneamente, com ferra-

---

[274] LOGAREZZI, Lia. *Guia Prático da Lei de Acesso à Informação.* Livro Eletrônico. São Paulo: Artigo 19 Brasil, 2016. p.3.

[275] BIONI, Bruno Ricardo; SILVA, Paula Guedes Fernandes da; MARTINS, Pedro Bastos Lobo. Intersecções e relações entre a Lei Geral de Proteção de Dados (LGPD) e a Lei de Acesso à Informação (LAI): análise contextual pela lente do direito de acesso. *Cadernos Técnicos da CGU*, Brasília, v. 1, p. 8-19, 2022. Disponível em: https://revista.cgu.gov.br/Cadernos_CGU/issue/view/39/46. Acesso em: 29 dez. 2022. p. 12

[276] SANTOS NETO, Arnaldo Bastos; ISHIKAWA, Lauro; MACIEL, Moises. O tratamento de dados pessoais pelo poder público e o papel dos Tribunais de Contas. *Revista Direitos Culturais*, [S.L.], v. 16, n. 40, p. 163-177, 23 dez. 2021. p. 169.

mentas de acesso à informações trazidas pelo marco da legislação de acesso à informações do ano de 2011.

Nessa vereda, a LGPD traz a incidência do princípio da necessidade no uso de dados pessoais, limitando essa atividade ao mínimo necessário para a realização das finalidades de uso dessas informações e impedindo coletas desnecessárias de dados para tratamento pelo poder público[277]. Assim, a norma de proteção de dados passa a regular a utilização de dados, de forma que a LAI, enquanto ferramenta de acesso às informações pelos cidadãos, tem sua atividade otimizada pela regulação da filtragem de dados a serem coletados pela Administração Pública.

Outro preceito trazido pela LGPD, que otimiza a atividade de acesso à informação regulada pela LAI, está no princípio da finalidade, que determina que a Administração Pública deve definir propósitos específicos, legítimos, explícitos e concretos para a realização do tratamento dos dados pessoais, bem como deve assegurar ao titular o esclarecimento de tais propósitos[278].

Além disso, a LGPD também insere no contexto de coleta e tratamento de dados uma política de ciclo de vida de dados, tornando necessária a adoção de práticas de descarte de dados não mais necessários[279]. Desse modo, a normativa de proteção de dados brasileira também insere, no contexto de utilização de dados pessoais por entes públicos, regras de manutenção e de exclusão de informações de bancos de dados, tornando mais específicas as atividades de acesso às informações pelos cidadãos em situações em que há tratamento de dados pessoais.

A legislação de proteção de dados, ao evidenciar a possibilidade de anonimizar dados pessoais coletados como forma de desvincular o dado do seu respectivo titular[280] tornou mais seguro e com menos riscos o processo de coleta, tratamento e descarte

---

[277] FERNANDES, Marcelo Eloy; NUZZI, Ana Paula Eloy. Fundamentos da Lei Geral de Proteção de Dados (LGPD): uma revisão narrativa. *Research, Society And Development*, [S.L.], v. 11, n. 12, p. 1-16, 15 set. 2022. p. 6.

[278] FERNANDES, Marcelo Eloy; NUZZI, Ana Paula Eloy. *Op. cit.* p. 6.

[279] SANTOS, Andreia Xavier da Silva; DUARTE, Icaro de Souza. A Lei Geral de Proteção de Dados (LGPD) e sua aplicação na relação de trabalho. *Revista Ibero-Americana de Humanidades, Ciências e Educação*, [S.L.], v. 8, n. 5, p. 2671-2690, 14 jun. 2022. p. 2688.

[280] FALEIROS JÚNIOR, José Luiz de Moura; MARTINS, Guilherme Magalhães. Proteção de dados e anonimização: perspectivas à luz da lei nº 13.709/2018. *REI – Revista Estudos Institucionais,* [S.L.], v. 7, n. 1, p. 376-397, 30 abr. 2021. p. 382.

de dados pessoais pela Administração Pública, sobretudo em situações em que há o uso de dados pessoais sensíveis.

Essa atividade de desvinculação dos dados pessoais de seu titular por meio de processo de reidentificação de dado, ainda que não perca a tutela de dado pessoal reconhecida pela LGPD, importa em facilitar o acesso à informações públicas de forma a manter protegida a intimidade dos titulares dos dados, conjuntura extremamente comum dentro da Administração Pública - como no acesso a dados de populações beneficiadas com determinadas políticas públicas ou a informações de cidadãos que utilizam determinado serviço público de saúde.

Logo, apesar da aparente divergência normativa, a LAI e a LGPD são executadas dentro do ordenamento jurídico brasileiro em um sistema de convergência, visto que ambas buscam a garantia de um sistema democrático de acesso ao Estado pelos cidadãos de forma a garantir o interesse público, dentro de um contexto de proteção da individualidade e da intimidade de cada titular de dado pessoal, ainda que, como será abordado posteriormente, remanesçam situações em que as normas podem ser utilizadas de forma a divergir uma da outra.

3. O DIREITO DE ACESSO NAS PERSPECTIVAS DA LGPD E DA LAI

Outro aspecto em comum entre a Lei Geral de Proteção de Dados e a Lei de Acesso à Informação diz respeito à constante menção sobre a existência de um direito de acesso. Ambas as leis enfatizam que os cidadãos têm direito de acesso à informação e a dados que lhes dizem respeito. Estas leis também estabelecem os requisitos e procedimentos para aceder a esses dados. Apesar da nomenclatura, é preciso apresentar a diferença entres os conceitos, para que seja possível o entendimento de como as legislações atuam conjuntamente.

O direito de acesso à informação, especialmente à informação pública, é garantido pelos Estados há muitos anos, entre outras coisas como consequência do direito à liberdade de expressão.

Esse dispositivo é o responsável por possibilitar aos cidadãos o acesso aos dados e informações públicas e garantir que as autoridades respondam às perguntas e pedidos de informação de maneira rápida e eficiente. Além disso, esta lei também tem por objetivo estimular a transparência na gestão pública e assegurar que os cidadãos possam fiscalizar cada vez mais a ação do governo.

Dentro da nossa realidade, a partir do processo de redemocratização que culminou na promulgação da Constituição de 1988, foram criados alguns institutos de transparência, como o habeas data. Posteriormente, tivemos a criação da Lei de Acesso à Informação.

A LAI garante o direito à informação cadastral e a obtenção de cópias autenticadas de documentos públicos. Além disso, existe a possibilidade de acesso a dados e informações armazenadas em sistemas informatizados, bem como ao acompanhamento de processos administrativos.

Novamente, a princípio, tudo isso parece ser completamente antagônico com os preceitos da LGPD, até pelo fato da ideia inicial da privacidade ter total relação com deixar fatos, dados e informações quietas, sozinhas e devidamente guardadas. O que se observa na prática, contudo, é que o verdadeiro pilar da privacidade e da proteção de dados está imbricado com o direito ao acesso e a transparência.

A LGPD prevê o direito dos titulares em acessarem seus dados pessoais que estão sendo tratados, assim como os direitos de retificação, anonimização, portabilidade, exclusão e limitação do tratamento.[281] Além disso, a lei estabelece mecanismos que permitem ao titular controlar o uso de seus dados, tais como o direito de revogar o consentimento de tratamento, e a possibilidade de se opor ao tratamento, especificamente quanto ao uso para finalidades comerciais.[282]

Os entes públicos devem informar aos titulares as hipóteses em que realizam tratamento de dados, além de assegurar que essa informação seja clara, atualizada e de fácil acesso. Essa informação deve abranger, por exemplo, o objetivo, o fundamento legal, o tempo de conservação e o destinatário dos dados.

[281] LGPD, Art. 6, VI: informações claras, precisas e facilmente acessíveis sobre a realização do tratamento e os respectivos agentes de tratamento, observados os segredos comercial e industrial.
[282] LGPD, Art. 6, IV: "garantia, aos titulares, de consulta facilitada e gratuita sobre a forma e a duração do tratamento, bem como sobre a integralidade de seus dados pessoais".

É importante que o órgão público seja transparente em relação ao tratamento de dados, pois assim garante maior segurança e confiança dos titulares. Além disso, o órgão deve informar os titulares sobre os seus direitos e como exercer esses direitos, especialmente aqueles relacionados à proteção de dados. Por exemplo, os titulares precisam saber como exercer seus direitos de acesso, retificação, portabilidade, supressão e oposição ao tratamento de dados.

Mas apesar das semelhanças, também é preciso apresentar as diferentes finalidades do direito ao acesso em cada legislação. Primeiramente, é preciso diferenciar o direito de acesso à informações de interesse público e o acesso aos seus próprios dados pessoais.

O art. 9º, inciso II do art. 18 e art. 19, da LGPD[283] faculta ao titular, o direito de acesso facilitado aos seus dados pessoais, além da possibilidade de solicitar a modificação, retificação ou exclusão de seus dados pessoais, bem como a limitação do seu tratamento.

A Lei também prevê que os titulares dos dados pessoais terão direito, a qualquer momento, de ser informado sobre as finalidades do tratamento, o destinatário ou tipo de destinatário a quem os seus dados pessoais serão divulgados e qualquer informação útil sobre como os dados serão tratados.

Já quando falamos do âmbito público, a implementação do direito de acesso à informação garante que os governos atuem de forma transparente e que os cidadãos se mantenham informados sobre as decisões tomadas e os serviços prestados pelos órgãos governamentais. Ela também permite que o cidadão possa apresentar informações ou documentos às autoridades públicas para contribuir com o processo de tomada de decisão. Assim, o acesso à informação promove a participação do cidadão na vida pública, aumenta a responsabilidade dos governos e promove o *accountability*.[284]

A Constituição Federal garante o acesso à informação para que o cidadão exerça seu direito de acompanhar e fiscalizar o ato

[283] LGPD, Art 9, II: Art. 9º O titular tem direito ao acesso facilitado às informações sobre o tratamento de seus dados, que deverão ser disponibilizadas de forma clara, adequada e ostensiva acerca de, entre outras características previstas em regulamentação para o atendimento do princípio do livre acesso:
II - forma e duração do tratamento, observados os segredos comercial e industrial;

[284] MARTINS, Paula Ligia. Acesso à informação: um direito fundamental e instrumental. 2012. Acervo: Rio de Janeiro. p. 234.

de governo. Por meio deste acesso, o cidadão tem o direito de ter acesso a dados sobre as finanças públicas, orçamento, contratos administrativos e processos licitatórios.

A transparência também é um dos principais mecanismos para o aumento da confiança na gestão pública. O acesso à informação é fundamental para que os cidadãos se sintam envolvidos no processo de tomada de decisão, e que possam avaliar a qualidade dos serviços oferecidos pelo Estado. Quanto mais informação estiver disponível, mais fácil será para que os cidadãos possam compreender a lógica que está por trás das ações governamentais e se sentirem seguros de que estão sendo bem servidos. Além disso, a transparência também pode ajudar a prevenir a corrupção, já que aumenta a responsabilização dos agentes públicos, dificultando ações escusas.[285]

Assim, o Estado deve garantir o acesso à informação, bem como a preservação do direito à privacidade dos titulares dos dados. Por meio da transparência ativa, o Estado deve fornecer aos titulares dos dados informações detalhadas sobre o tratamento dos seus dados pessoais, como o objetivo, a finalidade e a periodicidade do tratamento. Já a transparência passiva prevê a publicação de informações adicionais sobre o tratamento, como a forma de uso, divulgação e armazenamento dos dados, bem como a atribuição de responsabilidades pelo seu tratamento.

Portanto, pode-se concluir que a principal diferença entre o direito de acesso a dados pessoais e o direito de acesso à informação pública está na amplitude: enquanto o primeiro se restringe a dados pessoais, o segundo engloba qualquer tipo de informação produzida, armazenada ou detida pelo poder público, com exceção das que sejam classificadas como sigilosas ou relativas à vida privada, intimidade e honra.

[285] MARTINS, Paula Ligia. Acesso à informação: um direito fundamental e instrumental. 2012. Acervo: Rio de Janeiro. p. 235.

4. CONFLITOS ENTRE OS DIREITOS FUNDAMENTAIS: A PROTEÇÃO DE DADOS É GARANTIDA NO ATO DE PUBLICIZAÇÃO DE INFORMAÇÕES PÚBLICAS?

O direito à proteção de dados pessoais e o direito ao acesso à informação são, ambos, direitos fundamentais expressamente previstos no rol de direitos e garantias fundamentais da Constituição Federal de 1988.

O acesso à informação[286], para a Carta Magna, determina o amplo acesso de informações, de forma gratuita, em todo o território nacional, tornando a publicidade uma regra da Administração Pública e o sigilo como exceção. Assim, a LAI é inserida no ordenamento jurídico brasileiro visando regulamentar um direito fundamental previsto no texto constitucional.

Da mesma forma, o direito à proteção dos dados pessoais também tem previsão no texto constitucional[287], contudo, a sua inserção ocorreu por meio do poder constituinte derivado reformador, que, por intermédio da Emenda Constitucional nº 115[288], do ano de 2022, tornou parte do rol de direitos e garantias fundamentais a tutela dos dados dos cidadãos. A sua regulamentação, por sua vez, já existia antes de sua inserção no texto constitucional, com a promulgação da LGPD ainda no ano de 2018.

A LAI, conforme exposto, possui a publicidade como regra e o sigilo como exceção. Nesse sentido, é importante que as entidades e órgãos públicos criem mecanismos de transparência, acessibilidade e facilidade para que as informações de interesse público possam ser acessadas pelos cidadãos. Esses mecanismos podem incluir o uso de ferramentas digitais, como o desenvolvimento de portais de transparência, sistemas de busca, ferramentas de monitoramento e outros mecanismos para a obtenção de informações públicas. Além disso, é importante que as entidades e órgãos públicos criem mecanismos para que as informações sejam atualizadas

[286] CRFB/88, Art. 5º [...] XIV – é assegurado a todos o acesso à informação e resguardado o sigilo da fonte, quando necessário ao exercício profissional;

[287] CRFB/88, Art. 5º [...] LXXIX – é assegurado, nos termos da lei, o direito à proteção dos dados pessoais, inclusive nos meios digitais.

[288] BRASIL. *Emenda Constitucional nº 115, de 10 de fevereiro de 2022.* Altera a Constituição Federal para incluir a proteção de dados pessoais entre os direitos e garantias fundamentais e para fixar a competência privativa da União para legislar sobre proteção e tratamento de dados pessoais.

periodicamente e de forma completa, permitindo que os cidadãos tenham acesso a informações precisas e atualizadas.

Por outro lado, nos termos da LGPD, direito à proteção de dados pessoais tem como objetivo a garantia de direitos fundamentais de liberdade e de privacidade e o livre desenvolvimento da personalidade da pessoa natural, bem como assegurar a proteção de dados pessoais por meio de princípios como a finalidade, a adequação, a transparência, a segurança, a responsabilidade, a precaução, a precisão, a simplicidade, a confidencialidade e a integridade dos dados, garantindo assim o direito à informação e o direito de acesso.

A lógica da proteção de dados visa assegurar que os dados pessoais sejam tratados com responsabilidade e que os direitos fundamentais de privacidade e proteção de dados sejam respeitados pelas organizações que tratam dados pessoais, incluindo a Administração Pública, que ao longo da LGPD possui diversas bases legais de tratamento de dados pessoais.

Ao longo do artigo 23 da LGPD, temos as disposições acerca do tratamento de dados pessoais pelo poder público, que deve ser interpretado de maneira sistemática com outras normas acerca da Administração Pública.[289]

Um exemplo pode ser extraído do dever de divulgação da execução do orçamento público. Neste caso, a LAI determina que os cidadãos têm direito ao acesso a informações relacionadas ao gasto público, mas a LGPD pode limitar esse acesso, caso os gastos sejam relacionados a dados pessoais de cidadãos, como endereço, número de telefone ou outros dados pessoais. Nestes casos, a divulgação desses dados é limitada, a fim de proteger os direitos e a privacidade dos cidadãos.

A lei aplicável estabelece que todos os cidadãos têm direito ao acesso a informações públicas, que são aquelas produzidas e mantidas pelas autoridades públicas. Estes direitos são garantidos pela Constituição e pela Lei de Acesso à Informação. Com elas, é possível exigir informações sobre assuntos específicos, como

[289] LGPD, Art. 23. O tratamento de dados pessoais pelas pessoas jurídicas de direito público referidas no parágrafo único do art. 1º da Lei nº 12.527, de 18 de novembro de 2011 (Lei de Acesso à Informação) , deverá ser realizado para o atendimento de sua finalidade pública, na persecução do interesse público, com o objetivo de executar as competências legais ou cumprir as atribuições legais do serviço público [...].

orçamentos, dados sobre saúde, sobre o meio ambiente ou dados demográficos, por exemplo.

Além disso, a lei também protege a privacidade das pessoas, já que ela garante que informações sobre elas não serão divulgadas sem o seu consentimento. Por isso, a lei é fundamental para garantir que as fake news sejam combatidas e a democracia seja respeitada.

Os dados pessoais só podem ser compartilhados entre os órgãos e entidades públicas quando se tratar de informações necessárias para a execução de políticas públicas, de acordo com as finalidades previstas na legislação aplicável. O compartilhamento de dados só pode ser realizado se os órgãos e entidades públicas observarem os princípios de proteção de dados pessoais, como o de finalidade, necessidade, qualidade, transparência, segurança, controle e responsabilidade.

De maneira similar, a LAI prevê que o tratamento das informações pessoais pelo poder público deve ser feito de forma transparente e com respeito à intimidade, vida privada, honra e imagem das pessoas, bem como às liberdades e garantias individuais.

A temática já foi objeto de debate no Supremo Tribunal Federal. No julgamento da ADI nº 6.38738, o STF decidiu pela inconstitucionalidade da Lei Estadual nº 7.724/2002, do Estado do Rio Grande do Sul, que exigia a apresentação de documentos pessoais para a inscrição de candidatos a concursos públicos no Estado. A norma afrontava o art. 5º, incisos XII e XIII, da Constituição Federal, que garantem o direito à intimidade e à liberdade de informação.

Já no julgamento da ADPF nº 690/DF, o STF decidiu pela constitucionalidade do acesso às informações sobre a vida privada de cidadãos, desde que haja motivo razoável para tanto. O entendimento foi de que o direito à informação é essencial à democracia e à própria Constituição, podendo ser limitado pela proteção à intimidade e à vida privada.

É possível concluir que os julgamentos do STF reforçam a ideia de que a proteção dos dados pessoais e a transparência devem andar de mãos dadas. A Constituição Federal estabelece, assim, que as informações devem ser preservadas, ao mesmo tempo em que o acesso às mesmas deve ser garantido, desde que haja motivo razoável para tal.

O diálogo entre o direito à proteção de dados pessoais e o acesso à informação pública deve ser realizado de forma a que sejam preservados os interesses contrapostos e se garanta a efetivação dos direitos fundamentais. É necessário que a informação possa ser acessada, mas sem que isso resulte na exposição desnecessária dos dados pessoais envolvidos. Assim, o Estado deverá operar o tratamento de dados de forma a garantir o direito à privacidade, e o acesso à informação pública de maneira a não comprometer ou restringir o acesso à informação. Avaliar caso a caso a questão de publicar um dado de caráter pessoal envolve uma consideração dos princípios da finalidade e da legitimidade. A finalidade refere-se à utilização lícita do dado pessoal, enquanto a legitimidade refere-se à base legal existente para tal utilização. A informação da pessoa em questão deverá ser considerada em qualquer caso, especialmente se houver uma intenção de publicar ou tornar acessível o dado. O direito de oposição também deverá ser considerado, juntamente com o direito à privacidade da pessoa.

Com o avanço das tecnologias, tornou-se possível a utilização de processos de digitalização, difusão online e outros, a fim de proteger os dados pessoais. A utilização desses processos pode ajudar a assegurar que apenas os dados necessários são publicados ou tornados acessíveis, bem como a limitar o acesso a eles a pessoas autorizadas. Além disso, medidas como a criptografia, autenticação, controle de acesso e outras, podem ser usadas para garantir a proteção dos dados pessoais.[290]

Assim, os dispositivos normativos protetivos dos dados ou do acesso à informação pública buscam garantir a segurança jurídica, estabelecendo critérios e regras para a utilização desses dados. Os critérios são estabelecidos por decisões administrativas e judiciais, de forma a assegurar que os dados sejam usados de forma apropriada, e que os direitos dos cidadãos sejam respeitados. Além disso, estes dispositivos visam evitar o casuísmo das decisões subjetivas, garantindo que os direitos fundamentais sejam protegidos e que a informação pública seja usada de forma justa.

---

[290] LIMBERGER, T. Lei Geral de Proteção de Dados (LGPD) e a Lei de Acesso à Informação Pública (LAI): um diálogo (im)possível? As influências do direito europeu. Revista de Direito Administrativo, [S. l.], v. 281, n. 1, p. 113–144, 2022. DOI: 10.12660/rda.v281.2022.85654. Disponível em: https://bibliotecadigital.fgv.br/ojs/index.php/rda/article/view/85654. Acesso em: 31 dez. 2022.

5. CONSIDERAÇÕES FINAIS

O direito à proteção de dados pessoais está previsto no artigo 5º, inciso XII, da Constituição Federal, o qual prevê que o Estado deve assegurar o direito à inviolabilidade da intimidade, da vida privada, da honra e da imagem das pessoas, garantindo o direito de indenização pelo dano material ou moral decorrente de sua violação.

Já o direito ao acesso à informação está previsto no artigo 5º, inciso XXXIII, da Constituição Federal, o qual prevê que todos têm direito de acesso às informações de interesse público, resguardado o sigilo daquilo que for previsto em lei. Além disso, a Lei de Acesso à Informação (Lei nº 12.527/2011) também garante o direito do cidadão à obtenção de informações públicas, inclusive a respeito de dados pessoais.

Assim, ambos os direitos são fundamentais, pois asseguram a privacidade das pessoas e o direito de acesso à informação, o que é essencial para a consolidação da democracia e da participação social. A Lei de Acesso à Informação (LAI) e a Lei Geral de Proteção de Dados Pessoais (LGPD) têm o objetivo de contribuir para o Estado Democrático de Direito, proporcionando maior segurança e garantias aos cidadãos brasileiros. A LAI tem como objetivo garantir o direito à informação, possibilitando aos cidadãos o acesso às informações públicas, enquanto a LGPD busca proteger os dados pessoais das pessoas, assegurando o direito à privacidade e ao sigilo das informações.

Além disso, ambas as leis também enfatizam a importância da transparência e a necessidade de garantir que os dados e informações sejam tratados de forma lícita, leal e transparente. Elas também estabelecem mecanismos para assegurar que os dados e informações sejam devidamente protegidos e que os direitos dos titulares sejam respeitados.

Apesar de, a princípio, a LGPD e a LAI parecerem completamente antagônicas, o que se observou ao analisar de forma sistemática as duas leis, é que a privacidade e a proteção de dados estão totalmente relacionadas com o direito ao acesso e a transparência. Ou seja, ao invés de tentar esconder e guardar as informações, a LGPD vem para garantir que as informações pessoais sejam utilizadas de forma consciente e responsável, colocando a pessoa que forneceu os dados no controle da situação. Logo, ao invés de tentar esconder as informações, a LGPD incentiva a transparência no tratamento dos dados, pois isso permite que os titulares saibam o que está sendo feito com suas informações e possam ter o controle sobre elas.

Embora as duas leis possam ser aplicadas de forma diferente, elas se complementam e trabalham juntas para garantir que os cidadãos brasileiros tenham acesso às informações de que precisam e que tanto o direito fundamental à proteção de dados como o dever de transparência pública sejam adequadamente protegidos.

REFERÊNCIAS

BIONI, Bruno Ricardo; SILVA, Paula Guedes Fernandes da; MARTINS, Pedro Bastos Lobo. Intersecções e relações entre a Lei Geral de Proteção de Dados (LGPD) e a Lei de Acesso à Informação (LAI): análise contextual pela lente do direito de acesso. *Cadernos Técnicos da CGU*, Brasília, v. 1, p. 8-19, 2022. Disponível em: https://revista.cgu.gov.br/Cadernos_CGU/issue/view/39/46. Acesso em: 29 dez. 2022.

BRASIL. *Emenda Constitucional nº 115, de 10 de fevereiro de 2022.* Altera a Constituição Federal para incluir a proteção de dados pessoais entre os direitos e garantias fundamentais e para fixar a competência privativa da União para legislar sobre proteção e tratamento de dados pessoais.

BRASIL. *Lei Federal nº 12.527, de 18 de novembro de 2011.* Lei de Acesso à Informação (LAI). Regula o acesso a informações previsto no inciso XXXIII do art. 5º , no inciso II do § 3º do art. 37 e no § 2º do art. 216 da Constituição Federal; altera a Lei nº 8.112, de 11 de dezembro de 1990; revoga a Lei nº 11.111, de 5 de maio de 2005, e dispositivos da Lei nº 8.159, de 8 de janeiro de 1991; e dá outras providências.

BRASIL. *Lei Federal nº 13.709, de 14 de agosto de 2018.* Lei Geral de Proteção de Dados Pessoais (LGPD).

BRASIL. *Lei Federal nº 14.129, de 29 de março de 2021.* Lei do Governo Digital.

CARVALHO, Gisele Primo; PEDRINI, Taina Fernanda. Direito à privacidade na Lei Geral de Proteção de Dados Pessoais. *Revista da Esmesc*, [S.L.], v. 26, n. 32, p. 363-382, 16 dez. 2019.

COUTINHO, Hugo César Peixoto; ALVES, José Luiz. Lei de Acesso à Informação como ferramenta de controle social de ações governamentais. *Comunicação & Informação*, Goiânia, Goiás, v. 18, n. 1, p. 124–139, 2015. Disponível em: https://revistas.ufg.br/ci/article/view/33985. Acesso em: 29 dez. 2022.

CUNHA, Fabíola Pessoa da; ABREU, Cynara Carvalho de. O uso de Tecnologias de Informação e Comunicação nas práticas pedagógicas em uma Instituição de Ensino Superior. In: GUIMARÃES, Patrícia Borba Vilar; ROSÁRIO, José Orlando Ribeiro; SÁVIA, Sérgio Luis Rizzo Dela; ABREU, Cynara Carvalho de. *Governo Digital*: uma abordagem interdisciplinar na gestão da educação superior. 1. ed. Natal: Motres, 2019.

FALEIROS JÚNIOR, José Luiz de Moura; MARTINS, Guilherme Magalhães. Proteção de dados e anonimização: perspectivas à luz da lei nº 13.709/2018. *REI – Revista Estudos Institucionais*, [S.L.], v. 7, n. 1, p. 376-397, 30 abr. 2021.

FERNANDES, Marcelo Eloy; NUZZI, Ana Paula Eloy. Fundamentos da Lei Geral de Proteção de Dados (LGPD): uma revisão narrativa. *Research, Society And Development*, [S.L.], v. 11, n. 12, p. 1-16, 15 set. 2022.

LIMBERGER, T. *Lei Geral de Proteção de Dados (LGPD) e a Lei de Acesso à Informação Pública (LAI): um diálogo (im)possível? As influências do direito europeu.* Revista de Direito Administrativo, [S. l.], v. 281, n. 1, p. 113–144, 2022. DOI: 10.12660/rda.v281.2022.85654. Disponível em: https://bibliotecadigital.fgv.br/ojs/index.php/rda/article/view/85654. Acesso em: 31 dez. 2022.

LOGAREZZI, Lia. *Guia Prático da Lei de Acesso à Informação.* Livro Eletrônico. São Paulo: Artigo 19 Brasil, 2016.

MARTINS, Paula Ligia. *Acesso à informação: um direito fundamental e instrumental.* Acervo: Rio de Janeiro. 2012.

SANTOS, Andreia Xavier da Silva; DUARTE, Icaro de Souza. A Lei Geral de Proteção de Dados (LGPD) e sua aplicação na relação de trabalho. *Revista Ibero-Americana de Humanidades, Ciências e Educação*, [S.L.], v. 8, n. 5, p. 2671-2690, 14 jun. 2022.

SANTOS NETO, Arnaldo Bastos; ISHIKAWA, Lauro; MACIEL, Moises. O tratamento de dados pessoais pelo poder público e o papel dos Tribunais de Contas. *Revista Direitos Culturais*, [S.L.], v. 16, n. 40, p. 163-177, 23 dez. 2021.

TEIXEIRA, Guilherme Cardoso. *O papel social da Lei Geral de Proteção de Dados no Brasil. 2020.* 59 f. TCC (Graduação) - Curso de Direito, Universidade do Sul de Santa Catarina, Araranguá, 2020.

A RELAÇÃO DE COMPLIANCE E LGPD FRENTE AO USO DE DADOS PARA SALVAGUARDAR O BEM ESTAR SOCIAL E OS DIREITOS FUNDAMENTAIS

CLARISSA PEREIRA MATIAS DA COSTA[291]
MARIA LUÍSA BARROS CAPUXÚ[292]

1. INTRODUÇÃO

Os avanços tecnológicos inerentes a internet são amplamente utilizados para o entretenimento, a comunicação, o comércio em meio eletrônico (e-commerce) e a realização de atividades laborais remotas, apresentam, como consequência, a produção de uma grande quantidade de dados advindos de seus usuários, assim como o tratamento deles, ampliando as possibilidades de que violações à privacidade e à intimidade, direitos fundamentais expressos no artigo 5°, inciso X[293] do texto constitucional vigente (BRASIL, 1988).

A Lei n. 13.709, Lei Geral de Proteção de Dados Pessoais (LGPD) foi promulgada em 2018[294], a fim de "proteger os direitos fundamentais de liberdade e de privacidade e o livre desenvolvimento da personalidade da pessoa natural", cujos ditames, em harmonia ao que afirma o parágrafo único do artigo 1° da lei em voga (BRASIL, 2018), devem ser obedecidos pela União, pelos Estados, pelo Distrito Federal e pelos municípios.

Na seara dos direitos sociais, destaca-se a importância de que os dados atinentes a trabalhadores sejam protegidos de modo rigoroso, na medida em que consignam informações de caráter

---

[291] Assessora Jurídica no Tribunal de Justiça do Rio Grande do Norte - TJRN. Advogada licenciada OAB/RN. Mestranda em Direito pela Universidade Federal do Rio Grande do Norte - UFRN, Pós-graduada em Direito Processual Civil pela UNINTER - Centro Universitário Internacional; Bacharela em Direito pela UNI-RN; E-mail: clamatias26@hotmail.com.
[292] Mestranda em Direito pela Universidade Federal do Rio Grande do Norte - UFRN. Pós-graduada em Direito Processual Civil pela UNI/RN - Centro Universitário do Rio Grande do Norte; Assessora Jurídica Ministerial do Ministério Público do Rio Grande do Norte - MPRN. E-mail: malhu_@hotmail.com.
[293] Art .5°, X, da CF; são invioláveis a intimidade, a vida privada, a honra e a imagem das pessoas, assegurado o direito a indenização pelo dano material ou moral decorrente de sua violação.
[294] Lei Geral de Proteção de Dados Pessoais (LGPD).

íntimo, a exemplo de: idade, condições de saúde, raça e perfil socioeconômico, suscetíveis a causarem discriminação, caso sejam expostos a algoritmos programados para a criação de estereótipos a partir de elementos extraídos de arquivos internos, delineando-se, por exemplo, as características que devam ser rechaçadas em recrutamentos[295].

A proteção de dados pessoais é um direito humano, que surge vinculado à Declaração Universal dos Direitos Humanos, aprovada por ocasião da Assembleia Geral das Nações Unidas, em 1948, conjugada com vários pactos, serviu de inspiração para a construção das Constituições de muitos Estados e democracias.

Na década de 1980, a Organização para a Cooperação e Desenvolvimento Econômico (OCDE), grupo formado pelos países europeus atingidos pela Segunda Guerra Mundial, formulou diretrizes sobre a proteção de dados pessoais. Em 1981, verificou-se o primeiro documento que representou o pensamento de unificação e regulamentação da proteção de dados pessoais, a Convenção de Strasbourg nº 108 do Conselho Europeu (1981), entrando em vigor 4 (quatro) anos depois, em 1985, impulsionando a regulamentação dessa matéria em muitos países da Europa[296].

No Brasil, aspirava-se por uma legislação sobre a matéria, para que as informações não circulassem livre e desidiosa no meio digital, alimentadas por quaisquer usuários sem filtros, cujo alcance se projetava para além do ambiente virtual.

Em toda interação que fazemos via internet, há coleta de dados. Tais dados são muito valiosos economicamente porque eles definem tendências de consumo, políticas, religiosas, comportamentais, etc., podendo servir para que empresas e políticos direcionem suas estratégias de acordo com essas informações.

[295] AZEVEDO; JAHN, 2020.
[296] DONEDA, 2021.

2. DIREITOS FUNDAMENTAIS E FUNÇÃO SOCIAL APLICADOS NA LEI GERAL DE PROTEÇÃO DE DADOS LEI 13.709/2018

A norma jurídica implica a criação de custos e benefícios para a sociedade, abrindo espaço para a reflexão e formulação de novos arranjos institucionais que sejam dotados de maior eficácia social.

Os deveres fundamentais são tão ligados aos direitos fundamentais não por figurar como meros desdobramentos da dinâmica em torno desses, mas sim por ser parte deles. Apesar disso, isso deve significar não uma relação de preponderância, mas sim uma relação de complementaridade. E a recíproca é verdadeira: os direitos fundamentais também são parte dos deveres. Ambos cumprem uma relação de mútuo respeito e integração. Em outras palavras, são dois lados inseparáveis de uma mesma moeda.

Considerando a existência da perspectiva universal de que o instrumento garantidor do desenvolvimento humano é a relação mútua entre Estado e indivíduo, atribuímos a eles a responsabilidade de promoção da dignidade humana, assim como do bem estar social. Desse modo, temos que a cobrança de impostos ou o cumprimento de normas que acarretem custos são instrumentos garantidores do mínimo existencial, pois quando o contribuinte cumpre o seu dever pecuniário perante o Estado, este terá de aplicar tais recursos em políticas públicas e desenvolvimento social.

Desse modo, o Estado possui a responsabilidade de promover o desenvolvimento humano de forma plena, através de investimentos na sociedade, incentivando e proporcionando um meio social agradável para os cidadãos, profissionais qualificados, eventos culturais, garantindo também a segurança e o livre acesso aos meios de informação, viabilizando utilidade para vida dos indivíduos, o qual trará retorno significativo para o crescimento do desenvolvimento humano do meio onde estão inseridos.

Nesse contexto, o governo precisa dar efetividade aos direitos fundamentais constitucionalmente normatizados que demarcam a construção da proteção de dados de forma programática, auxiliando diversas áreas do direito, a exemplo do Sistema Tributário Nacional. Para tanto, é de suma importância a participação da sociedade para assegurar o cumprimento desses princípios. Ou seja, a real existência de uma relação de dados, no setor público e privado, almeja sempre o aperfeiçoamento da isonomia e justiça social mais eficiente economicamente.

Todavia, é nítida a discrepância existente entre as diversas regiões e classes sociais do Brasil, visto que uma pequena parcela da sociedade concentra grande parte da riqueza nacional enquanto a maioria vive em condições precárias, devendo o Estado oferecer uma melhor versão de distribuição de renda, acesso a informação e a serviços de forma isonômica, ou seja, como parafraseou Aristóteles "tratar igualmente os iguais e desigualmente, os desiguais, na medida de suas desigualdades", isto é oferecer proporcionalmente as mesmas condições de acordo com a realidade regional, como é o caso da aplicação de alíquotas diferenciadas em cada região, no âmbito tributário.

No panorama brasileiro, a Lei nº 12.737/2012 ficou conhecida como "Lei Carolina Dieckmann", apelidada assim pela mídia e grande público, porque a atriz citada teve sua conta de e-mail invadida e vazadas suas imagens íntimas. Após debate no mundo jurídico e a realização de audiências públicas, sobreveio a Lei nº 12.965/2014, mais conhecida como o Marco Civil da Internet, cujos princípios fundantes que orientam a relação das empresas prestadoras de serviços de internet com os seus clientes são a neutralidade da rede, a privacidade e a fiscalização dos acessos.

O Marco Civil da Internet (LEI Nº 12.965, DE 23 DE ABRIL DE 2014)[297] também alude pontos específicos que tangenciam à LGPD, até que finalmente, chegamos a 2018, onde aqui no Brasil, foi estabelecida a Lei Geral de Proteção de Dados. Alguns pontos especiais quanto aos direitos do titular, o que ele tem de editar, solicitar exclusões e obter os seus dados, ter autorização das informações que ele tem nos órgãos e com quem está compartilhando esses dados, então todas essas partes administrativas vem contempladas no bojo da sobredita lei.

Na União Europeia, em 2016, em meio à crescente demanda digital, ao aprovar o Regulamento Geral sobre a Proteção de Dados, foi incorporado e aprimorado os referenciais da Diretiva 95/46/CE. De forma gradual e inspirada no regramento internacional,

[297] Estabelece princípios, garantias, direitos e deveres para o uso da Internet no Brasil.

especificamente no Regulamento Geral de Proteção de dados Pessoais da União Europeia, em vigor desde 25 de maio de 2018, no Brasil, observou-se o advento da Lei nº 13.709/2018, a LGPD, com especial destaque para o direito de privacidade, com o propósito de adotar uma sistemática democrática no tratamento dos dados dos usuários de tecnologias, restando mais evidente como se daria a preservação desses direitos, a salvaguarda da dignidade do ser humano, por meio do combate à opressão, a impunidade e a prática reiterada de crimes contra a honra.

Não obstante o direito à privacidade já contasse com amparo na Constituição Federal em outros diplomas legais brasileiros já citados, a especificidade se fez de modo mais contundente. Isto porque, a invasão da privacidade envolve desde a coleta, tratamento e exposição desses dados pessoais, sendo assim, o objetivo é justamente estabelecer um meio estruturado de garantias que permita o exercício das liberdades fundamentais dos indivíduos, assim como impedir que informações particulares sejam usadas de modo indiscriminado e indevidamente.

No artigo 5º da Constituição Federal[298], dos Direitos e Garantias Fundamentais, estabelecendo que são invioláveis a intimidade da vida privada, a honra e a imagem das pessoas, é assegurado o direito de indenização pelo dano material ou moral decorrente de uma violação. Após 1988, tivemos a Lei 9.296/96[299], versando sobre o sigilo da correspondência e das comunicações telegráficas, a qual está relacionada ao que temos hoje de proteção de dados e das telecomunicações telefônicas, com foco de excepcionalidade no caso de ordem judicial, nas hipóteses e na forma da lei, para fins de investigação criminal ou instrução processual penal.

Ademais, realcem-se as vantagens decorrentes da implementação de programas de compliance na área de "LGPD", imprimindo relevância à precaução com o armazenamento dos dados de funcionários nos bancos de dados das organizações públicas e privadas, objetivando evitar a ocorrência de danos materiais e morais, a

---

[298] Art. 5º. Todos são iguais perante a lei, sem distinção de qualquer natureza, garantindo-se aos brasileiros e aos estrangeiros residentes no País a inviolabilidade do direito à vida, à liberdade, à igualdade, à segurança e à propriedade, nos termos seguintes.

[299] Regulamenta o inciso XII, parte final, do art. 5° da Constituição Federal.

exemplo daqueles decorrentes de ações judiciais trabalhistas que pleiteiem indenizações em razão da inobservância das exigências de privacidade da LGPD, bem como de sanções administrativas previstas pela LGPD em hipóteses em que fiscalizações estatais identifiquem desrespeito à lei vigente.

No cenário internacional, sempre houve suspeita de que os dados oriundos de usuários da internet poderiam ser utilizados de forma indevida. Essa suspeita ganhou contornos mais reais quando foi descoberto um vazamento de dados de 87 milhões de usuários da rede social "Facebook" para a empresa de marketing político, Cambridge Analytica, que atuou na campanha eleitoral de Donald Trump. Na época, foi noticiado que no Brasil foram vazados os dados de 443 mil pessoas.

Diante desse cenário, emergiu a necessidade de regulamentar essa atividade a fim de evitar abusos que geram violação aos direitos fundamentais dos indivíduos, dentre eles, a privacidade e a intimidade. Ressalte-se que essa é uma preocupação internacional, devendo-se destacar que, em 25/05/2018, entrou em vigor o "Regulamento Geral de Proteção de Dados", conhecido como GPDR, sua sigla em inglês. A GPDR é uma legislação editada pela União Europeia que estabelece regras sobre como as empresas e os órgãos públicos devem lidar com os dados pessoais. Logo em seguida, foi editada a Lei nº 13.709/2018 – LGPD.

Logo após a publicação da LGPD, o Conselho Nacional de Justiça (CNJ) editou a Recomendação 73/2020, que orientou os órgãos do Poder Judiciário a adotarem medidas para a adequação dos tribunais às disposições da legislação de proteção de dados.

3. UTILIZAÇÃO DE BANCO DE DADOS ARMAZENADOS PELO SETOR PÚBLICO PARA APRIMORAR PESQUISAS SOBRE OS RESULTADOS DO RETORNO AO BEM ESTAR SOCIAL A PARTIR DA CARGA TRIBUTÁRIA BRASILEIRA

As teorias econômicas não são apenas analíticas ou descritivas, mas sobretudo propositivas (coletas de dados, observação, análise e formulação de hipóteses). Têm como pressuposto determinados paradigmas que tentam explicar e prever objetivamente o comportamento dos agentes econômicos nos respectivos mercados, suas decisões e efeitos. Mediante análise científica de tais informações, formulam propostas e soluções para os problemas e dilemas econômicos.

Apesar de ser detentor de determinados privilégios e ônus, o Estado produz fatos que influenciam ou impõem determinadas considerações específicas quanto às relações econômicas e à administração dos recursos: uma determinada legislação pode ser tomada como fator de investimento ou não (custos ambientais, *v.g.*) – da mesma forma que o comportamento dos governantes e os limites à ação administrativa do Estado (os "marcos" e "riscos" regulatórios) ou os custos da tramitação de um processo judicial.

Por isso que igualmente o Direito é visto como mais um fator econômico pelas teorias da Análise Econômica do Direito – AED (ou *law and economics*).

Em análise as definições de tributo, é possível observar as limitações do poder de tributar correlacionando com os princípios federativos de igualdade, legalidade, liberdade de iniciativa, dignidade da pessoa humana, segurança jurídica e capacidade contributiva, sendo estes os fundamentos que harmonizam o sistema jurídico.

A função social do tributo deve ser a base instigadora para redução das desigualdades sociais e não o contrário. A aplicabilidade disso configura uma via de mão dupla por se tratar de uma responsabilidade constitucional do Estado e em contrapartida uma obrigação de pagar pela sociedade.

A palavra "tributo" deriva do latim "tributum" e refere-se àquilo que, por dever, é entregue ao Estado. Sua finalidade é servir de instrumento para o atendimento às necessidades financeiras do Estado de modo que este possa realizar sua função social. Existe uma perspectiva universal de que o instrumento garantidor do desenvolvimento humano é a relação mútua entre Estado e indivíduo, portanto o homem deverá também tornar possível à promoção da dignidade humana e bem estar social.

Há estudo realizado pelo Instituto Brasileiro de Planejamento e Tributação (IBPT), intitulado "IRBES: índice de retorno ao bem-estar social", que com base em cálculo envolvendo o percentual da tributação incidente sobre o Produto Interno

Bruto (PIB) de cada uma das trinta nações com as maiores cargas tributárias no mundo, e o Índice de Desenvolvimento Humano (IDH) de cada uma delas, foi possível se chegar a um índice que representa a medida em que os benefícios oriundos das receitas tributárias recolhidas retornam aos contribuintes.

O Brasil já ocupou 30ª colocação no IRBES. Assim, o elevado aspecto quantitativo do tributo, por si só, não é o principal motivo justificador da inadimplência tributária, mas sim a proporção com que os benefícios que podem ser obtidos com o pagamento dos tributos retornam a quem os paga.

O tributo é preço social, é o custo da aquisição dos direitos fundamentais. Por isso, o retorno que os tributos trazem ao bem-estar social dos contribuintes está intimamente conectado ao contentamento destes em cumprir as suas obrigações tributárias. Eventual insatisfação pode sim ensejar a inadimplência fiscal.

É preciso reconhecer que sem a tributação sequer seria possível a fruição adequada da livre iniciativa. Além disso, é a atuação estatal, por meio das suas instituições, que permite a manutenção de um ambiente de trocas no mercado, garantido o livre exercício da atividade econômica.

No Estado Democrático de Direito, a Administração não pode se prestar a perseguir os adversários e ajudar os amigos. O Estado, que administra a moeda, cobra impostos e exerce o monopólio da violência, deve ter as suas competências minuciosamente disciplinadas com vistas à obediência das regras e princípios jurídicos. Aliás, não será demais afirmar que essa concepção envolve a própria essência do constitucionalismo: "a primeira função de uma ordem político-constitucional foi e continua sendo realizada através de um sistema de limites impostos àqueles que exercem o poder político".

O essencial é a concepção da juridicidade como requisito à ação pública. Não há incertezas quanto à constatação de que a face dinâmica do poder estatal é definida pelo Direito Administrativo. É a competência originária do Direito, única capaz de ser exercida de fato pelos agentes públicos – exercício que se dá nos exatos lindes das normas jurídicas. Definição que logicamente impõe limites normativos ao poder, transformando-o desde a sua origem num *dever*: num Estado de Direito, o poder estatal é algo que já nasce dever. O Direito institucionaliza o poder das autoridades públicas (e de quem lhe faça às vezes), estabelecendo que o único poder a ser exercido seja aquele oriundo das normas jurídicas, legitimado pela busca dos fins previstos em lei.

O Instituto Brasileiro de Planejamento e Tributação – IBPT realiza estudo com números e índices que já são peculiares à seara tributária, deixando mais evidente que à medida que são auferidos benefícios provenientes das receitas tributárias criam e influenciam uma repulsa ao dever fundamental de pagar tributos no Brasil.

Como o tributo é o custo para a implementação dos direitos sociais, ele representa, ao mesmo tempo, tanto direito fundamental quanto dever fundamental, cujos destinatários podem ser tanto os contribuintes quanto os próprios entes fiscais.

Tendo em vista que a tributação possui como finalidade o financiamento do Estado e que cabe a este prover a sociedade com bens públicos, tais como saúde e educação, nada mais justo que haja um mínimo de correlação entre o que os contribuintes pagam a título de tributos e a qualidade dos bens públicos ofertados.

Vale ressaltar, que o ordenamento jurídico brasileiro não criou uma regra objetiva que permita aferir quando os tributos passam a ter efeito confiscatório. Desse modo, normalmente o exagero fiscal é discutido somente nos casos concretos, quando os contribuintes levam ao Poder Judiciário ou aos tribunais administrativos fiscais sua insatisfação relativamente ao nível da carga tributária exigido pela receita fazendária.

Sob a perspectiva das características do sistema tributário "ideal", a eficiência econômica prescreve que os tributos não devem causar distorções no sistema econômico, ou devem causar o mínimo de distorções possível. A simplicidade determina que a compreensão e gestão do sistema tributário devem ser simples e ter baixo custo, tanto para o Fisco quanto para os contribuintes.

Os custos da arrecadação não podem se sobrepor ao próprio valor arrecadado, e os custos para pagar tributos não podem ser elevados ao ponto de inibir o exercício da atividade econômica, por exemplo.

Com o intuito de potencializar o estudo sobre o IRBES (Índice de Retorno ao Bem Estar da Sociedade) como parâmetro de análise das desigualdades sociais frente a alocação da carga tributária no Brasil, contrapondo os objetivos da dignidade da pessoa humana, mínimo existencial e função social do tributo, os quais se configuram como uma materialização dos direitos fundamentais, além de verificar a eficácia de uma possível reforma tributária como mecanismos para dirimir as injustiças regionais e sociais, ainda mais visíveis no contexto da pandemia do COVID-19[300].

Através do estudo do IRBES é possível obter o controle e a transparência relativas às arrecadações e investimentos tributários no Brasil e no mundo, visto que é a resultante do cruzamento de dados sobre o Índice de Desenvolvimento Humano e a Carga Tributária sobre o Produto Interno Bruto.

Levando em consideração estudo recente sobre os relatórios de desenvolvimento humano, para se comprovar que os recursos não estão sendo alocados de forma eficaz a garantir a concretização de direitos fundamentais previstos na Constituição da República.

Deste modo, considerando também os impactos atuais e futuros ocasionados pela pandemia, a estudo do IRBES servirá como uma materialização da estruturação da ordem econômica, reiterando a função social do tributo, na aplicação e percepção do retorno a sociedade, de modo a identificar e evitar as incoerências sistêmicas da tributação nacional para que não haja favorecimentos de concentração de renda, mas sim a promoção da justiça fiscal, além de analisar as propostas de reforma tributária, prezando pelos princípios da capacidade contributiva e fiscalizaçao dos recursos quanto a aplicações em serviços essenciais de acesso universal.

Essa constante visão longínqua impede a compreensão do presente e o desenvolvimento de um novo futuro – correndo o risco de fixar o paradoxo de um "futuro velho". A utilização de banco de dados armazenados pelo setor público deve respeitar a LGPD. Mesmo porque, tal como desenvolvido, o que se exige é que a visão contemporânea do Direito Administrativo produza decisões

[300] Em 11 de março de 2020, a COVID-19 foi caracterizada pela Organização Mundial de Saúde como uma pandemia.

motivadas não apenas com dados do passado, "mas que sejam considerados também elementos justificativos voltados para o futuro, através de um exercício *prospectivo*". A eficiência e a justeza das decisões administrativas (e mesmo da concepção do Direito Administrativo da Economia) devem necessariamente passar por tal olhar voltado para o futuro.

4. IMPLEMENTAÇÃO DE PROGRAMAS DE COMPLIANCE NA ÁREA DE "LGPD".

Antes da vigência da LGPD, o Código Tributário já vedava a divulgação, por parte da Fazenda Pública ou de seus servidores, de informação obtida em razão do ofício sobre a situação econômica ou financeira do sujeito passivo ou de terceiros e sobre a natureza e o estado de seus negócios ou atividades. Dessa forma, a LGPD implica em mecanismo anticorrupção que colabora com o bem estar social e ordem econômica de modo geral.

No Brasil, a LGPD foi promulgada no dia 14 de agosto de 2018, por meio da Lei n. 13.709, tendo entrado plenamente em vigor apenas no dia 1º de agosto de 2021.

A partir de então, a LGPD inaugurou uma nova cultura de privacidade e proteção de dados no país, o que demanda a conscientização de toda a sociedade acerca da importância dos dados pessoais e os seus reflexos em direitos fundamentais como a liberdade, a privacidade e o livre desenvolvimento da personalidade da pessoa natural.

A expressão *compliance*, que é originada do verbo em inglês "to comply", significa agir de acordo com o que é ordenado, ou seja, obedecer a algo. Pode ser interpretada, também, como o cumprimento a todas as obrigações que uma organização, obrigatoriamente, tem que cumprir ou que, voluntariamente, escolhe cumprir. Em outras palavras, pode-se afirmar que o *compliance* é um importante mecanismo de promoção da cultura organizacional responsável por estimular a conduta ética e o compromisso com o cumprimento das leis e demais normas internas da empresa.

A lei trouxe diversos desafios para que as entidades fiquem em "conformidade". Destaca-se que um projeto de LGPD deve ser multidisciplinar, envolvendo áreas como tecnologia e segurança da informação, gerenciamento de processos, jurídico e áreas chave do negócio, que, rotineiramente, interagem com os titulares de dados.

É necessário o alinhamento das soluções esperadas pela implementação da LGPD com a Compliance da empresa, que é um conjunto de ética e disciplina empresarial e institucional que visa a conformidade, minimizando riscos e proporcionando segurança.

Para estar em "conformidade" com a LGPD, é necessário reformular procedimentos internos, identificar quais os dados pessoais tratados, com a concernente base legal que permite o tratamento de forma correta e segura, bem como elaborar políticas e procedimentos aptos a mitigar os riscos do tratamento de dados, com observância das particularidades do negócio.

Conforme já mencionado, a conformidade apresenta o desafio relacionado à mudança de cultura dos profissionais que realizam o tratamento de dados pessoais em suas rotinas diárias. A nova estrutura de governança digital das empresas deve prever a atualização de documentos como contratos, revisão de políticas internas de privacidade e segurança da informação, bem como um mapeamento do processo de obtenção e armazenamento de dados. Além disso, deve efetuar treinamentos com pessoal técnico sobre como se proteger de invasões ou tentativas de roubos de dados, bem como estimular a utilização do canal de denúncias para reportar suspeitas de atitudes ilícitas. Os riscos da carência de proteção de dados pessoais podem ser financeiros e reputacionais.

É necessário a colaboração de vários setores para identificar os dados tratados, mudar processos internos e conscientizar os funcionários sobre a necessidade de tratar dados por meios seguros, com procedimentos previamente definidos e que cumpram o disposto na lei. Esse é um dos caminhos a serem perseguidos para alcançar o alinhamento entre o LGPD e o Compliance.

Nos programas de compliance existe a figura do DPO (Data Protection Officer), também conhecido como Encarregado de Dados Pessoais, principal responsável por manter a conformidade das organizações com a LGPD, sendo considerado o verdadeiro guardião do Programa de Governança em Privacidade. É preciso, portanto, colocar essa relação em prática, como, por exemplo, por meio do comprometimento da Alta Direção, capacitação e treinamento dos colaboradores, bem como pela utilização de indicadores-chave sobre os temas, tendo em vista o contínuo aperfeiçoamento das ferramentas utilizadas, a exemplo da inteligência artificial, em crescimento exponencial em diversas áreas de produtos e serviços.

LGPD inaugurou uma nova cultura de privacidade que já vinha sendo trabalhada nos programas de compliance.

Frisa-se que, é de bom alvitre que o mesmo profissional, advogado e *Compliance Officer*, não acumule as duas funções dentro da organização. Isso pode gerar um possível conflito de interesses. O *Compliance Officer*, ainda que oriundo do ramo jurídico, na condição de responsável pelo programa, deve reportar-se exclusivamente à alta administração. Uma coisa é a facilidade que ambos gozam para interpretar as leis. Outra é a segregação de funções, mesmo porque o departamento jurídico também será alvo do programa de *compliance*.

De igual magnitude, é essencial dentro da estrutura organizacional da empresa o entrosamento do *compliance* com os seguintes setores: controles internos, auditoria, jurídico, recursos humanos, departamento pessoal, financeiro, contabilidade, departamento de compras e vendas, *marketing*, comercial e tecnologia da informação.

Há relevância na priorização da precaução com o armazenamento dos diversos dados nas organizações públicas e privadas, os quais podem servir de alicerce ao combate de causas da pobreza e aos estudos de previsibilidade de casos de marginalização, promovendo a integração social dos setores desfavorecidos por meio da União, Estados, Distrito Federal e Municípios, conforme preceitua o artigo 23, inciso X[301], da Constituição da República, por ser responsabilidade mútua e solidária entre os entes federados.

Em face disso, torna-se mister fomentar a pesquisa, tendo em vista que seja a nível estadual ou federal, os cidadãos têm se voltado cada vez mais para a análise da arrecadação pecuniária e sua ligação direta com os direitos fundamentais.

---

[301] Art. 23, X, CF; combater as causas da pobreza e os fatores de marginalização, promovendo a integração social dos setores desfavorecidos.

Vale ressaltar, que mesmo antes da vigência da LGPD, o Código Tributário Nacional (Lei nº 5.172/1966)[302], com as alterações legislativas trazidas pela LC nº 104/2001, já vedava a divulgação, por parte da Fazenda Pública ou de seus servidores, de informação obtida em razão do ofício sobre a situação econômica ou financeira do sujeito passivo ou de terceiros e sobre a natureza e o estado de seus negócios ou atividades.

Para implementar um programa de Compliance em proteção de dados, o primeiro passo a ser dado é a realização de uma matriz de impacto de riscos. Este processo irá mapear a finalidade de uso/utilização dos dados pessoais ou dados sensíveis por determinado departamento ou departamentos; quais os controles existentes ou não existentes em todas as áreas internas das empresas que lidam com dados pessoais e/ou dados sensíveis; a existência ou não de riscos; categoria de risco (em conformidade com a legislação); probabilidade x impacto de o risco vir a existir de fato; definição do nível de criticidade; bases legais a serem aplicadas para cada processo interno; e estabelecer recomendações práticas que devem ser implementadas pelas áreas avaliadas, por meio de planos de ações específicos, contendo um ponto focal e data para finalização dos planos de ações.

Nos tempos atuais, observa-se que a pandemia acelerou o processo de utilização da internet, tanto do usuário individual quanto das organizações. Prova disso foram os inúmeros vazamentos de notícias e dados ocorridos de forma aleatória na internet, que reforçaram inúmeras fragilidades quanto à segurança de dados, inclusive quando se trata de questões relacionadas à saúde coletiva, reforçando ainda mais a necessidade de estar em conformidade com a LGPD.

Dessa forma, a LGPD se torna um pilar do compliance justamente porque o compliance é uma forma de controle e cumprimento das leis e normas que todas as empresas estão sujeitas.

No Brasil o *compliance* veio à tona a partir da Lei 12.846/2013[303], conhecida como "Lei Anticorrupção", que prevê, dentre outras

---

302 Dispõe sobre o Sistema Tributário Nacional e institui normas gerais de direito tributário aplicáveis à União, Estados e Municípios.

303 Dispõe sobre a responsabilização administrativa e civil de pessoas jurídicas pela prática de atos contra a administração pública, nacional ou estrangeira, e dá outras providências.

questões, a responsabilização das organizações pela prática de atos lesivos à administração pública.

A exigência da conformidade é uma forma de manter o mercado competitivo, ao passo que a LGPD pode ser o primeiro caminho para obter uma visão clara do negócio, assumindo o controle dos dados armazenados e gerenciados pela empresa.

Estamos diante de um cenário que atrela uma norma recente sobre a proteção de dados, que nunca foi valorizada no Brasil, a muitas pessoas consumindo cada vez mais a internet. Essa nova prática requer um esforço de todos, uma mudança de cultura reconhecendo a importância de valorizar e cuidar dos dados de uma pessoa.

A solução para essa virada de chave não virá rápido, mas é preciso começar. E um processo de *compliance* robusto, devidamente empregado na prática, que traga controle e transparência do ciclo de vida dos dados dentro de uma empresa, será capaz de transmitir mais segurança e garantir uma boa reputação para a empresa, o que, por fim, gera novas oportunidades de negócios demonstrando compromisso com a lei e a ética.

Frise-se que, no geral, não é uma obrigação legal para as organizações da sociedade civil ter um Programa de Compliance, mas pode haver alguma lei ou decreto específico em cada ente federado que exija previamente a contratualização com a Administração Pública, como é o caso do Distrito Federal. Porém, como as penalizações da Lei Anticorrupções são severas, que vão desde multas a perda de bens, suspensão ou interdição das atividades e até mesmo a dissolução compulsória da pessoa jurídica, após um devido processo legal, tem se tornado cada vez mais comum, como prática preventiva, a adoção de Programas de Compliance aderentes à realidade de cada organização.

Da mesma forma, a LGPD não prevê a necessidade expressa da criação de Políticas de Privacidade ou de realização de um mapeamento de dados, mas a criação de uma estrutura de governança de dados é apontada como um dos parâmetros para a aplicação de sanções mais brandas em caso de violação à lei.

A formalização de boas práticas de transparência, ética e integridade também têm sido cada vez mais exigida por financiadores privados como forma de mitigação de riscos decorrentes das relações jurídicas, principalmente riscos reputacionais, o que torna a sua presença também um diferencial no processo de mobilização de recursos.

Com um Compliance bem implementado, a empresa demandará a mesma cultura de sua cadeia de fornecedores, provocando assim um verdadeiro "efeito dominó", quer dizer, fortalecerá a cultura de se fazer o certo no seu segmento. Nesse exemplo, com funcionários e com a cadeia de fornecedores, o Compliance contribui para a propagação de princípios e valores éticos que, por sua vez, colaboram com a formação de um país melhor e a construção de uma sociedade mais justa.

Na LGPD, existem dois tipos de punições financeiras: multa simples de até 2% do faturamento da empresa, limitada ao teto de R$50 milhões por infração; ou multa diária, também limitada ao teto de R$ 50 milhões. Em verdade, quando se fala em penalidade, não é somente uma questão financeira.

Não são todas as infrações relacionadas à quebra do sigilo de dados pessoais previstas pela LGPD levam a multas. A Autoridade Nacional de Proteção de Dados (ANPD), órgão federal regulador e fiscalizador da lei, tem a liberdade de aplicar uma série de outras ações. Entre elas: Advertência, com indicação de prazo para adoção de medidas corretivas; Comunicação pública da infração após devidamente apurada e confirmada a sua ocorrência; Bloqueio dos dados pessoais a que se refere a infração até a sua regularização; Proibição parcial ou total do exercício de atividades relacionadas a tratamento de dados; entre outras consequências.

Compete exclusivamente à ANPD a aplicação das sanções previstas na Lei nº 13.709/2018, cujas demais competências prevalecerão, no que se refere à proteção de dados pessoais, sobre as competências correlatas de outras entidades ou órgãos da administração pública.

Assim como em qualquer outra legislação, as penalidades para quem não cumprir a LGPD somente serão aplicadas após procedimento administrativo que possibilite a ampla defesa do acusado, de acordo com as especificidades de cada caso.

Como o objetivo principal da lei é impedir o uso indiscriminado dos dados, é possível que casos de descuidos, em que realmente não houve a intenção de deixar um dado vazar, sejam corrigidos por meio de advertências e orientações. Já aqueles em que está clara a má-fé, como a venda de cadastros de e-mail e telefones para telemarketings, por exemplo, devem ser punidos com multas.

Empresas contratantes cometem equívoco comum, ao ignorarem a importância do cuidado no tratamento de dados pessoais de candidatos nas fases pré-contratual, e de empregados, na pós-contratual, ou seja, no momento da seleção, quanto aos dados pessoais de candidatos não escolhidos para as vagas disponíveis; após a extinção do contrato de trabalho, no que se refere à retenção, transferência e eliminação desses dados, já que, segundo a legislação, alguns dados deverão ser mantidos em poder do empregador para fins de prova, de acordo com a legislação trabalhista e previdenciária[304].

Deve-se ressaltar, todavia, como bem pontuado por Cleverson Moreira Lino, quanto aos dados e informações pessoais detidos pela empresa em decorrência de processos seletivos, que ressalvado o justificável argumento quanto ao interesse da empresa, só é possível manter nos seus arquivos as informações dos currículos e dos atos pré-contratuais referentes aos seus candidatos ou empregados contratados se houver a permissão dos indivíduos aos quais pertencem os respectivos dados sensíveis (LINO, 2021, p. 61).

Apesar da área de Compliance ser a grande responsável pela conformidade com a LGPD, a proteção dos dados é uma obrigação de todas as áreas da empresa. É importante que periodicamente seja avaliado de diversos pontos de vista dentro da empresa quais medidas devem ser tomadas para que a conformidade com a lei esteja em dia. A proteção de dados deve ser mais que um compromisso, mas sim um valor dentro das empresas.

Faz-se necessário o contínuo treinamento e aperfeiçoamento do pessoal responsável pelos recursos humanos para o adequado tratamento desses dados, exigindo minuciosos inventários dos

---

[304] Marcolino e Silveira (2020).

empregadores quanto aos dados pessoais de seus empregados, com o fim de evitar a expressiva lesividade de tratamentos inadequados. (GRECO, 2020).

A LGPD veio para cooperar com a evolução da sociedade em matéria de privacidade e proteção de dados, não devendo de forma alguma ser um impeditivo para o desenvolvimento de uma instituição. Ao contrário, ao utilizar-se de muitas das ações de conformidade expostas pela lei como criação de normativos e treinamentos, as instituições podem ter seus controles internos elevados e contribuir para a sociedade, por meio dos seus agentes colaboradores, por um uso mais seguro e correto do ambiente online.

5. CONCLUSÃO

A Lei Geral de Proteção de Dados (13.709/2018) tem como principal objetivo proteger os direitos fundamentais de liberdade e de privacidade e o livre desenvolvimento da personalidade da pessoa natural. Também tem como foco a criação de um cenário de segurança jurídica, com a padronização de regulamentos e práticas para promover a proteção aos dados pessoais de todo cidadão que esteja no Brasil, de acordo com os parâmetros internacionais existentes.

Para fiscalizar e aplicar penalidades pelos descumprimentos da LGPD, o Brasil conta com a Autoridade Nacional de Proteção de Dados Pessoais, a ANPD. A instituição terá as tarefas de regular e de orientar, preventivamente, sobre como aplicar a lei. No entanto, não basta a ANPD (Lei nº 13.853/2019) e é por isso que a Lei Geral de Proteção de Dados Pessoais também prevê a existência dos agentes de tratamento de dados e estipula suas funções, nas organizações.

Por meio da implementação da cultura de compliance, há vantagens em harmonia ao que ilustra a redução ou eliminação de custos decorrentes de danos ocasionados pela falta de precaução e em razão da inobservância dos ditames legais, ou seja, da Lei Geral de Proteção de Dados, considerando as sanções a que estão sujeitos os agentes de tratamento de dados pessoais de terceiros.

Um novo comportamento nasce na era digital, e novos conflitos também, e aos poucos a sociedade como um todo vai ditando novas regras, entendimentos e limites aceitáveis nesse novo contexto de proteção de dados e privacidades, onde a ausência de acesso às informações e direitos dos titulares ainda não é acessível para todos, mesmo com tantas pessoas fazendo uso de smartphones, mídias sociais e internet.

A solução significativa para todos se adequarem a LGPD não virá rápido, mas é preciso começar. E um processo de *compliance* robusto, devidamente empregado na prática, que traga controle e transparência do ciclo de vida dos dados dentro de uma empresa, será capaz de transmitir mais segurança e garantir uma boa reputação para a empresa, o que, por fim, gera novas oportunidades de negócios demonstrando compromisso com a lei e a ética.

Por meio da utilização de banco de dados armazenados pelo setor público foi possível aprimorar pesquisas sobre os resultados do retorno ao bem estar social a partir da carga tributária brasileira. O IRBES (Índice de Retorno de Bem Estar à Sociedade) obtem o controle e a transparência relativas as arrecadações e investimentos tributários no Brasil e no mundo, visto que é a resultante do cruzamento de dados sobre o Índice de Desenvolvimento Humano (IDH) e a Carga Tributária sobre o Produto Interno Bruto (PIB).

Desta feita, para garantir a dignidade da pessoa humana, a LGPD e Compliance são ferramentas importantes para subsidiar a precaução de danos ou abusos no tratamento de dados de terceiros.

REFERÊNCIAS

ALVES, Henrique Napoleão. *Tributação e Injustiça social no Brasil.* Revista Espaço Acadêmico, n. 133, jun. 2012, Ano XII. ISSN: 1519-6186.

BRASIL. *Constituição da República Federativa do Brasil*, 1988. Brasília: Senado Federal, Subsecretaria de Edições Técnicas, 2020.

BRASIL. Presidência da República. Secretaria Geral. Subchefia para Assuntos Jurídicos. *Lei Geral de Proteção de Dados Pessoais (LGPD).* Lei nº 13.709, de 14 de agosto de 2018. Disponível em: http://www.planalto.gov.br/ccivil_03/_ato2015-2018/2018/lei/l13709.htm. Acesso em: 07 nov. 2021.

BRASIL. Presidência da República. *Estabelece princípios, garantias, direitos e deveres para o uso da Internet no Brasil (Marco Civil).* Lei nº 12.965, de 23 de abril de 2014. Disponível em: http://www.planalto.gov.br/ccivil_03/_ato2011- 2014/2014/lei/l12965.htm. Acesso em: 07 nov. 2021.

DECLARAÇÃO dos Direitos do Homem e do Cidadão. Disponível em: http://www.onu-rasil.org.br/documentos_direitoshumanos.php,. Acesso em: 22 de jan. de 2021.

DOMINGOS, Salete de Oliveira. *A Função Social do Tributo sob o enfoque do princípio da Dignidade Humana.* 2013. 174 f. Dissertação (Mestrado em Direito) – Pontifícia Universidade Católica de São Paulo, São Paulo, 2013.

ELALI, André de Souza Dantas. *Tributação e Desenvolvimento Econômico Regional.* Um exame da tributação como instrumento de regulação econômica na busca da redução das desigualdades socias. São Paulo: Universidade Presbiteriana Mackenzie, Dissertação de Mestrado, 2006.

GRAU, Eros Roberto. *A ordem econômica na Constituição de 1988: interpretação e crítica.* São Paulo: Malheiros.

GRECO, Elizabeth. *O Impacto da LGPD nas Relações de Trabalho.* Disponível em: https://lopescastelo.adv.br/impactos-da-lgpd-nas-relacoes-de-trabalho/Acesso em:23nov.2021.

IBPT. *Estudo sobre a carga tributária/PIB X IDH.* Disponível em: http://www.ibpt.com.br/img/uploads/novelty/estudo/787/ESTUDOFINALSOBRECARGATRIBUTARIAPIBXIDHIRBESMARCO2013.pdf. Acesso em: 22 de jan. de 2021.

IBGE. *Indicadores do Índice de Retorno ao Bem Estar Social do Brasil.* Disponível em: http://www.ibge.gov.br/home/default.php. Acesso em: 22 de jan. de 2021.

POCHMANN, Márcio. Desigualdade e Justiça tributária. Instituto de Pesquisas Econômicas Aplicadas. Brasília, 2008.

LAKATOS, Eva Maria. *Fundamentos de metodologia científica* / Mariana de Andrade Marconi, Eva Maria Lakatos. – 5 ed. – São Paulo: Atlas 2003.

LINO, Cleverson Moreira. *O compliance como meio de preservação dos direitos constitucionais trabalhistas no estado democrático.* 2021. 89 f. Dissertação (Mestrado em Direito Constitucional) Instituto Brasileiro de Ensino, Desenvolvimento e Pesquisa, Brasília, 2021. Disponível em https://repositorio.idp.edu.br/handle/123456789/3341. Acesso em: 26 nov. 2021.

MARCOLINO. Beatriz Aparecida; Silveira, Daniel Barile da. *A Lei Geral de Proteção de Dados e as relações de trabalho: a compliance como alternativa.* In: Revista Juris

UniToledo, Araçatuba, SP, v. 05, n. 04, p. 206-224, out./dez., 2020. Disponível em: http://ojs.toledo.br/index.php/direito/article/view/3725/654.Acesso em: 25 nov.2021.

ROSSETTI, José. P.; ANDRADE, Adriana. *Governança Corporativa: Fundamentos, Desenvolvimento e Tendências*, 7ª edição. Grupo GEN, 2014. 9788522493067. Disponível em: https://integrada.minhabiblioteca.com.br/#/books/9788522493067/. Acesso em: 26 nov. 2021.

PROTEÇÃO DE DADOS PESSOAIS NAS RELAÇÕES LABORAIS

IVANA MIRANDA MONTEIRO[305]
BENTO HERCULANO DUARTE NETO[306]
VITÓRIA NATHALIA DOS SANTOS[307]
OTACÍLIO DOS SANTOS SILVEIRA NETO[308]

1. INTRODUÇÃO

A tecnologia vem evoluindo de maneira tão intensa que vem alterando significativamente o comportamento interpessoal, bem como os próprios modelos de negócios e o desenvolvimento das relações sociais. Comunicações e conexões tradicionalmente feitas de forma presencial vêm se tornando cada vez mais escassas, tanto no campo pessoal quanto profissional, na medida em que reuniões, trabalhos e relacionamentos vêm ganhando considerável espaço no meio digital.

Na verdade, desde a chamada quarta Revolução Industrial, as relações sociais vêm sendo conduzidas pela implementação de novas tecnologias que afetam primordialmente os dados pessoais,

---

[305] Advogada. Mestranda em Direito pela Universidade Federal do Rio Grande do Norte (UFRN); Pós-graduada em Direito Processual Civil pela UNIESP/PB - Centro Universitário de Educação Superior da Paraíba; Pós- graduada em Direito Tributário pela Universidade Anhanguera/SP - UNIDERP; Pós-graduanda em Gestão Empresarial pela Fundação Getúlio Vargas (FGV/Mrh); Secretária Geral da Comissão de Direito Bancário da Ordem dos Advogados da Paraíba (OAB/PB); E-mail: ivanamiranda.adv@hotmail.com.

[306] Desembargador do Tribunal Regional do Trabalho da 21a Região; Professor Titular do Curso de Direito da Universidade Federal do Rio Grande do Norte; Professor de pós-graduação, com atuação, dentre outras, na PUC-RS, PUC-SP, UFPR, UFPE, UFMS, UFPB, UFBA, IDP, UDF, UNISINOS, Damásio, FAAP, UNICEUMA, UniNiltonLins-AM, UNAMA-PA, UNIPÊ-PB, Universidade Católica de Pernambuco, FBV, Mackenzie, CERS e LFG; Ex-Presidente do CONEMATRA - Conselho Nacional de Escolas da Magistratura do Trabalho; Membro do Instituto Brasileiro de Direito Processual - IBDP e Titular da Cadeira n. 13 da Academia Brasileira de Direito do Trabalho; Leciona nas cátedras de Direito do Trabalho, Direito Processual do Trabalho, Direito Processual civil e Direito Constitucional; Graduado em Direito pela Universidade Federal do Rio Grande do Norte, com mestrado e doutorado em Direito das Relações Sociais pela Pontifícia Universidade Católica de São Paulo; E-mail: bhdneto@gmail.com.

[307] Advogada. Mestranda em Direito pela Universidade Federal do Rio Grande do Norte (UFRN); E-mail: vitorianathaliadv@gmail.com.

[308] Professor Associado do Departamento de Direito Público da UFRN. Mestrado em Ciências Jurídicas pela UFPB em Direito Econômico. Doutorado em Direito Público pela Universidade de Zaragoza/Espanha (2009) com o Título de Doutor; E-mail: otaciliosneto@yahoo.com.br.

seja por meio da inteligência artificial, da robótica, conduzindo os dados a novos patamares valorativos, configurando um dos insumos mais caros da economia.

Observa-se certa conjugação do Estado e do mercado para fins de planejamento e investimento em diversos setores, mas o capitalismo industrial pode ter chegado no limite da geração de valor à sociedade, cedendo espaço às questões imateriais[309], onde os dados pessoais estão inteiramente relacionados, auferindo dimensão patrimonial. Nesta importância, em que os dados pessoais ou sensíveis são tratados como direitos da personalidade, é possível mensurar a assimetria que existe entre os indivíduos e as empresas, onde essas são as maiores beneficiadas financeiramente com o tratamento de dados.

Nesse contexto de digitalização de serviços, a burocracia tradicional também perde espaço, visto ser a captura de dados que alimenta as novas estruturas de geração de valor no capitalismo atual. Contudo, é importante ter cautela: as pessoas estão conectadas ao mundo tecnológico a todo o tempo, onde tudo é vendido apenas considerando os aspectos positivos[310], deixando sempre em segundo plano informações relevantes quanto a violações de direitos dos titulares dos dados, assim como, menosprezando consequências físicas e até mesmo psicológicas desse novo comportamento social.

Na verdade, o capitalismo exclusivamente imaterial pode alcançar um certo limite que requeira reflexão da sociedade que almejamos. Assim, no presente trabalho iremos analisar o primeiro ponto acima considerado, que merece uma atenção especial, referente ao tratamento dos dados pessoais envoltos em operações

---

[309] No tocante ao capitalismo imaterial, interessante o contraponto à visão trazida pelo autor André Gorz, no sentido de que "(...) *os independentes estão, na realidade, sob a dependência de um único grande grupo, ou de um pequeníssimo número de grandes grupos que os submetem à alternância de períodos de hiperatividade e desemprego*", compreendendo ponto de interconexão com o presente trabalho, ainda que, para o referido autor, a questão social não seja efetivamente uma preocupação inserida no novo modelo de capitalismo emergente. In: GORZ, André. *O imaterial: conhecimento, valor e capital*. Tradução de Celso Azzan Júnior. São Paulo: Annablume, p. 15, 2005;

[310] Nesse contexto, importa salientar as palavras de Dowbor, no sentido de que "(...) *estamos desenvolvendo práticas inovadoras em espaços já ocupados por gigantes econômicos, enfrentando um vazio jurídico que gera temores e tensões naturais de transição ou de convívio.*" In: DOWBOR, Ladislau. *O capitalismo se desloca: novas arquiteturas sociais*. São Paulo: Edições Sesc São Paulo, p. 116, 2020;

conceitualmente assimétricas de poder, inseridas nas relações sociais laborais, bem como as peculiaridades da proteção de dados especificamente voltados à seara trabalhista.

Nesse panorama, o marco mais recente a ser considerado é justamente o surgimento da Lei Geral de Proteção de Dados (Lei n° 13.709/2018)[311]. A LGPD, como é mais conhecida, compreende a lei de proteção de dados, de caráter técnico e geral, e que foi bastante influenciada pela GDPR (*General Data Protection Regulation*), no âmbito da União Europeia.

Primeiramente, importa mencionar que o motivo da criação da Lei Geral de Proteção de Dados (LGPD) não se pauta propriamente na preocupação com a privacidade dos titulares dos dados pessoais. Na verdade, a lei teve motivos econômicos para sua criação: para que o país não ficasse excluído das transações comerciais internacionais que exigem, cada vez mais, proteção legislativa interna específica.

Todavia, a LGPD surgiu para equilibrar a relação que envolve circulação de dados, entre o detentor dos dados e o titular, mediante mecanismos legais de proteção, mas não deixou claro qual o prisma que ela adota. Ou seja, não trouxe qualquer distinção ou restrição expressa quanto ao tipo de relação em que se daria o tratamento de dados pessoais ali previstos.

Neste contexto, iremos tratar da proteção e tratamento dos dados pessoais voltados às relações laborais, tendo em vista ser o Direito do Trabalho, um ramo do direito regido por princípios específicos a acobertar relações desiguais de poder, onde estão presentes a característica da subordinação, da hierarquia de uma parte sobre a outra, característica comum nas relações de emprego.

Assim, iremos analisar os mecanismos pelos quais podemos equalizar as relações de trabalho face às regulamentações trazidas com a Lei Geral de Proteção de Dados, e também construir caminhos possíveis com auxílio da doutrina aplicável, que será acompanhada pela jurisprudência a ser desenhada futuramente, para melhor resolução dos problemas mais emergentes na conciliação entre a proteção de dados e as relações trabalhistas.

[311] A Lei n° 13.709/2018 já recebeu alteração através da Lei n° 13.856/2019;

2. REGULAMENTAÇÃO FACE À PROTEÇÃO DE DADOS

Recentemente, a Emenda Constitucional nº 115, promulgada em 10 de fevereiro de 2022, adicionou dispositivo na Constituição Federal compreendendo o Direito Fundamental à proteção dos dados pessoais, trazendo assim um novo espectro de proteção garantista aos titulares dos dados pessoais ou sensíveis.

Quando se modifica dispositivo no texto constitucional, diversas alterações são notadas no sistema jurídico, seja de forma implícita ou explícita, dada a interpretação unitária do ordenamento.[312]

No Brasil, podemos dizer que já havia, de certa forma, espectro de proteção quanto aos princípios da privacidade e da intimidade, como um direito fundamental implícito na Constituição Federal, por meio dos incisos X e XII, do mesmo artigo[313], mediante expressa previsão geral quanto ao princípio da privacidade.

Sendo assim, já havia na legislação determinada proteção quanto ao sigilo dos dados e da correspondência, por exemplo. Contudo, a constatação expressa no rol de direitos e garantias individuais confere à proteção de dados pessoais o *status* de cláusula pétrea, conforme artigo 60, §4, inciso IV, CF[314]ampliando o aspecto de proteção e garantia aos titulares dos dados.

No que tange a regulação infraconstitucional, tínhamos desde 2014 o Marco Civil da Internet, que corresponde à Lei 12.965/2014, fortalecendo os preceitos da Lei Geral de Proteção de Dados[315].

---

[312] Nesse contexto importante observar a nova redação que o artigo 5°, inciso LXXIX, CF passa a dispor: "Art. 5º Todos são iguais perante a lei, sem distinção de qualquer natureza, garantindo-se aos brasileiros e aos estrangeiros residentes no País a inviolabilidade do direito à vida, à liberdade, à igualdade, à segurança e à propriedade, nos termos seguintes: (...) LXXIX – é assegurado, nos termos da lei, o direito à proteção dos dados pessoais, inclusive nos meios digitais".

[313] Art.5º (...) X – são invioláveis a intimidade, a vida privada, a honra e a imagem das pessoas, assegurado o direito a indenização pelo dano material ou moral decorrente de sua violação; (...) XII – é inviolável o sigilo da correspondência e das comunicações telegráficas, de dados e das comunicações telefônicas, salvo, no último caso, por ordem judicial, nas hipóteses e na forma que a lei estabelecer para fins de investigação criminal ou instrução processual penal.

[314] Art. 60, CF: "A Constituição poderá ser emendada mediante proposta: § 4º Não será objeto de deliberação a proposta de emenda tendente a abolir: IV - os direitos e garantias individuais".

[315] DOUEK, Daniel; PASTORE, Ricardo; RENZETTI, Bruno. *Proteção de Dados e Direito da Concorrência: A privacidade como Diferencial Competitivo.* In: BRANCHER, Paulo Marcos Rodrigues; BEPPU, Ana Claudia. *Proteção de Dados Pessoais no Brasil. Uma Nova visão a partir da Lei n° 13.709/2018.* Belo Horizonte: Fórum, 2019, pág. 128-129;

Além disso, já existiam outras regulamentações legislativas infraconstitucionais como é o caso do Código de Defesa do Consumidor (Lei 8.078/1991, mais especificamente nos artigos 43 a 45); Lei do *Habeas Data* (Lei n° 9.507/1997); Lei do Cadastro Positivo (Lei 12.414/2011); e a Lei do Acesso à Informação (Lei 12.527/2011), entre outros.

Outrossim, diante da pressão externa da comunidade internacional, guiados por motivação econômica, foi publicada a Lei Geral de Proteção de Dados, em 15 de Agosto de 2018[316], com vias a contribuir para a permanência do Brasil nas relações comerciais internacionais, garantindo ao Estado a proteção legislativa interna quanto a proteção de dados.

Além dessa questão, o Brasil está se candidatando a entrar na OCDE (Organização para a Cooperação e Desenvolvimento Econômico)[317], por isso a LGPD juntamente com a modernização do governo digital direciona grandes mudanças tanto na administração pública, e serviços públicos, quanto na seara privada. A ideia de fornecer serviços em geral por plataformas e desenvolver estruturas empresariais para realização de negócios está em pauta prioritária.

Em busca de conseguir tais resultados, a LGPD traz em seu artigo 6° um arcabouço principiológico aplicável para as atividades de tratamento de dados pessoais, como: finalidade, adequação, necessidade, livre acesso, qualidade de dados, transparência, segurança, prevenção, não discriminação e responsabilização e prestação de contas. Observa-se o caráter eminentemente técnico da lei em evidência ao tratar das relações em geral.

[316] A Lei n. 13.709, de 14 de agosto de 2018, aprovada em 2018, entraria em vigor a partir de 14 de agosto de 2020. Contudo, em razão de pedido de adiamento, sua vigência foi postergada para 18 de setembro do mesmo ano. Ainda, apenas em 2021, após 1 (um) ano de vigência da lei as sanções entraram em vigor, o que torna notável que a lei ainda vem sendo incorporada ao cenário brasileiro. In: Disponível em: <https://www.stj.jus.br/sites/portalp/Leis-e-normas/lei-geral-de-protecao-de-dados-pessoais- lgpd.>. Acesso em: 29 dez. 2022.

[317] Neste sentido, e conforme consta da exposição de motivos da MP que se converteu na LGPD, temos previsão do fundador e professor da Data Privacy Brasil, apontando que "(...) *deveria haver simetria no tratamento entre agentes públicos e privados, pois cidadãos não tem escolha sobre entregar seus dados para o Estado. Constatou que a OCDE determina a observância nesses casos e que sua falta pode prejudicar a inserção do Brasil no mercado internacional de dados pessoais*". *In*: Congresso Nacional. Parecer (CN) n° 1, de 2019. Da Comissão Mista da Medida Provisória n° 869/2018, que altera a lei n° 13.709/2018. Disponível em: <https://legis.senado.leg.br/sdleg-getter/documento?dm=7948833&ts=1559326387063&disposition=inline>. Acesso em 28 dez. 2022;

Neste sentido, percebemos que todo o alicerce principiológico e normativo trazido com a Lei Geral de Proteção de Dados pode se adequar claramente às relações de trabalho, em que pese não haver menção alguma quanto à essa possibilidade na referida legislação infraconstitucional brasileira. Assim, diversos autores como Vólia Bomfim, Iuri Pinheiro, tratam do tema também defendendo que a incidência da legislação é irrefutável, pois o desenvolvimento da relação de trabalho é realizada mediante tratamento dos dados pessoais dos empregados, clientes, ou eventualmente, dos candidatos a empregos. [318]

2.1. LGPD NAS RELAÇÕES LABORAIS

Como visto, a Lei Geral de Proteção de Dados não foi criada pensando nas relações de trabalho. Contudo, as relações sociais envolvem notadamente veiculação de dados pessoais, nos mais diversos ramos do direito, inclusive no Direito do trabalho. É justamente no Direito do Trabalho que diversas questões multidisciplinares envolvendo dados são abrangidas, por compreender tanto as pessoas contratadas ao trabalho em si, quanto às medidas de *compliance* empresariais, bem como os próprios clientes, que refletem toda a sociedade.

Outrossim, não podemos desconsiderar que estamos inseridos num contexto de transformação digital e, em consequência, de transformação comportamental das pessoas. Todas essas mudanças tecnológicas contribuem sobremaneira para fortalecer ainda mais a união entre o Direito do Trabalho e a proteção de dados pessoais trazidas com a LGPD. Outrossim, os trabalhadores se envolvem e cedem mais dados do que qualquer consumidor. Seja na entrada ou na saída da própria empresa que trata dos dados destes consumidores, seja administrando dados necessários para o exercício da sua própria função dentro da empresa. [319]

---

[318] PINHEIRO, Iuri; BOMFIM, Vólia. *A Lei Geral de Proteção de Dados e seus Impactos nas Relações de Trabalho.* Disponível em: <http://trabalhoemdebate.com.br/artigo/detalhe/a-lei-geral-de-protecao-de-dado s-e-seus-impactos-nas-relacoes-de-trabalho>. Acesso em 13 Dez. 2022;

[319] PINHEIRO, Iuri; BOMFIM, Vólia. *A Lei Geral de Proteção de Dados e seus Impactos nas Relações de Trabalho.* Disponível em: <http://trabalhoemdebate.com.br/artigo/detalhe/a-lei-geral-de-protecao-de-dado s-e-seus-impactos-nas-relacoes-de-trabalho>. Acesso em 13 Dez. 2022;

Todavia, a LGPD não trouxe em seus dispositivos nenhuma referência de aplicação da legislação ao âmbito das relações laborais, ainda que esse ponto tenha sido tratado amplamente pela GDPR, documento normativo europeu, que serviu amplamente de fonte de inspiração para o modelo brasileiro de proteção de dados.

Em verdade, a Lei brasileira n° 13.709/2018 retratou em sessão específica sobre o tratamento de dados de crianças e adolescentes (artigo 14), bem como traz a própria defesa do consumidor como um de seus fundamentos (artigo 2, inciso VI), remetendo à sua aplicação também nas relações consumeristas.

No mais, temos apenas a previsão constante do artigo 5°, II, que indica a filiação a sindicato como um tipo de dado sensível[320]. Nesse sentido, consideramos possível utilizar por analogia no Direito do Trabalho, as menções feitas quanto às relações consumeristas, por configurarem também relações com assimetria de poder que, da mesma forma, foram inseridas pela Lei Geral de Proteção de Dados de forma bastante vaga.

Por outro lado, na GDPR (*General Data Protection Regulation)*, temos previsão específica em seu Capítulo IX, remissão à sessão denominada "*Tratamento no Contexto Laboral*", justamente para os casos das relações trabalhistas em comento, garantindo ainda em seu artigo 88[321] que:

> 1. Os Estados-Membros podem estabelecer, no seu ordenamento jurídico ou em convenções coletivas, normas mais específicas para garantir a defesa dos direitos e liberdades no que respeita ao tratamento de dados pessoais dos trabalhadores no contexto laboral, nomeadamente para efeitos de recrutamento, execução do contrato de trabalho, incluindo o cumprimento das obrigações previstas no ordenamento jurídico ou em convenções coletivas (...).

---

[320] Art. 5º: "Para os fins desta Lei, considera-se: (...) II - dado pessoal sensível: dado pessoal sobre origem racial ou étnica, convicção religiosa, opinião política, filiação a sindicato ou a organização de caráter religioso, filosófico ou político, dado referente à saúde ou à vida sexual, dado genético ou biométrico, quando vinculado a uma pessoa natural";

[321] GDPR (*General Data Protection Regulation*). Disponível em: <https://www.privacy-regulation.eu/pt/88.htm>. Acesso em: 09 dez. 2022;

Em que pese o silêncio legislativo brasileiro, compreendemos amplamente a aplicação da Lei Geral de Proteção de Dados no direito do trabalho (LGPD), sendo inclusive um dos ramos mais afetados pela quantidade de dados envolvidos nas operações.

Imagina-se que após a contratação de um empregado, é necessário à coleta de dados e informações do novo empregado, tais como: dados biométricos, jornada de trabalho, doenças, situações conjugais e familiares que podem ter reflexos em providências a serem adotadas pela empregadora, como o pagamento de pensão, inclusão de dependente no plano de saúde, dentre outras.

O empregado com o objetivo de firmar-se o contrato, consente os dados necessários para executar o trabalho. A legislação garante ao empregado o acesso a todos os seus dados, podendo ele requerer a qualquer momento que a empresa informe a natureza e a destinação das informações. Bem como há a possibilidade de solicitar que a empregadora efetue o descarte deles quando da rescisão contratual, à exceção daqueles necessários para cumprimento de obrigações legais ou regulatórias por parte dos empregadores.

A LGPD tem por objetivo esclarecer quais as possibilidades e limites das atividades empresariais no tratamento de dados de forma lícita. Diante deste cenário, a legislação previu que a regulação em matéria de tratamento de dados não seria exclusivamente estatal, permitindo a regulação por parte dos agentes de tratamentos de dados, por si ou por meio de associações constituídas para esse fim, configurando a chamada autorregulação[322](artigo 50, da LGPD).[323]

Na prática, isso significa a possibilidade de multas pela administração pública e ações de indenização por parte das empresas.

---

[322] LIMA, José Jerônimo Nogueira de. *LGPD e Administração Pública: regulação e aplicação.* 2020. Monografia (Mestrado) - Pontifícia Universidade Católica de São Paulo PUC-SP, [*S.l.*], 2020. Disponível em: <https://repositorio.pucsp.br/bitstream/handle/24004/1/Jose%20Jeronimo%20Nogueira%20de%20Lima.pdf>.
Acesso em: 27 dez. 2022;

[323] Art. 50, da Lei n° 13. 709/2018 (LGPD): "*Os controladores e operadores, no âmbito de suas competências, pelo tratamento de dados pessoais, individualmente ou por meio de associações, poderão formular regras de boas práticas e de governança que estabeleçam as condições de organização, o regime de funcionamento, os procedimentos, incluindo reclamações e petições de titulares, as normas de segurança, os padrões técnicos, as obrigações específicas para os diversos envolvidos no tratamento, as ações educativas, os mecanismos internos de supervisão e de mitigação de riscos e outros aspectos relacionados ao tratamento de dados pessoais*";

Apesar da legislação não disponibilizar sanções específicas relacionadas às relações de trabalho, é possível detectar três tipos de sanções com reflexos patrimoniais diretos nas empresas que cometerem as infrações previstas em lei, tais como: sanções pecuniárias propriamente ditas, sanções reputacionais e sanções que impõem suspensão ou proibição do desenvolvimento de determinadas atividades empresariais[324].

A sanção pecuniária, está elencada no artigo II e III do art. 52, da LGPD, responsável por disponibilizar um parâmetro com relação aos valores de multas, em que, uma vez comprovadas, a empresa ficará sujeita à advertência, estipulando prazo para adoção de medidas corretivas, bem como, multa simples de até 2% (dois por cento) do faturamento da empresa, limitada a R$ 50.000.000,00 (cinquenta milhões) por infração.

No inciso IV do mesmo artigo 52, está prevista sanção quanto a publicização da condenação das empresas que cometerem violação da proteção de dados pessoais. Esta sanção pode ser difícil de se estipular um valor monetário de condenação, a depender do cenário em que a empresa atua, relativizando o impacto sobre a mesma.

Já os incisos X, XI e XII do art. 52, da LGPD, prevêem a possibilidade de suspensão das atividades relacionadas ao tratamento de dados ou inclusive sua proibição de atuação, o que pode comprometer totalmente a capacidade da empresa permanecer no mercado.

Como tais considerações elencadas interferem de fato nas relações trabalhistas? Bem, o caput do referido art. 52, LGPD, estabelece que estão sujeitos às sanções administrativas os agentes de tratamento de dados, em razão das infrações cometidas. O texto da lei é amplo e não elenca quem seria especificamente o agente, podendo ser aplicadas tais sanções tanto em âmbitos consumeristas, a título de exemplo, como nas relações trabalhistas.

Diante da ausência do tratamento das relações empregatícias na LGPD, é necessário fazer uma leitura extensiva ao texto legal e

[324] FREDES, Andrei Ferreira: *Os Impactos Econômicos do Descumprimento da Lei Geral de Proteção de Dados.* [*S. l.*], 2 jun. 2022. Disponível em:<https://fredesandrei.jusbrasil.com.br/artigos/ 1524793738/os-impactos-economicos-do-descumprimento-da-lei-geral-de-protecao-de-dados>.Acesso em: 27 dez. 2022;

utilizar-se de outros mecanismos legais de interpretação para aplicação das legislações infraconstitucionais nas relações laborais.

Diante da modernização, globalização e avanço do mercado, é impossível discutir a aplicabilidade desta legislação sem discuti-la também no âmbito trabalhista, onde de forma incisiva, observamos que os reflexos legislativos, os avanços do mercado e sua modernização impactam diretamente na vida dos trabalhadores.

Assim, apesar da forte influência da União Europeia, o marco normativo brasileiro trazido com a LGPD deixou de avançar na seguinte questão: poderia ter considerado as relações laborais, em razão da sua efetiva aplicabilidade no âmbito trabalhista.

2.2. PROTEÇÃO DE DADOS NO ORDENAMENTO DA UNIÃO EUROPEIA E AS QUESTÕES LABORAIS

Antes de ingressarmos propriamente em outras análises da legislação brasileira, faz mister trazer alguns apontamentos quanto ao tratamento de dados na União Europeia, visto ter sido base normativa inspiradora ao modelo brasileiro.

A matéria foi tratada de forma mais exauriente no âmbito da União Europeia, mediante a Diretiva n° 46/95[325], que foi posteriormente sucedida pelo atual GDPR, em 25 de maio de 2018.

A Diretiva n° 46/95, do Parlamento Europeu e do Conselho, relativa à proteção das pessoas singulares (naturais) no que remete ao tratamento dos dados pessoais e à livre circulação desses dados, pretendia evitar que a diversidade de disciplinas nacionais comprometesse a concretização do Mercado Interno. Outrossim, a Diretiva buscou garantir apenas um nível mínimo harmonizado de proteção.

Diante do fato de que há muitas empresas com filiais em outros estados, crescia a circulação de dados entre a sede e os trabalhadores, bem como entre a sede e a filial. Com as divergências entre as regulamentações esparsas, seria necessário que as autoridades de proteção de dados se pronunciassem a cada transação

[325] Atualmente, a Diretiva n° 46/95 (Regulamento Geral sobre a Proteção de Dados) que foi revogada pelo Regulamento (UE) 2016/679 do Parlamento Europeu e do Conselho, em 27 de abril de 2016, remete à proteção das pessoas singulares no que diz respeito ao tratamento de dados pessoais e à livre circulação desses dados. Disponível em: <https://eur-lex.europa.eu/legal-content/PT/TXT/HTML/?uri=CELEX:32016R0679&from=EN #ntr-4-L_2016119PT.01000101-E0004>. Acesso em: 27 dez. 2022;

ou operação realizada. Dessa forma, o funcionamento do mercado não seria viabilizado, refletindo na urgência de uniformizar minimamente uma aprovação regulamentar interna.[326]

Nesse contexto, a Diretiva permite que cada Estado membro mantenha o nível de proteção que entender, acima do mínimo estabelecido por ela, contudo, não podendo invocar a diferença para impedir tratamento de dados por outros estados membros. Assim, a Diretiva buscou atingir um nível mínimo de proteção, bem como criou base para a circulação dos dados.

O GDPR, pressupõe o primado do Direito da União Europeia, comum aos Tratados e demais fontes do Ordenamento Europeu, de forma a afastar a aplicação de qualquer regra estadual sempre que forem incompatíveis com as regras da União Europeia (UE), ainda que constitucionais na ordem interna dos países membros. Não se trataria de uma questão vista no âmbito da hierarquia entre os países, mas de efetividade.

Assim, o referido artigo 88 acima já referido é tido por uma regra de habilitação ao exercício de funções legislativas, contendo norma autorizativa para tratamento interno da questão da proteção de dados pelos demais Estados membros, desde que não se vá além do permissivo constante da GDPR, ou seja, não podem alterar o fundamento das decisões políticas subjacentes às regras da GDPR.

De forma comparativa, temos no Brasil a aprovação da LGPD pelo Congresso Nacional, de forma que é plenamente possível a aprovação futura pelo Congresso Nacional, de uma lei mais específica sobre o tratamento de proteção de dados nas relações trabalhistas, que venha a se sobrepor às regras gerais, pelo caráter da especificidade. Bem como é possível acrescentar regulamentações infraconstitucionais dentro da própria CLT, que auxiliem a colmatação de eventuais lacunas normativas para as questões laborais nesse contexto de proteção de dados.

---

[326] Neste sentido, pondera o autor Bruno Ricardo Bioni que "*Esse é o mesmo fio condutor para que o Brasil seja futuramente considerado como um país de nível adequado de proteção de dados para fins de transferência internacional, de acordo com o sistema da União Europeia e de outros países ao redor do mundo*". In: BIONI, Bruno Ricardo. O Brasil não pode perder a chance de se tornar competitivo em uma economia de dados. *In: Proteção de dados [livro eletrônico]: contexto, narrativas e elementos fundantes*. São Paulo: B.R. Bioni, p. 61, 2021;

A GDPR abrange regras de consequência inerente ao âmbito das relações laborais, notadamente quanto ao contrato enquanto fundamento de sua licitude (artigo 6, n° 1, b); com relação à utilização de técnicas biométricas para identificação (artigo 4, 14° e 9º, n°1); bem como à avaliação necessariamente humana do desempenho do trabalhador (artigo 33°, n°, 2), incluindo a proteção de dados pessoais em geral (artigo.17°), mas também aos dados relativos aos "testes e exames médicos" (art. 19°), utilização dos "meios de vigilância à distância" (art. 20 e 21°), etc. Todas essas remissões legislativas auxiliam sobremaneira a atuação e regulação do tratamento de dados em benefício dos países membros europeus.

3. A QUESTÃO DO CONSENTIMENTO

Dentre as hipóteses que legitimam o tratamento de dados do titular, a Lei Geral de Proteção de Dados traz rol de possibilidades no artigo 7[327], sendo o consentimento o primeiro permissivo legal a ser considerado. Ademais, a própria lei conceitua o termo consentimento neste caso como sendo a "manifestação livre, informada e inequívoca pela qual o titular concorda com o tratamento de seus dados pessoais para uma finalidade determinada" (artigo 5, XII).

Desta maneira, extraímos a necessidade do consentimento ser feito por escrito e específico para finalidade determinada. Não deve ser dado consentimento de forma geral sem expressa menção a quais dados estão com autorização legitimada ao tratamento

[327] Art. 7º O tratamento de dados pessoais somente poderá ser realizado nas seguintes hipóteses: I - mediante o fornecimento de consentimento pelo titular; II - para o cumprimento de obrigação legal ou regulatória pelo controlador; III - pela administração pública, para o tratamento e uso compartilhado de dados necessários à execução de políticas públicas previstas em leis e regulamentos ou respaldadas em contratos, convênios ou instrumentos congêneres, observadas as disposições do Capítulo IV desta Lei; IV - para a realização de estudos por órgão de pesquisa, garantida, sempre que possível, a anonimização dos dados pessoais; V - quando necessário para a execução de contrato ou de procedimentos preliminares relacionados a contrato do qual seja parte o titular, a pedido do titular dos dados; VI - para o exercício regular de direitos em processo judicial, administrativo ou arbitral, esse último nos termos da Lei nº 9.307, de 23 de setembro de 1996 (Lei de Arbitragem) ; VII - para a proteção da vida ou da incolumidade física do titular ou de terceiro; VIII - para a tutela da saúde, exclusivamente, em procedimento realizado por profissionais de saúde, serviços de saúde ou autoridade sanitária; IX - quando necessário para atender aos interesses legítimos do controlador ou de terceiro, exceto no caso de prevalecerem direitos e liberdades fundamentais do titular que exijam a proteção dos dados pessoais; ou X - para a proteção do crédito, inclusive quanto ao disposto na legislação pertinente.

devido. É necessário observar os imperativos da segurança e da liberdade à dignidade da pessoa humana, principalmente quando se trata de relações marcadas pela subordinação.[328]

Por isso, consideramos que a liberdade do titular dos dados para fornecer consentimento como hipótese legitimadora de tratamento de seus dados é bem vista e coerente numa relação livre, onde o titular possui verdadeira liberdade de escolha. Outrossim, numa relação de desequilíbrio de poder, em que uma das partes é hipossuficiente em relação à outra, é difícil pressupor que o consentimento seja realmente livre, ainda que a lei não tenha feito nenhuma ressalva neste sentido. É o que ocorre, por exemplo, nas relações trabalhistas, marcadas pela subordinação de uma das partes.

Quando o titular se encontra sob a influência e comando do controlador de dados, inserido numa relação trabalhista, o trabalhador pode temer ser prejudicado no trabalho ou na continuidade da prestação do seu serviço, caso não forneça consentimento para tratamento de seus dados. A conclusão de que o trabalhador não teve escolha diante da imputação ao consentimento pode ser vista como fator condicionante para manutenção do próprio vínculo de emprego.

Importa destacar que nos casos em que estamos diante de questões legais, o tratamento dos dados pessoais é obrigatório, de forma que não se aplica essa abordagem do consentimento, sob pena de ter que admitir a possibilidade de o empregado retirar posteriormente o consentimento fornecido, mas resta a mesma obrigação legal a ser cumprida.

Por isso, o *compliance* das empresas precisa estar bastante alinhado com a finalidade da LGPD, de forma a sempre buscar outras hipóteses de legitimação dos dados pessoais, sempre que possível, diante dos seus colaboradores.

Neste sentido, inclusive, encontramos menção ao consentimento no considerando nº 42 do GDPR[329], bem como no conside-

[328] Nesse contexto, destacam os ensinamentos de Vólia Bomfim e Iuri Pinheiro que "Não serão raras as alegações de que o empregado não teve legítima escolha, a ele tendo sido imputado o consentimento como fator condicionante de manutenção do vínculo de emprego." PINHEIRO, Iuri; BOMFIM, Vólia. *A Lei Geral de Proteção de Dados e seus Impactos nas Relações de Trabalho*. Disponível em: <http://trabalhoemdebate.com.br/artigo/detalhe/a-lei-geral-de-protecao-de-dados-e-seus-impactos-nas-relacoes-de-trabalho>. Acesso em 13 Dez. 2022;

[329] Considerando (42) GDPR: "Sempre que o tratamento for realizado com base no consentimento do titular dos dados, o responsável pelo tratamento deverá poder demonstrar

rando n° 43 do mesmo diploma normativo europeu, sendo neste último citado, com respaldo expresso para não utilização do consentimento em determinadas situações, ao preceituar que:

> (43) A fim de assegurar que o consentimento é dado de livre vontade, este não deverá constituir fundamento jurídico válido para o tratamento de dados pessoais **em casos específicos em que exista um desequilíbrio manifesto entre o titular dos dados e o responsável pelo seu tratamento**(...)(*grifo nosso*).

Assim, em razão do consentimento não ser considerado manifestação propriamente livre de vontade, também o GT 29[330] (grupo de Trabalho para a Proteção das Pessoas no que diz respeito ao Tratamento de Dados Pessoais, órgão consultivo independente europeu, da antiga Diretiva n° 46/95/ EC, de proteção de dados), considera problemático o uso do consentimento como hipótese de legitimidade para tratamento de dados pessoais em face de seus trabalhadores, já que o consentimento não seria dado de forma independentemente livre.

Dessa forma, trazendo uma análise interpretativa à luz dos princípios que regem o Direito do Trabalho, compreendemos que o consentimento não deve ser a primeira hipótese de legitimação dos dados pessoais dentro das relações de trabalho pois, nem sempre

---

que o titular deu o seu consentimento à operação de tratamento dos dados. Em especial, no contexto de uma declaração escrita relativa a outra matéria, deverão existir as devidas garantias de que o titular dos dados está plenamente ciente do consentimento dado e do seu alcance. Em conformidade com a Diretiva 93/13/CEE do Conselho (10), uma declaração de consentimento, previamente formulada pelo responsável pelo tratamento, deverá ser fornecida de uma forma inteligível e de fácil acesso, numa linguagem clara e simples e sem cláusulas abusivas. Para que o consentimento seja dado com conhecimento de causa, o titular dos dados deverá conhecer, pelo menos, a identidade do responsável pelo tratamento e as finalidades a que o tratamento se destina. Não se deverá considerar que o consentimento foi dado de livre vontade se o titular dos dados não dispuser de uma escolha verdadeira ou livre ou não puder recusar nem retirar o consentimento sem ser prejudicado." Disponível em: < https://www.privacy-regulation.eu/pt/r42.htm>. Acesso em 29 Dez. 2022;

[330] EDPB (*European Data Protection Board.* Disponível em: <https://edpb.europa.eu/about-edpb/more-about-edpb/article-29-working-party_pt>. Acesso em: 9 dez. 2022;

apto a servir como primeiro fundamento legal neste caso, dada a natureza da relação entre empregadores e empregados.[331]

4. RESPONSABILIDADE CIVIL NA LEI GERAL DE PROTEÇÃO DE DADOS

Apesar da ausência de regulamentação específica para questões laboratoriais a LGPD dispõe de sanções administrativas[332] que possui alguns requisitos para responsabilidade civil, e a não adequação aos preceitos normativos da LGPD, criam de forma significativa riscos, podendo comprometer a atividade empresarial. A aplicabilidade da coerção é indiscutível, diante do condicionamento que ela proporciona para que as empresas atuem dentro dos limites impostos pela proteção de dados.

O trabalhador pode dispor da responsabilidade civil como forma de reparação em caso de infração dos dispositivos previstos em lei, já que a legislação prevê sanções ao agente detentor dos dados, que, no contexto trabalhista, poderia ser o empregador. De tal modo, a lei de Proteção de Dados traz a fórmula geral de que aquele que causar dano fica obrigado a repará-lo. O art.42, da LGPD, limita-se a expor a responsabilidade ao controlador ou ao operador.

Quando passamos à análise para o art.42,§ 1º, da LGPD, nos chama atenção, pois permite a solidariedade em dois casos específicos para assegurar a efetiva indenização ao titular dos dados[333].

No I inciso, o operador responderá solidariamente em duas situações: caso descumpra a legislação de proteção de dados ou se não seguir "as instruções lícitas do controlador, hipótese esta em

---

331 PINHEIRO, Iuri; BOMFIM, Vólia. *A Lei Geral de Proteção de Dados e seus Impactos nas Relações de Trabalho.* Disponível em: <http://trabalhoemdebate.com.br/artigo/detalhe/a-lei-geral-de-protecao-de -dados-e-seus-impactos-nas-relacoes-de-trabalho>. Acesso em 13 Dez. 2022;

332 LGPD: Art. 52. Os agentes de tratamento de dados, em razão das infrações cometidas às normas previstas nesta Lei, ficam sujeitos às seguintes sanções administrativas aplicáveis pela autoridade nacional: (...) § 1º As sanções serão aplicadas após procedimento administrativo que possibilite a oportunidade da ampla defesa, de forma gradativa, isolada ou cumulativa, de acordo com as peculiaridades do caso concreto e considerados os seguintes parâmetros e critérios: II - a boa-fé do infrator; (...)

333 ARAÚJO, Rubia Maria Ferrão de. Excludentes de responsabilidade civil no contexto da proteção de dados pessoais. 2022. Tese de Doutorado. Universidade de São Paulo. Disponível em: <https://www.teses.usp.br/teses/disponiveis/2/2131/tde-28092022-105418/publico/11182092MIC.pdf>. Acesso em: 23 fev. 2023;

que o operador equipara-se ao controlador"[334]. Essas implicações nos remete diretamente na Consolidação das Leis do Trabalho (CLT) em casos que se a ofensa tiver mais de um autor, todos responderão de forma solidária pela reparação, conforme previsão no art. 942, CLT[335].

No que se refere ao inciso II, ocorrerá a solidariedade entre ¨os controladores que estiverem diretamente envolvidos no tratamento do qual decorrem danos ao titular"[336], ou seja, aqueles que estabelecerem, em conjunto, decisões que violem o microssistema da proteção de dados ou às normas técnicas cabíveis, excluindo as hipóteses previstas no art.43, da LGPD.[337]

A responsabilidade surge do exercício da atividade de proteção de dados que viola a ¨legislação de proteção de dados¨. A possível aplicação de um responsabilidade solidária destaca-se perante o titular dos dados, vítima da violação, controladores e operadores responderão por toda a dívida, podendo ser demandados integralmente[338].

Logo, valendo-se de tal instrumento, o empregado pode utilizar-se como mecanismo de reparação em casos de infrações cometidas nas relações de trabalho. A responsabilidade solidária é comum na terceirização da mão-de-obra, e aplica-se quando as duas empresas envolvidas no polo passivo da relação trabalhista irão igualmente responder pelo encargo. Ambas respondem por todas as verbas trabalhista, conjuntamente, de forma igualitária.

---

[334] *Ibidem*, p.81;

[335] CLT, Art.942: Os Bens do responsável pela ofensa ou violação do direito de outrem ficam sujeitos à reparação do dano causado; e, se a ofensa tiver mais de um autor, todos responderão solidariamente pela reparação. Parágrafo único;

[336] LGPD: Art.42, II: os controladores que estiverem diretamente envolvidos no tratamento do qual decorreram danos ao titular dos dados respondem solidariamente, salvo nos casos de exclusão previstos no art. 43 desta Lei;

[337] CAPANEMA, Walter Aranha. Biblioteca Digital Jurídica do Superior Tribunal de Justiça. *A responsabilidade civil na Lei Geral de Proteção de Dados*, [*s. l.*], ed. 53, p. 163-170, 2020. Disponível em: <https://core.ac.uk/reader/322682320>. Acesso em 23 fev. 2023;

[338] ARAÚJO, Rubia Maria Ferrão de. Excludentes de responsabilidade civil no contexto da proteção de dados pessoais. 2022. Tese de Doutorado. Universidade de São Paulo. Disponível em: <https://www.teses.usp.br/teses/disponiveis/2/2131/tde-28092022-105418/publico/11182092MIC.pdf>. Acesso em 23 fev. 2023;

4.1. INVERSÃO DO ÔNUS DA PROVA

Em relação à disposição que estabelece a solidariedade, implica a inversão do Ônus da prova, é aplicável nos caso de verossimilhança da alegação, hipossuficiência do titular dos dados (trabalhador), ou exigência de prova excessivamente onerosa.

O art. 42, § 2º, da LGPD admite a inversão do ônus da prova, a critério do juiz, a favor do titular de dados, desde que verossímil a alegação, haja hipossuficiência para fins de produção de prova ou quando a produção de prova pelo titular for excessivamente onerosa. Há normas sobre a redistribuição/ inversão do ônus da prova em outras leis infraconstitucionais, à semelhança do constante no art. 373, § 1º do CPC[339].

Por esse ângulo com intuito de defender a responsabilidade objetiva, Walter Walter Aranha Capanema aponta que é o "reconhecimento da hipossuficiência do titular" pela LGPD a constatação que demonstra ser a culpa requisito irrelevante no que se refere ao dever de indenizar[340].

A possibilidade da inversão do ônus probatório, com o reconhecimento da hipossuficiência do titular, também se verifica no fato de que a responsabilidade civil da LGPD pode ser observada na modalidade objetiva, onde não se discute acerca da culpa do agente detentor dos dados[341].

4.2. ADEQUAÇÃO À LEI GERAL DE PROTEÇÃO DE DADOS

Apesar de ainda tímida a aplicação das sanções previstas na LGPD no cenário brasileiro é possível visualizar mecanismo de interpretação extensiva, na tentativa de estabelecer diretrizes para

[339] Código de Processo Civil. Art.373. O ônus da prova incumbe.§ 1º. Nos casos previstos em lei ou diante de peculiaridades da causa relacionadas à impossibilidade ou à excessiva dificuldade de cumprir o encargo nos termos do caput ou à maior facilidade de obtenção da prova do fato contrário, poderá o juiz atribuir o ônus da prova de modo diverso, desde que o faça por decisão fundamentada, caso em que deverá dar à parte a oportunidade de se desincumbir do ônus que lhe foi atribuído;

[340] CAPANEMA. Walter Aranha. A responsabilidade civil na Lei Geral de Proteção de Dados. Cadernos Jurídicos, São Paulo, ano 21, nº 53, p. 163-170, Janeiro-Março/2020. p. 166;

[341] CAPANEMA, Walter Aranha. Biblioteca Digital Jurídica do Superior Tribunal de Justiça. *A responsabilidade civil na Lei Geral de Proteção de Dados*, [*s. l.*], ed. 53, p. 163-170, 2020. Disponível em: <https://core.ac.uk/reader/322682320>. Acesso em 28 dez.2022;

consolidação do novo diploma[342]. Em um contexto laboral onde a disponibilização é necessária na fase contratual e para reflexos previdenciários[343], a título de exemplo, como abordado anteriormente, destaca-se a questão do consentimento e a subordinação aspectos que cercam as relações trabalhistas.

É notório que a adequação à LGPD não só é necessária como indispensável. Nas relações de trabalho os impactos e infrações, decorrentes da disponibilização de dados não só é recorrente, como imprescindível. Empresas diariamente detém dados a fim de contratação, rescisão ou para efeitos previdenciários e tantos outros, dados esses muitas vezes sensíveis onde o trabalhador não tem conhecimento acerca dos efeitos, direitos e limites que o cercam[344].

Adequação à Lei Geral de Proteção de Dados deve incluir a mesma adequabilidade legal da empresa internamente, o que inclui, por exemplo, a atualização de contratos, a adaptação de procedimentos e tecnologias internas. Obviamente, não são processos isolados. Um exemplo simples: dependendo da adequabilidade dos recursos tecnológicos, se os servidores substituídos, ou os sistemas forem atualizados, será necessário treinar os funcionários para trabalhar com as novas plataformas, bem como restringir o acesso de dados às operações estritamente necessárias. Consequentemente, é preciso considerar essa adequação como um processo global pelo qual a empresa e seus funcionários devem passar.[345]

Além do mais, a lei define principalmente as atribuições do encarregado, regulamentado na seção III do Capítulo VI da LGPD, o dever de exercer entre outras funções a orientação de funcio-

---

[342] ARAÚJO, Rubia Maria Ferrão de. Excludentes de responsabilidade civil no contexto da proteção de dados pessoais. 2022. Tese de Doutorado. Universidade de São Paulo. Disponível em: <https://www.teses.usp.br/teses/disponiveis/2/2131/tde-28092022-105418/publico/11182092MIC.pdf>.Acesso em 23 fev. 2023;

[343] PINHEIRO, Iuri; BOMFIM, Vólia. A Lei Geral de Proteção de Dados e seus impactos nas relações de trabalho. Instituto trabalho em debate, v. 1, 2020;

[344] DE LUCCA, Victor Spera. ANÁLISE DA LEI GERAL DE PROTEÇÃO DE DADOS ACERCA DAS RELAÇÕES TRABALHISTAS. Intertem@ s ISSN 1677-1281, v. 40, n. 40, 2020. Disponível em: <file:///C:/Users/55839/Downloads/8892-67656277-1-PB.pdf>. Acesso em 23 fev. 2023;

[345] FREDES, Andrei Ferreira: Os IMPACTOS Econômicos do Descumprimento da Lei Geral de Proteção de Dados. [S. l.], 2 jun. 2022. Disponível em<:https://fredesandrei.jusbrasil.com.br/artigos/1524793738/os-impactos-economicos-do-descumprimento-da-lei-geral-de-protecao-de-dados>.Acesso em: 27 dez. 2022;

nários e as práticas a serem tomadas[346]. Assim, o encarregado assume o papel na definição das políticas de proteção de dados, além de servir para o esclarecimento dos funcionários a respeito das normas de proteção de dados, mesmo que tal mecanismo se torne opcional.[347]

A propósito, para relações de emprego passam pela obrigatoriedade de uma análise minuciosa dos trâmites internos de tratamento e coleta de dados por parte dos empregadores, com o objetivo de garantir adequação de seu respectivo sistema interno à legislação vigente, uma vez que os ditames dos dispositivos devem ser observados desde do primeiro passo que é a contratação, início da relação empregatícia, até a dissolução do contrato de trabalho, imputado a responsabilidade civil ao empregador em razão da captação dos referidos dados[348].

Logo, ainda que seja inevitável que a adequação à Lei Geral de Proteção de dados implique em custos, é inquestionável que a adequação é necessária, e que a não observância legal submete ao risco de sanções e da responsabilidade civil, em que tais instrumentos podem ser questionados pelo trabalhador em busca de proteção, segurança, conhecimento e inviolabilidade de dados[349].

5. CONSIDERAÇÕES FINAIS

Diante do exposto, podemos concluir que o modelo seguido pelo legislativo brasileiro muitas vezes é direcionado para uma ausência de Estado, o que pode refletir nas legislações infraconstitucionais também. Em que pese a Constituição Federal inicialmente

---

[346] LGPD,Art. 41: "§ 2º As atividades do encarregado consistem em: [...] III – orientar os funcionários e os contratados da entidade a respeito das práticas a serem tomadas em relação à proteção de dados pessoais

[347] FRAZÃO, Ana; OLIVA, Milena Donato; TEPEDINO, Gustavo. Lei geral de proteção de dados pessoais e suas repercussões no direito brasileiro. Thomson Reuters Brasil, 2019.p.708;

[348] NUNES, Daniele de Oliveira; OLIVIER, Nicolau.LGPD: a responsabilidade civil dos empregados enquanto envolvidos em operações de tratamento de dados. a responsabilidade civil dos empregados enquanto envolvidos em operações de tratamento de dados. Disponível em: <https://www.migalhas.com.br/depeso/336154/lgpd--a-responsabilidade-civil-dos-empregados-enquanto-envolvidos-em-operacoes-de-tratamento-de-dados.>Acesso em: 22 fev. 2023;

[349] FREDES, Andrei Ferreira: *OS IMPACTOS Econômicos do Descumprimento da Lei Geral de Proteção de Dados*. [*S. l.*], 2 jun. 2022. Disponível em:<https://fredesandrei.jusbrasil.com.br/artigos/1524793738/os-impactos-economicos-do-descumprimento-da-lei-geral-de-protecao-de-dados>.Acesso em: 27 dez. 2022

ter sido pensada como um estado de bem estar social, atualmente o liberalismo está cada vez mais presente, sob o comando do desenvolvimento econômico, o que se reconhece diversos aspectos positivos num cenário de evolução tecnológica.

Contudo, a reflexão proposta no presente trabalho constata a necessidade de certa medida de inclusão, sob uma preocupação mínima com as relações laborais no contexto regulatório, digital e tecnológico, uma vez que as questões sociais podem ser deveras prejudicada, como foram literalmente inexpressivas quando da prolação da Lei 13.709/2018.

Neste sentido, concluímos que os trabalhadores, enquanto titulares de dados pessoais ou sensíveis, dentro das relações laborais das quais fazem parte, não podem ficar à margem da proteção legal, ou restarem sub protegidos, com desconsideração dos princípios protetivos inerentes a esse tipo de relação em âmbito constitucional.

Os princípios que integram o ramo do direito do trabalho não devem ser afastados, mas sim, permanecer em atuação conjunta e harmônica, ainda que esteja sob incidência a Lei Geral de Proteção de Dados. Aquele arcabouço principiológico e normativo trabalhista devem se somar à nova regulamentação de tratamento de dados, como uma medida integrativa de um sistema que já existe, em que o direito do trabalho se insere.

É o manto protecionista do direito do trabalho a base sob a qual se assenta a regulação para o tratamento de dados, quando estivermos diante de relações trabalhistas, para que eventuais questões peculiares a relações desiguais de poder sejam dirimidas em sintonia hermenêutica do Ordenamento Jurídico de forma integrada.

Diante de um tema tão novo no que diz respeito ao tratamento de dados realizados dentro das relações trabalhistas, ainda não temos propriamente uma jurisprudência consolidada sobre os imbróglios que passamos a estudar face à Lei Geral de Proteção de Dados. Contudo, já temos várias decisões nos tribunais trabalhistas do país, trazendo alguns posicionamentos no que remete a privacidade dos dados em cadastros de funcionários, por exemplo, que vinham sendo utilizados para fins diversos não previstos na LGPD, restando ainda condenação em danos morais coletivos[350].

[350] Trouxemos a título de exemplo de julgamento envolvendo a LGPD diante de relações trabalhistas, a ementa de decisão em sede de Tribunal Superior do trabalho, julgado pela 7ª Turma, na Ação Civil Coletiva n° 933-49.2012.5.10.0001, sob relatoria do Ministro Alberto Luiz Bresciani de Fontan Pereira, em que restou devida a condenação em danos morais coletivos e considerado que o uso de cadastro para qualquer outro fim que não seja a proteção ao fornecimento de crédito, salvo autorização em Lei, após a vigência da LGPD, compreende uso ilegal. Ementa: "RECURSO DE EMBARGOS. AÇÃO CIVIL PÚBLICA. EMPRESA DE GERENCIAMENTO DE RISCOS. 1. OBRIGAÇÃO DE NÃO FAZER. ABSTENÇÃO DE UTILIZAR BANCO DE DADOS, DE PRESTAR E/OU BUSCAR INFORMAÇÕES SOBRE RESTRIÇÕES CREDITÍCIAS RELATIVAS A MOTORISTAS DE CARGAS, CANDIDATOS A EMPREGO. 1.1. A Eg. 7ª Turma não conheceu do recurso de revista do Ministério Público do Trabalho. Concluiu que "a atividade de gerenciamento de riscos, amplamente considerada, tem lugar no mercado, com respaldo do ordenamento jurídico, o que reforça a impossibilidade de ser inviabilizada ou restringida pelo uso que se fará das informações prestadas". 1.2. A Constituição consagra o princípio da livre iniciativa (art. 170, parágrafo único, da CF), ressalvados os limites impostos pela ordem jurídica. Quanto ao tema, a jurisprudência desta Corte firmou-se no sentido de que as informações de cadastro de serviços de proteção ao crédito não podem ser exigidas de empregados e candidatos a emprego, por caracterizar vedada discriminação (art. 1° da Lei 9.029/95). 1.3. No que tange aos motoristas de transporte de cargas, dispõe o art. 13-A da Lei 11.442/2007, incluído pela Lei 13.103/2015, que "é vedada a utilização de informações de bancos de dados de proteção ao crédito como mecanismo de vedação de contrato com o TAC [transportador autônomo de cargas] e a ETC [empresa de transporte rodoviário de cargas] devidamente regulares para o exercício da atividade do Transporte Rodoviário de Cargas". 1.4. Poder-se-ia defender que a vedação é dirigida apenas ao empregador a quem se destina a informação prestada pela ré. Não obstante, ao incluir esse elemento como de risco ao contrato e repassá-lo inclusive à seguradora, há potencial infração à Lei. 1.5. Destaque-se que se discute tutela inibitória, de natureza preventiva, e que tem por escopo evitar a prática, repetição ou continuação do ilícito, do qual, potencialmente, surgirá o dano a direitos fundamentais. Aqui, examina-se a probabilidade de ilícito. O certo é que a "ratio" que inspira a jurisprudência, e agora a Lei, é que referido cadastro, ainda que público, destina-se à proteção do crédito a ser concedido por bancos, particulares e associações comerciais. Não deve ser usado para aferição da empregabilidade do motorista ou da probabilidade de que venha a subtrair as mercadorias transportadas. Se não há condenação por crimes contra o patrimônio (v.g. estelionato), não há motivos para questionar o caráter do simples devedor, cujas razões para a inadimplência fogem, no mais das vezes, ao seu controle. 1.6. Embora recente, e em bom momento, a Lei de Proteção de Dados (Lei 13.709/2018), em seu art. 6°, dispõe sobre as diretrizes para o tratamento de dados pessoais. "In verbis": "As atividades de tratamento de dados pessoais deverão observar a boa-fé e os seguintes princípios: I - finalidade: realização do tratamento para propósitos legítimos, específicos, explícitos e informados ao titular, sem possibilidade de tratamento posterior de forma incompatível com essas finalidades; II - adequação: compatibilidade do tratamento com as finalidades informadas ao titular, de acordo com o contexto do tratamento; III - necessidade: limitação do tratamento ao mínimo necessário para a realização de suas finalidades, com abrangência dos dados pertinentes, proporcionais e não excessivos em relação às finalidades do tratamento de dados; [...] IX - não discriminação: impossibilidade de realização do tratamento para fins discriminatórios ilícitos ou abusivos;". 1.7. Se se está diante de uma manipulação de dados pessoais tendente a gerar uma cadeia de quebra da isonomia e de discriminação (já repudiada no art. 1° da Lei 9.029/1995 e pela Convenção 111 da OIT), não há que se falar em prevalência do direito fundamental à livre iniciativa. No caso, a ré usa dado com fim diverso daquele para o qual foi criado, a fim de indicar ao empregador e à seguradora um maior risco na contratação ou

Em âmbito de Tribunal Regional do Trabalho, tivemos importante decisão que envolve a LGPD, quanto ao respeito à privacidade e intimidade de ex-colaboradora que teve seus dados de correspondência e número de telefone expostos indevidamente pelo empregador, sem respeito a base legal presente nos artigos 7 ou 11 da referida Lei Geral de Proteção de Dados, ainda que houvesse termo de autorização assinado pela reclamante, por não respeitar o princípio da finalidade[351].

Outrossim, com o desenvolver dos casos nos Tribunais do Trabalho - objeto de nossa pesquisa, caberá à doutrina, em sintonia com a jurisprudência que irá se formar futuramente diante das reiteradas decisões dos Tribunais, construir os caminhos de exegese e adequação das relações sociais em geral face à Lei Geral de Proteção de Dados.

Em contrapartida, cabe ao legislador infraconstitucional conciliar os princípios trabalhistas diante dos preceitos presentes na lei geral vigente, sob pena de desconfigurar o princípio constitucional de proteção ao trabalhador, ao aplicar uma Lei Geral De Proteção De

---

na distribuição de serviços para determinado empregado. Culpar o empregador que acate o relatório como se ele fosse, sozinho, o violador da ordem constitucional é uma ficção. 1.8. Destarte, utilizar ou fazer utilizar o cadastro para qualquer outro fim que não a proteção ao fornecimento de crédito, salvo autorização em Lei, após a vigência da LGPD, é ilegal. Recurso de embargos conhecido e parcialmente provido. 2. INDENIZAÇÃO POR DANO MORAL COLETIVO. Tratando-se de lesão que viola bens jurídicos indiscutivelmente caros a toda a sociedade, surge o dever de indenizar, sendo cabível a reparação por dano moral coletivo (arts. 186 e 927 do CC e 3° e 13 da LACP). Recurso de embargos conhecido e parcialmente provido" (E-RR-933-49.2012.5.10.0001, Subseção I Especializada em Dissídios Individuais, Relator Ministro Alberto Luiz Bresciani de Fontan Pereira, DEJT 25/02/2022). Disponível em: < https://jurisprudencia.tst.jus.br/> . Acesso em: 24 Fev. 2023;

[351] Neste sentido, trazemos a ementa do referido processo n° 0010337-16.2020.5.03.0074, julgado pelo Tribunal Regional do Trabalho da 3ª Região, de relatoria do Desembargador Ricardo Marcelo Silva, em 09 de Junho de 2021: "NÚMERO DE TELEFONE PARTICULAR DA EMPREGADA. DIVULGAÇÃO NO SITE DE VENDAS DO EMPREGADOR. INDENIZAÇÃO. DANO MORAL. CABIMENTO. A caracterização do dano moral pressupõe violação à dignidade pessoal - art. 1º, III da Constituição Federal-, mediante vulneração da integridade psíquica ou física da pessoa, bem como aos direitos fundamentais previstos na Constituição da República. E o art. 5º, X, da CR/88 prevê que "são invioláveis a intimidade, a vida privada, a honra e a imagem das pessoas, assegurando o direito a indenização pelo dano material ou moral decorrente de sua violação". A inserção do número de telefone do empregado, no site da empresa, sem prova inequívoca de autorização, implica divulgação de dado pessoal, que afronta sua vida privada. Configurados os elementos essenciais ao dever de indenizar (ato ilícito, dano e nexo de causalidade) em relação ao direito à privacidade, correta a condenação da empregadora". Outrossim, salienta que, face à ausência de novos recursos ao TST, ante a expiração do prazo, o referido processo transitou em julgado no sentido exposto. Disponível em: <https://www.jusbrasil.com.br/jurisprudencia/trt-3/1230209577/inteiro-teor-1230209685>. Acesso em: 24 Fev. 2023;

Dados sem levar em consideração o ordenamento jurídico em seu conjunto. Conforme visto, a própria E.C. Nº 115/2022 veio para fortalecer essa necessidade, garantindo a proteção de dados pessoais, em todas as relações, o que inclui também as relações laborais.

A questão do consentimento, como visto, é bastante emblemática. Verifica-se que muitas empresas utilizam o consentimento para a maioria dos tratamentos, mas é possível haver situações híbridas que autorizem diversas hipóteses de legitimação de tratamento de dados. Em que pese o tema seja relativamente novo e não se verifique ainda as consequências práticas de se optar pelo consentimento enquanto hipótese de tratamento de dados, em detrimento de outras, é necessário fazer acompanhamento de gestão específica para as hipóteses legais previstas, minimizando os imbróglios que podem se desenvolver frente à ausência de liberdade para consentir.

A partir do desenvolvimento da personalidade, se observou a importância do princípio da privacidade e da autodeterminação informativa, enquanto construção própria do direito à proteção dos dados pessoais, esta que se consolidou como norte diretivo para o respeito ao comando e vontade do titular dos dados.

A falta de transparência diante da disponibilidade de dados fornecidos pelo trabalhador, pode gerar insegurança jurídica, inclusive pela falta de regulamentação específica. Logo, torna-se necessário uma leitura sistemática e extensiva do texto normativo da LGPD e a utilização de mecanismos de interpretação para adequação ao contexto laboral.

Desta forma, poderíamos garantir ao trabalhador instrumentos de responsabilização, caso os detentores dos seus dados na relação laboral (empregador) utilizem esses dados com finalidades diversas, de forma a deturpar ou infringir a legislação.

A LGPD apesar da forte influência da União Europeia no Brasil, é uma norma muito generalista, sem regulamentações específicas para relações assimétricas e subordinadas de poder. Ainda sim, devemos nos valer deste instrumento, em busca de aprimorá-lo, como forma de garantia e avanço no que se refere à proteção de dados.

Logo, apesar de ainda tímida, deve-se discutir e aplicar as sanções administrativa e a responsabilidade civil como mecanismos jurídicos legais de proteção e comprometimento da lei face aos trabalhadores.

Valendo-se disto, o trabalhador deve ser protegido e respeitado nas relações de trabalho, pois com a globalização e a modernização o fluxo de dados cresce de forma desenfreada, e a regulamentação adequada e a aplicação efetiva tornam-se indispensáveis no contexto atual.

REFERÊNCIAS

ARAÚJO, Rubia Maria Ferrão de. *Excludentes de responsabilidade civil no contexto da proteção de dados pessoais*. 2022. Tese de Doutorado. Universidade de São Paulo. Disponível em: < https://www.teses.usp.br/teses/disponiveis/2/2131/tde-28092022-105418/publico/11182092MIC.pdf>. Acesso em: 23 fev.2023;

BIONI, Bruno Ricardo. *O Brasil não pode perder a chance de se tornar competitivo em uma economia de dados*. In: Proteção de dados [livro eletrônico]: contexto, narrativas e elementos fundantes. São Paulo: B.R. Bioni, 2021;

BOTELHO, Marcos. *A proteção de dados pessoais enquanto direito fundamental: considerações sobre a lei geral de proteção de dados pessoais.* Argumenta Journal Law, Jacarezinho-PR. n° 32, p. 191- 207, 2020;

BRASIL. Congresso Nacional. *Parecer (CN) n° 1, de 2019. Da Comissão Mista da Medida Provisória n° 869, de 2018, que altera a lei n° 13.709, de 14 de agosto de 2018 para dispor sobre a proteção de dados pessoais e para criar a Autoridade Nacional de Proteção de Dados e dá outras providências.* Disponível em: <https://legis.senado.leg.br/sdleg-getter/documento?d m=7948833&ts=1559326387063&disposition=inline>. Acesso em: 28 dez.2022;

BRASIL. Decreto-lei nº 5.452, de 1 de maio de 1943. Aprova a consolidação das leis do trabalho. Disponível em: <https://www.planalto.gov.br/ ccivil_03/decreto-lei/del5452.ht>.Acesso em 23 de fev.2023;

BRASIL. Lei nº 13.105, de 16 de março de 2015. Institui o Código de Processo Civil. Disponível em: <https://www.planalto.gov.br/ccivil_03/_ato2015 -2018/2015/lei/l13105.ht>. Acesso em 23 de fev.2023;

CAPANEMA, Walter Aranha. Biblioteca Digital Jurídica do Superior Tribunal de Justiça. *A responsabilidade civil na Lei Geral de Proteção de Dados*, [s. l.], ed. 53, p. 163-170, 2020. Disponível em: <https://core.ac.uk/reader/322682320>. Acesso em: 30 dez. 2022;

CAPANEMA. Walter Aranha. *A responsabilidade civil na Lei Geral de Proteção de Dados.* Cadernos Jurídicos, São Paulo, ano 21, n° 53, p. 163-170, Janeiro-Março/2020;

CISNEIROS, Gustavo. *Manual de Prática Trabalhista.* 2 ªEd. Rio de Janeiro: Forense; São Paulo:Método, 2018;

Constituição da República Federativa do Brasil de 1988. Disponível em: <https://www.planalto.gov.br/ccivil_03/constituicao/constituicao.htm>. Acesso em 3 dez 2022;

DE LUCCA, Victor Spera. *Análise da Lei Geral de Proteção de Dados Acerca das Relações Trabalhistas.* Intertem@s ISSN 1677-1281, v. 40, n. 40, 2020. Disponivel em: <file:///C:/Users/55839/Downloads/8892-67656277-1-PB.pdf dez. 2022>; Acesso 23 fev. 2023;

DOUEK, Daniel; PASTORE, Ricardo; RENZETTI, Bruno. *Proteção de Dados e Direito da Concorrência: A privacidade como Diferencial Competitivo.* In: BRANCHER, Paulo Marcos Rodrigues; BEPPU, Ana Claudia. *Proteção de Dados Pessoais no Brasil. Uma Nova visão a partir da Lei n° 13.709/2018*. Belo Horizonte: Fórum, 2019;

DOWBOR, Ladislau. *O capitalismo se desloca: novas arquiteturas sociais.* São Paulo: Edições Sesc, 2020;

EDPB. *European Data Protection Board.* Disponível em: <https://edpb.europa.eu/about-edpb/more-about-edpb/article-29-working-party_pt>. Acesso em: 9 dez. 2022;

GORZ, André. *O imaterial: conhecimento, valor e capital.* Tradução de Celso Azzan Júnior. São Paulo: Annablume, 2005;

GUNTHER, Luiz Eduardo; SILVA, Aurélio Miguel Bowens da.(coords). *ESG: Tecnologia e Trabalho - uma homenagem ao eterno Cesar Luiz Pasold* [livro eletrônico]. Porto Alegre: Paixão, 2022;

LEI Geral de Proteção de Dados Pessoais (LGPD). *In*: GOV.BR, Ministério da Cidadania. *Lei Geral de Proteção de Dados Pessoais (LGPD).* [*S. l.*], 2022. Disponível em: <https://www.gov.br/cidadania/pt-br/acesso-a-informacao /lgpd> . Acesso em: 30 dez. 2022;

Lei n° 13.709/2018. *Lei Geral de Proteção de Dados.* Disponível em: <https://www.planalto.gov.br/ccivil_03/_ato2015-2018/2018/lei/l13709.htm>. Acesso em: 9 dez. 2022;

LIMA, José Jerônimo Nogueira de. *LGPD e Administração Pública: regulação e aplicação.* 2020. Monografia (Mestrado) - Pontifícia Universidade Católica de São Paulo PUC-SP, [*S.l.*], 2020. Disponível em: <https://repositorio.pucsp.br/bitstream/handle/24004/1/Jose%20Jeronimo%20Nogueira%20de%20Lima.pdf>. Acesso em: 30 dez. 2022;

MIZIARA, Raphael. *LGPD: razões de sua existência e impactos nas relações de emprego.* Disponível em: <https://www.jota.info/opiniao-e-analise/artigos/lgpd-razoes-de-sua-existencia-e-impactos-nas-relacoes-de-emprego-15032020>. Acesso em: 28 dez. 2022;

MONTEIRO, Ivana Miranda. *LGPD e Setor Financeiro na Economia Da 0Informação.* In: Direito do Trabalho de Emergência e os desafios presentes e futuros do Direito do Trabalho. Org: JALES ,Rafaela dos Santos; CRISPINIANO, Everton Souza. Campina Grande: Plural, 2021;

NUNES, A. F. NASCIMENTO, G. R. *As sanções e penalidades do descumprimento da LGPD: Qual o seu impacto nas empresas privadas?.* Anais.... 2021. ATIC-ENCONTRO DE INICIAÇÃO CIENTÍFICA, v. 17, n. 17, 2021. Disponível em: < http://intertemas.toledoprudente.edu.br/index.php/ETIC/ article/view/9168>. Acesso em: 30 out. de 2022;

NUNES, Daniele de Oliveira; OLIVIER, Nicolau.LGPD: a responsabilidade civil dos empregados enquanto envolvidos em operações de tratamento de dados. a responsabilidade civil dos empregados enquanto envolvidos em operações de tratamento de dados. Disponível em: < https://www.migalhas.com.br/depeso/336154/lgpd--a--responsabilidade-civil-dos-empregados-enquanto-envolvidos-em-operacoes-de--tratamento-de-dados> .Acesso em 21 fev.2023;

FREDES, Andrei Ferreira:*OS IMPACTOS Econômicos do Descumprimento da Lei Geral de Proteção de Dados.* [*S. l.*], 2 jun. 2022. Disponível em: <https://fredesandrei.jusbrasil.com.br/artigos/1524793738/os-impactos-economicos-do-descumprimento-da-lei-geral-de-protecao-de-dados>. Acesso em: 30 dez. 2022;

PINHEIRO, Iuri; BOMFIM, Vólia. *A Lei Geral de Proteção de Dados e seus Impactos nas Relações de Trabalho.* Disponível em: <http://trabalhoemdebate.com.br/artigo/detalhe/a-lei-geral-deprotecao-de-dados-e-seus-impactos-nas-relacoes-de-trabalho>. Acesso em 13 Dez. 2022;

PINHEIRO, Iuri; BOMFIM, Vólia. A Lei Geral de Proteção de Dados e seus impactos nas relações de trabalho. Instituto trabalho em debate, v. 1, 2020.

Regulamento Geral sobre a Proteção de Dados (679/2016). GDPR. Disponível em: <https://www.privacy-regulation.eu/pt/88.htm>. Acesso em: 09 dez. 2022;

STJ - SUPERIOR TRIBUNAL DE JUSTIÇA. *Lei geral da proteção de dados: Um marco na regulamentação sobre dados pessoais no Brasil.* 2020. Disponível em: < https://www.stj.jus.br/sites/portalp/Leis-e-normas/lei-geral-de-protecao -de-dados-pessoais-lgpd#carouselExampleIndicators>. Acesso: 30 out. de 2022;

STJ. *Lei Geral de Proteção de Dados Pessoais*- LGPD. Disponível em: <https://www.stj.jus.br/sites/portalp/Leis-e-normas/lei-geral-de-protecao-de-dados-pessoais-lgpd.>. Acesso em: 29 dez. 2022;

TAMBOSI , Paulo Vitor Petris. *Responsabilidade civil pelo tratamento de dados pessoais conforme a Lei Geral de Proteção de Dados (LGPD): subjetiva ou objetiva?*. 2021. Trabalho de Conclusão de Curso (Bacharelado em Direito) - Universidade Federal de Santa Catarina, [*S. l.*], 2021. Disponível em: < https://repositorio.ufsc.br/bitstream/handle/123456789/223444/TCC%20Responsabilidade%20civil%20conforme%20a%20LGPD%20Subjetiva%20ou%20Objetiva%20%20Paulo%20Vitor%20Petris%20Tambosi.pdfsequence=1&isAllowed=y>Acesso em: 28 dez. 2022;

TST. Tribunal Superior do Trabalho. Decisão. Disponível em: < https://jurisprudencia.tst.jus.br/> . Acesso em: 24 Fev. 2023;

TRT. Tribunal Regional do Trabalho 03ª Região. Decisão. Disponível em: <https://www.jusbrasil.com.br/jurisprudencia/trt-3/1230209577/inteiro-teor-1230209685>. Acesso em: 24 Fev. 2023;

UE. EDPB (*European Data Protection Board).* Disponível em: <https://edpb.europa.eu/about-edpb/more-about-edpb/article-29-working-party_pt>. Acesso em: 9 dez. 2022;

GOVERNO DIGITAL E REGULARIDADE FISCAL

ANDRÉ ELALI[352]
DANILO MARQUES DE QUEIROZ[353]
LEONARDO BEZERRA DE ANDRADE[354]
OTACÍLIO DOS SANTOS SILVEIRA NETO[355]

1. INTRODUÇÃO

É perceptível, com o avanço das ferramentas tecnológicas e o acesso ao mundo digital na sociedade atual, o fomento de iniciativas do poder público nas vertentes social, política e jurídica, visando à regulamentação das relações entre os próprios indivíduos e, estes, com o Estado. É evidente que nesse cenário, emergem consigo direitos e deveres entre as partes envolvidas, sobretudo nas relações econômicas, constando-se, nesse espectro, uma esfera político-jurídica voltada para a proteção de dados pessoais na ordem constitucional econômica e, por consequência, uma preocupação do Estado na regulamentação desse instituto.

Fala-se na relevância do critério econômico pela influência das relações econômicas no processo comportamental humano de tomada de decisão, observando-se nos estímulos ou desestímulos no processo decisório, a chamada economia comportamental que predomina no convívio em sociedade[356]. É nesse cenário que se constata a relação da evolução econômica alicerçada na evolução tecnológica, observando-se desafios para implementação da inovação

[352] Professor Associado de Direito Tributário da UFRN, Mestre e Doutor em Direito Público e Visiting Scholar do Max-Planck-Institüt für Steuerrecht e da Queen Mary University of London. E-mail: andreelali@gmail.com.
[353] Advogado. Mestrando em Direito pela Universidade Federal do Rio Grande do Norte (UFRN). E-mail: advdaniloqueiroz@gmail.com.
[354] Procurador da Fazenda Nacional, especialista em Direito e Processo Tributário, Mestrando em Direito pela Universidade Federal do Rio Grande do Norte (UFRN). E-mail: bezerra.leonar@gmail.com.
[355] Professor Associado do Departamento de Direito Público da UFRN. Mestrado em Ciências Jurídicas pela UFPB em Direito Econômico.f Doutorado em Direito Público pela Universidade de Zaragoza/Espanha (2009) com o Título de Doutor. E-mail: otaciliosneto@yahoo.com.br.
[356] SCHUMPETER, Joseph A. *Teoria do desenvolvimento econômico*: uma investigação sobre lucros, capital, crédito, juro e o ciclo econômico. Tradução de Maria Sílvia Possas. São Paulo: Editora Abril S.A. Cultural e Industrial, 1982, p. 9.

dentro das instituições, que no cenário atual, cada vez mais inevitável a utilização da tecnologia nas instituições públicas e privadas.

Dessa maneira, a evolução econômica, em consonância com ferramentas tecnológicas, reflete a superação de barreiras nas instituições e seus consumidores, visto que é uma consequência natural a resistência a inovação, necessitando de perseverança e força de vontade para transformar o inovador em algo padrão na sociedade, requerendo adaptação e tempo para implementação dessas inovações no aspecto social, principalmente pela administração pública, refletindo, acima de tudo, uma mudança de mentalidade[357].

Nesse sentido, a adaptação das mudanças nas organizações, por meio de ferramentas tecnológicas, também influencia no sistema econômico que, por sua vez, norteia a tomada de decisão em sociedade, por meio da economia comportamental. Se as ferramentas tecnológicas permitem um acesso mais facilitado, economicamente mais rentável e com tempo de acesso mais eficiente, há estímulos dos indivíduos para utilização dessas ferramentas tecnológicas. Daí porque há uma preocupação da administração pública, tanto na relação entre particulares, como também com o próprio poder público, a discussão e regulamentação para proteção dos dados pessoais.

É justamente nesse processo de inovação e implementação das ferramentas tecnológicas cada vez mais presente na sociedade que a administração pública passou a buscar cada vez mais se adequar a essa nova realidade, moldando-se a um processo de criação de instrumentos para que seja resguardado os direitos e garantias fundamentais dos indivíduos também no meio digital, além de estar em consonância com o mercado, cada vez mais presente no meio digital.

É possível ir além. Acrescendo o cenário econômico e dos indivíduos, dentro de um ambiente do próprio mercado, a circulação de riqueza também atrai olhares do Estado para o aspecto da tributação. Nos dizeres de Luís Eduardo Schoueri[358] a configuração estatal delineada na Constituição Federal de 1988 não é neutra,

---

357 SCHUMPETER. Joseph A. Op. cit. p. 61, nota 1.

358 SCHOUERI, Luís Eduardo. *Normas Tributárias Indutoras e Intervenção Econômica*. Rio de Janeiro: Forense, 2005, p. 36.

pois o constituinte demonstrou-se não conformado com a ordem econômica e social, por intermédio de vetores e pressupostos principiológicos no ordenamento jurídico, permitindo a consecução de medidas que viabilizem a intervenção estatal nessa mesma ordem econômica e social, objetivando o bem comum.

Ademais, é pertinente visualizar tal preocupação através do art. 170 da Constituição Federal quando menciona sobre os princípios gerais da atividade econômica, além do art. 174 da carta magna, demonstra a preocupação do constituinte em informar que o Estado exercerá na função de agente normativo e regulador da atividade econômica, com as funções de incentivo, fiscalização de planejamento, tanto no setor público e indicativo para o setor privado.

Ou seja, dentro da ordem econômica constitucional, o papel da administração pública tem grande importância, na medida em que a sociedade tem avançado com os recursos tecnológicos e influenciado na dinâmica das relações econômicas e sociais, também necessário que o Estado acompanhe esse processo de atualização, sobretudo na proteção dos dados pessoais, como também na garantia dos direitos e deveres fundamentais por meio do acesso digital.

Noutro pórtico, a administração pública na perspectiva tributária, em busca cada vez mais de eficiência no sistema arrecadatório, em respeito ao art. 37, *caput,* da Constituição Federal, tem buscado a implementação de uma cultura de cooperação e diálogo com o contribuinte, garantindo o acesso ao fisco por meio de recursos tecnológicos, destacando-se atualmente na esfera federal o sistema "Regularize", que detém uma plataforma com inteligência artificial voltada para tornar cada vez mais acessível o estado de regularidade fiscal do contribuinte.

Nesse sentido, urge a preocupação da administração pública com a publicidade e transparência no aspecto tributário, seja em relação à acessibilidade a serviços públicos, como também à concessão de incentivos fiscais por meio de ferramentas tecnológicas. Com o acervo digital, trouxe consigo a possibilidade de o poder público utilizar mais um mecanismo de publicidade e transparência, como também a existência de uma plataforma digital acessível ao contribuinte, criando um ambiente favorável para que o contribuinte busque cada vez mais um estado de cidadania fiscal.

Ademais, é certo que no Estado Brasileiro o dever de pagar tributos é de todos, seja de forma direta ou indireta. No entanto, quando a administração pública demonstra um tratamento dialógico e ético com a tributação, com o fomento da transparência, criação de instrumento para promover a educação da sociedade para conscientização do pagamento de tributos, além de mecanismos que torne acessível ao contribuinte mecanismos para atingir a regularidade fiscal, nota-se um avanço nessa relação costumeiramente litigiosa entre contribuinte e fisco.

Entretanto, é importante destacar os desafios inerentes à implementação desse "Governo Digital", na medida em que as pessoas que não tem acesso mínimo aos dispositivos de informática e internet, como também a questão do analfabetismo digital, na medida em que o Estado fornece um novo meio de acesso ao serviço público, também nasce consigo uma preocupação na efetivação do acesso desse cidadão mais vulnerável aos serviços públicos.

Portanto, o objetivo do presente capítulo consiste em abordar o novo cenário que a administração pública fiscal se encontra em relação ao contribuinte, vigorando o chamado "Governo Digital" inaugurado com a vigência da lei nº 14.129/21, que passou a regulamentar de forma prática as diretrizes das obrigações que o poder público deve ter com o tratamento dos dados pessoais e a prestação dos serviços que deve ocorrer em favor do contribuinte, destacando-se o caráter inovador do sistema "Regularize" como forma de acesso de diálogo e disposição de mecanismos para atingir o estado de regularidade fiscal, evidenciando-se um avanço na relação entre administração pública e o contribuinte.

2. DA EVOLUÇÃO E INSERÇÃO DO REGIME DE GOVERNO DIGITAL NO ESTADO FISCAL

Uma análise despretensiosa da mudança de acesso aos serviços públicos, doravante através de canais de comunicação através da internet iniciada a partir do estágio do "Governo Eletrônico", passando pela fase do "Governo Aberto" e alcançando a era do "Governo Digital" inaugurada por imperativo da Lei n. 14.129/21, pode levar a pensar se tratar de inovação natural, fruto do progressivo desenvolvimento de ferramentas tecnológicas que são disseminadas e exploradas comercialmente.

Poder-se-ia imaginar também se tratar de um movimento de emparelhamento necessário da Administração Pública com a iniciativa privada no trato de consumidores de serviços, de relacionamento com fornecedores, de gestão de dados e informações, de desenvolvimento de políticas corporativas que permitam otimização de fluxo de trabalho, de pessoas e de resultados.

Bem pensado esse processo "migratório" de relacionamento entre cidadãos, empresas, demais entidades sociais e Administração Pública, não deixa de ser consequência de tudo o que antes se mencionou posto se revelar inimaginável o desperdício de um instrumental facilitador de acesso, socialmente inclusivo, que elimina custos e deslocamentos além permitir instantaneidade formal e por vezes materiais do atendimento provocado.

Mas ainda não é só. Afora todas essas razões mencionadas não deixam de decorrer também de um progressivo processo de aculturamento digital no qual estamos crescentemente submergidos em qualquer esfera de manifestação da existência humana, tal qual o trabalho, o aprendizado, o interrelacionamento pessoal, entretenimento, prática religiosa etc.

A mais importante conotação, no entanto, conquanto não seja satisfatoriamente explorada, talvez diga respeito com o impacto dessa mudança de regime de relacionamento no trato dos direitos fundamentais da pessoa humana, nos princípios fundamentais e nos objetivos da república.

O processo de mudança da civilização, lento e gradual, que vai do pensamento medieval para a vida moderna foi caracterizado pelo crescimento racional da vida social. Por sua vez, a industrialização conduziu a uma transformação global nas sociedades em seus aspectos políticos, econômicos, científicos e tecnológicos que imprimiram severas modificações no contexto global. Com efeito, as novas tecnologias em comunhão com a produção industrial compactuaram mudanças culturais e sociais representativas de novos desafios e adaptações. A simples função utilitária da tecnologia digital que era característica inicialmente, agora passa a ter também o papel de agrupar pessoas em torno de algo em comum. Com a tecnologia, novos grupos sociais emergiram e surgiram, caracterizando a tecnologia como um instrumento de socialização e intercomunicação da sociedade global, importando em nova conjuntura a ser otimizada em proveito de todos[359].

Nesse contexto se insere a prerrogativa do cidadão se ver privilegiado no interrelacionamento que mantém ininterruptamente com a Administração Tributária em decorrência do protagonismo que ostenta num "Estado Fiscal". O compromisso com os direitos fundamentais importa na (re)estruturação da Administração Pública por pautar sua atuação sob a luz dos valores constitucionais. Ratifica-se na integralidade com a ideia de que a vinculação primeira e mais importante da Administração Pública diz respeito aos direitos fundamentais, expressão jurídica máxima da dignidade da pessoa humana que se sedimentou no constitucionalismo moderno[360].

Evidentemente que o caráter prestacionista dos direitos fundamentais se encontram sempre em estado de evidência, mormente quando enfrentamos a questão sob o prisma de países periféricos onde de fato encontramos violações jurídicas em curso que diz diretamente com a dignidade da pessoa humana.

Menos evidente, porém não menos merecedor de atenção, diz o caráter de custeio dos direitos fundamentais dada a necessidade da criação e manutenção de uma rede de financiamento suportar os custos inerentes ao patrocínio de prestações sociais. Daniel Sarmento lembra que a garantia dos direitos fundamentais depende de recursos escassos, leia-se, fonte de financiamento pecuniário, o que também vale para a proteção do mínimo existencial[361].

Dado o caráter universal dos direitos fundamentais, outra não foi a engenhosidade até então mais eficiente criada para patrociná-los senão coletivizar seus custos, pulverizando perante toda a sociedade o dever de contribuir para com a manutenção estatal e, consequentemente, para com suas obrigações constitucionais.

---

359 KREUZ, Leticia Regina Camargo; VIANA, Ana Cristina Aguilar. 4ª Revolução Industrial e governo digital: exame de experiências implementadas no brasil. *Revista Eurolatinoamericana de Derecho Administrativo*, [S.L.], v. 5, n. 2, p. 270-271, 28 dez. 2018. Universidad Nacional del Litoral. http://dx.doi.org/10.14409/redoeda.v5i2.9092.

360 BINENBOJM, Gustavo. *Uma teoria do direito administrativo*: direitos fundamentais, democracia e constitucionalismo. Rio de Janeiro: Renovar, 2006, p. 72.

361 SARMENTO, Daniel. *Dignidade da pessoa humana:* conteúdo, trajetórias e metodologias. Belo Horizonte: Editora Fórum, 2016, p. 228.

É nesse sentido que modernamente, especialmente nos países centrais que se encontram em um estado de desenvolvimento social e econômico à frente, adota-se o regime de Estado Fiscal, cuja ideia nuclear diz com a centralidade do sistema de arrecadação financeira estatal baseada na imposição tributária.

Nesse sentido o sistema tributário encerra o mecanismo mais importante em estabilidade e em grandeza para obtenção de receita pública no assim denominado "Estado Fiscal". Todo o sistema de financiamento do Estado, conforme estabelecido na Constituição, tem matriz massivamente tributária, não havendo a previsão de fontes não fiscais relevantes para a obtenção de receitas públicas, o que revela um estado de dependência para com o Sistema Tributário Nacional[362].

José Casalta Nabais[363], explicando as implicações do Estado Fiscal, sustenta haver um dever fundamental de pagar impostos, sustentando que o imposto não pode ser reputado como uma mera prerrogativa estatal, nem simplesmente como simples sacrifício para os cidadãos, mas antes como um elemento de participação de cada um a uma vida em comum e próspera de todos os membros da comunidade organizada em estado.

Importa observar que esse modelo de financiamento estatal é emancipador na perspectiva da garantia da liberdade ao cidadão exercer todas as suas potencialidades econômicas. Faz do contribuinte protagonista da ordem econômica dada a inserção do indivíduo na sociedade. Ser cidadão também é ser contribuinte, é agente participativo também no sistema de manutenção e financiamento estatal como lembra Regina Helena Costa[364].

O ser contribuinte importa, pois, em ser agente participativo de um sistema que globalmente considerado há de financiar as obrigações estatais, em especial as relativas aos direitos fundamentais em ordem de absoluta preferência e prioridade.

Porém, não é só o prisma contributivo que exsurge dessa relação. Impõe-se cumulativamente garantir ao cidadão fiscal, rigoro-

[362] ROCHA, Sergio André. *Fundamentos do direito tributário brasileiro.* Belo Horizonte: Casa do Direito, 2020, p. 14.

[363] NABAIS, José Casalta. *O Dever Fundamental de Pagar Impostos.* Almedina: Coimbra, 1998 p. 185.

[364] COSTA, Regina Helena. *Curso de direito tributário.* 4. ed. São Paulo: Saraiva, 2014, p. 29.

samente em dia para com seus deveres fiscais, a prerrogativa de se achar em gozo de um "estado de regularidade fiscal" que lhe permita explorar toda sua potencialidade econômica; de não se ver molestado por restrições constritivas, cadastrais e reputacionais; de desfrutar da plenitude da sensação do dever cumprido.

Como sustenta Ricardo Lobo Torres[365], o tributo funcionaria como a condição de emancipação, ou seja, o preço a ser pago pela liberdade, eis que o indivíduo se distancia do Estado na Medida em que a prestação fiscal substitui os deveres pessoais e alivia as proibições jurídicas, não lhe sendo devido nem exigido nada mais para o usufruto de suas potencialidades.

Nesse sentido é que se impõe à Administração Pública a adoção de uma política pública que estimule o caráter contributivo do cidadão e que também favoreça o alcance de um estado de regularidade fiscal através de institutos e instrumentos outros em concorrência com o pagamento. A ideia motriz diz com o estabelecimento de um arranjo institucional de fácil acesso, publicamente disponível, que encoraje e exalte o cidadão a afluir para os seus canais, compreenda suas obrigações e tenha ao seu dispor manancial de instrumentos para se ver em "estado de graça" sob o prisma fiscal.

É certo que no Brasil, desde a década de 1990, a Administração Pública vem empregando recursos de tecnologia em sua rotina burocrática, o que se convencionou falar em "Governo Eletrônico" (e-gov). A Lei n. 14.129/21 que dispõe sobre o Governo Digital, inaugura novo estágio civilizatório de interrelacionamento, estabelecendo princípios e diretrizes em atenção ao cidadão, ao cidadão fiscal que tenciona gozar do *status* de regularidade fiscal. Do aludido diploma legal sobressai a temática fiscal imperativa de "desburocratização", "transformação digital", "participação do cidadão", além de demais vetores ainda mais particularizados no art. 3º da lei em referência.

Numa perspectiva mais abrangente, o rol principiológico advindo da Lei n. 14.129/21 poderia ser considerado desdobramento do princípio constitucional maior da "eficiência", estabelecendo-se

---

365 TORRES, Ricardo Lobo. *A ideia de liberdade no estado patrimonial e no estado fiscal*. Rio de Janeiro: Renovar, 1991, p. 37.

uma relação de sub e sobreprincípio ou de eficácia interna direta ou indireta na clássica classificação de Humberto Ávila.

3. O GOVERNO DIGITAL E SUAS APLICAÇÕES SOB A PERSPECTIVA FISCAL

Sob os influxos da disciplina inaugurada com a lei do Governo Digital, a Administração Tributária, especificamente através do órgão gestor da Dívida Ativa da União - Procuradoria Geral da Fazenda Nacional - pôs em produção uma plataforma inteiramente digital, unificada, interativa e de fácil acesso e manuseio, cuja denominação - "Regularize" - carrega no próprio nome intrinsecamente um viés de conduta orientado para sua implementação.

Trata-se de uma plataforma digital que se destaca por ocupar o maior espaço da tela e contar com convidativos arranjos arquitetônicos de *visual law* no sítio eletrônico da PGFN - Procuradoria Geral da Fazenda Nacional, de modo que o contribuinte ali chegando tenha sem dificuldades de entendimento as informações que precisa e as soluções ao seu alcance.

Inclusive, importante mencionar a inteligência artificial "Ize" da plataforma Regularize em que funciona como uma assistente virtual, como um *chatbot* (robô conversacional), que já possui um banco de respostas cadastradas com as principais dúvidas dos contribuintes, como forma de viabilizar um canal de atendimento mais acessível e facilitado, com uma comunicação menos burocrática e mais abrangente, visando atender ao maior número de pessoas com as principais dúvidas existentes.

Além disso, quando o contribuinte se comunica com a assistente virtual "Ize", a própria inteligência artificial indica os caminhos para solucionar os problemas, seja na perspectiva de adimplemento, transação, parcelamento do crédito, certidões, aplicativos, etc., demonstrando um aspecto vasto de serviços que surgiram graças a tecnologia e o ambiente proposto pelo "Governo Digital" atual.

Dada a variedade de informações e de serviços de atendimento disponíveis, mais que uma suíte de aplicativos, o Regularize funciona como uma repartição pública virtual na qual o contribuinte acessa digitalmente e ali tem condições de resolver toda e qualquer pendência que se ache vinculado envolvendo a Dívida Ativa da União.

É nesse sentido que Lucas Borges Carvalho[366] demonstra a importância do pragmatismo e do pressuposto de confiança na relação da administração pública com o administrado, sendo cada vez mais necessário uma percepção em consonância com a vivência prática, afastando-se de ritos e formalidades excessivas que não resolvem o problema efetivamente, tendo como base os resultados e entrega aos administrados, na perspectiva tributária, emergindo uma cultura cooperativa e dialógica do fisco com o contribuinte. Daí aludido autor erigir 2 (duas) colunas estruturantes com foco em resultados e entregas a serem efetuadas aos cidadãos, a saber, pragmatismo [que importa no abandono do excesso de formalismo marcada pela burocracia]; pressuposto da confiança [que importa na rejeição da cultura da desconfiança e abre a mente para canais inovativos, digitais, virtuais entre outras possibilidades].

Assim sendo, nota-se que por muitos anos no Brasil vigorou uma cultura de litigiosidade tributária, notando-se uma desconfiança recíproca entre contribuinte e administração pública, havendo pouco mecanismos de transação, pouco diálogo e escassez de utilização de plataformas digitais. Conforme Lucas Borges Carvalho, a concepção jurídica formalista e burocrática fomenta exigências por vezes desnecessárias, incentiva o conservadorismo e a apatia de servidores e gestores públicos, fomentando a litigiosidade entre as partes[367].

No cenário atual, a perspectiva do "Governo Digital" permite um cenário em que a administração pública tenha como princípios norteadores a transparência, inovação, confiança e eficiência com auxílio de ferramentas tecnológicas, permitindo uma mudança de cultura com mecanismos que gerem a confiança na relação entre administração pública e contribuinte, sendo elementos importantes a transparência, aumento da comunicação entre as partes e uniformização dos atos na plataforma "Regularize", aumentando

---

[366] BORGES DE CARVALHO, L. Governo digital e direito administrativo: entre a burocracia, a confiança e a inovação. *Revista de Direito Administrativo*, [S. l.], v. 279, n. 3, 2000, p. 137. DOI: 10.12660/rda.v279.2020.82959. Disponível em: https://bibliotecadigital.fgv.br/ojs/index.php/rda/article/view/82959. Acesso em: 28 dez. 2022.

[367] BORGES DE CARVALHO, L. Op. cit. p. 143, nota 11.

a sensibilidade quanto ao problema do administrado de boa-fé, demonstrando grande avanço na própria cultura resolutiva de questões fiscais.

Há basicamente 6 (seis) segmentos de atendimento ao cidadão disponibilizado para ser utilizado isolada ou cumulativamente, proporcionando desde o entendimento de suas informações até o acionamento dos instrumentos digitais que possuem o condão de conduzi-lo ao estado de regularidade fiscal para com a Administração Tributária Federal.

Para saber da condição própria ou de terceiros que mantém com a Dívida Ativa da União há disponibilizado serviço de emissão de certidão de regularidade fiscal, de consulta a lista de devedores, de consulta de débitos e da capacidade de pagamento que mantém aos olhos da Administração Tributária.

Para extinção definitiva de eventuais pendências financeiras, existe o serviço de emissão de Darf, documento de arrecadação federal que uma vez submetido à rotina de pagamento em qualquer instituição vinculada ao sistema financeiro nacional possui o condão de liquidar o débito fiscal no exíguo espaço de tempo demandado para compensações bancárias.

Se a ideia for a utilização de demais mecanismos alternativos de solução de débitos ao pagamento, contempla a possibilidade de formalização de parcelamentos, transações, negócios jurídicos processuais no prazo e condições legais estabelecidas a depender do regime legal aplicável.

Nessa temática sobressai a possibilidade da realização da transação tributária regulamentada pela lei nº 13.988/2020 em que permitiu, por meio do sistema "Regularize" a possibilidade da negociação do débito tributário do contribuinte com a administração pública, tanto na modalidade adesão, em que a aceitação da redução de juros e multa, como também parcelamento da dívida é feito após a aceitação e preenchimento dos requisitos, como também da proposta individual, em que é possível o fornecimento de uma proposta de transação, dependendo da aceitação do fisco, cuja negociação ocorre dentro do meio digital, tendo a possibilidade do contribuinte atingir a regularidade fiscal com a negociação direta com a administração pública.

Sendo interesse do contribuinte discutir administrativa ou judicialmente a pendência apresentada, suspendendo os efeitos do estado de "inadimplência" fiscal e com direito à obtenção de certidão positiva com efeito de negativa de débitos, oferta-se a possibilidade do depósito do valor do débito, da averbação da garantia (penhora, fiança bancária, seguro-garantia) ou da decisão judicial apta a produzir efeitos imediatos na condição da exigibilidade do crédito.

E se ainda for do interesse do contribuinte interagir com a Administração Tributária, seja através do diálogo ou de pedidos, razões e documentos a serem conhecidas e apreciadas pela Administração Tributária, está disponível o serviço de atendimento com o Procurador, bem assim o pedido de revisão de débitos inscritos em Dívida Ativa da União, respectivamente, ocasião em que o contribuinte tem condições de dialogar, apresentar suas razões, propostas e documentos a serem levadas em consideração relativamente aos estoque de débitos que eventualmente mantenha com a Administração Tributária.

Finalmente, mais recentemente, certamente sob os influxos do princípio do relevante "participação do cidadão", restou disponibilizo adicionalmente canal de denúncia patrimonial, ferramenta na qual qualquer cidadão pode contribuir para com as atividades da PGFN, fornecendo informações sobre a localização de bens, de devedores, da utilização de fraude fiscal estruturada que seja do interesse da Fazenda Pública conhecer para fazer uso nas suas atribuições legais.

Além disso, é importante mencionar também o aplicativo "Dívida Aberta" da Procuradoria-Geral da Fazenda Nacional (PGFN) em que apresenta os devedores inscritos em dívida ativa da União ou do Fundo de Garantia do Tempo de Serviço (FGTS) em situação irregular, em que através da consulta rápida por nome, seja razão social ou fantasia, ou até mesmo pela busca por CPF/CNPJ, permite qualquer contribuinte ter acesso se a empresa possui débitos em dívida ativa em situação irregular, permitindo também o contribuinte interagir com a plataforma para informar se a empresa efetivamente presta serviço naquele local.

Perceba não haver limite de externalidades positivas advindas da era do Governo Digital, seja para o incremento de melhorias de serviços tradicionalmente ofertados em favor do cidadão, seja para a própria instituição responsável pela gestão da Dívida Ativa, possibilitando eliminação de custos, realocação e otimização de recursos humanos, materiais e imateriais.

Num movimento disruptivo, por assim dizer, destacamos o desenvolvimento de uma ferramenta digital sob a denominação "Comprei", cuja vocação é disponibilizar ao público pela rede mundial de computadores a possibilidade de adquirir [arrematar] via acesso ao site da Procuradoria Geral da Fazenda Nacional bens judicialmente penhorados, inclusive de forma parcelada. O que antes se operava exclusivamente através de leilões judiciais, cuja ocorrência depende de uma série de circunstâncias inerentes a outro Poder [Judiciário], o que na prática implicava na existência de 1 [um] ou 2 [dois] leilões anuais, com o advento do "Comprei" a Administração Tributária, previamente se encarregando de fazer a interlocução com o Poder Judiciário, disponibiliza 24 [vinte e quatro] horas por dia a possibilidade de expropriação de bens penhorados, beneficiando concomitantemente quer a atividade fim da Administração Tributária [satisfazendo créditos tributários], quer a atividade fim do Poder Judiciário da entrega da prestação jurisdicional efetiva.

Assim sendo, percebe-se que o cenário do "Governo Digital" na administração pública tributária trouxe consigo diversas ferramentas digitais que permite uma nova perspectiva dialógica do contribuinte com a administração pública, seja no sentido do acesso a mecanismos para maior interação e cooperação com o Estado na arrecadação tributária, como também no acesso aos serviços públicos existentes com as ferramentas tecnológicas disponíveis.

Entretanto, em que pese verificar diversos aspectos que remetem a atuação do poder público em relação ao mundo digital e avanços com criação de plataformas por meio de sites e aplicativos que concedam o acesso ao contribuinte, há um outro aspecto que não pode ser ignorado na presente discussão. Analisando a realidade do Brasil, verifica-se que ainda há uma quantidade significativa de pessoas que não detém conhecimento mínimo digital, conhecido por analfabetismo digital, como também a própria barreira pela falta de um *smartphone* ou recurso que permita ter acesso às ferramentas digitais.

Nesse sentido, evidencia-se que um dos desafios da administração pública é proporcionar acessibilidade aos cidadãos para que tenham condições mínimas de usufruir dos serviços públicos prestados, seja através da ampliação do uso de *smartphone*, conexão à internet e promoção de medidas educacionais para auxiliar as pessoas a interagirem virtualmente. Ocupa-se de apresentar um modelo de trabalho diferenciado de prestação de serviços, importando primordialmente em coordenação institucional e estratégia de longo prazo, permitindo desenvolvimento de políticas de Estado, sustentabilidade e novas experiências abertas à inovação em ações e projetos estatais.

Havendo mesmo que um estímulo a condensação de todo esse cabedal de serviços em um único espaço virtual, erigindo-se o cidadão à condição de protagonista e artífice dos contornos da relação que mantém com a Administração Tributária, é possível fazer vinculação imediata com vários dos princípios e diretrizes que decorrem do macrossistema "Governo Digital".

Perceba que há uma mudança de eixo sobre os cidadãos, que passam a ser tratados como contribuintes ativos na gestão de assuntos públicos, artífices e protagonistas na condição de agente participativo sejo desenvolvimento do projeto, seja na fase de produção propriamente dita, o que pode ser realizado, especialmente, por meio de aplicativos, plataformas e redes sociais[368].

Destacaríamos com maior intensidade, posto ser possível fazer uma correlação imediata ao primeiro lanço de vista, o prestígio de diretivas tais quais a desburocratização, gratuidade, a centralização em plataforma única, a prevalência do uso da tecnologia, a interoperabilidade entre sistemas, o protagonismo do cidadão, a promoção do desenvolvimento tecnológico e da inovação na prestação do serviço público.

A prestação de serviços públicos sob o enfoque dos ditames da disciplina do Governo Digital funciona como consubstanciadora de direitos sociais, inclusive para empoderar a faceta social da

---

[368] VIANA, Ana Cristina Aguilar. Transformação digital na administração pública: do governo eletrônico ao governo digital. *Revista Eurolatinoamericana de Derecho Administrativo*, [S.L.], v. 8, n. 1, p. 123, 30 jun. 2021. Universidad Nacional del Litoral. http://dx.doi.org/10.14409/redoeda.v8i1.10330.

Constituição e seu caráter desenvolvimentista. Evidente o propósito de densificação dos direitos sociais.

É nesse prisma que enxergamos a prerrogativa do cidadão fiscal se ver acolhido no trato com a Administração Tributária. Estando ou não em dia para com suas obrigações fiscais, a só existência de todo um arsenal digital, distante alguns cliques de qualquer dispositivo computacional ligado à internet, encerra um prestígio e uma prerrogativa constitucional ao seu dispor.

Estando em estado de inadimplência ou em pleno estado de quitação para com suas obrigações tributárias, principais ou acessórias, a proximidade de um atendimento digital, de fácil manuseio, gratuito, reforça a centralidade dos direitos fundamentais da pessoa humana, ainda que na forma apenas de uma certidão de regularidade fiscal que acalente sua convicção do direito de ser atestado como "regular", como contrapartida do contributo desempenhado na condição de cidadão fiscal.

4. CONCLUSÃO

Como exposto, verifica-se o "Governo Digital" regulamentado por meio da Lei nº 14.129/21 trouxe consigo uma série de direitos e deveres do Estado na prestação dos serviços públicos em favor do administrado, como também uma importante preocupação do Estado no resguardo dos dados pessoais dos cidadãos.

Ato contínuo, constatou-se que a legislação na implementação das ferramentas tecnológicas representou, acima de tudo, uma mudança de mentalidade. Por muito tempo, houve uma resistência cultural na burocratização e formalidade por vezes excessiva no funcionalismo público, mas com o advento de aplicativos e sites para prestação de serviços públicos trouxe consigo o foco na acessibilidade e resolutividade do problema do cidadão.

Ademais, a utilização da internet como forma de prestação dos serviços mundo digital é uma realidade vivenciada por décadas na esfera privada, de maneira que a referida legislação trouxe a necessidade de modernização e adequação do poder público às inovações tecnológicas, sendo considerado um ponto positivo nesse aspecto.

Noutro pórtico, os avanços civilizatórios trouxeram consigo direito de acesso à informação aos cidadãos, no que corresponde à contrapartida obrigação da Administração Pública preparar-se para respectiva prestação, envolvendo implicitamente dispêndio de energia e recursos pelo Poder Público na criação de instrumentos tecnológicos para serem fornecidos aos cidadãos.

Cabe frisar também que trouxe a possibilidade dos cidadãos demandarem serviços públicos, com foco na universalidade do acesso e auto serviço, demonstrando que o ambiente digital permitiu a criação de novas maneiras do cidadão de resolver problemas e receber serviços da administração pública por meio de um *smartphone* ou dispositivo eletrônico com acesso à internet, especificamente para aqueles que detém os requisitos mínimos de acessibilidade digital.

Outrossim, cabe destacar também o fomento à transparência e cultura de confiança com a centralização do diálogo entre administração pública e contribuinte na plataforma para resolução de demandas tributárias, visando a regularidade fiscal do contribuinte. Além disso, destaca-se a criação de aplicativos e sites com intuito de aumentar a interatividade do contribuinte com o fisco, promovendo cada vez mais o cenário dialógico do cidadão com a administração pública, permitindo uma relação pautada na presunção de boa-fé e cooperação.

Noutro pórtico, importante frisar a existência dos desafios que a administração pública detém para combater o analfabetismo digital e as barreiras digitais, visto que é necessário para ter acesso aos serviços oriundos da internet, minimamente, um dispositivo eletrônico que tenha acesso à internet, de maneira que iniciativas públicas nesse sentido cada vez mais serão necessárias, com objetivo de permitir a inserção desses cidadãos nesse novo escopo de prestação de serviços públicos e garantia de direitos.

Assim sendo, o cenário futuro para viabilizar a ampliação dos serviços públicos por meio digital também deve ser acompanhado de um processo de evolução dos cidadãos em relação ao acesso à internet e capacidade de compreensão básica dos recursos tecnológicos, para que o fomento dessa vertente seja acompanhado da acessibilidade universal dos cidadãos aos serviços prestados, visando a eficiência na utilização dos recursos tecnológicos disponibilizados.

Há muito a ser desenvolvido. O caminho adotado pela lei nº 14.129/21 implantando conceito de "Governo Digital" representa um avanço civilizatório para criação e desenvolvimento de uma cultura digital na medida em que, numa ponta, importa em acessibilidade universal aos cidadãos e, em outra, na eficiência da prestação de serviços públicos fiscais.

REFERÊNCIAS

ÁVILA, Humberto. *Teoria dos princípios:* da definição à aplicação dos princípios jurídicos. 10. ed. São Paulo: Malheiros, 2009.

BINENBOJM, Gustavo. *Uma teoria do direito administrativo*: direitos fundamentais, democracia e constitucionalismo. Rio de Janeiro: Renovar, 2006.

BRASIL. Constituição (1988). Constituição da República Federativa do Brasil. Brasília, DF: Senado Federal: Centro Gráfico, 1988.

BRASIL. Lei Ordinária nº 13.988, de 14 de abril de 2020. Brasília, 2020. Disponível em: http://www.planalto.gov.br/ccivil_03/_ato2019-2022/2020/Lei/L13988.htm Acesso em 28 Mar. 2021.

BRASIL. Procuradoria Geral da Fazenda Nacional. Comprei. [Brasília]: PGFN, 2023. Disponível em: https://www.comprei.pgfn.gov.br/. Acesso em: 10 fev. 2023.

BRASIL. Procuradoria Geral da Fazenda Nacional. Lista de Devedores. [Brasília]: PGFN, 2023. Disponível em: https://www.listadevedores.pgfn.gov.br/. Acesso em: 10 fev. 2023.

BRASIL. Procuradoria Geral da Fazenda Nacional. Regularize. [Brasília]: PGFN, 2023. Disponível em: https://www.regularize.pgfn.gov.br/. Acesso em: 10 fev. 2023.

COSTA, Regina Helena. *Curso de direito tributário*. 4. ed. São Paulo: Saraiva, 2014.

NABAIS, José Casalta. *O Dever Fundamental de Pagar Impostos*. Almedina: Coimbra, 1998.

ROCHA, Sergio André. *Fundamentos do direito tributário brasileiro*. Belo Horizonte: Casa do Direito, 2020.

SARMENTO, Daniel. *Dignidade da pessoa humana*: conteúdo, trajetórias e metodologias. Belo Horizonte: Editora Fórum, 2016.

SCHUMPETER, Joseph A. *Teoria do desenvolvimento econômico*: uma investigação sobre lucros, capital, crédito, juro e o ciclo econômico. Tradução de Maria Sílvia Possas. São Paulo: Editora Abril S.A. Cultural e Industrial, 1982.

SCHOUERI, Luís Eduardo, *Normas Tributárias Indutoras e Intervenção Econômica*. Rio de Janeiro: Forense, 2005, p. 36

TORRES, Ricardo Lobo. *A ideia de liberdade no estado patrimonial e no estado fiscal*. Rio de Janeiro: Renovar, 1991.

KREUZ, Leticia Regina Camargo; VIANA, Ana Cristina Aguilar. 4ª Revolução Industrial e governo digital: exame de experiências implementadas no brasil. *Revista Eurolatinoamericana de Derecho Administrativo*, [S.L.], v. 5, n. 2, p. 267-286, 28 dez. 2018. Universidad Nacional del Litoral. http://dx.doi.org/10.14409/redoeda.v5i2.9092.

VIANA, Ana Cristina Aguilar. *Transformação digital na administração pública*: do governo eletrônico ao governo digital. *Revista Eurolatinoamericana de Derecho Administrativo*, [S.L.], v. 8, n. 1, p. 115-136, 30 jun. 2021. Universidad Nacional del Litoral. http://dx.doi.org/10.14409/redoeda.v8i1.10330.

BORGES DE CARVALHO, L. *Governo digital e direito administrativo*: entre a burocracia, a confiança e a inovação. Revista de Direito Administrativo, [S. l.], v. 279, n. 3, p. 115–148, 2020. DOI: 10.12660/rda.v279.2020.82959. Disponível em: https://bibliotecadigital.fgv.br/ojs/index.php/rda/article/view/82959. Acesso em: 28 dez. 2022.

ANÁLISE DA APLICAÇÃO DA LGPD NAS PESQUISAS EM SAÚDE PÚBLICA

LUKAS DARIEN DIAS FEITOSA[369]
ANDERSON SOUZA DA SILVA LANZILLO[370]

1. INTRODUÇÃO

O atual modelo socioeconômico que vem se consolidando desde o início do século vem colocando, cada vez mais, os dados e os resultados de suas análises como elementos centrais para o planejamento, a análise e o próprio funcionamento da economia e das relações sociais.

Já há muito as informações são tratadas como recursos valiosos, seja na perspectiva de sua exploração, lícita ou ilícita, seja, naturalmente, na lógica de sua proteção e, consequentemente, na proteção de seus titulares, pessoas físicas ou jurídicas.

O dado pessoal, nesse contexto, também tem seu valor reconhecido pelos mais diversos segmentos da economia. Naturalmente, ante o ímpeto dos mais diversos interessados em ter acesso a esses dados, muitas vezes de forma ilegítima, fez-se necessária a criação de um microssistema de proteção dos dados pessoais, microssistema esse solidificado, infraconstitucionalmente, pela promulgação da Lei Federal 13.709/2018[371], a Lei Geral de Proteção de Dados Pessoais (LGPD), e constitucionalmente pela Emenda Constitucional 115, que incluiu no rol dos direitos fundamentais o Direito à Proteção dos Dados Pessoais[372].

Entre tantas inovações que as referidas normas estabeleceram, a LGPD apresenta alguns dispositivos que impactam diretamente a atividade de pesquisa científica que faz uso de dados

[369] Advogado. Colaborador do Comitê de Privacidade e Proteção de Dados Pessoais da UFRN. Graduado e Mestrando em Direito pela UFRN. E-mail: lukasdarien@gmail.com.
[370] Advogado. Professor Associado do Departamento de Direito Privado e do Programa de Pós-Graduação em Direito da UFRN. Graduado e Mestre em Direito e Doutor em Estudos da Linguagem pela UFRN. E-mail: anderson.lanzillo@ufrn.br.
[371] LEI Nº 13.709, DE 14 DE AGOSTO DE 2018 - Lei Geral de Proteção de Dados Pessoais (LGPD) – Disponível em: https://www.planalto.gov.br/ccivil_03/_ato2015-2018/2018/lei/l13709.htm
[372] CONSTITUIÇÃO FEDERAL, art. 5º, LXXIX – é assegurado, nos termos da lei, o direito à proteção dos dados pessoais, inclusive nos meios digitais.

pessoais, inclusive aquelas realizadas por órgãos de pesquisa no contexto da saúde pública.

Ocorre que a LGPD, haja vista a sua própria natureza principiológica, vem por estabelecer normas gerais sobre o tratamento de dados pessoais nos meios físicos e digitais. A Lei, apesar de criar uma série de obrigações para os agentes de tratamentos de dados, em muitos casos, como na pesquisa em saúde, não apresenta as balizas práticas e específicas para cada atividade, função essa delegada à Autoridade Nacional de Proteção de Dados Pessoais (ANPD).

Além do mais, a própria LGPD prevê que os agentes de tratamento, sejam controladores ou operadores de dados pessoais, formulem regras de boas práticas e de governança que constituam os elementos mínimos de organização e de funcionamento de suas atividades de tratamento de dados, incluindo a descrição dos procedimentos e as obrigações de todos os envolvidos nos processos de tratamentos de dados pessoais[373].

Apesar do inequívoco aspecto positivo desse tipo de compartilhamento de responsabilidades, principalmente em benefício do titular dos dados pessoais, fato é que a autorregulação possui limitações, especialmente quando se trata de pessoas jurídicas de direito público enquanto agentes de tratamentos, haja vista sua necessária vinculação ao princípio da legalidade[374].

Ademais, se mostra imperativo, mediante a consolidação da proteção dos dados pessoais enquanto direito fundamental, que isso seja levado em consideração quando da implementação de estratégias de autorregulação que, eventualmente, deverão passar pelo crivo do texto constitucional.

A necessidade de um arcabouço legal expresso e estruturado para a pesquisa em saúde que enfrente essas questões, portanto, ganha especial importância quando levamos em consideração que são as instituições públicas de pesquisa as responsáveis pela quase totalidade da produção acadêmica nacional. A título de ilustração, em análise realizada pela *Clarivate Analytics,* a pedido da Coordenação de Aperfeiçoamento de Pessoal de Nível Superior –

---

[373] LGPD, art. 50 e 51

[374] CONSTITUIÇÃO FEDERAL, Art. 37 – A administração pública direta e indireta de qualquer dos Poderes da União, dos Estados, do Distrito Federal e dos Municípios obedecerá aos princípios de legalidade, impessoalidade, moralidade, publicidade e eficiência [...].

CAPES, nas publicações indexadas na *Web of Science*, entre 2011 e 2016, constatou-se que 95% das publicações foram produzidas por universidades públicas federais ou estaduais[375], o que mostra a importância do setor público na produção científica brasileira.

De todo modo, o atual momento da pesquisa científica em saúde ante às demandas surgida após a entrada em vigência da LGPD é, inicialmente, compreender quais são os dispositivos da lei que se correlacionam diretamente com a atividade de pesquisa em saúde, quais são as responsabilidades específicas dos agentes de tratamento neste contexto e, consequentemente, quais os ajustes e adequações que os órgãos de pesquisa e, naturalmente, os pesquisadores precisarão realizar nas suas rotinas.

Neste sentido, o presente trabalho tem por objetivo a realização de uma análise dos dispositivos contidos na Lei Geral de Proteção de Dados Pessoais que se relacionam, direta ou indiretamente, com a atividade de pesquisa em saúde, buscando compreender, especificamente, quais as responsabilidades estabelecidas pela lei para os agente de tratamento que atuam produção acadêmica em saúde, as determinações sobre a gestão de dados pessoais bem como as necessidades de segurança demandadas pelo setor.

Desse modo, com a utilização do método de pesquisa indutivo, a técnica de abordagem utilizada por este trabalho foi a pesquisa teórico-descritiva de caráter qualitativa, com a realização dos procedimentos técnicos de pesquisa bibliográfica e documental, com a análise do texto da Lei Federal 13.709/2018 para a identificação dos dispositivos legais que se impõem sobre a pesquisa científica em saúde pública, bem como das publicações científicas da área, de modo a aclarar os conceitos legais e sua aplicação à prática científica.

Este trabalho está estruturado de modo a iniciar a sua discussão, no tópico II, apresentando os conceitos teóricos e jurídicos sobre a proteção de dados pessoais e a autodeterminação informativa. No tópico III serão analisados, especificamente, os dispositivos legais que estabelecem as responsabilidades e direitos dos

---

375 CLARIVATE ANALYTICS. *Research in Brazil: a report for capes by Clarivate Analytics*, 2017 Disponível em: <https://www.gov.br/capes/pt-br/centrais-de-conteudo/17012018-capes-incitesreport-final-pdf/view>. Acesso em: 27 de jul. de 2022.

agentes de tratamento e dos titulares dos dados pessoais na lógica da pesquisa científica em saúde. No tópico IV será discutida a importância e a necessidade dos órgãos de pesquisa adotarem estratégias de segurança validadas e adequadas às especificidades de suas atividades. Já no tópico V será discutido o conceito de anonimização e seus impactos na realização das pesquisas em saúde.

2. PROTEÇÃO DE DADOS PESSOAIS E A AUTODETERMINAÇÃO INFORMATIVA

A Emenda Constitucional 115[376], promulgada em 10 de fevereiro de 2022, consolidou um longo processo de garantia do direito à proteção dos dados pessoais no Brasil.

A inserção do direito à proteção dos dados pessoais no rol dos direitos e garantias fundamentais encartadas na Constituição Federal é um passo importante na efetivação desse direito, que hoje goza da proteção do já citado microssistema de proteção aos dados pessoais, microssistema esse encabeçado pela Lei Geral de Proteção de Dados Pessoais (LGPD).

A LGPD adota como definição de dados pessoais as informações relacionadas a pessoas naturais identificadas ou identificáveis. Destaque-se, ainda, que a Lei estabelece como dado pessoal sensível, passíveis de proteção ainda mais rigorosa, aquelas informações que tratem sobre origem racial ou étnica, convicção religiosa, opinião política, filiação a sindicato ou a organização de caráter religioso, filosófico ou político, dado referente à saúde ou à vida sexual, dado genético ou biométricos de uma pessoa natural[377].

Esse tipo de informação, quando reunida em uma base de dados, possuem a capacidade de estabelecer o perfil de uma pessoa, ou seja, definir a sua própria identidade, o que, no mundo contemporâneo cujas fundações se interligam cada vez mais às informa-

[376] EMENDA CONSTITUCIONAL Nº 115, DE 10 DE FEVEREIRO DE 2022 - Altera a Constituição Federal para incluir a proteção de dados pessoais entre os direitos e garantias fundamentais e para fixar a competência privativa da União para legislar sobre proteção e tratamento de dados pessoais. Disponível em: https://www.planalto.gov.br/ccivil_03/constituicao/Emendas/Emc/emc115.htm

[377] BRASIL. **Lei Geral de Proteção de Dados Pessoais (LGPD).** Lei nº 13.709, de 14 de agosto de 2018. Lei Geral de Proteção de Dados Pessoais (LGPD). Disponível em: <http://www.planalto.gov.br/ccivil_03/_ato2015-2018/2018/lei/l13709.htm>. Acesso em: 15 ago. 2022.

ções disponíveis e disponibilizadas, é um recurso que ganha cada vez mais relevância[378].

Os dados pessoais, na atual sociedade cada vez mais conectada e dependente – social, política e economicamente – de sistemas de compartilhamento de dados, ganham especial importância na consolidação da liberdade individual, haja vista que é cada vez mais reconhecida a capacidade de influência que determinados tratamentos de dados podem exercer na vida de uma pessoa, direcionando escolhas e até limitando oportunidades, muitas vezes sem consentimento ou, ainda, ciência do indivíduo que vem a ser objeto desse tipo de intervenção externa.

Esse nível de evolução tecnológica demanda, naturalmente, uma adequação do próprio Direito. O microssistema de proteção dos dados pessoais se apresenta, portanto, como um elemento chave nesse cenário, haja vista que o ordenamento jurídico é um agente central na configuração do contexto socioeconômico que será estabelecido, contexto esse que, idealmente, possa possibilitar ao cidadão o controle sobre as informações referentes a sua pessoa[379].

Atualmente, é indiscutível que o acesso não autorizado aos dados pessoais é ileal e passível de sanções específicas. Contudo, para além dessa perspectiva, faz-se necessário a compreensão, tanto pelos agentes de tratamento quanto os próprios titulares, de que o uso dos dados pessoais, ainda que tenha se garantido o acesso legítimo a eles, depende do respeito às determinações legais e, principalmente, da autodeterminação informacional, que garante ao titular transparência sobre o uso de seus dados, e o respeito às finalidades estabelecidas, assegurando ao titular a capacidade de requerer correções e, até, o apagamento dos seus dados, respeitando-se a legislação pertinente[380].

---

[378] KLEE, Antonia Espíndola Longoni; NETO, Alexandre Nogueira Pereira. *A Lei Geral de Proteção de Dados (LGPD): uma visão panorâmica*. Cadernos Adenauer [Internet], v. 3, p. 11-33, 2019.

[379] DONEDA, Danilo. *Registro da sustentação oral no julgamento da ADI 6389, sobre a inconstitucionalidade do art 2º, caput e §§ 1º e 3º da MP 954/2020*. civilistica.com, v. 9, n. 1, p. 1-9, 2020.

[380] BIONI, Bruno. *Regulação de dados é uma janela de oportunidade*. In: Proteção de dados [livro eletrônico]: contexto, narrativas e elementos fundantes. Org. Bruno Ricardo Bioni – São Paulo: B. R. Bioni Sociedade Individual de Advocacia, 2021. Disponível em: <https://observatoriolgpd.com/wp-content/uploads/2021/08/1629122407livro-LGPD-Bruno-Bioni-completo-internet-v2.pdf#page=14>. Acesso em: 19 de set. de 2021.

É natural a concepção de que o processamento e tratamento de dados pessoais deve ter como finalidade precípua o respeito à legislação, o interesse público e do titular dos dados pessoais. O direito à proteção dos dados pessoais, ainda que não possa ser considerado um direito absoluto, não pode ser exercido de outra forma que não garantindo o benefício do titular dos dados e o respeito à função social do tratamento dessas informações[381].

3. A LGPD E A PESQUISA EM SAÚDE

A pesquisa em saúde, notadamente, faz uso de dados pessoais em grande parte de seus trabalhos, seja de forma complementar ou como parte da análise central da pesquisa, o que põe o tratamento de dados pessoais como eixo central da produção acadêmica.

Chama a atenção ainda que boa parte das pesquisas na área, naturalmente, realiza tratamento de dados classificados, pela legislação, como dados pessoais sensíveis, dados esses merecedores de uma proteção legal mais rigorosa.

Especificamente sobre pesquisas acadêmicas, a LGPD, ainda que a partir de uma abordagem principiológica e de regramento geral, estabelece uma série de definições e determinações que influenciam diretamente no uso de dados pessoais em pesquisas científicas na área da saúde.

Inicialmente, já no seu artigo 2º, a LGPD esclarece que a proteção de dados pessoais fundada nesta legislação tem como fundamento, entre outros, o desenvolvimento tecnológico e a inovação, deixando claro que a proteção de dados pessoais não deve ser vista como um obstáculo para a evolução científica, mas sim como ferramenta de ordenamento para o uso responsável dessas informações.

Esse dispositivo legal demonstra que a LGPD está em consonância com o entendimento de que o respeito à autodeterminação informativa e de outros direitos fundamentais, quando da realização de pesquisas em saúde, seja em situações rotineiras ou de

[381] LANZILLO, Anderson Souza da Silva; LEMOS, Luana Andrade de; FEITOSA, Lukas Daren Dias. *Blockchain, proteção de dados e autodeterminação informativa: um estudo na perspectiva da LGPD*. Anais do IV Encontro virtual do CONPEDI. Florianópolis: CONPEDI, 2021. Disponível em: http://site.conpedi.org.br/publicacoes/7x02k736/vqg11p85. Acesso em: 15 de ago. de 2022.

emergências sanitárias, como a que atualmente passamos com a pandemia da COVID-19, deve ser considerado como um dos pilares na condução do trabalho acadêmico. Além disso, o tratamento de dados pessoais na pesquisa em saúde deve ser entendida como ferramenta auxiliar no estabelecimento de um ambiente onde seja possível encontrar um equilíbrio entre os direitos e interesses individuais e coletivos, o que, naturalmente, fomentará um aumento da confiança da sociedade para com o tratamento de dados para fins de estudos em saúde pública, fazendo com que as pesquisas em saúde sejam realizadas da forma mais eficaz possível[382].

Mais à frente, em seu artigo 4º, a LGPD estabelece que as determinações contidas na Lei não se aplicam ao tratamento de dados pessoais realizados para fins exclusivamente acadêmicos, ressalvando, contudo, a aplicação das determinações contidas nos artigos 7º e 11 do texto legal.

Esse artigo da LGPD vem criando uma verdadeira confusão interpretativa, principalmente para olhos não acostumados a lidar com textos legais, no sentido de estabelecer se as determinações da Lei Geral de Proteção de Dados Pessoais incidem ou não no tratamento de dados pessoais realizados em pesquisas científicas.

Fato é que, como será mais claramente observado nos artigos 7º, 11 e 13, a LGPD se aplica sim às pesquisas científicas, inclusive aquelas realizadas no contexto da saúde pública, a partir de lógicas próprias e específicas.

A Lei vai determinar, entre outras hipóteses, que o tratamento de dados pessoais, sensíveis ou não, será permitido para a realização de estudos por órgãos de pesquisa, garantida, sempre que possível, a anonimização dos dados pessoais[383] [384].

---

[382] ALMEIDA, Bethania de Araujo et al. *Preservação da privacidade no enfrentamento da COVID-19: dados pessoais e a pandemia global*. Ciência & Saúde Coletiva [online]. 2020, v. 25, suppl 1, pp. 2487-2492. Disponível em: <https://doi.org/10.1590/1413-81232020256.1.11792020>. Acesso em: 7 de ago. de 2022.

[383] LGPD, Art. 7º O tratamento de dados pessoais somente poderá ser realizado nas seguintes hipóteses: IV - para a realização de estudos por órgão de pesquisa, garantida, sempre que possível, a anonimização dos dados pessoais;

[384] Art. 11. O tratamento de dados pessoais sensíveis somente poderá ocorrer nas seguintes hipóteses: II - sem fornecimento de consentimento do titular, nas hipóteses em que for indispensável para: c) realização de estudos por órgão de pesquisa, garantida, sempre que possível, a anonimização dos dados pessoais sensíveis;

Nestes casos, é dispensado, inclusive, o consentimento dos titulares dos dados, o que não exonera o pesquisador de obedecer o princípio da transparência, garantindo, aos titulares dos dados pessoais, sempre que possível, a disponibilização, de forma acessível, de informações claras e precisas sobre a realização do tratamento dos dados pessoais no decurso da pesquisa[385].

A LGPD estabelece ainda que os estudos em saúde pública deverão seguir os padrões éticos relacionados a estudos e pesquisas com seres humanos. Ainda, fica determinado que o tratamento de dados pessoais no contexto da pesquisa em saúde necessitará se ater, estritamente, para a finalidade específica da realização da pesquisa[386].

O artigo 13 da LGPD determina, por sua vez, que os pesquisadores, durante o processo de tratamento de dados pessoais, deverão manter essas informações exclusivamente dentro do órgão de pesquisa, em um ambiente controlado e seguro, conforme práticas de segurança previstas em regulamento específico.

É estabelecido, ainda, no referido artigo, a obrigação dos órgãos de pesquisa no que se refere a segurança dos dados pessoais em sua posse, com a necessidade de adoção de estratégias próprias de controle de acesso e de preservação dos dados, além de ser terminantemente proibido o compartilhamento dos dados pessoais utilizados em pesquisas de saúde pública[387].

Como já previsto na LGPD, o tratamento de dados pessoais na pesquisa em saúde, ainda que necessária, impõe desafios significativos, especialmente no que concerne às necessidades de

[385] Art. 6º As atividades de tratamento de dados pessoais deverão observar a boa-fé e os seguintes princípios: VI - transparência: garantia, aos titulares, de informações claras, precisas e facilmente acessíveis sobre a realização do tratamento e os respectivos agentes de tratamento, observados os segredos comercial e industrial;

[386] Art. 13. Na realização de estudos em saúde pública, os órgãos de pesquisa poderão ter acesso a bases de dados pessoais, que serão tratados exclusivamente dentro do órgão e estritamente para a finalidade de realização de estudos e pesquisas e mantidos em ambiente controlado e seguro, conforme práticas de segurança previstas em regulamento específico e que incluam, sempre que possível, a anonimização ou pseudonimização dos dados, bem como considerem os devidos padrões éticos relacionados a estudos e pesquisas.

[387] LGPD, art. 13, § 2º O órgão de pesquisa será o responsável pela segurança da informação prevista no Caput deste artigo, não permitida, em circunstância alguma, a transferência dos dados a terceiro; § 3º O acesso aos dados de que trata este artigo será objeto de regulamentação por parte da autoridade nacional e das autoridades da área de saúde e sanitárias, no âmbito de suas competências.

segurança e confidencialidade das informações. A utilização de locais físicos ou virtuais estabelecidos especificamente para o processamento dos dados pessoais, com restrição parcial ou total de acesso à internet; além de um rigoroso controle de acesso aos dados e, finalmente, treinamento específico para todos envolvidos no processo de tratamento dos dados, estão entre os procedimentos necessário para responder a estes desafios[388].

Finalmente, a legislação estabelece, expressamente, a anonimização como recurso primordial para a garantia da segurança dos dados pessoais dos sujeitos participantes das pesquisas. O diploma legal, apesar disso, compreende que, em alguns casos, a anonimização não será possível, sendo recomendado a utilização de técnicas de pseudoanonimização e, em todos os casos, determina que a divulgação dos resultados finais ou preliminares deverão ocorrer sem a revelação de nenhum dado pessoal dos participantes.

Fica clara a necessidade de uma análise pormenorizada das questões referentes à segurança dos dados pessoais e dos processos de anonimização de modo a garantir um ambiente de pesquisa em saúde pública em consonância com as determinações da LGPD.

4. SEGURANÇA DE DADOS NA PESQUISA EM SAÚDE

É senso comum a compreensão de que, hoje, há uma produção diária quase que incalculável de dados, muitas destas informações relacionadas às pessoas naturais. Diante desse cenário, tanto a legislação quanto os próprios agentes de tratamento de dados pessoais, bem como os respectivos titulares dos dados, se defrontam com uma demanda crescente de estratégias de segurança da informação[389].

Os agentes de tratamento, entretanto, não estão necessariamente preparados para as mudanças impostas pela nova legislação, tanto no nível técnico quanto com relação à apropriação das demandas e das medidas coercitivas impostas pela LGPD,

[388] DONEDA, Danilo; BARRETO, Maurício Lima; DE ARAÚJO ALMEIDA, Bethânia. *Uso e proteção de dados pessoais na pesquisa científica*. Direito Público, v. 16, n. 90, 2019.
[389] DINIZ, Ana Laura Borsari; DINIZ, Débora Pelicano. *A ABNT NBR ISO/IEC 27701: 2019 e a segurança da informação*. Revista Eletrônica de Computação Aplicada, v. 2, n. 2, 2021.

além das resoluções e recomendações da ANPD. A implementação desse ajuste de conduta exige recursos financeiros e humanos substanciais, além da formação continuada daqueles que, direta ou indiretamente, lidam com o tratamento de dados pessoais. Naturalmente, as instituições necessitam de orientação para os apoiar nesta transição[390].

Segundo pesquisa do *Massachusetts Institute of Technology* publicada em 2021, apenas no ano de 2019 houve o registro de vazamento de cerca de 22 bilhões de dados pessoais, aproximadamente 205 milhões destes apenas no Brasil. O estudo chama a atenção, contudo, de que o acompanhamento dos eventos de vazamentos de dados ainda é significativamente frágil, seja por conta da ausência de regulação ou de aplicação das leis vigentes, seja pela dificuldade técnica inerente à própria investigação dos incidentes, o que denota um cenário real ainda mais grave[391].

No final do ano de 2020, no Brasil, foi reportado[392] um vazamento de mais de 243 milhões de dados pessoais coletados pelo Sistema Único de Saúde. Em janeiro do ano seguinte foi noticiado[393] o vazamento de dados de mais de 223 milhões de brasileiros, incluindo CPF, endereço, telefone, e-mail, score de crédito, salário e renda. No início de 2022, esses dados ainda estariam sendo vendidos tanto na web aberta quanto na *deep web.*

Em pesquisa publicada pela Fortinet, empresa especializada em segurança cibernética, foram divulgados dados que indicam que o Brasil foi alvo de um número substancial de ataques cibernéticos, totalizando mais de 8,4 bilhões de tentativas apenas no ano de 2020[394].

A análise desse cenário nos faz perceber a importância e o valor dos dados alvos desses ataques, principalmente quando nos

[390] TIKKINEN-PIRI, Christina; ROHUNEN, Anna; MARKKULA, Jouni. *EU General Data Protection Regulation: Changes and implications for personal data collecting companies.* Computer Law & Security Review, v. 34, n. 1, p. 134-153, 2018.

[391] NETO, Nelson Novaes et al. *Developing a global data breach database and the challenges encountered.* Journal of Data and Information Quality (JDIQ), v. 13, n. 1, p. 1-33, 2021. Disponível em: https://dl.acm.org/doi/abs/10.1145/3439873. Acesso em: 08 de ago. 2022.

[392] Fonte: https://g1.globo.com/economia/tecnologia/noticia/2020/12/02/nova-falha-do-ministerio-da-saude-expoe-dados-de-243-milhoes-de-brasileiros-na-internet-diz-jornal.ghtml

[393] Fonte: https://tecnoblog.net/especiais/megavazamento-de-223-milhoes-de-cpfs-um-ano-se-passou-e-ainda-ha-perguntas-sem-resposta/

[394] DINIZ, Ana Laura Borsari; DINIZ, Débora Pelicano. *op. cit.*

deparamos com estes mega vazamentos. Estes ataques, contudo, ante a valorização cada vez maior dos dados pessoais, fatalmente se voltarão a alvos menores e, consequentemente, com sistemas de segurança mais frágeis, como é o caso dos órgãos de pesquisa.

Pensando em formas de evitar o agravamento dessa situação, a própria LGPD estabelece[395] que algumas medidas de segurança necessitam ser sempre adotadas quando do tratamento de dados pessoais. A legislação prevê que os agentes de tratamento devem estabelecer, em suas práticas, rotinas e sistemas de segurança, técnicas e administrativas, que sejam capazes de assegurar a proteção dos dados pessoais sob sua guarda.

Estas medidas deverão assegurar que os dados pessoais de posse do agente de tratamento não sejam acessados por pessoas não autorizadas, bem como é imperativo que o agente tome medidas preventivas contra situações acidentais ou ilícitas de destruição, perda, alteração, comunicação ou qualquer forma de tratamento inadequado ou em desacordo com a legislação.

A legislação estabelece ainda[396] que os agentes de tratamento, ou qualquer outro pessoal que venha a intervir no processo de tratamento de dados pessoais, deverão adotar os mesmos padrões de segurança da informação que são exigidos do controlador, de acordo com a própria LGPD.

Esses padrões de segurança, é importante observar, necessitam ser adotados em todas as fases do tratamento dos dados pessoais, desde o momento de sua coleta até o seu descarte, inclusive no caso de tratamento de dados pessoais no contexto de pesquisas acadêmicas de saúde pública, como se encontra expressamente previsto no artigo 13 da LGPD.

Naturalmente, ante as demandas de segurança estabelecidas pela LGPD quando do tratamento de dados pessoais, os agentes de tratamento de dados deverão adotar práticas comprovadamente

---

[395] LGPD, Art. 46. Os agentes de tratamento devem adotar medidas de segurança, técnicas e administrativas aptas a proteger os dados pessoais de acessos não autorizados e de situações acidentais ou ilícitas de destruição, perda, alteração, comunicação ou qualquer forma de tratamento inadequado ou ilícito.

[396] Art. 47. Os agentes de tratamento ou qualquer outra pessoa que intervenha em uma das fases do tratamento obriga-se a garantir a segurança da informação prevista nesta Lei em relação aos dados pessoais, mesmo após o seu término.

seguras e, quanto maior o volume e a complexidade desses dados, haverá a necessidade cada vez maior de adoção de práticas normatizadas e de atestada eficiência.

Tendo em vista a necessidade e a relevância da gestão de risco concernente à segurança da informação, a ABNT publicou a NBR/ISO 27005 que fornece diretrizes para o processo de gestão de riscos de segurança da informação que poderão ser adotadas sejam por agentes de tratamento públicos ou privados[397].

As normas que fazem parte da família ISO 27000 consolidam o chamado Sistema de Gestão de Segurança da Informação (SGSI), que pode ser definido como uma forma de segurança para as mais variadas espécies de dados e informações. O SGSI estabelece quatro atributos básicos que deverão ser levados em consideração quando da padronização da gestão de segurança de dados: a confidencialidade, a integridade, a disponibilidade e a autenticidade dos dados e das informações. É importante relembrar, contudo, que a segurança de dados não é, apenas, um problema tecnológico, que pode ser resolvido com a aquisição de sistemas ou equipamentos ultramodernos. O fator humano é considerado, por muitos, o componente mais frágil da segurança e, consequentemente, o ativo que necessita de maior investimento. A segurança de dados, portanto, não pode ser considerado um produto, a ser comprado e utilizado, mas um processo de estruturação e adequação construído por ações próprias e metodologias adequadas a cada situação específica[398].

5. ANONIMIZAÇÃO E PSEUDOANONIMIZAÇÃO DOS DADOS PESSOAIS NA PESQUISA EM SAÚDE

O dado anônimo pode ser entendido como o oposto do dado pessoal, ou seja, é aquele dado que não possui a capacidade de revelar quem é o seu titular. Infelizmente, o atual estado da tecnologia de informação demonstra que é cada vez mais difícil a adoção

[397] CNJ, *Manual de referência – Prevenção e mitigação de ameaças cibernéticas e confiança digital*, Brasilia-DF. 2021. Disponível em: <https://www.cnj.jus.br/wp-content/uploads/2021/03/AnexoVManualReferenciaPrevencaoMitigacaoDeAmeacasCiberneticas-ConfiancaDigitalRevisadoREV.docx.pdf>. Acesso em: 06 de ago. 2022.

[398] DINIZ, Ana Laura Borsari; DINIZ, Débora Pelicano. *A ABNT NBR ISO/IEC 27701: 2019 e a segurança da informação*. Revista Eletrônica de Computação Aplicada, v. 2, n. 2, 2021.

de técnicas de anonimização totalmente infalíveis, uma realidade que a própria LGPD reconhece, ao adotar um critério de razoabilidade quando da análise da anonimização dos dados pessoais nas situações requeridas. Neste sentido, entende-se que se para ser feita a correlação de um dado com o seu titular é demandado um aporte de recursos humanos e informacionais fora do razoável, não é possível se falar em dado pessoal[399].

Na área da saúde, a necessidade de proteção dos dados pessoais dos usuários dos serviços de saúde, públicos e privados, é uma preocupação cada vez mais presente. A anonimização dos dados pessoais antes da disponibilização para tratamento é um dos recursos previstos na legislação para proteger a identidade dos pacientes. Contudo, o compartilhamento desses dados, mesmo que anonimizados, geram preocupações com a possibilidade de terceiros burlarem o próprio processo de anonimização.

De acordo com a legislação de proteção de dados pessoais, a anonimização pode ser considerada um recurso técnico que possibilita a desconstituição dos dados pessoais como tais. Destaca-se, contudo, que a mera supressão de identificadores diretos, ou mesmo a substituição destes por pseudônimos, não são considerados suficientes para anonimizar um conjunto de dados. O anonimato, de acordo com as normas de proteção aos dados pessoais, demanda modificações de dados de forma mais profunda, para além da supressão dos identificadores, o que, de fato, pode diminuir a utilidade dessas informações, ressaltando a necessidade de que o processo de anonimização atinja bons níveis de utilidade e privacidade, meio termo esse essencial para conciliar a lei com a realidade[400].

Alguns estudos vêm apontando que a análise de determinado conjunto de dados, ainda que estejam diretamente apartados de identificadores pessoais diretos, quando analisados em conjunto, podem identificar o titular dos dados pessoais. A utilização de técnicas de inferência, por exemplo, se aplicadas sobre a data de

---

[399] BIONI, Bruno. *Compreendendo o conceito de anonimização e dado anonimizado.* Cadernos Jurídicos. v. 21, p. 191-201, São Paulo, 2020.

[400] DOMINGO-FERRER, Josep. Personal big data, *GDPR and anonymization*. In: International Conference on Flexible Query Answering Systems. Springer, Cham, 2019. p. 7-10. Disponível em: https://link.springer.com/chapter/10.1007/978-3-030-27629-4_2. Acesso em: 07 de ago. 2022.

nascimento, o código postal e o gênero, em conjunto, poderiam identificar quase 60% da população[401] (MURTHY *et al*, 2019).

Quando da publicização de dados pessoais anonimizados, a principal preocupação do controlador original é evitar que essas informações sejam indevidamente reveladas. Isso pode ocorrer de três formas: revelação direta da identidade, revelação por atribuição ou por inferência. A revelação direta ocorre quando há falha no processo de anonimização, ou quando esse processo é metodologicamente insuficiente. A revelação por atribuição se dá quando um dado pessoal novo, quando correlacionado com uma base de dados anonimizada, permite que os dados pessoais do titular daquela sejam identificados nesta. A revelação por inferência, por sua vez, ocorrerá a partir da correlação de vários dados anonimizados, sem necessariamente haver uma quebra da anonimização individual de cada informação[402].

Esse complexo cenário vem fomentando um panorama desafiador para a construção de procedimentos confiáveis de anonimização, cenário esse que demanda, além de conhecimento técnico cada vez mais avançado, um aporte financeiro substancial tanto para capacidade computacional quanto para o investimento em recursos humanos capacitados.

No contexto da pesquisa científica, como em todas as atividades econômicas, a análise de custos necessita ser levada em consideração, haja vista o limitado aporte financeiro do setor, o que aumenta a necessidade dos pesquisadores de fazerem uma avaliação específica sobre qual a melhor estratégia de anonimização a ser adotada na condução de sua pesquisa.

Não há como se falar em um único método infalível de anonimização que consiga manter intacta a utilidade dos dados para a pesquisa. Deve-se, naturalmente, analisar o contexto específico de cada tratamento de modo que haja a proteção devida aos titulares

---

[401] MURTHY, Suntherasvaran et al. *A comparative study of data anonymization techniques*. In: 2019 IEEE 5th Intl Conference on Big Data Security on Cloud (BigDataSecurity), IEEE Intl Conference on High Performance and Smart Computing,(HPSC) and IEEE Intl Conference on Intelligent Data and Security (IDS). IEEE, 2019. p. 306-309. Disponível em: <https://ieeexplore.ieee.org/abstract/document/8819477/>. Acesso em: 02 de ago. 2022.

[402] *Ibid*

dos dados sem comprometer o resultado final pretendido com a análise das informações[403].

Isso demanda, inclusive, que os próprios órgãos de pesquisa, e até os órgãos reguladores, atuem no sentido de estabelecer padrões ou orientações formalizadas que auxiliem os pesquisadores a utilizarem as melhores técnicas de anonimização ou pseudoanonimização possível de acordo com as características próprias de suas pesquisas.

CONCLUSÃO

A relevância das informações no nosso cotidiano é um fato posto e cada vez mais explorado em todos os tipos de contextos, sejam mercadológicos, nas relações interpessoais ou na busca por inferências a partir da análise conjunta de uma determinada base de dados.

Os dados pessoais, nesse contexto, se mostram como dados tão valiosos quanto qualquer outro, com cada vez mais possibilidades sendo exploradas. A ciência reconhece essa importância já há muito tempo, e vem utilizando o tratamento de dados pessoais como base dos mais diversos tipos de estudo, o que é bastante verdade no campo dos estudos em saúde pública.

A pandemia da COVID-19 veio para, de forma catastrófica, nos lembrar da importância das pesquisas em saúde e do valor dos dados pessoais nesse ramo da ciência. Ao mesmo tempo, os esforços dos órgãos de pesquisa de saúde destacaram, também, a necessidade da consolidação das estratégias de proteção de dados pessoais na realização desses estudos. É imperativo que a ciência da saúde chegue em um meio termo entre a exploração dos dados pessoais em prol da saúde pública e a proteção à autodeterminação informativa.

No contexto prático, a LGPD, como observado no presente estudo, impôs diversas obrigações aos órgãos de pesquisa em saúde quando do tratamento de dados pessoais, estabelecendo a necessidade premente de adequação do pensar e de fazer científico.

[403] BIONI, Bruno. *Compreendendo o conceito de anonimização e dado anonimizado.* Cadernos Jurídicos. v. 21, p. 191-201, São Paulo, 2020.

Os órgãos de pesquisa, desde a vigência da referida Lei, necessitarão reorganizar suas rotinas de pesquisa, adotando uma série de processos e procedimentos de segurança de dados, garantido a integridade das informações sob sua guarda, diminuindo o risco de vazamento, adulteração ou perda indevida de dados.

Além disso, cabe aos órgãos de pesquisa a adoção de técnicas de anonimização dos dados pessoais, sempre que possível, ou, na sua impossibilidade, a garantia do sigilo desses dados durante o seu tratamento, evitando, necessariamente, a divulgação de dados pessoais, seja em etapas preliminares ou finais de publicação.

Nesse ínterim, é importante a assunção de que as técnicas de anonimização atualmente em utilização não podem ser consideradas infalíveis, estando, elas, sempre sujeitas à reversibilidade, se aplicados recursos computacionais e humanos suficientes. Ademais, é importante que seja garantida a utilidade dos dados para a realização da pesquisa mesmo após o processo de anonimização.

Desse modo, faz-se necessária a realização de uma análise contextual específica para se determinar qual a melhor estratégia de segurança e de anonimização dos dados de modo a termos respeitadas as determinações trazidas pela LGPD sem impedir que sejam essas informações utilizadas em prol do progresso da ciência em saúde pública.

REFERÊNCIAS

ALMEIDA, Bethania de Araujo et al. *Preservação da privacidade no enfrentamento da COVID-19: dados pessoais e a pandemia global***.** Ciência & Saúde Coletiva [online]. 2020, v. 25, suppl 1, pp. 2487-2492. Disponível em: <https://doi.org/10.1590/1413-81232020256.1.11792020>. Acesso em: 7 de ago. de 2022.

BIONI, Bruno. *Regulação de dados é uma janela de oportunidade*. In: Proteção de dados [livro eletrônico]: contexto, narrativas e elementos fundantes. Org. Bruno Ricardo Bioni – São Paulo: B. R. Bioni Sociedade Individual de Advocacia, 2021. Disponível em: <https://observatoriolgpd.com/wp-content/uploads/2021/08/1629122407livro-LGPD-Bruno-Bioni-completo-internet-v2.pdf#page=14>. Acesso em: 19 de set. de 2021.

BIONI, Bruno. *Compreendendo o conceito de anonimização e dado anonimizado*. Cadernos Jurídicos. v. 21, p. 191-201, São Paulo, 2020.

BRASIL. *Constituição (1988)*. Constituição da República Federativa do Brasil. Brasília, DF. Senado Federal, 1988.

BRASIL. **Lei Geral de Proteção de Dados Pessoais (LGPD).** Lei nº 13.709, de 14 de agosto de 2018. Lei Geral de Proteção de Dados Pessoais (LGPD). Disponível em: <http://www.planalto.gov.br/ccivil_03/_ato2015-2018/2018/lei/l13709.htm>. Acesso em: 15 ago. 2022.

CLARIVATE ANALYTICS. *Research in Brazil: a report for capes by Clarivate Analytics*, 2017 Disponível em: <https://www.gov.br/capes/pt-br/centrais-de-conteudo/17012018-capes-incitesreport-final-pdf/view>. Acesso em: 27 de jul. de 2022.

CNJ, *Manual de referência – Prevenção e mitigação de ameaças cibernéticas e confiança digital*, Brasilia-DF. 2021. Disponível em: <https://www.cnj.jus.br/wp-content/uploads/2021/03/AnexoVManualReferenciaPrevencaoMitigacaoDeAmeacasCiberneticasConfiancaDigitalRevisadoREV.docx.pdf>. Acesso em: 06 de ago. 2022.

DINIZ, Ana Laura Borsari; DINIZ, Débora Pelicano. *A ABNT NBR ISO/IEC 27701: 2019 e a segurança da informação*. Revista Eletrônica de Computação Aplicada, v. 2, n. 2, 2021.

DOMINGO-FERRER, Josep. Personal big data, *GDPR and anonymization*. In: International Conference on Flexible Query Answering Systems. Springer, Cham, 2019. p. 7-10. Disponível em: https://link.springer.com/chapter/10.1007/978-3-030-27629-4_2. Acesso em: 07 de ago. 2022.

DONEDA, Danilo. *Registro da sustentação oral no julgamento da ADI 6389, sobre a inconstitucionalidade do art 2º, caput e §§ 1º e 3º da MP 954/2020*. civilistica.com, v. 9, n. 1, p. 1-9, 2020.

DONEDA, Danilo; BARRETO, Maurício Lima; DE ARAÚJO ALMEIDA, Bethânia. *Uso e proteção de dados pessoais na pesquisa científica*. Direito Público, v. 16, n. 90, 2019.

KLEE, Antonia Espíndola Longoni; NETO, Alexandre Nogueira Pereira. *A Lei Geral de Proteção de Dados (LGPD): uma visão panorâmica*. Cadernos Adenauer [Internet], v. 3, p. 11-33, 2019.

LANZILLO, Anderson Souza da Silva; LEMOS, Luana Andrade de; FEITOSA, Lukas Daren Dias. *Blockchain, proteção de dados e autodeterminação informativa: um estudo na perspectiva da LGPD*. Anais do IV Encontro virtual do CONPEDI. Florianópolis:

CONPEDI, 2021. Disponível em: http://site.conpedi.org.br/publicacoes/7x02k736/vqg11p85. Acesso em: 15 de ago. de 2022.

MURTHY, Suntherasvaran et al. *A comparative study of data anonymization techniques.* In: 2019 IEEE 5th Intl Conference on Big Data Security on Cloud (BigDataSecurity), IEEE Intl Conference on High Performance and Smart Computing,(HPSC) and IEEE Intl Conference on Intelligent Data and Security (IDS). IEEE, 2019. p. 306-309. Disponível em: <https://ieeexplore.ieee.org/abstract/document/8819477/>. Acesso em: 02 de ago. 2022.

NETO, Nelson Novaes et al. *Developing a global data breach database and the challenges encountered.* Journal of Data and Information Quality (JDIQ), v. 13, n. 1, p. 1-33, 2021. Disponível em: https://dl.acm.org/doi/abs/10.1145/3439873. Acesso em: 08 de ago. 2022.

TIKKINEN-PIRI, Christina; ROHUNEN, Anna; MARKKULA, Jouni. *EU General Data Protection Regulation: Changes and implications for personal data collecting companies.* Computer Law & Security Review, v. 34, n. 1, p. 134-153, 2018.

AUTORIDADE NACIONAL DE PROTEÇÃO DE DADOS (ANPD) E COMITÊ EUROPEU DE PROTEÇÃO DE DADOS (CEPD): UMA ANÁLISE COMPARATIVA ENTRE OS ÓRGÃOS DE PROTEÇÃO DE DADOS

JANINE PRAXEDES DO NASCIMENTO RIBEIRO DE ANDRADE[404]
LUCAS CRUZ CAMPOS[405]
ANDERSON SOUZA DA SILVA LANZILLO[406]

1. INTRODUÇÃO

Com o advento da Indústria 4.0, enquanto movimento caracterizado pela interconexão de dados, integração e inovação no ramo das Tecnologias da Informação e Comunicação (TIC's), não somente o método de produção industrial se transformou, mas principalmente a forma como os indivíduos interagem tanto com as outras pessoas quanto com os objetos - físicos ou digitais - ao seu redor.

Os meios de interação saíram do ambiente físico e invadiram o ciberespaço, através de mecanismos a ele atrelados, como a internet e as redes sociais, por exemplo. Nesse cenário, os dados são o elemento central de todo o sistema. No entanto, como qualquer outro ambiente, os riscos da má gestão e utilização desses recursos podem gerar sérios problemas à convivência social.

Nesse sentido, foram criadas regulamentações que visam a proteção de dados pessoais dos usuários, como a *General Data Protection Regulation* (GDPR) em 2016, normativa criada no âmbito da União Europeia, e a Lei Geral de Proteção de Dados (LGPD) em 2018, desenvolvida no Brasil. A partir dessas normativas, visa-se estabelecer orientações acerca do tratamento de dados e punições pelos incidentes de violações.

---

[404] Graduanda em Direito pela Universidade Federal do Rio Grande do Norte. Pesquisadora do Núcleo de Estudos em Direito Digital (NEDDIG). E-mail: janinejp2010@gmail.com.
[405] Advogado, membro da Comissão de Direito Digital e Estudos Aplicados da OAB/RN. Mestrando em Direito Constitucional pela Universidade Federal do Rio Grande do Norte (UFRN). Membro do Núcleo de Estudos em Direito Digital (NEDDIG) e do Grupo de Estudos em Direito Digital Público e Direitos Humanos (GEDI) da UFRN. E-mail: lucas.cruz.065@ufrn.edu.br.
[406] Advogado. Professor Associado do Departamento de Direito Privado e do Programa de Pós-Graduação em Direito da UFRN. Graduado e Mestre em Direito e Doutor em Estudos da Linguagem pela UFRN. E-mail: anderson.lanzillo@ufrn.br.

Com vistas ao cumprimento de ambas, desenvolveram-se órgãos reguladores, tanto na Europa quanto no Brasil, que serão responsáveis por aplicar e fiscalizar o cumprimento das normativas: o Comitê Europeu de Proteção de Dados e a Autoridade Nacional de Proteção de Dados, respectivamente. Dada a importância das duas instituições, em razão da relevante função que pretendem desempenhar, cada uma em sua jurisdição, urge entendermos como funcionam.

Sob esse prisma, desenvolver-se-á um estudo comparativo entre os dois órgãos, de modo a entender a atuação e função deles. Especificamente, visa-se analisar o papel do CEPD frente à aplicação das normativas de proteção de dados e hipóteses de vazamento de dados em meio à União Europeia. Além disso, busca-se entender como a ANPD funciona no Brasil e a que passo de desenvolvimento se encontra atualmente. Por fim, pretende-se perquirir as diferenças e semelhanças dos dois órgãos de proteção e como essas influenciam na *práxis*.

Para tanto, utilizar-se-á o método lógico-dedutivo, com vistas à apreensão do tema. Recorrer-se-á, então, à pesquisa qualitativa e exploratória, por meio do levantamento bibliográfico, realizado em dogmática especializada e as respectivas legislações que tratam sobre a matéria para a compreensão dos órgãos a serem analisados e dos sistemas jurídicos em que estão inseridos.

2. REGULAMENTO GERAL DE PROTEÇÃO DE DADOS E O COMITÊ EUROPEU DE PROTEÇÃO DE DADOS: OS PRIMEIROS PASSOS PARA A REGULAMENTAÇÃO

Atualmente, os dados pessoais ocupam posição de destaque em meio à sociedade da informação, o que levanta debate acerca da necessidade de sua proteção. No entanto, faz-se necessário destacar que a compreensao de sua importância nao se limita aos tempos contemporâneos, mas é resultado de uma crescente visão de que as informações intrínsecas ao indivíduo são essenciais à sua privacidade, panorama esse que já existe há algumas décadas[407].

---

[407] NOGUEIRA, Fernanda Araújo Couto e Melo; FONSECA, Maurício Leopoldino da. O consentimento na Lei Geral de Proteção de Dados: autonomia privada e o consentimento livre, informado, específico e expresso. In: GROSSI, Bernardo Menicucci (org.). **Lei Geral**

Sob esse prisma, algumas regulamentações foram desenvolvidas com o fito de proteger tais dados, como as Diretrizes da Organização para a Cooperação e Desenvolvimento Econômico (OCDE) para a Proteção da Privacidade e dos Fluxos Transfronteiriços de Dados Pessoais, publicada em 1980, por exemplo. Também foi o caso da Convenção 108 do Conselho da Europa, de 1981, que trata da "proteção das pessoas relativamente ao tratamento automatizado de dados de caráter pessoal"[408].

Diante da imprescindibilidade do aprofundamento de legislação protetiva, frente ao rápido avanço das tecnologias da informação, um instrumento normativo mais completo e abrangente foi criado pelo Parlamento Europeu e pelo Conselho da União Europeia, em 23 de novembro de 1995, qual seja a Diretiva 95/46/CE[409].

A Diretiva desempenhou importante papel no que tange ao estabelecimento de conceitos básicos acerca da temática, mas se tornou obsoleta à medida que foram desenvolvidas outras tecnologias que culminaram no sentimento de que os riscos de *data breaching* tornavam-se ainda mais palpáveis. Enfim, após décadas de aplicação, foi revogada pela chegada de outra normativa.

Nesse cenário, criou-se o Regulamento (UE) nº 2016/679 - também chamado de Regulamento Geral sobre a Proteção de Dados -, publicado em 25 de abril de 2016 e aplicável somente a partir de 25 de maio de 2018,[410] que tornou-se o diploma mais atual sobre a proteção de dados desenvolvido até então, sobre o qual comentar-se-á a seguir.

---

de Proteção de Dados: uma análise preliminar da lei 13.709/2018 e da experiência de sua implantação no contexto empresarial. Porto Alegre: Editora Fi, 2020. p. 15-44., p. 18.

408 Ibidem, p. 19-20.

409 SALDANHA, João Lucas Vieira. A concepção de privacidade através dos tempos: do rupestre à Lei Geral de Proteção de Dados Pessoais. In: GROSSI, Bernardo Menicucci (org.). **Lei Geral de Proteção de Dados:** uma análise preliminar da lei 13.709/2018 e da experiência de sua implantação no contexto empresarial. Porto Alegre: Editora Fi, 2020. p. 232-267, p. 258.

410 ROCHA, Sidney Cassio Alves. O direito à privacidade e o direito à proteção de dados na Lei Geral de Proteção de Dados. In: GROSSI, Bernardo Menicucci (org.). **Lei Geral de Proteção de Dados:** uma análise preliminar da lei 13.709/2018 e da experiência de sua implantação no contexto empresarial. Porto Alegre: Editora Fi, 2020. p. 133-150, p. 135.

2.1 NOÇÕES GERAIS SOBRE O REGULAMENTO GERAL SOBRE A PROTEÇÃO DE DADOS

O Regulamento Geral sobre a Proteção de Dados (RGPD) - mais conhecido como *General Data Protection Regulation* (GDPR) - constitui-se como um conjunto de normas relacionadas à proteção de indivíduos no que se refere ao processamento de dados pessoais com aplicação extensa a todos os Estados membros da União Europeia.

A partir desse conceito, extrai-se sua importância: embora compartilhe dos mesmos objetivos e princípios da Diretiva 95/46/CE supracitada, aperfeiçoa-lhe ao conferir uniformidade na aplicação das regras presentes em sua estrutura. Isso porque a Diretiva somente visava a harmonização de suas disposições àquelas estabelecidas em cada país em que seria aplicada, o que levava à fragmentação da proteção de dados ao longo da União Europeia[411].

A aplicação da RGPD pode ser dividida em dois âmbitos: o material e o territorial. Quanto ao primeiro, nota-se que é aplicada ao processamento de dados pessoais desenvolvidos total ou parcialmente por meio de mecanismos automatizados e ao tratamento relacionado a sistemas de arquivamento de dados, ainda que não envolva meios automatizados para tanto (art. 2º, GDPR).

Quanto à aplicação em âmbito territorial, o regulamento pode ser aplicado para os casos em que a) o tratamento de dados é realizado na própria União Europeia, b) os titulares dessas informações se situarem ali, e/ou c) o responsável pelo tratamento se situe na UE (art. 3º, GDPR).

Sobre a estrutura do Regulamento 2016/679, nota-se que primeiramente estabelece conceitos básicos que auxiliam na aplicação legal, como a definição de tratamento, violação e consentimento, por exemplo, além de princípios essenciais ao desenvolvimento de uma cultura de proteção, à exemplo da licitude, lealdade e transparência. Na sequência, apresenta os direitos dos titulares de dados (art. 15, GDPR), como é o caso do direito de acesso, por meio do qual o titular toma conhecimento de que seus dados pas-

[411] ASENSIO, Pedro A. de Miguel. Data Protection in the Internet: A European Union Perspective. In: VICENTE, Dário Moura; CASIMIRO, Sofia de Vasconcelos (ed.). **Data Protection in the Internet.** V. 38. Cham: Springer, 2020. p. 456-476, p. 457.

sam por tratamento e quais as condições para tanto (quais, como, por que, para quem, e etc).

Ao longo do texto legal, discute também sobre as funções do responsável pelo tratamento, do subcontratante e do encarregado, assim como a forma como deve ser realizado o tratamento, a importância das autoridades de controle e a responsabilidade e sanções previstas em casos de vazamento.

Por fim, frise-se que a criação e aplicação da GDPR não substitui a jurisprudência criada pelas Cortes da UE relacionadas à temática, mesmo que decorrentes da interpretação das normativas revogadas[412], já que não contrariou as disposições anteriores, mas ampliou-as e complementou-as, de modo a adaptá-las ao atual estágio de desenvolvimento da sociedade da informação.

2.2 O ROL DE ÓRGÃOS DE PROTEÇÃO DE DADOS DA UE

Cumpre informar que a criação de órgãos de proteção de dados não foi uma novidade legislativa trazida pelo Regulamento 679, mas já estava presente na Diretiva 95/46/ce, por exemplo. Contudo, frise-se que a atuação dessas *personas* é primordial para consolidação das normas previstas na GDPR e, por isso, foram citadas e fortalecidas por ela. Fazem parte desse grupo as autoridades de controle nacionais, a Autoridade Europeia para a Proteção de Dados e o Comitê Europeu para a proteção de dados.

As autoridades nacionais de controle são figuras públicas independentes, nomeadas por cada Estado-Membro da UE, cuja função atual é fiscalizar a aplicação coerente da GDPR. Em razão disso, deve cooperar entre si e com os demais órgãos de proteção.[413] Seus traços já haviam sido delineados pela Diretiva 95/46,

[412] VICENTE, Dário Moura; CASIMIRO, Sofia de Vasconcelos. Data Protection in the Internet: General Report. In: VICENTE, Dário Moura; CASIMIRO, Sofia de Vasconcelos (ed.). **Data Protection in the Internet.** V. 38. Cham: Springer, 2020. p. 1-44, p. 4.

[413] **Art. 51, GDPR.** Os Estados-Membros estabelecem que cabe a uma ou mais autoridades públicas independentes a responsabilidade pela fiscalização da aplicação do presente regulamento, a fim de defender os direitos e liberdades fundamentais das pessoas singulares relativamente ao tratamento e facilitar a livre circulação desses dados na União («autoridade de controlo»).

As autoridades de controlo contribuem para a aplicação coerente do presente regulamento em toda a União. Para esse efeito, as autoridades de controlo cooperam entre si e com a Comissão, nos termos do capítulo VII. [...].

mas recebeu maiores atribuições, como a condução de investigações em empresas localizadas em sua jurisdição quando houver reclamação de violação de dados.[414]

A Autoridade Europeia para a Proteção de Dados - também conhecida como *European Data Protection Supervisor* (EDPS) segue a mesma linha das autoridades nacionais, enquanto figura independente de proteção, mas atua em nome de toda a União Europeia para a assegurar o direito à privacidade dos cidadãos englobados nesse território[415]. Encontra fundamento na Carta dos Direitos Fundamentais da União Europeia[416], no Regulamento 2018/1725 e no Tratado de Funcionamento da União Europeia[417], não sendo disciplinada pela GDPR, embora seja frequentemente citada ao longo do texto.[418]

O Comitê Europeu para a proteção de dados, por seu turno, constitui-se como objeto de estudo da presente análise. Isso porque é o que mais se aproxima à ANPD para fins de comparação por ambos os órgãos terem sido dispostos em leis de leis de proteção de dados, que transformaram a cultura informacional do âmbito em que estão inseridas: o CEPD na União Europeia e a ANPD no Brasil. As autoridades nacionais de controle e a Autoridade Europeia de Proteção de Dados pouco serviriam para esse fim, em razão de sua regulamentação normativa em outros instrumentos que não a GDPR.

---

[414] DAIGLE, Brian; KHAN, Mahnaz. The EU General Data Protection Regulation: An Analysis of Enforcement Trends by EU Data Protection Authorities. **United States International Trade Commission:** Journal of International Commerce and Economics, [s. l], p. 1-38, jun. 2020. Disponível em: https://www.usitc.gov/staff_publications/jice/eu_general_data_protection_regulation_analysis. Acesso em: 26 out. 2022.

[415] UNIÃO EUROPEIA. **European Data Protection Supervisor: Frequently Asked Questions.** Disponível em: https://edps.europa.eu/frequently-asked-questions_en#:~:text=Who%20are%20we%3F,for%20a%20five%2Dyear%20term. Acesso em: 26 out. 2022.

[416] **Art. 8º, Carta dos Direitos Fundamentais da União Europeia**. Protecção de dados pessoais. [...] 3. **O cumprimento destas regras fica sujeito a fiscalização por parte de uma autoridade independente.**

[417] **Art. 16, 2, Tratado sobre o Funcionamento da União Europeia.** O Parlamento Europeu e o Conselho, deliberando de acordo com o processo legislativo ordinário, estabelecem as normas relativas à proteção das pessoas singulares no que diz respeito ao tratamento de dados pessoais pelas instituições, órgãos e organismos da União, bem como pelos Estados-Membros no exercício de atividades relativas à aplicação do direito da União, e à livre circulação desses dados. **A observância dessas normas fica sujeita ao controlo de autoridades independentes.**

[418] É o caso dos arts. 68, 6, e 75 da GDPR, que falam sobre como a Autoridade Europeia desempenha suas funções em ao Comitê Europeu para a Proteção de Dados.

2.3 ATUAÇÃO E FUNÇÃO DO COMITÊ EUROPEU PARA PROTEÇÃO DE DADOS

O Comitê Europeu para Proteção de Dados - em inglês, conhecido como European Data Protection Board - é um órgão da União Europeia, dotado de personalidade jurídica e previsto nos artigos 68 a 75 da GDPR, cujo fim é a aplicação coerente dessa normativa no âmbito regional europeu, concretizando a proteção de dados *per si*.[419]

Um dos poderes essenciais para sua atuação é a independência funcional. Por meio dela, o Comitê toma decisões autônomas, sem receber instruções de outro organismo, o que permite o pleno exercício de suas atribuições, longe de influências políticas, econômicas ou mesmo sociais, priorizando uma abordagem técnica nas suas atividades.

Pontua-se que tais atividades estão diretamente relacionadas às funções que deve desempenhar, as quais estão voltadas mais às searas normativas e orientativas do que fiscalizatórias e sancionatórias, haja vista voltar-se à emissão de diretrizes, pareceres, recomendações e guias de boas práticas; ao aconselhamento dos demais órgãos da UE, de maneira geral; à análise da aplicação da GDPR na Europa; e promove o intercâmbio de informações e conhecimento sobre o tema com os demais atores de proteção.

É importante trazer à tona que, embora seja um órgão relativamente novo, criado legalmente em 2016, o CEPD tem sido bastante atuante, de modo que já expediu inúmeras decisões vinculativas, pareceres, recomendações, diretrizes, além de cooperar internacionalmente nos casos de tratamentos de dados transfronteiriços[420]. Inclusive, organizou o seu próprio Regulamento Interno, pelo qual é também regido.[421]

Considerando que sua atuação teve início antes mesmo da entrada em vigor da LGPD, e da criação de sua respectiva Autoridade Nacional de Proteção de Dados, torna-se válido utilizá-lo como

---

419 UNIÃO EUROPEIA. **Comitê Europeu para a Proteção de Dados: quem somos.** Disponível em: https://edpb.europa.eu/about-edpb/about-edpb/who-we-are_en. Acesso em: 26 out. 2022.

420 UNIÃO EUROPEIA. **Comitê Europeu para Proteção de Dados: nossos documentos.** Disponível em: https://edpb.europa.eu/our-work-tools/documents/our-documents_pt. Acesso em: 19 nov. 2022.

421 UNIÃO EUROPEIA. **Comitê Europeu para Proteção de Dados: Regulamentos Internos.** Disponível em: https://edpb.europa.eu/our-work-tools/our-documents/publication-type/rules-procedure_pt. Acesso em: 19 nov. 2022.

parâmetro de atuação prática? Para atender a esse questionamento, faz-se imprescindível conhecer melhor a realidade brasileira.

3. LEI GERAL DE PROTEÇÃO DE DADOS E AUTORIDADE NACIONAL DE PROTEÇÃO DE DADOS: O INÍCIO DA REGULAMENTAÇÃO NO BRASIL

Com o advento de uma nova regulação europeia de proteção de dados e o aumento dos debates em torno dos perigos da concentração de informações pessoais nas mãos dos agentes de tratamento, em foco depois do escândalo da Cambridge Analytica em 2018[422], entendeu-se que seria necessária uma reunião de esforços para que a privacidade se tornasse uma realidade, já que, em meio ao mundo globalizado, não só os bônus, mas também os ônus do desenvolvimento de uma economia digital são partilhados por todos os países em que é estabelecida.

No Brasil, as discussões acerca do tema eram reduzidas, limitando-se ao meio técnico-acadêmico. Até aquele momento, somente o art. 5º, inc. X, da Constituição Federal[423], o art. 21 do Código Civil[424], o art. 3º, inc. III do Marco Civil da Internet[425] e os arts. 43 e 44 do Código do Consumidor[426] traziam breves disposições sobre a proteção à privacidade, ainda que em termos genéricos.[427]

---

[422] OLIVEIRA, Guilherme Henrique Gualtieri de. As bases legais para o tratamento de dados pessoais: muito além do consentimento. In: GROSSI, Bernardo Menicucci (org.). **Lei Geral de Proteção de Dados:** uma análise preliminar da lei 13.709/2018 e da experiência de sua implantação no contexto empresarial. Porto Alegre: Editora Fi, 2020. p.45-63, p. 45-46.

[423] **Art. 5º, X, CF/88.** São invioláveis a intimidade, a vida privada, a honra e a imagem das pessoas, assegurado o direito a indenização pelo dano material ou moral decorrente de sua violação;

[424] **Art. 21, CC/02.** A vida privada da pessoa natural é inviolável, e o juiz, a requerimento do interessado, adotará as providências necessárias para impedir ou fazer cessar ato contrário a esta norma.

[425] **Art. 3º, Marco Civil.** A disciplina do uso da internet no Brasil tem os seguintes princípios:[...] III - proteção dos dados pessoais, na forma da lei;

[426] **Art. 43, CDC.** O consumidor, sem prejuízo do disposto no art. 86, terá acesso às informações existentes em cadastros, fichas, registros e dados pessoais e de consumo arquivados sobre ele, bem como sobre as suas respectivas fontes. [...].

Art. 44. Os órgãos públicos de defesa do consumidor manterão cadastros atualizados de reclamações fundamentadas contra fornecedores de produtos e serviços, devendo divulgá-lo pública e anualmente. A divulgação indicará se a reclamação foi atendida ou não pelo fornecedor. [...].

[427] SHREIBER, Anderson. Right to Privacy and Personal Data Protection in Brazilian Law. In: VICENTE, Dário Moura; CASIMIRO, Sofia de Vasconcelos (ed.). **Data Protection in the Internet.** V. 38. Cham: Springer, 2020. p. 45-54, p. 45.

Diante desse cenário, dada a possibilidade de crescimento econômico, político e financeiro atrelada ao estabelecimento de uma cultura de proteção, criou-se o PLC 53/2018, que posteriormente seria convertido na Lei nº 13.709/2018: a primeira normativa de proteção de dados do país, também chamada de Lei Geral de Proteção de Dados (LGPD).

Acerca do contexto em que foi promulgada, diz-se que o objetivo maior da aprovação da normativa brasileira seria a busca pelo ingresso do Brasil na Organização para a Cooperação e Desenvolvimento Econômico (OCDE), que já dispunha de orientações acerca da proteção de dados desde 1980, conforme comentado anteriormente[428]. Seja visando a salvaguarda dos direitos dos cidadãos, seja buscando espaço no cenário internacional, fato é que a lei chegou em tempo oportuno e figura como um meio fundamental para estabelecimento de diretrizes do tratamento de dados no país.

3.1. ALCANCE E DIMENSÃO DA LEI GERAL DE PROTEÇÃO DE DADOS

A Lei Geral de Proteção de Dados (LGPD) configura-se como um marco legal que impactou diretamente a forma como pessoas naturais ou jurídicas de direito público e privado enxergam o tratamento de informações pessoais no Brasil.[429] Isso porque se volta diretamente à construção de conceitos, princípios, orientações e sanções, importantes para a salvaguarda dos direitos de liberdade e de privacidade e o livre desenvolvimento da personalidade da pessoa natural, sendo esse seu objetivo.

Construída mediante processo participativo multissetorial, por meio do qual diferentes atores sociais entraram em sintonia para alcançar um texto legal que atenda aos anseios de grupos sociais variados[430], foi promulgada em 14 de agosto de 2018, cerca de 3 meses após a GDPR entrar em plena vigência.

---

428 Ibidem, p. 46.

429 PINHEIRO, Patricia Peck. **Proteção de dados pessoais:** comentários à Lei n. 13.709/2018 (LGPD). 2. ed. São Paulo: Saraiva Educação, 2020, p. 10.

430 BIONI, Bruno Ricardo; RIELLI, Mariana Marques. A construção multissetorial da LGPD: história e aprendizados. In: FRANCOSKI, Denise de Souza Luiz; TASSO, Fernando Antônio (coord.). A **Lei Geral de Proteção de Dados Pessoais (LGPD):** aspectos práticos e teóricos relevantes no setor público e privado. 1. ed. São Paulo: Thomson Reuters Brasil, 2021.

Quanto à sua classificação, alguns estudiosos entendem-na como norma de ordem pública e consequentemente impositiva e cogente - mesmo que não traga declaração expressa a esse respeito ao longo de seu texto -, em razão de apresentar dispositivos que trazem um aspecto impositivo e irrenunciável, como é o caso do art. 8º, §4º e o art. 9º, §1º, da LGPD. Ambos deixam claro que, ainda que o titular ofereça o consentimento, esse seria nulo por se encaixar nas hipóteses descritas naqueles artigos.[431]

Acerca de sua estrutura, frisa-se que reúne 65 artigos divididos em 10 capítulos, constituindo-se como normativa ligeiramente menor que a GDPR, que conta com 99 artigos em 11 capítulos. Outra diferença notável seria a presença de cláusulas abertas, que permitem a interpretação e atuação do julgador ou órgão de controle, mas também podem causar insegurança jurídica. Por exemplo, enquanto a GDPR define prazos para que o responsável pelo tratamento notifique o titular em caso de violação[432], a LGPD[433] declara que isso deveria ser feito em prazo razoável[434]. Compreende-se, portanto, que, embora claramente inspirada na GDPR, desenvolveu características próprias, que são essenciais para adaptação ao cenário brasileiro.

Por fim, no que diz respeito à sua aplicação, dá-se em casos em que o tratamento: seja realizado no Brasil; envolva a oferta de bens ou serviços a indivíduos que morem no país; tenha como objeto os dados de titulares que aqui residam; ou ainda que a coleta de dados tenha sido realizada em terreno nacional (art. 3º, LGPD). Nesse sentido, frisa-se que a figura responsável pela fiscalização

---

[431] PALHARES, Felipe. A LGPD como uma norma de ordem pública. In: FRANCOSKI, Denise de Souza Luiz; TASSO, Fernando Antônio (coord.). A Lei Geral de Proteção de Dados Pessoais (LGPD): aspectos práticos e teóricos relevantes no setor público e privado. 1. ed. São Paulo: Thomson Reuters Brasil, 2021. p. 205-222.

[432] **Art. 33, 1.** Em caso de violação de dados pessoais, o responsável pelo tratamento notifica desse facto a autoridade de controlo competente nos termos do artigo 55, sem demora injustificada e, sempre que possível, até 72 horas após ter tido conhecimento da mesma, a menos que a violação dos dados pessoais não seja suscetível de resultar num risco para os direitos e liberdades das pessoas singulares. Se a notificação à autoridade de controlo não for transmitida no prazo de 72 horas, é acompanhada dos motivos do atraso.

[433] **Art. 48**. O controlador deverá comunicar à autoridade nacional e ao titular a ocorrência de incidente de segurança que possa acarretar risco ou dano relevante aos titulares.

§ 1º A comunicação será feita em prazo razoável, conforme definido pela autoridade nacional, e deverá mencionar, no mínimo: I - a descrição da natureza dos dados pessoais afetados; [...].

[434] PINHEIRO, Patricia Peck. **Proteção de dados pessoais:** comentários à Lei n. 13.709/2018 (LGPD). 2. ed. São Paulo: Saraiva Educação, 2020, p. 16.

dessas operações - além de complementar a LGPD no que couber, aplicar sanções e algumas outras funções - é a Autoridade Nacional de Proteção de Dados.

3.2 TRABALHO E DESEMPENHO DA AUTORIDADE NACIONAL DE PROTEÇÃO DE DADOS

A Autoridade Nacional de Proteção de Dados configura-se como o órgão de controle, atualmente previsto nos arts. 55-A a 59 da Lei Geral. No entanto, sua criação foi um ponto muito debatido, em meio à promulgação da Lei 13.709/2018 e o começo de sua vigência. Prova disso é que, embora constasse no Projeto de Lei da LGPD, alguns artigos que se referiam a ela foram vetados pela Presidência da República, o que prejudicaria a estabilidade da aplicação da LGPD.[435]

No apagar das luzes do Governo Temer, em 2018, foi aprovada a MP nº 869 - depois convertida na Lei nº 13.853/2019 - que foi a responsável por trazer a ANPD de volta à vida. Por meio dela, a ANPD seria um órgão integrado à Presidência da República, o que punha em xeque sua independência, muito embora a lei asseverasse que teria ainda autonomia técnica e decisória. Mas como isso aconteceria, visto que não disporia de recursos próprios e estaria sujeita a controle político?

Diante do cenário supramencionado, foi promulgada a Lei nº 14.460/2022, que resolveu de uma vez por todas esse problema: a ANPD transformou-se em autarquia de natureza especial, de forma que tornou-se autônoma e livre para desempenhar suas atribuições, com patrimônio próprio.

Seu objetivo principal constitui-se na aplicação da LGPD e o desenvolvimento de uma cultura de proteção de dados no Brasil. Para concretizar essa missão, suas atribuições são as mais variadas possíveis, envolvendo desde a normatização, orientação e educação a respeito da normativa até a fiscalização e determinação de sanções pelo descumprimento desta.

[435] PINHEIRO, Patricia Peck. **Proteção de dados pessoais:** comentários à Lei n. 13.709/2018 (LGPD). 2. ed. São Paulo: Saraiva Educação, 2020, P. 18

Contudo, sua atuação ainda tem sido bastante pontual, limitando-se à normatização e orientação, tendo expedido Guias Orientativos, Regulamentações, Notas Técnicas, Relatório de Análise de Impacto Regulatório, Estudos Técnicos e documentos organizacionais internos.[436] Ou seja, está focada na parte teórica e não na parte prática externalizada pela fiscalização e penalização dos agentes de tratamento de dados em casos de violação, embora já esteja recebendo petições de titulares e denúncias.

4. ANPD E CEPD: SEMELHANÇAS E DIFERENÇAS

Como já visto, os dois órgãos de proteção surgiram frente à necessidade de aplicação correta de uma normativa que mudou o panorama da proteção de dados no âmbito em que estão inseridas cada uma delas. Assim, são notórias semelhanças entre as duas instituições, especialmente tendo em vista que a Lei nº 13.709/2018 foi inspirada pelo Regulamento 679/2016.

No entanto, a origem comum ou a mera inspiração de uma na outra não remete à igualdade, já que um modelo é um pontapé inicial para a criação de um órgão, frente a uma necessidade comum, mas que desenvolverá características específicas em meio à realidade econômica, política, cultural e social em que está inserido.

Sabe-se, por conseguinte, que as realidades em que estão inseridos o CEPD e a ANPD não poderiam ser mais diferentes: a Europa desenvolvia um panorama de proteção de dados desde 1995 com a Diretiva 95/46/EC[437], enquanto o Brasil só trouxe o direito à proteção de dados em 2022, com a Emenda 115[438]. Por essa razão, também surgem algumas diferenças entre ambos, como ver-se-á a seguir.

---

[436] BRASIL. **ANPD: Documentos e publicações.** Disponível em: https://www.gov.br/anpd/pt-br/documentos-e-publicacoes. Acesso em: 19 nov. 2022.

[437] LAMBERT, Paul. **Understanding the New European Data Protection Rules.** CRC Press. Boca Raton: CRC Press, 2017.

[438] A EC 115/2022 acrescentou o inciso LXXIX ao art. 5º, CF/88, cuja redação é a seguinte: "é assegurado, nos termos da lei, o direito à proteção dos dados pessoais, inclusive nos meios digitais".

4.1 EM QUE SE ASSEMELHAM OS ÓRGÃOS DE PROTEÇÃO DE DADOS?

Enquanto órgãos, presentes em legislações estratégicas para o desenvolvimento de um panorama de proteção de dados, uma das características essenciais que ambas dispõem é a personalidade jurídica própria. Essa é entendida, numa perspectiva doutrinária clássica, como a aptidão genérica para adquirir direitos e contrair obrigações, atribuído outorgado pela ordem jurídica estatal para entes que formam uma pessoa jurídica.[439]

Isso significa que tanto a Autoridade Nacional de Proteção de Dados[440] quanto o Comitê Europeu para Proteção de Dados[441] têm capacidade para agir em nome próprio, o que favorece o desenvolvimento de suas atividades, de modo que não se vinculam ou dependem de qualquer outro órgão para pôr em prática as missões institucionais.

Tal fator leva a outro ponto de concordância entre os dois órgãos: a independência, expressa pela autonomia técnica e decisória[442]. A primeira faz com que não respondam a um órgão superior no que diz respeito ao desempenho de suas funções, levando à desnecessidade de solicitar e receber instruções para exercício de suas atribuições e poderes. Nesse sentido, frisa-se que a independência da ANPD, ao contrário do CEPD, só foi conquistada recentemente com a promulgação Lei nº 14.460/2022[443], que a transformou de órgão vinculado à Presidência da República - sem autonomia administrativa e financeira - em autarquia de natureza

[439] DINIZ, Maria Helena. **Curso de Direito Civil Brasileiro:** Teoria Geral do Direito Civil. 24 ed. V. 1. São Paulo: Saraiva, 2007, p. 230.

[440] **Art. 55-A, LGPD.** Fica criada a Autoridade Nacional de Proteção de Dados (ANPD), **autarquia de natureza especial**, dotada de autonomia técnica e decisória, com patrimônio próprio e com sede e foro no Distrito Federal.

[441] **Art. 68.1, GDPR.** O Comité Europeu para a Proteção de Dados («Comité») é criado enquanto organismo da União e está dotado de personalidade jurídica.

[442] **Art. 69, GDPR**. Independência.

1. O Comité é independente na prossecução das suas atribuições ou no exercício dos seus poderes, nos termos dos artigos 70º e 71º.

2. Sem prejuízo dos pedidos da Comissão referidos no artigo 70º, nº 1, alínea b), e nº 2, o Comité não solicita nem recebe instruções de outrem na prossecução das suas atribuições ou no exercício dos seus poderes.

[443] BRASIL. **Promulgada Lei que transforma Autoridade Nacional de Proteção de Dados em Autarquia.** Disponível em: https://www.camara.leg.br/noticias/915858-promulgada-lei-que-transforma-autoridade-nacional-de-protecao-de-dados-em-autarquia/. Acesso em: 19 nov. 2022.

especial, na figura de agência reguladora, e que também foi a responsável por revesti-la de personalidade jurídica.[444]

No que diz respeito à autonomia técnica e decisória, entende-se que é alcançada por meio da independência, de modo que as instituições poderão regular e fiscalizar a aplicação das normativas de proteção de dados, sem que sofram pressão política, governamental ou interinstitucional, o que assegura a consecução plena de seus objetivos[445]. Nessa atuação, atuações, ambos são representados por seus Presidentes (art. 55-D, caput, LGPD, e art. 68, 2, GDPR).

Ademais, sabe-se que as duas instituições apresentam algumas atribuições semelhantes. A primeira diz respeito à aplicação da normativa em que estão inseridas. No caso da ANPD, dá-se por meio da interpretação e integração da Lei nº 13.709/18, em caso de omissão ou da existência de cláusulas abertas (art. 55-J, LGPD). No CEPD, funciona mais como uma forma de padronizar a aplicação do Regulamento 679/2016 em toda a União Europeia.[446]

A segunda função desempenhada em comum é a normativa, exercida por meio da emissão de diretrizes, recomendações, regulamentos, procedimentos, pareceres, melhores práticas e regras de aplicação da normativa, por exemplo, com vista à aplicação da LGPD e da GDPR (art. 70, alíneas "f" a "x", GDPR).

---

[444] CARVALHO, João Pedro Antunes Lima da Fonseca. A Natureza Jurídica da Autoridade Nacional de Proteção de Dados à Luz da Teoria do Estado Regulador: há espaço para a adoção do conceito material de descentralização administrativa no Brasil? **Revista de Direito, Estado e Telecomunicações**, Brasília, v. 12, n. 2, p. 118-132, out. 2020, p. 123.

[445] **Art. 3º, Lei nº 13.848/2019**. A natureza especial conferida à agência reguladora é caracterizada pela **ausência de tutela ou de subordinação hierárquica, pela autonomia funcional, decisória, administrativa e financeira** e pela investidura a termo de seus dirigentes e estabilidade durante os mandatos, bem como pelas demais disposições constantes desta Lei ou de leis específicas voltadas à sua implementação.

Art. 1º, Regulamento Interno do CEPD. Identidade. O Comité Europeu para a Proteção de Dados é um organismo da UE dotado de personalidade jurídica que atua de forma **independente na prossecução das suas atribuições ou no exercício dos seus poderes**. O Comité tem sede em Bruxelas, onde têm lugar todas as atividades principais.

Art. 3º, Regulamento Interno do CEPD – Princípios orientadores. Princípio da independência e imparcialidade. De acordo com o princípio da independência consagrado no artigo 69.º do RGPD, o Comité **atua imparcialmente e com total independência** na prossecução das suas atribuições ou no exercício dos seus poderes.

[446] **Art. 70, 1, GDPR. Atribuições do Comitê.** 1. O Comité assegura a aplicação coerente do presente regulamento. Para o efeito, o Comité exerce, por iniciativa própria ou, nos casos pertinentes, a pedido da Comissão, as seguintes atividades: [...].

Ademais, devem expedir Relatórios Anuais de Atuação, como forma de mostrar prestar contas à sociedade em que se inserem e mostrar quais caminhos estão percorrendo para efetivar a proteção de dados[447]. Sob esse prisma, registre-se que a ANPD emitiu relatório anual de atuação para o ano de 2022[448], e o CEPD referentes aos anos de 2018 e 2021[449].

A quarta função que compartilham é a fiscalizatória. Nesse caso, contudo, a ANPD detém maiores poderes do que o CEPD, já que tem objeto de fiscalização mais abrangente: analisa os tratamentos de dados realizados tanto pelo setor público quanto privado, de modo a evitar problemas de vazamento. O Comitê, por outro lado, somente analisa a aplicação dos instrumentos normativos que expediu.[450]

Por fim, em comum, a ANPD e o CEPD detém um viés de cooperação, tanto interno quanto internacional. Esse dever decorre do conhecimento de que a criação de uma cultura de proteção de dados não é de responsabilidade de um órgão, mas de todas as autoridades competentes, da população e também dos países transfronteiriços, já que o tratamento de dados frequentemente não se limita a uma região geográfica nem a um único titular.

4.2 EM QUE SE DIFEREM OS ÓRGÃOS DE PROTEÇÃO DE DADOS?

No que diz respeito às diferenças entre a Autoridade Nacional de Proteção de Dados e o Comitê Europeu para Proteção de

---

[447] **Art. 55-J, LGPD.** Compete à ANPD: [...] XII - elaborar relatórios de gestão anuais acerca de suas atividade.
Art. 71, GDPR. Relatórios.
1. O Comité elabora um relatório anual sobre a proteção das pessoas singulares no que diz respeito ao tratamento na União e, quando for relevante, em países terceiros e organizações internacionais. O relatório é tornado público e enviado ao Parlamento Europeu, ao Conselho e à Comissão.
2. O relatório anual inclui uma análise da aplicação prática das diretrizes, recomendações e melhores práticas a que se refere o artigo 70.o, n.o 1, alínea l), bem como das decisões vinculativas a que se refere o artigo 65.

[448] BRASIL. **ANPD: Documentos e publicações.** Disponível em: https://www.gov.br/anpd/pt-br/documentos-e-publicacoes. Acesso em: 19 nov. 2022.

[449] UNIÃO EUROPEIA. **Comitê Europeu para a Proteção de Dados: Relatórios Anuais.** Bruxelas, BE. Disponível em: https://edpb.europa.eu/about-edpb/about-edpb/annual-reports_pt . Acesso em: 19 nov. 2022.

[450] **Art. 70, GDPR.** l) Examina a aplicação prática das diretrizes, recomendações e melhores práticas referidas nas alíneas e) e f);

Dados, a maior delas é o âmbito de atuação dos dois. O primeiro órgão é revestido de poderes para atuar em todo país, enquanto o outro é uma instituição da União Europeia como um todo. Ou seja, enquanto um fica adstrito ao território nacional, o outro amplia sua força ao âmbito regional.[451]

Além disso, o CEPD não é o único órgão de proteção da União Europeia, mas deve agir ao lado das autoridades nacionais de controle de cada Estado-membro e da Autoridade Europeia de Proteção de Dados, em um modelo claramente cooperativo, com funções que se complementam. A ANPD, por seu turno, é a única agência reguladora nessa área no Brasil, sendo a maior responsável por fazer valer as disposições da Lei Geral.

Em face dessa diferença, surge outra: a composição da CEPD deve abarcar os diretores ou representantes das autoridades de controle dos Estados-Membros e o da Autoridade Europeia para a Proteção de Dados[452], além das autoridades de controle da EEA e EFTA (Islândia, Noruega e Liechtenstein), contando com um Presidente e um Secretariado[453]. O Presidente é escolhido entre os membros, por maioria simples, assim como os dois vice-presidentes, para um mandato de 5 anos, renovável por 1 vez. Já o Secretariado é composto por membros disponibilizados pela Autoridade Europeia de Proteção de dados, cuja cooperação é orientada por um memorando de entendimento[454].

Como a Autoridade Nacional não divide função com nenhuma outra instituição, sua composição muda um pouco: divide-se em Conselho Diretor, Conselho Nacional de Proteção de Dados,

[451] **Art. 68, 1, GDPR.** O Comité Europeu para a Proteção de Dados («Comité») é criado enquanto organismo da União e está dotado de personalidade jurídica.

[452] **Art. 68, 3, GDPR.** O Comité é composto pelo diretor de uma autoridade de controlo de cada Estado-Membro e da Autoridade Europeia para a Proteção de Dados, ou pelos respetivos representantes.

[453] UNIÃO EUROPEIA. **Comitê Europeu para a Proteção de Dados: quem somos**. Disponível em: https://edpb.europa.eu/about-edpb/about-edpb/who-we-are_en . Acesso em: 26 out. 2022.

[454] **Art. 75, 1 e 4, GDPR.** 1. O Comité dispõe de um secretariado disponibilizado pela Autoridade Europeia para a Proteção de Dados. [...].

4. Quando for caso disso, o Comité e a Autoridade Europeia para a Proteção de Dados **elaboram e publicam um memorando de entendimento que dê execução ao presente artigo e defina os termos da sua cooperação**, aplicável ao pessoal da Autoridade Europeia para a Proteção de Dados envolvido na prossecução das atribuições conferidas ao Comité pelo presente regulamento.

Corregedoria, Ouvidoria, Procuradoria e unidades administrativas e especializadas, de modo que a escolha de seus integrantes envolve 2 (dois) processos diferentes[455]. No que tange ao Conselho Diretor, envolve a escolha do Presidente e outros 4 diretores, feita por nomeação do Presidente da República dentre brasileiros com reputação ilibada, nível superior de educação e elevado conceito no campo de especialidade[456]. Os demais servidores serão remanejados de outros órgãos federais, por meio de indicação do Conselho Diretor ou Processo Seletivo[457].

Noutro prisma, é importante observar que, embora compartilhem de algumas funções semelhantes, tanto a ANPD quanto o CEPD tem atribuições que lhes são próprias. O Comitê, substituindo o Grupo de Trabalho sobre a proteção de pessoas no que diz respeito ao tratamento de dados (art. 29 da Diretiva 95/46)[458], foca sua atuação na orientação e unificação do Regulamento 679/2016,

---

[455] **Art. 55-C, LGPD.** A ANPD é composta de: I - Conselho Diretor, órgão máximo de direção; II - Conselho Nacional de Proteção de Dados Pessoais e da Privacidade; III - Corregedoria; IV - Ouvidoria;V-A - Procuradoria; e VI - unidades administrativas e unidades especializadas necessárias à aplicação do disposto nesta Lei.

[456] **Art. 55-D, LGPD.** O Conselho Diretor da ANPD será composto de 5 (cinco) diretores, incluído o Diretor-Presidente. § 1º Os membros do Conselho Diretor da ANPD serão escolhidos pelo Presidente da República e por ele nomeados, após aprovação pelo Senado Federal, nos termos da alínea 'f' do inciso III do art. 52 da Constituição Federal, e ocuparão cargo em comissão do Grupo-Direção e Assessoramento Superiores - DAS, no mínimo, de nível 5. § 2º Os membros do Conselho Diretor serão escolhidos dentre brasileiros que tenham reputação ilibada, nível superior de educação e elevado conceito no campo de especialidade dos cargos para os quais serão nomeados. § 3º O mandato dos membros do Conselho Diretor será de 4 (quatro) anos.

[457] BRASIL. **ANPD lança novo edital de oportunidades para servidores e empregados públicos.** Disponível em: https://www.gov.br/anpd/pt-br/assuntos/noticias/anpd-lanca-novo-edital-com-18-oportunidades-para-servidores-e-empregados-publicos. Acesso em: 19 nov. 2022.

[458] **Exposição de motivos da GDPR, 139.** A fim de promover a aplicação coerente do presente regulamento, o Comité deverá ser um órgão independente da União. Para atingir os seus objetivos, o Comité deverá ser dotado de personalidade jurídica. O Comité é representado pelo seu presidente. **Este Comité deverá substituir o Grupo de Trabalho sobre a proteção das pessoas no que diz respeito ao tratamento de dados pessoais instituído pelo artigo 29.o da Diretiva 95/46/CE.** Deverá ser composto pelo diretor de uma autoridade de controlo de cada Estado-Membro e da Autoridade Europeia para a Proteção de Dados ou pelos seus representantes. A Comissão deverá participar nas atividades do Comité, mas sem direito de voto, e a Autoridade Europeia para a Proteção de Dados deverá também participar nas suas atividades com direito de voto em casos particulares. O Comité deverá contribuir para a aplicação coerente do presente regulamento em toda a União, incluindo mediante o aconselhamento da Comissão, nomeadamente no que respeita ao nível de proteção em países terceiros ou em organizações internacionais, e mediante a promoção da cooperação das autoridades de controlo em toda a União. O Comité deverá ser independente no prossecução das suas atribuições.

de modo a assegurar a aplicação coerente da normativa[459]. Ou seja, configura-se como um órgão consultivo e orientador e não fiscalizatório e sancionador.

A Autoridade Nacional, por outro lado, além das funções referentes ao preenchimento das lacunas da LGPD e sua interpretação, tem um objetivo muito mais amplo: zelar pela proteção de dados, a criando uma política específica. Assim, desempenha atividades que vão do estabelecimento do entendimento legal ao recebimento de petições do titular, desenvolvimento de procedimentos, fiscalização dos tratamentos de dados e educação sobre proteção de dados.

Por fim, frise-se que o Comitê tem um procedimento específico para tomada de decisões, determinado na lei em que é previsto: devem ser decididas por votação, com maioria simples. Isso ocorre, principalmente, porque tem mais a função de reunir os entendimentos legais sobre o Regulamento Europeu de Proteção de Dados do que aplicá-lo, especificamente.

Além disso, se os membros considerarem necessário, as discussões ocorridas em meio ao CEPD poderão ser revestidas de confidencialidade (art. 76, 1, GDPR). A Lei Geral de Proteção de Dados é silente quanto ao procedimento por meio do qual atuaria a ANPD e sobre a confidencialidade de suas decisões.

5. CONCLUSÃO

Sob o panorama supradelineado, entende-se que ambos os órgãos foram criados para atender às necessidades relacionadas à proteção de dados, cada um no âmbito em que está inserido, sendo previstos em leis de proteção que representaram importante marcos nesse cenário de proteção. Por encontrar inspiração na GDPR, a LGPD também criou sua instituição que fizesse valer suas disposições.

---

[459] **Art. 70, 1, GDPR.** O Comité assegura a aplicação coerente do presente regulamento. Para o efeito, o Comité exerce, por iniciativa própria ou, nos casos pertinentes, a pedido da Comissão, as seguintes atividades: a) Controla e assegura a correta aplicação do presente regulamento nos casos previstos nos artigos 64° e 65°, sem prejuízo das funções das autoridades nacionais de controlo; [...].c) Aconselha a Comissão sobre o formato e os procedimentos de intercâmbio de informações entre os responsáveis pelo tratamento, os subcontratantes e as autoridades de controlo no que respeita às regras vinculativas aplicáveis às empresas.

Contudo, a ANPD difere muito do CEPD, justamente porque foi adaptado para servir à realidade brasileira, completamente diferente daquela europeia. A diferença das realidades é expressiva, primeiramente, em razão do pioneirismo da União Europeia em tratar sobre o tema, já que, desde 1995, tinha normas específicas para tratar da matéria, tendo um longo histórico de aplicação dessas diretrizes às atividades de tratamento. Em segundo lugar, tem relação com o plano de aplicação das leis: a LGPD é um mecanismo utilizado por um único país, enquanto a GDPR deve ser aplicada por toda uma região.

Esses fatores fazem com que alguns aspectos da estrutura e das funções desses órgãos sejam divergentes. Como visto, o CEPD não é o único ator na proteção de dados da União Europeia, mas compartilha o palco com as autoridades nacionais de controle dos Estados-Membros e com a Autoridade Nacional de Proteção de Dados, sendo que essas compõem aquele. Por causa disso, suas atribuições giram em torno da unificação e orientação da aplicação da GDPR.

Por fim, pontua-se que, no que tange à ANPD, a situação é diferente: enquanto única agência reguladora da área, reúne as funções essenciais para criar uma Política Nacional de Proteção de Dados, que abrangem a interpretação e complementação da LGPD, a análise de casos concretos, fiscalização e sanção, educação e criação de procedimentos, com um espectro de atuação muito mais amplo do que o da CEPD.

REFERÊNCIAS

ASENSIO, Pedro A. de Miguel. Data Protection in the Internet: A European Union Perspective. In: VICENTE, Dário Moura; CASIMIRO, Sofia de Vasconcelos (ed.). **Data Protection in the Internet.** V. 38. Cham: Springer, 2020. p. 456-476.

BIONI, Bruno Ricardo; RIELLI, Mariana Marques. A construção multissetorial da LGPD: história e aprendizados. In: FRANCOSKI, Denise de Souza Luiz; TASSO, Fernando Antônio (coord.). **A Lei Geral de Proteção de Dados Pessoais (LGPD):** aspectos práticos e teóricos relevantes no setor público e privado. 1. ed. São Paulo: Thomson Reuters Brasil, 2021.

BRASIL. **ANPD: Documentos e publicações.** Disponível em: https://www.gov.br/anpd/pt-br/documentos-e-publicacoes. Acesso em: 19 nov. 2022.

BRASIL. **ANPD lança novo edital de oportunidades para servidores e empregados públicos.** Disponível em: https://www.gov.br/anpd/pt-br/assuntos/noticias/anpd-lanca-novo-edital-com-18-oportunidades-para-servidores-e-empregados-publicos. Acesso em: 19 nov. 2022.

BRASIL. **Constituição da República Federativa do Brasil de 1988**. Brasília, DF. Disponível em: <http://www.planalto.gov.br/ccivil_03/constituicao/constituicao.htm>. Acesso em: 26 out. 2022.

BRASIL. Lei nº 8.078, de 11 de setembro de 1990. **Código do Consumidor.** Brasília, DF. Disponível em: https://www.planalto.gov.br/ccivil_03/leis/l8078compilado.htm. Acesso em: 26 out. 2022.

BRASIL. Lei nº 10.406, de 10 de janeiro de 2002. Código Civil. Brasília, DF. Disponível em: https://www.planalto.gov.br/ccivil_03/leis/2002/l10406compilada.htm. Acesso em: 26 out. 2022.

BRASIL. Lei nº 12.965, de 23 de abril de 2014. **Marco Civil da Internet.** Brasília, DF. Disponível em: https://www.planalto.gov.br/ccivil_03/_ato2011-2014/2014/lei/l12965.htm. Acesso em: 26 out. 2022.

BRASIL. Lei nº 13.709, de 14 de agosto de 2018. **Lei Geral de Proteção de Dados (LGPD)**. Brasília, DF. Disponível em: http://www.planalto.gov.br/ccivil_03/_ato2015-2018/2018/lei/l13709.htm. Acesso em: 26 out. 2022.

BRASIL. **Promulgada Lei que transforma Autoridade Nacional de Proteção de Dados em Autarquia.** Disponível em: https://www.camara.leg.br/noticias/915858-promulgada-lei-que-transforma-autoridade-nacional-de-protecao-de-dados-em-autarquia/. Acesso em: 11 nov. 2022.

CARVALHO, João Pedro Antunes Lima da Fonseca. A Natureza Jurídica da Autoridade Nacional de Proteção de Dados à Luz da Teoria do Estado Regulador: há espaço para a adoção do conceito material de descentralização administrativa no Brasil? **Revista de Direito, Estado e Telecomunicações**, Brasília, v. 12, n. 2, p. 118-132, out. 2020.

DAIGLE, Brian; KHAN, Mahnaz. The EU General Data Protection Regulation: An Analysis of Enforcement Trends by EU Data Protection Authorities. **United States International Trade Commission:** Journal of International Commerce and Economics, [s. l], p. 1-38, jun. 2020. Disponível em: https://www.usitc.gov/staff_publications/jice/eu_general_data_protection_regulation_analysis. Acesso em: 26 out. 2022.

LAMBERT, Paul. **Understanding the New European Data Protection Rules.** CRC Press. Boca Raton: CRC Press, 2017.

DINIZ, Maria Helena. **Curso de Direito Civil Brasileiro:** Teoria Geral do Direito Civil. 24 ed. V. 1. São Paulo: Saraiva. 2007.

NOGUEIRA, Fernanda Araújo Couto e Melo; FONSECA, Maurício Leopoldino da. O consentimento na Lei Geral de Proteção de Dados: autonomia privada e o consentimento livre, informado, específico e expresso. In: GROSSI, Bernardo Menicucci (org.). **Lei Geral de Proteção de Dados**: uma análise preliminar da lei 13.709/2018 e da experiência de sua implantação no contexto empresarial. Porto Alegre: Editora Fi, 2020. p. 15-44.

OLIVEIRA, Guilherme Henrique Gualtieri de. As bases legais para o tratamento de dados pessoais: muito além do consentimento. In: GROSSI, Bernardo Menicucci (org.). **Lei Geral de Proteção de Dados:** uma análise preliminar da lei 13.709/2018 e da experiência de sua implantação no contexto empresarial. Porto Alegre: Editora Fi, 2020. p.45-63.

PALHARES, Felipe. A LGPD como uma norma de ordem pública. In: FRANCOSKI, Denise de Souza Luiz; TASSO, Fernando Antônio (coord.). **A Lei Geral de Proteção de Dados Pessoais (LGPD):** aspectos práticos e teóricos relevantes no setor público e privado. 1. ed. São Paulo: Thomson Reuters Brasil, 2021. p. 205-222.

PINHEIRO, Patricia Peck. **Proteção de dados pessoais:** comentários à Lei n. 13.709/2018 (LGPD). 2. ed. São Paulo: Saraiva Educação, 2020.

ROCHA, Sidney Cassio Alves. O direito à privacidade e o direito à proteção de dados na Lei Geral de Proteção de Dados. In: GROSSI, Bernardo Menicucci (org.). **Lei Geral de Proteção de Dados:** uma análise preliminar da lei 13.709/2018 e da experiência de sua implantação no contexto empresarial. Porto Alegre: Editora Fi, 2020. p. 133-150.

SALDANHA, João Lucas Vieira. A concepção de privacidade através dos tempos: do rupestre à Lei Geral de Proteção de Dados Pessoais. In: GROSSI, Bernardo Menicucci (org.). **Lei Geral de Proteção de Dados:** uma análise preliminar da lei 13.709/2018 e da experiência de sua implantação no contexto empresarial. Porto Alegre: Editora Fi, 2020. p. 232-267.

SCHREIBER, Anderson. Right to Privacy and Personal Data Protection in Brazilian Law. In: VICENTE, Dário Moura; CASIMIRO, Sofia de Vasconcelos (ed.). **Data Protection in the Internet.** V. 38. Cham: Springer, 2020. p. 45-54.

UNIÃO EUROPEIA. **Comitê Europeu para Proteção de Dados:** Regulamentos Internos. Disponível em: https://edpb.europa.eu/our-work-tools/our-documents/publication-type/rules-procedure_pt. Acesso em: 19 nov. 2022.

UNIÃO EUROPEIA. **Comitê Europeu para Proteção de Dados:** nossos documentos. Disponível em: https://edpb.europa.eu/our-work-tools/documents/our-documents_pt. Acesso em: 19 nov. 2022.

UNIÃO EUROPEIA. **Comitê Europeu para a Proteção de Dados:** quem somos. Disponível em: https://edpb.europa.eu/about-edpb/about-edpb/who-we-are_en. Acesso em: 26 out. 2022.

UNIÃO EUROPEIA. Tratado de Roma, de 25 de março de 1957. **Tratado sobre o Funcionamento da União Europeia.** Roma. Disponível em: https://eur-lex.europa.

eu/resource.html?uri=cellar:9e8d52e1-2c70-11e6-b497-01aa75ed71a1.0019.01/DOC_3&format=PDF. Acesso em: 26 out. 2022.

UNIÃO EUROPEIA. **Carta dos Direitos Fundamentais da União Europeia**, de 18 de dezembro de 2000. Disponível em: https://www.europarl.europa.eu/charter/pdf/text_pt.pdf. Acesso em: 26 out. 2022.

UNIÃO EUROPEIA. **European Data Protection Supervisor:** Frequently Asked Questions. Disponível em: https://edps.europa.eu/frequently-asked-questions_en#:~:-text=Who%20are%20we%3F,for%20a%20five%2Dyear%20term. Acesso em: 26 out. 2022.

UNIÃO EUROPEIA. Regulamento nº 2016/679, de 27 de abril de 2016. **Regulamento Europeu de Proteção de Dados**. Bruxelas, BE. Disponível em: https://eur-lex.europa.eu/legal-content/PT/TXT/?qid=1532348683434&uri=CELEX%3A02016R0679-20160504. Acesso em: 26 out. 2022.

UNIÃO EUROPEIA. **Regulamento interno do Comitê Europeu para a Proteção de Dados**, de 25 de maio de 2018 (atualizado em 06 de abril de 2022). Bruxelas, BE. Disponível em: https://edpb.europa.eu/our-work-tools/our-documents/rules-procedure/rules-procedure-version-8_pt. Acesso em: 26 out. 2022.

UNIÃO EUROPEIA. **Relatório Anual 2021 (CEPD).** Bruxelas, BE. Disponível em: https://edpb.europa.eu/our-work-tools/our-documents/annual-report/edpb-annual-report-2021_pt. Acesso em: 26 out. 2022.

UNIÃO EUROPEIA. **Comitê Europeu para a Proteção de Dados: Relatórios Anuais**. Bruxelas, BE. Disponível em: https://edpb.europa.eu/about-edpb/about-edpb/annual-reports_pt . Acesso em: 19 nov. 2022.

VICENTE, Dário Moura; CASIMIRO, Sofia de Vasconcelos. Data Protection in the Internet: General Report. In: VICENTE, Dário Moura; CASIMIRO, Sofia de Vasconcelos (ed.). **Data Protection in the Internet.** V. 38. Cham: Springer, 2020. p. 1-44.

GOVERNANÇA DE DADOS PESSOAIS: RELATO DE EXPERIÊNCIA DO PROJETO PILOTO DE IMPLEMENTAÇÃO À LEI GERAL DE PROTEÇÃO DE DADOS PESSOAIS (LGPD) NO PODER JUDICIÁRIO DO RIO GRANDE DO NORTE

ADRIANA CARLA SILVA DE OLIVEIRA[460]
MICHELLSON COSTA DE LIMA CORDEIRO[461]
VANESSA MARIA DE OLIVEIRA ACCIOLY MAIA[462]

1. INTRODUÇÃO

Tradicionalmente, o problema da proteção de dados pessoais teve início com os bancos de dados criados pela iniciativa privada, estendendo-se essa questão à Administração Pública atualmente, em razão da intensa transformação digital pela qual passa o setor público, catalisada pelo advento da pandemia do Covid-19, que impôs o isolamento social e a comunicação virtual como regra das relações interpessoais, inclusive para a entrega de serviços públicos no Brasil e no mundo.

A utilização crescente de dados pessoais em diversas plataformas digitais na esfera pública passou a exigir um olhar cuidadoso por parte dos gestores, com relação ao tratamento desses dados e sua disponibilização nos meios eletrônicos.

---

[460] Pós-doutora em Direito, Doutora em Ciência da Informação, Bacharel em Direito e em Biblioteconomia. Chefe de Biblioteca e da Gestão Documental do TJRN e Membro Integrante do Comitê Gestor de Privacidade e Proteção de Dados Pessoais e dos Grupos Técnicos de Trabalho do Poder Judiciário do Rio Grande do Norte. Professora colaboradora da Universidade Federal do Rio Grande do Norte. CEO do Instituto Adriana Carla (IAC). E-mail: adrianacarla.a@gmail.com

[461] Analista Judiciário e Chefe de Seção de Requisitórios de Pagamento do Tribunal de Justiça do Estado do Rio Grande do Norte. Mestrando em Direito e graduando em Filosofia pela Universidade Federal do Rio Grande do Norte. Especialista em Direito Constitucional e Administrativo pela ESMARN. Bacharel em Direito pela UnP. Pesquisador do Grupo de Pesquisa Direito e Desenvolvimento Sustentável e Inovação – DINOVA e do Grupo de Pesquisa em Administração, Governo e Políticas Públicas do Poder Judiciário – GPJus da UFRN. E-mail: michellsoncordeiro@gmail.com

[462] Mestranda em Direito da Universidade Federal do Rio Grande do Norte. Pesquisadora do Grupo de Pesquisa Direito e Desenvolvimento Sustentável e Inovação - DINOVA - da UFRN. Chefe de Divisão de Assistência ao Órgãos Julgadores do TJRN. Membro Integrante dos Grupos Técnicos de Trabalho instituídos para execução de dois projetos pilotos de implementação à LGPD no Poder Judiciário do Rio Grande do Norte. E-mail:vanessaaccioly6@gmail.com

A quantidade e os tipos de dados armazenados sugerem indagações éticas e normativas quanto ao seu manejo, desafiando a necessidade de novos modelos de governança responsáveis e transparentes, com vistas a salvaguardar o direito fundamental de proteção de dados pessoais dos sujeitos titulares deste direito, consolidado por meio da Emenda Constitucional n.º 115, de 10 de fevereiro de 2022.

Por outro lado, o Governo Digital instituído pela Lei n. 14.129, de 29 de março de 2021, trouxe a possibilidade de tornar o serviço público mais eficiente, desburocratizando e simplificando a relação entre o poder público e a sociedade, com finalidade de tornar, também, mais acessível a participação do cidadão no âmbito governamental.

Com isso, o Poder Judiciário, que já contava com os mecanismos prescritos na Lei de Acesso à Informação (LAI), desde a sua promulgação em 2011, cuja finalidade é proteger informações pessoais de sua guarda, passou a observar também a Lei Geral de Proteção de Dados Pessoais[463] com o objetivo para além de tutelar os direitos fundamentais da personalidade das pessoas naturais, titulares dos dados abrigados em suas unidades jurisdicionais, mantendo esses dados em formato interoperável e estruturado para o uso compartilhado de outros entes federativos com vista à execução de políticas públicas, prestação de outros serviços públicos, bem como ampliação do acesso e a disseminação das informações ao público em geral.

Na atualidade, não há como negar o valor dos dados pessoais inseridos em diversos documentos que são guardados e tratados pelo Poder Público, podendo servir a interesses que não são legitimamente autorizados pelos sujeitos titulares dos dados, desviando-se da sua finalidade, com possibilidade de compartilhamento e uso indevido desses dados por terceiros que acessem de alguma forma os respectivos sistemas de armazenamento.

Em uma sociedade cada vez mais conectada digitalmente, a privacidade das pessoas mostra-se gradualmente mais exposta,

[463] *BRASIL. Lei nº 13.709, de 14 de agosto de 2018. Lei Geral de Proteção de Dados Pessoais. Disponível em: http://www.planalto.gov.br/ccivil_03/_ato2015-2018/2018/lei/l13709.htm*

suscetível de violação e agressão, tanto quando consentida quanto não sendo autorizado por elas, o que acaba por exigir mecanismos ou estratégias para proteger os dados, por meio da governança, a garantir os direitos fundamentais de liberdade e de privacidade.

O tema instiga discussões, notadamente sobre os desafios para a adequação da LGPD na Administração Pública, a exemplo do Poder Judiciário do Estado do Rio Grande do Norte, que deve observar o referido diploma legal no exercício de suas atividades administrativas e jurisdicionais.

Nesse sentido, diante da fundamentalidade da proteção de dados pessoais prevista no art. 5°, inciso LXXIX, da Constituição Federal de 1988, efetivada por meio da governança das informações pessoais, e recentemente, pela emenda constitucional n. 115, de 10 de fevereiro de 2022, o presente artigo tem como intuito finalístico descrever o procedimento de mapeamento do processo de coleta de dados pessoais e sensíveis nos setores de recepção que realizam o atendimento presencial e telefônico da sede do TJRN e das unidades judiciais e dos setores de licitações, contratos e convênios, balizado à luz da LGPD e da LAI, com vistas a contribuir com a gestão de riscos e de segurança da informação do processo de trabalho mapeado.

Trata-se, portanto, de pesquisa descritiva, de natureza exploratória, do tipo relato de experiência, que proporciona reflexões sobre uma ação ou um conjunto de ações vivenciadas.

Por fim, quanto a sua estrutura, o presente trabalho aborda na primeira seção a governança de dados pessoais no Poder Judiciário: aplicabilidade no contexto da prestação do serviço público; na segunda seção, expõe os pontos de interface entre a Lei de Acesso à Informação e a Lei Geral de Proteção de Dados Pessoais no Poder Público, detalhando, na terceira seção, a segurança institucional e o mapeamento do processo do atendimento presencial ao público externo para o controle de acesso, circulação e permanência de pessoas na sede do TJRN; analisa a proteção de dados pessoais nos processos de trabalho do setor de licitações, contratos e convênios na quarta seção; compara a Política de Privacidade e Proteção de Dados Pessoais e a Política de Segurança da Informação do TJRN na quinta seção, apresentando, na sexta e última seção, as considerações finais.

2. GOVERNANÇA DE DADOS PESSOAIS NO PODER JUDICIÁRIO: APLICABILIDADE NO CONTEXTO DA PRESTAÇÃO DO SERVIÇO PÚBLICO

Os dados das pessoas possuem grande valor organizacional e econômico, sendo utilizados para interesses legítimos nas organizações privadas e públicas, não sendo diferente no Poder Judiciário, mas podem servir a interesses alheios às finalidades institucionais, se compartilhados ou acessados de maneira indevida, razão pela qual, a Lei Geral de Proteção de Dados Pessoais (LGPD) foi disciplinada como normativo obrigatório ao tratamento de dados pessoais no âmbito brasileiro, até então existentes para preservação da privacidade, sendo alçada a proteção desses dados a direito fundamental, conforme a Emenda Constitucional n.º 115.

Nesse sentido, considerando a quantidade e os tipos de dados tratados na atividade judicante, passa-se a exigir mecanismos legais e novos modelos de governança de dados e de tecnologias responsáveis e transparentes para proteger os dados pessoais, sem olvidar da necessidade de tornar mais eficiente a prestação dos serviços.

Na sociedade hodierna, a qual a doutrina especializada indica está passando por uma era de revolução, utilizando expressões como Revolução Digital, Revolução de Entretenimento, Era Digital, Era da Informação e Era da Tecnologia da Informação, percebe-se o grande valor atribuído aos dados e às informações.

Além disso, os dados tornaram-se imprescindíveis para o desenvolvimento das tecnologias revolucionárias da Era Digital, tais como *Big Data*, Internet das Coisas e Inteligência Artificial. Nas relações de consumo, que são sujeitas à regulação pelo Poder Público, os dados permitem o direcionamento de estratégias de *marketing* personalizado pelas empresas com utilização de algoritmos e várias ferramentas para esse fim.

Outro exemplo de forte utilização de dados ocorre durante as eleições, "em campanhas eleitorais [que] permitem a aferição de intenções de votos de acordo com cada perfil"[464]. Infere-se, portan-

---

[464] *FRAZÃO, Ana; TEPEDINO, Gustavo; OLIVA, Milena Donato Oliva (coord.). Lei Geral de Proteção de Dados Pessoais e suas repercussões no direito brasileiro [livro eletrônico]. 1. ed. São Paulo: Thomson Reuters Brasil, 2019, p. 84.*

to, que os dados pessoais passam por todas as esferas do Poder Público, não sendo diferente em relação ao Poder Judiciário, ou, como no caso acima, ao Poder Judiciário Eleitoral, especificamente.

Em vista disso, os dados pessoais manejados pelo Poder Público e mencionados pela LGPD devem observar todos os Princípios previstos pela Lei Geral de Proteção de Dados Pessoais, especialmente, os da Finalidade, Necessidade, Adequação e da Segurança.

Ademais, o tratamento de dados pessoais pelo Poder Público detalhado no Capítulo IV da LGPD deve atender sua finalidade pública, na persecução do interesse público, com o objetivo de executar as competências legais ou cumprir as atribuições legais do serviço público, nos termos do inciso I do art. 23[465].

Com o objetivo de tornar eficazes os dispositivos legais e observar os princípios que serviram de norte a eles, pode-se deduzir que há necessidade de transparência do Poder Público quanto à utilização dos dados pessoais e de mecanismos que evitem sua violação, sob pena de se tornar ineficaz todo aparelhamento normativo e seus fundamentos.

Da Silva Cristóvam[466], discorrendo a respeito da LGPD, indica uma nova etapa para a governança de dados no interior do Poder Público, voltada à proteção dos direitos e garantias fundamentais de liberdade, privacidade e desenvolvimento de pessoa natural em relação ao tratamento de dados pessoais, na busca do uso mais seguro e transparente desses dados, além de servir como um meio de prevenção a fraudes internas, ficando demonstrado que há regras de tratamento de dados aplicáveis ao Poder Público e aquelas endereçadas aos particulares em geral.

Nesse sentido, propõe a sistematização da governança de dados pessoais embasada em dois grandes pontos de diferenciação: *i)* no que tange à dispensa do consentimento do titular para que a Administração Pública colete os dados necessários ao atendimento de suas finalidades e atribuições legais, bem assim, *ii)* na

[465] *I - sejam informadas as hipóteses em que, no exercício de suas competências, realizam o tratamento de dados pessoais, fornecendo informações claras e atualizadas sobre a previsão legal, a finalidade, os procedimentos e as práticas utilizadas para a execução dessas atividades, em veículos de fácil acesso, preferencialmente em seus sítios eletrônicos;*

[466] *DA SILVA CRISTÓVAM, José Sérgio. Governança de dados no setor público brasileiro: uma análise a partir da Lei Geral de Proteção de Dados (LGPD). Int. Públ. – IP, Belo Horizonte, ano 23, n. 129, p. 75-101, set./out. 2021, p. 23.*

simplificação do compartilhamento de dados pessoais também para o alcance de suas finalidades públicas de interesse coletivo. Assim, o que definirá a legalidade do tratamento de dados será essa análise de compatibilidade.

Parece claro que o Poder Público precisa promover adequações de suas ferramentas para se colocar em conformidade com os preceitos fundamentais e observar o disciplinamento contido na LGPD, de modo a compatibilizar seus sistemas informatizados que servem de instrumentos para prestar serviços com transparência e eficiência.

Ainda para o autor, é essencial garantir a autonomia da administração pública e um elevado nível técnico, de modo a contribuir com qualidade regulatória e controle adequado, bem como assegurar mecanismos eficazes de participação e controle social. Um debate em que se está, sim, a dar apenas os primeiros passos, num caminho que é longo e, aparentemente, sinuoso[467].

Para realizar suas funções institucionais e exercer a jurisdição, o Poder Judiciário, dentro dos limites da Constituição Federal de 1988, tem acesso a inúmeros dados pessoais, abrangidos os considerados sensíveis, os quais são tratados pelos seus diversos órgãos.

Conforme disposto nos artigos 7°, VI, e 11 da LGPD, o tratamento dos dados poderá ocorrer no âmbito judicial, para fins de exercício regular de direitos, o que se dará mediante julgamento e processamento das demandas judiciais, como também para fins do acesso à justiça garantido pela CF/88 no Art. 5°, XXXV, segundo o qual "a lei não excluirá da apreciação do Poder Judiciário lesão ou ameaça a direito"[468].

Dessa forma, tem-se a possibilidade de utilização dos dados pessoais sensíveis pelo Poder Judiciário no âmbito dos processos judiciais, em todas as suas esferas de atuação (Justiça Estadual, Federal, Eleitoral, Trabalhista etc.), com finalidades específicas para o cumprimento da missão constitucional da jurisdição.

Sem embargo do que foi exposto sobre os fins constitucionais do Poder Judiciário e do próprio Poder Público de modo geral, para

---

[467] Ibid., 2021, p. 24.

[468] BRASIL. Constituição (1988). *Emenda constitucional nº 115, de 10 de fevereiro de 2022.* Disponível em: http://www.planalto.gov.br/ccivil_03/constituicao/emendas/emc/emc115.htm. Acesso em 30 ago. 2022.

legitimar seu tratamento de dados pessoais, há de se ter transparência quanto à utilização desses dados, assim como mecanismos para salvaguardar os direitos do titular.

Nesse sentido, os artigos 31 e 32 da LGPD prescrevem quanto à responsabilidade do Poder Público quando houver infração em decorrência do tratamento de dados pessoais por órgãos públicos, situação em que a Autoridade Nacional de Proteção de Dados Pessoais (ANPD) poderá enviar informe com medidas cabíveis para fazer cessar a violação, bem como poderá solicitar, a agentes do Poder Público, a publicação de relatórios de impacto à proteção de dados pessoais e sugerir a adoção de padrões e de boas práticas para os tratamentos de dados pessoais.

Além disso, no Poder Judiciário, o Conselho Nacional de Justiça (CNJ) editou vários normativos afetos a essa temática, entre eles a Resolução nº 331, de 20 de agosto de 2020, que instituiu a Base Nacional de Dados do Poder Judiciário (DataJud) como fonte primária de dados do Sistema de Estatística do Poder Judiciário (SIESPJ) para os tribunais indicados nos incisos II a VII do art. 92 da CF/88. Publicou, ainda, a Resolução nº 363/CNJ, de 12 de janeiro de 2021, estabelecendo medidas para o processo de adequação à Lei Geral de Proteção de Dados Pessoais (LGPD) a serem adotadas pelos Tribunais do país.

3. INTERFACES ENTRE A LEI DE ACESSO À INFORMAÇÃO E A LEI GERAL DE PROTEÇÃO DE DADOS PESSOAIS NO PODER PÚBLICO

É certo que a aderência dos órgãos públicos à LGPD depende de um verdadeiro inventário acerca de processos internos e ativos organizacionais que detêm alguma relação com o tratamento de dados pessoais e de dados pessoais sensíveis, sendo estes definidos pela lei como "dado pessoal sobre origem racial ou étnica, convicção religiosa, opinião política, filiação a sindicato ou a organização de caráter religioso, filosófico ou político, dado referente à saúde ou à vida sexual, dado genético ou biométrico, quando vinculado a uma pessoa natural"[469].

---

[469] BRASIL. *Lei nº 13.709, de 14 de agosto de 2018. Lei Geral de Proteção de Dados Pessoais.* Disponível em: http://www.planalto.gov.br/ccivil_03/_ato2015-2018/2018/lei/l13709.

Comparando a Lei Geral de Proteção de Dados Pessoais e a Lei de Acesso à Informação é possível identificar uma semelhança entre elas quanto à temática da proteção de dados pessoais, embora possuam diferentes objetivos, conforme observa Ilderlândio Teixeira[470], "tanto a LAI quanto a LGPD têm diretrizes voltadas ao tratamento de dados pessoais pautados no tripé confidencialidade, integridade e disponibilidade, preocupação estas alinhadas aos princípios da prevenção e da segurança".

No decreto n. 7.724 de 16 de maio de 2012, editado para regulamentar a LAI, há um capítulo que trata especificamente de informações pessoais, tendo, portanto, relação direta com a LGPD[471]. Neste capítulo sobre informações pessoais, o antedito decreto praticamente reproduz dispositivos constantes da LGPD.

Desse modo, verifica-se que o mesmo normativo que buscou aplicar o princípio da transparência no setor público não se omitiu do dever de assegurar o direito fundamental à intimidade, à vida privada, à honra e à imagem das pessoas aos cidadãos que solicitam acessos à informação perante a administração pública, não existindo "uma superioridade de uma lei sobre a outra, mas particularidade em ambas: uma em garantir o acesso à informação; em regra; e a outra em assegurar a privacidade dos dados pessoais", demonstrando o caráter de complementaridade entre as duas normas.[472]

---

htm. Acesso em 30 ago. 2022.

[470] TEIXEIRA, Ilderlândio. *LGPD e LAI*: uma análise sobre a relação sobre elas. Notícias e artigos SERPRO. (2020). Disponível em: https://www.serpro.gov.br/lgpd/noticias/2020/lei-acesso-informacao-lai-lei-geralprotecao-dados-pessoais-lgpd. Acesso em 31 ago. 2022.

[471] *Art. 55. As informações pessoais relativas à intimidade, vida privada, honra e imagem detidas pelos órgãos e entidades:*
I - terão acesso restrito a agentes públicos legalmente autorizados e a pessoa a que se referirem, independentemente de classificação de sigilo, pelo prazo máximo de cem anos a contar da data de sua produção; e
II - poderão ter sua divulgação ou acesso por terceiros autorizados por previsão legal ou consentimento expresso da pessoa a que se referirem.
[...]
Art. 61. O acesso à informação pessoal por terceiros será condicionado à assinatura de um termo de responsabilidade, que disporá sobre a finalidade e a destinação que fundamentaram sua autorização, sobre as obrigações a que se submeterá o requerente.
§ 1º A utilização de informação pessoal por terceiros vincula-se à finalidade e à destinação que fundamentaram a autorização do acesso, vedada sua utilização de maneira diversa.
§ 2º Aquele que obtiver acesso às informações pessoais de terceiros será responsabilizado por seu uso indevido, na forma da lei

[472] Ibid.,2020.

4. SEGURANÇA INSTITUCIONAL E O MAPEAMENTO DO PROCESSO DO ATENDIMENTO PRESENCIAL AO PÚBLICO EXTERNO PARA O CONTROLE DE ACESSO, CIRCULAÇÃO E PERMANÊNCIA DE PESSOAS NA SEDE DO TJRN

A Lei n.12.694, de 24 de julho de 2012, no art. 3º, autoriza os tribunais a tomarem medidas para reforçar a segurança de seus prédios quanto ao controle de acesso, com identificação dos visitantes, instalação de câmeras de vigilância e instalação de aparelhos detectores de metais, aos quais devem ser submetidos todos que queiram ter acesso a esses prédios, "ainda que exerçam qualquer cargo ou função pública, ressalvados os integrantes de missão policial, a escolta de presos e os agentes ou inspetores de segurança próprios".

Em vista disso, o Poder Judiciário do Rio Grande do Norte publicou a Resolução TJRN nº 21/2012-TJ, de 27 de junho de 2012, estabelecendo procedimentos de controle de acesso, circulação e permanência de pessoas nos seus prédios, limitando o acesso de visitantes, advogados, profissionais de imprensa e prestadores de serviço sem a devida identificação na recepção (art. 6º, inciso I).

Assim, no contexto do atendimento ao público externo durante o expediente presencial, na sede do Poder Judiciário do Rio Grande do Norte, em que um cidadão solicite informações administrativas ou jurisdicionais relativas a um determinado setor daquele órgão público, neste procedimento interno deverão ser observadas tanto a LAI quanto a LGPD, uma vez que para atender ao pedido de acesso à informação será necessário que a Administração faça a coleta mínima de dados pessoais do solicitante, para o cumprimento da finalidade informativa específica.

Para a efetivação dos procedimentos legal e regulatório supramencionados, o Poder Judiciário do RN, por meio do seu Gabinete de Segurança Institucional – GSI – implementou serviço computacional (*software*) de controle de acesso para identificação do público externo, instalado na recepção da sede do Tribunal de Justiça, com o propósito de coletar dados pessoais como nome, CPF e foto dos visitantes, para fins de segurança institucional, passando a observar por conseguinte o ciclo de tratamento desses dados pessoais à luz da LGPD, especialmente, com base no art. 7º, inciso II, "para o cumprimento de obrigação legal ou regulatória pelo controlador", com o intuito de entregar ao visitante um crachá que permitirá o acesso ao andar do prédio por onde ele irá circular, sinalizado por cores correspondentes a cada pavimento destinatário.

Diante desse fato, coube ao Comitê Gestor de Proteção de Dados Pessoais (CGPDP), consoante o art. 6º da Resolução TJRN nº 37/2021, propor a criação de Grupos de Trabalho Técnico (GTTs) para estudo, elaboração e execução de projetos e estratégias junto às unidades administrativas, para adequação e manutenção dos serviços e processos para o tratamento de dados pessoais em conformidade com as diretrizes da LGPD e do Conselho Nacional de Justiça (CNJ).

Por meio das Portarias TJRN nº 077, de 25 de janeiro de 2022 e nº 084 , de 26 de janeiro de 2022, foram criados Grupos de Trabalho Técnicos (GTTs) para planejar, implementar e executar Projetos Pilotos de Adequação à LGPD de acordo com a sua Política de Privacidade e Proteção de Dados Pessoais (PPPDP), no setor de licitação, contratos e convênios, bem como no setor atendimento das recepções de suas unidades administrativas e jurisdicionais, respectivamente, para os quais foram nomeados servidores como membros integrantes, que dentre estes, três servidores também integram o Programa de Pós-graduação em Direito da UFRN, no projeto de pesquisa "Governo Aberto e Proteção de Dados Pessoais no contexto do direito digital", juntamente com os demais coautores do presente relatório técnico.

Durante as reuniões dos GTTs foram elaboradas planilhas de diagnósticos, validando o *Data Mapping,* com a descrição dos processos internos desenvolvidos pelo setor de atendimento ao público externo do TJRN, bem como houve discussões acerca das definições das hipóteses e previsões legais para coleta de dados pessoais oriundos do atendimento, com foco na necessidade do fornecimento de dados pessoais, detalhando-se as categorias dos titulares dos dados, os tipos de dados pessoal se sensíveis ou relativos à criança e adolescente, analisando-se os riscos dos dados envolvidos por sistemas e artefatos, definindo-se o período de retenção de dados e as medidas de segurança e privacidade a serem adotadas, elaborando-se, por fim, um relatório de impacto para proteção dos dados pessoais correspondentes.

Além disso, foram oportunizados aos servidores pesquisadores juntamente com outros integrantes dos GTTs, treinamentos com especialistas em adequação da LGPD em órgãos públicos e empresas privadas, corroborando para aquisição da experiência pela qual firmaram-se os conceitos teóricos do estudo da LAI e da LGPD às boas práticas de governança de dados pessoais adotadas no atendimento presencial do TJRN.

Por último, foi possível mapear o fluxo do tratamento dos dados pessoais coletados por meio do Sistema de Controle de Acesso (SCA) instalado na recepção da sede do TJRN:

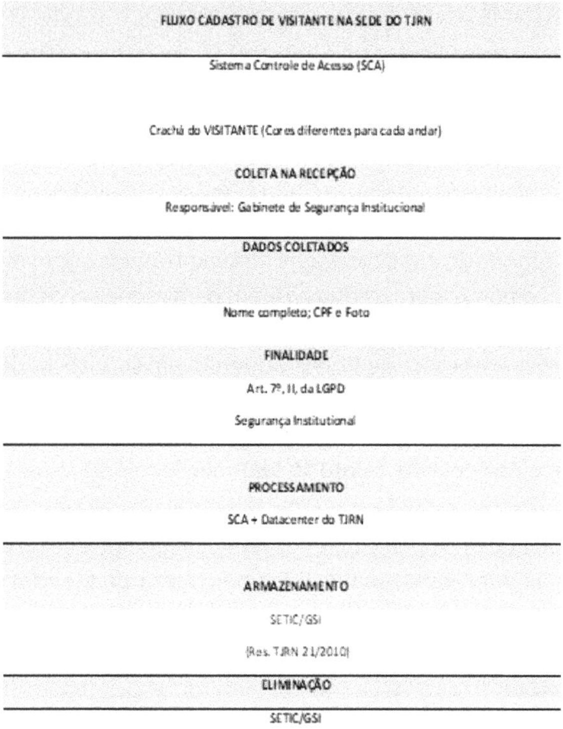

FLUXO CADASTRO DE VISITANTE NA SEDE DO TJRN

Sistema Controle de Acesso (SCA)

Crachá do VISITANTE (Cores diferentes para cada andar)

COLETA NA RECEPÇÃO

Responsável: Gabinete de Segurança Institucional

DADOS COLETADOS

Nome completo; CPF e Foto

FINALIDADE

Art. 7º, II, da LGPD

Segurança Institutional

PROCESSAMENTO

SCA + Datacenter do TJRN

ARMAZENAMENTO

SETIC/GSI

(Res. TJRN 21/2010)

ELIMINAÇÃO

SETIC/GSI

Figura1: Fluxo do cadastro de visitantes
Fonte: Elaborado pelos autores (2022).

5. ANÁLISE DA PROTEÇÃO DE DADOS PESSOAIS NOS PROCESSOS DE TRABALHO DO SETOR DE LICITAÇÕES, CONTRATOS E CONVÊNIOS DO TJRN

Rodrigo Pironti Aguierre de Castro entende que a adequação à LGPD aos contratos e convênio firmados com a Administração Pública é um dos temas que mais preocupam gestores e servidores, não apenas pela responsabilização civil e administrativa decorrente do próprio texto normativo[473], mas pelas incertezas geradas, em grande parte, por uma incipiente interpretação da Lei Geral de Proteção de Dados em face do Regime Jurídico Administrativo[474].

Assim, o tratamento de dados pessoais pelas pessoas jurídicas de direito público deve observar além da boa-fé contratual, os princípios elencados na LGPD, sendo o princípio da finalidade repisado em seu artigo 23, o qual estabelece que, deverá ser observada a finalidade pública, na persecução do interesse público, objetivando executar as competências legais ou cumprir as atribuições legais do serviço público.

É necessária a avaliação, no âmbito dos contratos administrativos, quando da coleta de dados pessoais e sua relação com as respectivas exigências editalícias e contratuais, tanto no que se relaciona com a fase interna quanto a sua fase externa do procedimento licitatório, bem como, na execução do contrato[475].

Com o escopo adequar a LGPD aos procedimentos de contratação e pactuação firmados pelo Poder Judiciário do Rio Grande do Norte (PJRN), foi instituído, por meio da Portaria n. 077/2022 – TJ, de 25 de janeiro de 2022, o Grupo de Trabalho Técnico (GTT) para planejar, implementar e executar o Projeto Piloto de Adequação à Lei Geral de Proteção de Dados Pessoais (LGPD), nos setores de contrato, convênios e licitações, em observância ao princípio da

---

[473] *Art. 43. Os agentes de tratamento só não serão responsabilizados quando provarem:*
I - que não realizaram o tratamento de dados pessoais que lhes é atribuído;
II - que, embora tenham realizado o tratamento de dados pessoais que lhes é atribuído, não houve violação à legislação de proteção de dados; ou
III - que o dano é decorrente de culpa exclusiva do titular dos dados ou de terceiro.

[474] DE CASTRO, Rodrigo Pironti Aguierre, *A LGPD e os contratos administrativos:* o mito do "tarjamento" dos contratos. Disponível em: https://zenite.blog.br/a-lgpd-e-os-contratos-administrativos-o-mito-do-tarjamento-dos-contratos-e-o-parecer-no-00009-2022-decor-cgu-agu/. Acesso em 27 dez. 2022.

[475] Ibid. 2022.

finalidade pública da coleta de dados pessoais e às mitigações de riscos de incidentes de vazamento desses dados provenientes daqueles procedimentos administrativos.

Para tanto foram identificados sete macroprocessos sob a justificativa de envolverem dados pessoais de participantes externos, a saber: a) processo de planejamento de contratos e convênios; b) processo de criação do termo de referência; c) processo de pesquisa mercadológica; d) processo de elaboração e aprovação de minuta; e) processo de publicação e realização do certame; f) processo de formalização e execução do contrato/convênio e g) processo de fiscalização e execução do contrato.

Em todas as situações mapeadas para o tratamento de dados pessoais foi observada a finalidade pública da conferência da identificação e da legitimidade dos participantes desde o recebimento das propostas à assinatura do contrato ou convênio, com base no art. 7º da LGPD combinado com o art. 27 e seguintes da Lei de Licitações e Contratos Administrativos[476].

Da análise realizada pelo mencionado GTT dos setores de licitações de contratos e convênios do TJRN, com base no mapeamento dos macroprocessos desenvolvidos, nos artefatos e ativos utilizados para coleta e armazenamento dos dados pessoais dos participantes externos dos respectivos procedimentos administrativos, bem como no tocante ao ciclo de vida daqueles dados, conclui-se o baixo risco para incidentes de vazamento de dados pessoais, utilizando-se a metodologia sugerida pelo Governo Federal para o cálculo da análise desse risco[477].

Contudo, foi elaborado o plano de ação pelo GTT referenciado, com a identificação da vulnerabilidade de riscos remanescentes e proposições de medidas técnicas e administrativas para as suas mitigações, fazendo parte integrante do relatório entregue ao CGPDP, no qual se indicou a necessidade de normatização para procedimentos específicos.

---

[476] BRASIL. Lei n. 8.666, de 21 de junho de 1993. Regulamenta o art. 37, inciso XXI, da Constituição Federal, institui normas para licitações e contratos da Administração Pública e dá outras providências. Disponível em: https://www.planalto.gov.br/ccivil_03/leis/l8666cons.htm. Acesso em 29 dez. 2022.

[477] Disponível em: https://www.gov.br/governodigital/pt-br/seguranca-e-protecao-de-dados/guias-operacionais-para-adequacao-a-lei-geral-de-protecao-de-dados-pessoais-lgpd.

6. POLÍTICA DE PRIVACIDADE E PROTEÇÃO DE DADOS PESSOAIS E A POLÍTICA DE SEGURANÇA DA INFORMAÇÃO DO PODER JUDICIÁRIO DO RIO GRANDE DO NORTE

Com a vigência da Lei Geral de Proteção de Dados Pessoais (LGPD), o Conselho Nacional de Justiça (CNJ) orientou os órgãos do Poder Judiciário brasileiros a adotarem medidas preparatórias e ações iniciais para adequação às disposições contidas na LGPD, por meio da Recomendação CNJ nº 73, de 20 de agosto de 2020 e, em seguida, publicou a Resolução CNJ nº 363 de 12 de janeiro de 2020, estabelecendo medidas específicas para o processo de adequação à LGPD a serem adotadas pelos tribunais no âmbito nacional.

Em cumprimento aos referidos atos normativos, o Tribunal de Justiça do Estado do Rio Grande do Norte instituiu a sua Política de Privacidade e Proteção de Dados Pessoais (PPPDP), nos termos da Resolução nº 38, de 06 de outubro de 2021, cujo objetivo consiste em definir e divulgar as regras de tratamento de dados pessoais pelo Poder Judiciário do Rio Grande do Norte, promovendo diretrizes para a atuação do Comitê Gestor de Proteção de Dados Pessoais (CGPDP), composto por magistrados e servidores designados pela Portaria nº 1065/2021 – TJRN e a nomeação do Encarregado pelo Tratamento de Dados Pessoais, designado a um Desembargador da Corte de Justiça pela Portaria nº 1066/2021- TJRN.

A referida política esclarece, no art. 7º, que “o TJRN é o controlador dos dados pessoais por ele tratados, nos termos das suas competências legal e institucional, sendo representado pelo seu Presidente”, bem assim, prescreve, no art. 14, que “a função de encarregado pelo tratamento de dados pessoais será exercida por Desembargador indicado pelo Presidente do TJRN”, sendo ambos os Desembargadores assessorados pelo CGPDP para o adequado desempenho de suas funções, nos termos do art. 18.

Além disso, os artigos 16 e 17 da Resolução nº 38/2021 preceituam que “todas as operações de tratamento de dados devem ser do conhecimento do encarregado, para que este compreenda as necessidades, riscos e desafios existentes no âmbito do PJRN, no que tange à proteção de dados”, devendo a sua identidade e as informações de contato serem “divulgadas publicamente, de forma clara e objetiva, e o mesmo atenderá quaisquer contatos, nos termos da lei, no endereço eletrônico protecaodedados@tjrn.jus.br, o qual deverá estar informado no sítio eletrônico e em materiais de divulgação [dessa] Política"

Dispondo sobre boas práticas de segurança e governança da informação, a mencionada Política de Privacidade, em seu artigo 35, determina que o Poder Judiciário de Rio Grande do Norte orientará comportamentos dos seus servidores a fim de mitigar os riscos de comprometimento de dados pessoais, tratando-os de forma íntegra e segura, pelo tempo que for necessário para realizar as finalidades específicas para as quais foram coletados ou para cumprir com requerimentos legais aplicáveis em conformidade com sua Política de Segurança da Informação.

Em harmonia com o dispositivo acima transcrito estão os objetivos específicos da Política de Segurança da Informação do TJRN (Resolução nº 51, de 27 de dezembro de 2021), dentre eles o descrito no art. 5º, inciso VIII, qual seja, de "estabelecimento de normas, padrões e procedimentos necessários ao controle de acesso e à proteção dos agentes públicos e demais ativos do Poder Judiciário do Estado do Rio Grande do Norte".

Além disso, dentre as diretrizes da Política de Segurança da Informação do Poder Judiciário do Estado do Rio Grande do Norte está o estabelecimento de normas, padrões e procedimentos relacionados à produção, tramitação, transporte, manuseio, custódia, armazenamento, conservação e eliminação de dados, informações e materiais.

Com o propósito de cumprir as exigências normativas referenciadas à atuação do CGPDP deve ocorrer de forma coordenada com as diretrizes do Comitê Gestor de Segurança da Informação (CSInfo), observando-se para isso as diretrizes da Política de Segurança da Informação do Poder Judiciário do Rio Grande do Norte, conforme está previsto no art. 3º da Resolução TJRN nº 37/2021.

7. CONSIDERAÇÕES FINAIS

Concluiu-se, portanto, que os princípios constitucionais inseridos nos direitos fundamentais e os elencados pela Lei Geral de Proteção de Dados Pessoais podem assegurar a tutela dos dados pessoais do sujeito titular destes direitos, particularmente, no âmbito do tratamento de dados pelo Poder Judiciário brasileiro. Contudo, a garantia se dará pela aplicabilidade da LGPD nessa esfera do Poder Público, uma vez que os Tribunais pátrios já têm um direcionamento a seguir, dependendo de políticas, planejamento, medidas técnicas e administrativas e capacitações que devem ser adotadas, seguindo as diretrizes do órgão de controle do Judiciário, no caso, o Conselho Nacional de Justiça (CNJ), bem como, as orientações da Autoridade Nacional de Proteção de Dados Pessoais (ANPD) e de boas práticas do mercado nacional e internacional.

Constatou-se, ainda, que a experiência no âmbito do TJRN orienta no sentido de que a partir do mapeamento dos processos de trabalho, a coleta e análise de tratamento dos dados pessoais e sensíveis fornecidos pelo público externo ao setor de atendimento, foi estabelecida a boa prática de governança de dados pessoais, notadamente, a minimização da utilização desses dados para a finalidade da circulação no prédio onde funciona o TJRN e do acesso à informação, sem comprometer a prestação desse serviço público para os usuários desse canal de atendimento, de forma transparente e segura, em conformidade com a LAI e com a LGPD, auxiliando, na prática, como modelo para os demais procedimentos internos ou, ainda, de outros Tribunais, contribuindo para a gestão e segurança da informação das organizações da justiça.

Assim, por tudo o que foi versado, impende destacar que serão ensejados disciplinamentos por meio de atos normativos do Controlador após a elaboração do plano de ação, pois a partir da análise do mapeamento de alguns processos foi possível identificar a vulnerabilidade de riscos e, para a sua mitigação, já estão sendo adotados procedimentos de reorganização de processos de trabalho, integração e controle de sistemas, bem como relatório entregue ao CGPDP indicando a necessidade de normatização de alguns procedimentos técnicos e administrativos a ser incorporada pela gestão e adotada no Planejamento Estratégico institucional.

Salienta-se, por fim, que no bojo do plano de ação foram elaboradas diversas medidas (técnicas e administrativas) que serão implementadas durante a vigência do ano de 2023 e anos subsequentes, demonstrando o caráter contínuo do projeto de conformidade à LGPD, aos indicadores estratégicos que fazem parte do Eixo Governança que são acompanhados pelo CGPDP e pela Secretaria de Gestão Estratégica e à continuidade do programa de capacitação que é uma ação contínua junto à Escola de Magistratura do RN (ESMARN).

REFERÊNCIAS

BRASIL. CONSELHO NACIONAL DE JUSTIÇA. *Justiça em Números 2020.* Disponível em: https://www.cnj.jus.br/pesquisas-judiciarias/justica-em-numeros/. Acesso em 30 ago. 2022.

BRASIL. CONSELHO NACIONAL DE JUSTIÇA. *Recomendação nº 73 de 20 de agosto de 2020.* Disponível em: https://atos.cnj.jus.br/files/original-125216202008265f465b0060c78.pdf. Acesso em 30 ago. 2022.

BRASIL. CONSELHO NACIONAL DE JUSTIÇA. *Resolução nº 331, de 20 de agosto de 2020.* Institui a Base Nacional de Dados do Poder Judiciário – DataJud como fonte primária de dados do Sistema de Estatística do Poder Judiciário – SIESPJ para os tribunais indicados nos incisos II a VII do art. 92 da Constituição Federal. Disponível em: https://atos.cnj.jus.br/atos/detalhar/3428. Acesso em 30 ago. 2022.

BRASIL. CONSELHO NACIONAL DE JUSTIÇA *Resolução nº 363 de 12 de janeiro de 2021.* Disponível em: https://atos.cnj.jus.br/atos/detalhar/3668. Acesso em 30 ago. 2022.

BRASIL. Constituição (1988). *Emenda constitucional nº 115, de 10 de fevereiro de 2022.* Disponível em: http://www.planalto.gov.br/ccivil_03/constituicao/emendas/emc/emc115.htm. Acesso em 30 ago. 2022.

BRASIL. Lei n. 8.666, de 21 de junho de 1993. Regulamenta o art. 37, inciso XXI, da Constituição Federal, institui normas para licitações e contratos da Administração Pública e dá outras providências. Disponível em: https://www.planalto.gov.br/ccivil_03/leis/l8666cons.htm. Acesso em 29 dez. 2022.

BRASIL. *Lei n 12.527 de 18 de novembro de 2011. Lei de Acesso à Informação.* Disponível em: http://www.planalto.gov.br/ccivil_03/_ato2011-2014/2011/lei/l12527.htm. Acesso em 30 ago. 2022.

BRASIL. *Lei nº 12.694 de 24 de julho de 2012.* Disponível em: http://www.planalto.gov.br/ccivil_03/_ato2011-2014/2012/lei/l12694.htm. Acesso em 30 ago. 2022.

BRASIL. *Lei nº 13.709, de 14 de agosto de 2018. Lei Geral de Proteção de Dados Pessoais.* Disponível em: http://www.planalto.gov.br/ccivil_03/_ato2015-2018/2018/lei/l13709.htm. Acesso em 30 ago. 2022.

BRASIL. *Lei nº 14.129, de 29 de março de 2021.* Lei do Governo Digital. Disponível em: http://www.planalto.gov.br/ccivil_03/_ato2019-2022/2021/lei/L14129.htm. Acesso em 30 ago. 2022.

DA SILVA CRISTÓVAM, José Sérgio. *Governança de dados no setor público brasileiro: uma análise a partir da Lei Geral de Proteção de Dados (LGPD).* Int. Públ. – IP, Belo Horizonte, ano 23, n. 129, p. 75-101, set./out. 2021, p. 23.

DE CASTRO, Rodrigo Pironti Aguierre, *A LGPD e os contratos administrativos:* o mito do "tarjamento" dos contratos. Disponível em: https://zenite.blog.br/a-lgpd-e-os-contratos-administrativos-o-mito-do-tarjamento-dos-contratos-e-o-parecer-no-00009-2022-decor-cgu-agu/. Acesso em 27 dez. 2022.

FRAZÃO, Ana; TEPEDINO, Gustavo; OLIVA, Milena Donato Oliva (coord.). *Lei Geral de Proteção de Dados Pessoais e suas repercussões no direito brasileiro* [livro eletrônico]. 1. ed. São Paulo: Thomson Reuters Brasil, 2019.

MAIA, Vanessa Maria de O. Accioly *et al. Governança de Dados Pessoais:* um relato sobre o atendimento externo no TJRN. *In:* ENCONTRO DE ADMINISTRAÇÃO DA JUSTIÇA – ENAJUS –, 2022, Curitiba, *Anais eletrônicos* [...], Curitiba, Instituto Brasileiro de Estudos e Pesquisas Sociais – IBEPES – 2022. Disponível em: https://www.enajus.org.br/anais/2022 . Acesso em 27 dez. 2022

OLIVEIRA, Adriana Carla Silva de *et al. Atenção com a privacidade.* Disponível em: https://revistapesquisa.fapesp.br/atencao-com-a-privacidade/. Acesso em: 10 nov. 2020.

OLIVEIRA, Adriana Carla Silva de Oliveira. *Ciência Aberta, Direitos de Propriedade Intelectual e Autoria Colaborativa: a Multidimensionalidade da Ciência Contemporânea.* Rio de Janeiro: Lumen Juris, 2019.

OLIVEIRA, Adriana Carla Silva de. *Desvendando a autoralidade colaborativa na e-science sob a ótica dos direitos de propriedade intelectual.* 2016. 300 f. Dissertação (Doutorado em Ciência da Informação) - Universidade Federal da Paraíba, João Pessoa, 2016. Disponível em: https://repositorio.ufpb.br/jspui/handle/tede/8849. Acesso em: 20 abr. 2020.

OLIVEIRA, Adriana Carla Silva de; NASCIMENTO, José Antonio Pereira do (Orgs). *Diálogos sobre a privacidade e a proteção de dados pessoais no Brasil*: um olhar multidisciplinar sobre o tema. Salvador: Motres, Instituto Adriana Carla (IAC), 2022. Disponível em: https://www.editoramotres.com/dialogos. Acesso em: 29 dez. 2022.

OLIVEIRA, A. C. S.; FERNANDES, D. R. G. *Guia Prático LGPD:* guia prático sobre a Lei Geral de Proteção de Dados - Lei nº 13.709, de 14 de agosto de 2018. Salvador: Motres, 2020. v. 1.

OLIVEIRA, A. C. S.; MOTTA, D. B.; MELO, J. H.; ESTEVES, R. C. S. P. A. Empoderamento Digital, Proteção de Dados e LGPD. *Pesquisa Brasileira em Ciência da Informação e Biblioteconomia*, v. 15, p. 249, 2020.

OLIVEIRA, ADRIANA CARLA SILVA DE; DA SILVA ARAÚJO, DOUGLAS. O compartilhamento de dados pessoais dos beneficiários do auxílio emergencial à luz da Lei Geral de Proteção de Dados. *LIINC em Revista,* v. 16, p. e5318-11, 2020.

RIO GRANDE DO NORTE. *Resolução TJRN nº 21/2012***.** Estabelece procedimentos de controle de acesso, circulação e permanência de pessoas nos prédios do Poder Judiciário do Rio Grande do Norte. *Diário da Justiça eletrônico*, Natal, RN, 11 jul. 2012.

RIO GRANDE DO NORTE. *Resolução TJRN nº 37/2021***.** Institui no âmbito do Poder Judiciário do Estado do Rio Grande Norte o Comitê Gestor de Proteção de Dados Pessoais e dá outras providências. *Diário da Justiça eletrônico,* Natal, RN, 11 nov. 2021.

RIO GRANDE DO NORTE. *Resolução TJRN nº 38/2021.* Institui a Política de Privacidade e Proteção de Dados Pessoais no âmbito do Poder Judiciário do Rio Grande do Norte. *Diário da Justiça eletrônico,* Natal, RN, 11 nov. 2021.

RIO GRANDE DO NORTE. *Resolução TJRN nº 51/ 2021***.** Institui a Política de Segurança da Informação (PSI) do Poder Judiciário do Estado do Rio Grande do Norte. Natal, RN, 28 nov. 2021

RIO GRANDE DO NORTE. *Portaria TJRN nº 1065/2021.* Designa magistrados(as) e servidores(as) para comporem o Comitê Gestor de Dados Pessoais (CGDP). *Diário da Justiça eletrônico,* Natal, RN, 11 nov. 2021. Portaria nº 1065/202.

RIO GRANDE DO NORTE. Designa o encarregado pelo Tratamento dos Dados Pessoais do Poder Judiciário do Estado do Rio Grande do Norte e dá outras providências. Diário da Justiça eletrônico, Natal, 11 nov. 2021.

RIO GRANDE DO NORTE. *Portaria TJRN nº 077/2022- TJ.* Institui Grupo de Trabalho Técnico (GTT) para planejar, implementar e executar o Projeto Piloto de Adequação à Lei Geral de Proteção de Dados Pessoais (LGPD), nos setores de contrato, convênios e licitações do Poder Judiciário do Estado do Rio Grande do Norte e determina outras providências. *Diário da Justiça eletrônico*, Natal, RN, 25 jan. 2022.

RIO GRANDE DO NORTE. *Portaria TJRN nº 084/2022- TJ.* Institui Grupo de Trabalho Técnico (GTT) para planejar, implementar e executar o Projeto Piloto de Adequação à Lei Geral de Proteção de Dados Pessoais (LGPD), nos setores de atendimento das recepções do Poder Judiciário do Estado do Rio Grande do Norte e determina outras providências. *Diário da Justiça eletrônico*, Natal, RN, 26 jan. 2022.

TEIXEIRA, Ilderlândio. *LGPD e LAI*: uma análise sobre a relação sobre elas. Notícias e artigos SERPRO. (2020). Disponível em: https://www.serpro.gov.br/lgpd/noticias/2020/lei-acesso-informacao-lai-lei-geralprotecao-dados-pessoais-lgpd. Acesso em 31 ago. 2022.

LEI GERAL DE PROTEÇÃO DE DADOS PESSOAIS: O DIREITO À EXPLICAÇÃO NAS DECISÕES AUTOMATIZADAS

MARILIA GABRIELA SILVA LIMA[478]
RAMON ISAAC SALDANHA DE AZEVEDO E SILVA[479]
ELIAS JACOB DE MENEZES NETO[480]

1. INTRODUÇÃO

O avanço da tecnologia e a utilização em massa de sistemas de informação são, hoje, uma realidade em todos os campos de estudo, tanto no âmbito público, como privado, adentrando inclusive na esfera jurídica. Através do suporte da ciência da computação, inúmeros sistemas de inteligência artificial estão sendo desenvolvidos com o objetivo de criar soluções tecnológicas para problemas existentes na sociedade.

Progressivamente, a Inteligência Artificial (IA) está sendo cada vez mais usada em agências governamentais e instituições públicas. Por exemplo, o Ministério da Justiça da Ucrânia iniciou a utilização do software "Cassandra" com elementos de IA, com o propósito de analisar a possibilidade de reincidência criminal por parte do indivíduo.[481]

Naquele software, a tipificação do crime é fixada pelo tribunal, mas, para auxiliá-lo, existe um documento denominado "Relatório Pré-julgamento", elaborado por oficiais de justiça, que fazem parte do Ministério da Justiça da Ucrânia. Tal documento descreve a identidade do acusado, bem como uma avaliação da probabilidade de ele/ela cometer novos crimes. O software "Cassandra" automatiza

[478] Advogada. Mestranda em Direito pela UFRN. Pós-graduada em Propriedade Intelectual (UNOPAR). Pós-graduada em Direito Digital e Proteção de Dados (EBRADI). Email: mariliagsilvalima@hotmail.com.

[479] Advogado. Mestrando em Direito Constitucional (UFRN). Pós-graduando em Direito Tributário (IBET). Membro do Núcleo de Pesquisa em Direito Digital (NEDDIG/UFRN). Lattes: http://lattes.cnpq.br/5081331890877428. E-mail: ramonsaldanhaa@gmail.com.

[480] Doutor em Direito. Professor da Universidade Federal do Rio Grande do Norte. Email: elias.jacob@ufrn.com

[481] CHUBATYUK, Y. (2018). *Artificial intelligence for Ukraine – risk or possibility.* Disponível em: <https://www.everest.ua/analytics/shtuchnyj-intelekt-dlya-ukrayiny-ryzyk-chy-mozhlyvist/> Acesso em: 21 dez. 2022.

esse processo. O oficial de justiça, tendo colocado as respostas às perguntas dentro do software, recebe uma estimativa da probabilidade do acusado cometer um novo crime. Essa avaliação é realizada por um algoritmo que dá pontos para uma determinada pergunta e depois os explica.

No Brasil, a realidade no uso de IA não se encontra tão distante. Um caso de sucesso encontra-se no Supremo Tribunal Federal (STF)[482], que utiliza-se do sistema denominado Victor. Dentre as suas atribuições, este sistema é incubido de analisar as petições e recursos extraordinários que chegam àquele órgão, com o fito de verificar temas correlatos que já foram decididos pela Corte no âmbito da repercussão geral, com o objetivo de aplicar a solução ao caso concreto, com a devolução do processo ao tribunal de origem ou a rejeição do recurso extraordinário[483].

Umas das técnicas utilizadas para o desenvolvimento de mecanismos de inteligência artificial, são modelos baseados em técnicas de Aprendizagem de Máquina (AM, *Machine Learning*, em inglês). Em suma, estes modelos consistem na utilização de sistemas que podem aprender com dados, identificar padrões e tomar decisões com o mínimo de intervenção humana. Portanto, a acurácia dos resultados destes algoritmos dependerá do conjunto de dados utilizado. [484]

Ocorre que, muitas vezes estes dados são reflexos da sociedade no qual estamos inseridos, de modo que pode vir conter vieses em seu conteúdo, o que faz com que a máquina também reproduza preconceitos existentes na sociedade em suas decisões, podendo vir a gerar modelos que levam a tomadas de decisões inconstitucionais. Portanto, para que as decisões tomadas pela máquina sejam de grande precisão, e que não reproduzam ações preconceituosas e discriminatórias, é necessário uma boa acurácia

---

[482] O ministro Dias Tofolli afirmou que "As tarefas que os servidores do Tribunal levam, em média, 44 minutos, o VICTOR fará em menos de 5 segundos. Porém, garante o ministro, o investimento tecnológico não dispensa o investimento no capital humano. "A informatização das rotinas de trabalho exige a requalificação da força humana." Disponível em: <http://www.stf.jus.br/portal/cms/verNoticiaDetalhe.asp?idConteudo=422699>. Acesso em 30.01.2021.

[483] Disponível em: <http://www.stf.jus.br/portal/cms/verNoticiaDetalhe.asp?idConteudo=388443>. Acesso em: 23.04.2022

[484] FACELI, Katti et al. *Inteligência artificial: uma abordagem de aprendizado de máquina.* Rio de Janeiro: LTC. Disponível em: <https://repositorio.usp.br/item/002208293>. Acesso em: 20 dez. 2022.

nos dados utilizados, bem como é necessário a possibilidade de explicação da decisão tomada pela IA, a fim de evitar lesões aos direitos fundamentais.[485]

No Brasil ainda não existe regulação específica para o uso de inteligência artificial, portanto, faz-se necessário a utilização de legislações correlatas, e analisá-las em conjunto dos casos concretos que possam vir a surgir ante a utilização de mecanismos de IA, sempre pautados em princípios e direitos previstos na constituição federal.

Para este trabalho, buscou-se focar na possibilidade de explicação de decisões automatizadas através de dispositivos legais presentes na Lei Geral de Proteção de Dados.

Para concretização da pesquisa, foram utilizados os métodos de pesquisa, que consistem em pesquisa de natureza aplicada, com abordagem qualitativa e objetivo exploratório, sendo desenvolvido a partir de pesquisa bibliográfica e documental.

Inicialmente, tratar-se-á dos avanços tecnológicos ocorridos nos últimos anos através da implementação da inteligência artificial, com enfoque no poder judiciário. Serão apresentadas ainda questões acerca do funcionamento da IA, tal como os devidos entraves à sua utilização. Por fim, tratar-se-á das legislações pertinentes, e sua aplicação no combate de decisões discriminatórias, agindo como garantidor ao indivíduo a explicação de decisões tomadas com base exclusiva em inteligência artificial e sua efetiva transparência.

2. AVANÇOS TECNOLÓGICOS EM INTELIGÊNCIA ARTIFICIAL NO MUNDO CONTEMPORÂNEO

O avanço da tecnologia tem modificado de forma intensa a sociedade, o dinamismo que se verifica entre as ciências, em sentido amplo, tem permitido que soluções inovadoras transformem o cotidiano das pessoas. A internet tornou-se a tecnologia basilar a unir os diversos campos da pesquisa.

[485] CORTIZ, Diogo. Inteligência artificial: equidade, justiça e consequências. *Comitê Gestor da Internet no Brasil (CGI). Panorama Setorial da Internet,* n. 1, 2020.

A nomenclatura dada para esta mudança abrupta na sociedade foi de "A quarta revolução industrial", esta baseia-se na revolução digital, no qual caracteriza-se pelo uso global de internet, sensores e dispositivos menores e mais potentes com menos custos e pela aprendizagem de máquina e inteligência artificial. [486]

Destarte, com esta massificação da quantidade de informação se tornou possível a acumulação de dados em quantidades inimagináveis e dissociada da barreira física. Este crescimento no volume de processamento de informações pelos computadores ocorreu de forma descomunal, à medida que os dispositivos se tornaram cada vez mais mais leves e portáteis, e economicamente acessíveis.[487]

Em outras palavras, a união desses fatores (grande oferta de dados, maior uso de aplicações possibilitadas pela internet, ampliação capacidade computacional dos dispositivos e a difusão da tecnologia) permitiram que um conjunto de inovação baseado em dados se mantivesse em crescimento constante.

A grande oferta de informação é base para permitir aos algoritmos, tanto o incremento da inteligência artificial quanto do processo de aprendizado de máquina, a associação de novos dispositivos à internet (conhecido como *Internet of Things*, IOT, ou internet das coisas) no qual permitirá que a base de dados tratada utilizada em IA, seja do tipo machine learning, deep learning, dentre outros.[488]

Dados comprovam que atualmente se produz mais informações em um único dia, do que todos dados gerados do início da Humanidade até 2003. Com essa exímia produção de dados, surgiram os chamados processamentos big data, no qual não comporta uma definição totalmente formal, mas possuem como vetores três dimensões: velocidade de processamento, volume massivo de registros e variedade de formato das informações analisadas e que

---

[486] SCHWAB, Klaus. *A quarta revolução industrial.* Edipro, 2019.

[487] BIONI, Bruno Ricardo; LUCIANO, Maria. O Princípio da Precaução na Regulação de Inteligência Artificial: seriam as leis de proteção de dados o seu portal de entrada. *Inteligência artificial e direito: ética, regulação e responsabilidade. São Paulo: Thomson Reuters Brasil,* 2019. Disponível em: <https://brunobioni.com.br/wp-content/uploads/2019/09/Bioni-Luciano_O-PRINCI%CC%81PIO-DA-PRECAUC%CC%A7A%CC%83O-PARA-REGULAC%CC%A7A%CC%83O-DE-INTELIGE%CC%82NCIA-ARTIFICIAL-1.pdf>. Acesso em: 24 nov. 2022.

[488] TURING, Allan M. Computing Machinery and Intelligence. *Mind,* Oxford, v. 59, n.236, p.443-460, out. 1950. Disponível em: <http://www.jstor.org/stable/2251299>. Acesso em: 14 nov. 2022.

não são necessariamente indexadas ou estruturadas, permitindo extrair profundo conhecimento sobre a base de dados analisada que permite transformar negócios e moldar novas indústrias.[489]

As capacidades dos computadores têm propiciado a realização de atividades que antes pareciam ser impossíveis, no quais pode-se destacar o desenvolvimento de mecanismos de inteligência artificial e algoritmos que permitem o aprendizado por máquinas.

O uso de inteligência artificial abrangeu também o mundo das ciência jurídicas. Para o Direito, sistemas de IA podem ser desenvolvidos ou utilizados para conveniência e potencialização de desempenho do jurista. Dentre as atribuições, pode-se citar análises e revisões de documentos; reunião e organização de informações estratégicas; pesquisa jurídica e predição de decisões para determinada tese; compliance e planejamentos sobre passivos, análise e otimização de diligências; ampliação de canais de comunicação e inserção profissional, sendo estes apenas uma pequena amostra dos ramos do Direito que já relataram experiências com a utilização da IA.[490]

Nos últimos anos ocorreu um grande avanço no desenvolvimento e utilização da tecnologia de inteligência artificial em diversos tribunais do Poder Judiciário. Em pesquisa realizada pela Fundação Getúlio Vargas - FGV, essa identificou que, no Brasil, já existem trinta e seis projetos de inteligência artificial implementados em tribunais, com o fito de melhorar a prestação do serviço jurisdicional. Todos os Tribunais Superiores, Tribunais Regionais Federais já possuem iniciativas de IA.[491]

Para exemplificar o uso da IA no Poder Judiciário, é possível mencionar a criação de alguns robôs, como o Victor[492], Elis[493], Poti,

---

489 KOLB, Jason. *The Big Data Revolution*. São Francisco: Createspace Independent Pub, 2013.

490 HARTMANN PEIXOTO, Fabiano. Direito e Inteligência Artificial. *Coleção Inteligência Artificial e Jurisdição*. Volume 2. DR.IA. Brasília, 2020. Disponível em: <https://repositorio.unb.br/handle/10482/43421>. Acesso em 19 nov. 2022.

491 Pesquisa realizada pelo Centro de Inovação, Administração e Pesquisa do Judiciário da Fundação Getúlio Vargas divulgada no "Relatório de Pesquisa: Tecnologia aplicada à gestão dos conflitos no âmbito do Poder Judiciário Brasileiro", Fundação Getúlio Vargas, FGV, 2020. Disponível em: <https://ciapj.fgv.br/sites/ciapj.fgv.br/files/ciapj_fgv_notatecnica_ia.pdf>. Acesso em: 15 dez. 2022.

492 Disponível em: <http://www.stf.jus.br/portal/cms/verNoticiaDetalhe.asp?idConteudo=388443>. Acesso em: 10 dez. 2022;

493 CASTRO, Beatriz. Justiça de Pernambuco usa inteligência artificial para acelerar processos. Pernambuco, 04 de maio de 2019. Disponível em: <https://g1.globo.com/pe/per-

Clara e Jerimum[494], esses três últimos, especialmente, produzidos pela Universidade Federal do Rio Grande do Norte, em parceria com o Tribunal de Justiça do Rio Grande do Norte.

Consoante mencionado na parte introdutória deste trabalho, também é possível citar o projeto de inteligência artificial desenvolvido pelo Supremo Tribunal Federal em colaboração com a Universidade de Brasília, no qual busca instrumentalizar o artigo 102, § 3º da Constituição Federal, sendo a IA batizada de Victor, como forma de homenagem ao Ministro Victor Nunes Leal. Para execução do sistema montou-se uma equipe multidisciplinar da Universidade de Brasília (A equipa conta com pessoas de Direito, Engenharia de Software e Ciências da Computação), dispostos a atuarem sob a supervisão da equipe técnica dos servidores do tribunal.

O projeto foi desenvolvido para que através de técnicas de aprendizado computacional seja possível reconhecer padrões nos processo jurídicos e classificá-los a fim de favorecer julgamentos massivos de demandas similares, via repercussão geral. Salienta-se que não constitui finalidade do sistema realizar a decisão final dos processo analisados, mas sim facilitar a organização das lides.[495]

Feito este aparato acerca dos avanços trazidos pela inteligência artificial, a partir do próximo capítulo será esclarecido brevemente como funciona um sistema de inteligência artificial, bem como serão expostos os perigos pela utilização desordenada destes sistemas.

---

nambuco/noticia/2019/05/04/justica-de-pernambucousa-inteligencia-artificial-para-acelerar-processos.ghtml>. Acesso em: 10 dez. 2022;

[494] CAPRA, Caroline. Conheça os robôs que já dão celeridade à Justiça brasileira. 28 de janeiro de 2020. disponível em: <https://blog.advise.com.br/robos-que-dao-celeridade-a-justica-brasileira/>.Acesso em: 10 dez. 2022.

[495] MAIA FILHO, Mamede Said; JUNQUILHO, Tainá Aguiar. Projeto Victor: perspectivas de aplicação da inteligência artificial ao direito. *Revista de Direitos e Garantias Fundamentais*, v. 19, n. 3, p. 218-237, 2018. Disponível em: https://d1wqtxts1xzle7.cloudfront.net/58162861/Projeto_victor_perspectivas_de_aplicacao_da_IA_ao_direito-libre.pdf?1547231164=&response-content-disposition=inline%3B+filename%3DVICTOR_PRO-JECT_PERSPECTIVES_OF_APPLYING.pdf&Expires=1672373468&Signature=PWZqGtOkhX-klrUPEUFvm~FriYqJ9dFT4uu1i8biYFLojBgeX-QjtG1VzZc-l4s9kglZ9fNPZVkBzv8TmzTJfXIE-jKHF8sdcWO2oeTLzEsClJcKNQs45YByWNOcy8B02Fsdvr9l2ckU~lwkMs0lMwPrjsDdZa-f0gqDpZDYxc5pdYZpfilTrtbel1rLhZ9Vlcm9h1qhmTzKLPQHTkdyKQPsczm2XHSjUwxrUrv-0wzU7umtMV1i3oE92kgieqU~TprpjuEeYBM~izaXeaa2yAl8igCKS0fvdc-z7sDF1w~QrMAkcxm-5G4w41StmKIPCsG6tjQh-gX17psX3xBHx11AkTw__&Key-Pair-Id=APKAJLOHF5GGSLRBV4ZA. Acesso em 26 dez. 2022.

2. CONTEXTUALIZANDO A INTELIGÊNCIA ARTIFICIAL: UTILIZAÇÃO E PROBLEMÁTICA ÉTICA

A conceituação da inteligência artificial não pode ser realizada de forma trivial, uma vez que os sistemas de IA possuem uma imensa dinamicidade em sua formação.

A Organização de Cooperação e Desenvolvimento Econômico (OCDE)[496] publicou a Recomendação nº 449/2018, e reconheceu que a inteligência artificial deverá impactar organizações governamentais e não governamentais, com implicações globais sobre inúmeros temas que atingem toda a sociedade, como saúde; bem-estar das populações; e a capacidade de atuar como catalisador de um desenvolvimento sustentável.[497]

Essa mesma recomendação, trouxe uma definição para sistemas de inteligência artificial, no qual é a mesma utilizada pelo EBIA - Estratégia Brasileira de Inteligência Artificial, conceituando a IA como aqueles que a partir de um conjunto determinado de instruções, conseguem realizar predições ou recomendações, sendo os seus níveis de autonomia diversos para os diferentes tipos de atuação.[498]

Conforme esclarecido, existem diversos tipos de aplicação de inteligência artificial, sendo a sub-área de inteligência artificial nomeada como aprendizagem de máquina, também conhecida como *machine learning,* o foco deste artigo.

O *machine learning* é um subcampo da Ciência da Computação que busca o desenvolvimento de programas de computador capazes de aprender com a experiência e melhorar sua performance ao longo do tempo. Em função de sua programação os algoritmos são capazes de mudar seu comportamento (ações) para aumentar o grau de assertividade das tarefas que foram designados para desempenhar.[499]

---

[496] Organismo formado por 37 nações que se dedica à pesquisa, desenvolvimento e aprimoramento de políticas públicas fomentando sua implementação pelos países membros. FIA, 2021, Disponível em: < https://fia.com.br/blog/ocde/ > Acesso em 14 dez. 2022.

[497] OCDE. *Recomendações do Conselho sobre Inteligência Artificial.* Disponível em: <https://legalinstruments.oecd.org/en/instruments/OECD-LEGAL-0449>. Acesso em 14 dez. 2022.

[498] Idem;

[499] SURDEN, Harry. Machine Learning and Law. Washignton Law Review, Washigton, v. 1, n. 89, p.87-114, mar. 2014. Disponível em: <https://ssrn.com/abstract=2417415> Acesso em: 28 dez. 2022.

Em outras palavras, a máquina busca aprender através de dados, a criar modelos e extrair padrões, conforme a necessidade para qual foi criada.

2.1 DIREITOS FUNDAMENTAIS E INTELIGÊNCIA ARTIFICIAL

O aumento de sistemas digitais para a tomada de decisão na seara jurídica é diretamente proporcional a necessidade de maior clareza na interação homem-máquina, isto ocorre pelo fato de que, os sistemas de *machine learning* baseiam-se em sistemas matemáticos para estabelecer classificações e reconhecer padrões em enormes quantidades de dados (*big data*), sem que, contudo, seja compreensível a maneira como o resultado foi encontrado. Assim, para a efetividade dessas soluções é preciso que existam critérios compreensíveis para controle da assertividade das conclusões geradas pelo sistema.[500]

Conforme exposto anteriormente, para que se obtenha um resultado favorável com a utilização de modelos criados pela inteligência artificial, é necessário qualidade dos dados utilizados pelos algoritmos de aprendizagem. Portanto, é necessário ficar claro que é de responsabilidade humana "alimentar" a máquina, para que a partir deles, a mesma possa propor soluções e dispor resultados.[501] Desse modo, faz-se necessário analisar o ponto chave deste estudo, ou seja, refletir que a possibilidade da máquina pode reproduzir em seus resultados estereótipos, desvios cognitivos e preconceitos que acompanham o ser humano, por isso a necessidade de saber explicar como a máquina chegou em determinado resultado.

Portanto, dependendo da qualidade, quantidade e diversidade dos dados coletados pela máquina, os resultados obtidos através de sua utilização podem infringir direitos fundamentais dos seres humanos. É possível identificar inúmeros casos já ocorridos, em que a máquina reproduziu ações e erros grotescos da sociedade.

Um desses exemplos foi ocasionado por um dos gigantes da tecnologia: A empresa *Google*. Um usuário realizou o download de algumas fotos tiradas junto com sua amiga, e lamentavelmente, o

---

[500] RUSSEL, Stuart J; NORVIG, Peter. *Artificial Intelligence: a modern approach.* 3a ed.Upper Saddle River: Pearson, 2010.

[501] FACELI, Kátia et al. *Inteligência Artificial: uma Abordagem de Aprendizado de Máquina.* 2011.

algoritmo utilizado pelo sistema alocou a foto da usuária em um álbum nomeado de "gorilas". Isto ocorreu pelo fato das usuárias serem negras, e o algoritmo repetiu um comportamento racista inerente à sociedade, que seria o preconceito, fazendo com que esta prática fosse repassada para o sistema de inteligência artificial. [502]

Na sua manifestação, o *Google* desculpou-se e declarou que estaria trabalhando para que estas práticas não se repetissem.

Cumpre salientar que neste ato foi identificado claramente ofensa a direitos fundamentais das usuárias como por exemplo a honra e a imagem, estando estes previstos em nossa constituição federal.

Outro caso de algoritmo enviesado ocorreu no sistema criminal dos Estado Unidos. O sistema COMPAS fornecia uma "pontuação de risco" para cada réu que se encontrava em fase de julgamento, nesse compasso verificou-se que a probabilidade do COMPAS atribuir elevadas pontuações de risco de reincidência era duas vezes mais alta para negros do que para brancos, mesmo em casos de réus primários.[503]

Portanto, esses são apenas alguns exemplos, dentre muitos outros, no qual é possível questionar a possibilidade de decisões automatizadas serem melhores do que decisões humanas, e quais as consequências da adoção da inteligência artificial como modalidade de tomada de decisão.

Acerca desse aspecto, importa ressaltar que a qualidade dos dados fornecidos aos sistemas de inteligência artificial influenciam diretamente nos resultados por ele fornecidos, isso porque os dados utilizados são retirados da sociedade atual, que é permeada por desigualdades, exclusões e discriminações.[504]

Desta forma, o aprendizado de máquina pode confirmar padrões discriminatórios se eles forem encontrados no banco de

---

[502] Sobre o fato ver: HARADA, Eduardo. Fail épico: sistema do Google Fotos identifica pessoas negras como gorilas. Tecmundo, 1º jul. 2015. Disponível em: <https://www.tecmundo.com.br/google-fotos/82458- polemica-sistema-google-fotos-identifica-pessoas-negras-gorilas.htm>. Acesso em: 23 dez. 2022.

[503] Disponível em: <https://www.propublica.org/article/machine-bias-risk-assessments-in-criminal-sentencing.> Acesso em: 29 de dez. 2022.

[504] DE LIMA, Jéssica Luana Oliveira; PESSOA, Marcela; CLEGER, Sergio. *Viés em Aprendizagem de Máquina: como a inteligência Artificial pode prejudicar as minorias. 2019.* Disponível em: <https://www.researchgate.net/publication/339064294_Vies_em_Aprendizagem_de_Maquina_como_a_inteligencia_Artificial_pode_prejudicar_as_minorias>. Acesso em: 10 de Nov. 2022.

dados, então, por conseguinte, um sistema de classificação exato irá reproduzi-los. Deste modo, decisões enviesadas são apresentadas como resultado de um "algoritmo objetivo".

Portanto, resta claro que os sistemas de IA podem trazer riscos a discriminação de indivíduos ou grupos, no momento do processamento dos dados. Ressalta-se que a proibição da discriminação está presente no artigo 26º do Pacto Internacional de Direitos Civis e Políticos[505].

Por esse motivo, existe uma necessidade crescente em se obter clareza nas decisões frutos de inteligência artificial.

Destarte, acerca dessa temática entre questões tecnológicas e debates éticos acerca de direitos fundamentais, percebe-se um conflito entre os princípios fundamentais assegurados aos indivíduos pela constituição federal, visto que, conforme comprovado nas pesquisas acima, a IA é capaz de reproduzir comportamentos limitantes no qual detém retrocesso aos direitos fundamentais podendo vir a violar diretamente esses direitos.

3. A LEI GERAL DE PROTEÇÃO DE DADOS E OS POSSÍVEIS INSTRUMENTOS NORMATIVOS MITIGADORES DOS VIESES ALGORÍTMICOS

O rol de direitos fundamentais foi recentemente alterado com a inclusão da Emenda Constitucional nº 115, no qual incluiu a proteção de dados pessoais dentro dos direitos e garantias fundamentais constantes do artigo 5º da Carta Magna. Desta forma, o referido dispositivo passa a conter o inciso LXXIX, com a previsão de que "é assegurado, nos termos da lei, o direito à proteção de dados pessoais, inclusive nos meios digitais".[506]

Nessa perspectiva, com o fito de proteger os dados e informações dos titulares foi promulgada a Lei Geral de Proteção de Dados - LGPD, Lei nº 13.709 de 14 de agosto de 2018, com normativa baseada na General Data Protection Regulation - GDPR, legislação europeia

[505] BRASIL. Decreto nº 592, de 06 de julho de 1992.Pacto internacional sobre direitos civis e políticos. Diário Oficial da União, Brasilia, 06 de julho de 1992.

[506] BRASIL. *Constituição da República Federativa do Brasil.* Promulgada em 5 de outubro de 1988. Disponível em:< http://www.planalto.gov.br/ccivil_03/constituicao/constituicao-compilado.html>

referente ao tema de proteção de dados. A normativa brasileira estabelece uma importante marca para o tema de proteção de dados pessoais de pessoas. Além disso, traz em sua estrutura conceitos relevantes como o de dado pessoal sensível, o princípio da não discriminação e o principal escopo deste trabalho: o direito à revisão.

Percebe-se que a LGPD versa não apenas sobre os dados pessoais em si, mas também sobre direitos e liberdades fundamentais.[507]

Voltando os olhos novamente para o tema principal estudado neste trabalho, o artigo 20[508] da LGPD trata especificamente acerca do assunto aqui elencado. Este instituto normativo assegura a todo indivíduo a possibilidade de revisão de decisões tomadas de forma unicamente automatizada que porventura afetem seus interesses. Desta forma, de acordo com a interpretação da norma, essas decisões devem ser passíveis de revisão, bem como é necessário que haja uma interpretação possibilitando ao titular do direito entender como, e porquê a máquina chegou a determinado resultado.

É perceptível que o legislador se atentou em incluir de forma explícita a possibilidade de inquirir a decisão desses sistemas algorítmicos de inteligência artificial, ademais, é primordial solicitar a revisão dessa tomada de decisão, caso o sistema tenha tomado por base critérios e procedimentos que impactam direitos e liberdades fundamentais de forma abusiva e desproporcional.

Logo, o titular dos dados pessoais que se sentir prejudicado por uma decisão automatizada poderá recorrer a Lei nº 13.709/2018, visto que ela possibilita, por meio do pedido de revisão da decisão e da devida explicação a respeito dos critérios e procedimentos utilizados para a tomada de decisão do sistema algorítmico, questionar, como aquele resultado foi considerado o correto.

---

[507] MENDES, Laura Schertel; DA FONSECA, Gabriel Campos Soares. STF reconhece direito fundamental à proteção de dados. *Revista de direito do consumidor [recurso eletrônico].* São Paulo, n. 130, 2020. Disponivel em:<https://www.researchgate.net/profile/Gabriel-Campos-Soares-Da-Fonseca/publication/344381892_STF_reconhece_direito_fundamental_a_protecao_de_dados/links/5f6e79fe92851c14bc97260e/STF-reconhece-direito-fundamental-a-protecao-de-dados.pdf>. Acesso em: 17 dez. 2022.

[508] Art. 20. O titular dos dados tem direito a solicitar a revisão de decisões tomadas unicamente com base em tratamento automatizado de dados pessoais que afetem seus interesses, incluídas as decisões destinadas a definir o seu perfil pessoal, profissional, de consumo e de crédito ou os aspectos de sua personalidade.

Com este aumento exponencial do uso de tecnologias, deve-se ponderar a medida de seu uso, e observar se este vem a promover o direito à proteção de dados ou se serve para práticas discriminatórias. Cumpre esclarecer que esta possibilidade de direito à explicação não é inédito no Brasil, uma vez que a Lei nº 12.414/2011 (Lei de Cadastro Positivo) inclui, entre os direitos do cadastrado, a possibilidade de solicitar ao consulente a revisão de decisão realizada exclusivamente por meios automatizados (art. 5º, VI), o qual foi esta possibilidade foi ainda mais incentivada com a inserção da Lei de Proteção de Dados Pessoais.

Adentrando na seara prática, os trâmites necessários para a execução desse direito consiste em solicitar ao controlador dos dados[509] uma revisão da referida decisão, e em caso de negativa, o usuário pode ainda solicitar a Autoridade Nacional de Proteção de Dados (ANPD) para que realize uma auditoria, haja vista a indisponibilidade do controlador em prestar os dados solicitados.[510]

Assim sendo, a explicação e revisão de decisões automatizadas surge como uma ferramenta para concretização de direitos fundamentais dos indivíduos, devendo demonstrar a lógica determinante para se obter determinado resultado. Entretanto, os segredos comercial e industrial constituem objeções à transparência.[511]

Um ponto importante ser analisado é que, a lei estabelece que a atuação da ANPD nestas demandas pode ocorrer de forma discricionária, ou seja, caso não tenha interesse, o órgão não é obrigado a atuar naquela demanda, o que se torna preocupante, visto que caso seja interessante para o controlador este pode sempre negar a disponibilização dos dados alegando se tratar de segredo industrial e comercial (visto que esta é uma exceção prevista na

---

[509] Art. 5º Para os fins desta Lei, considera-se:
VI - controlador: pessoa natural ou jurídica, de direito público ou privado, a quem competem as decisões referentes ao tratamento de dados pessoais;

[510] DE SÁ, Maria de Fátima Freire; DE LIMA, Taisa Maria Macena. Inteligência artificial e Lei Geral de Proteção de Dados Pessoais: o direito à explicação nas decisões automatizadas. *Revista Brasileira de Direito Civil-RBDCivil*, v. 26, n. 04, p. 227, 2020.

[511] BIONI, Bruno Ricardo; LUCIANO, Maria. O Princípio da Precaução na Regulação de Inteligência Artificial: seriam as leis de proteção de dados o seu portal de entrada. *Inteligência artificial e direito: ética, regulação e responsabilidade. São Paulo: Thomson Reuters Brasil,* 2019. Disponível em: <https://brunobioni.com.br/wp-content/uploads/2019/09/Bioni-Luciano_O-PRINCI%CC%81PIO-DA-PRECAUC%CC%A7A%CC%83O-PARA-REGULAC%CC%A7A%CC%83O-DE-INTELIGE%CC%82NCIA-ARTIFICIAL-1.pdf>. Acesso em: 12 de Nov. 2022.

LGPD no artigo 6º) e apenas esperar a atuação positiva ou inerte da Autoridade Nacional de Proteção de Dados.

Outra crítica acerca da Lei Geral de Proteção de Dados diz respeito ao fato de que a normativa determina que a ANPD poderá realizar auditoria apenas no caso em que o controlador se negue à disponibilização das informações, caso se trate de segredo comercial e industrial. Partindo desta premissa, é possível questionar quais seriam as garantias do titular quando a negativa por parte do controlador seja feita com outro fundamento? Por não tratar sobre o tema de forma clara, poderia oferecer transtornos aos titulares dos dados para a efetivação de seus direitos.[512]

CONSIDERAÇÕES FINAIS

A sociedade atual encontra-se cada vez mais imersa no mundo da tecnologia. Com este uso, milhões de dados são coletados diariamente e utilizados em mecanismos de inteligência artificial, com o objetivo de automatizar e facilitar a vida das pessoas.

O uso da inteligência artificial levanta uma ampla gama de questões legais, psicológicas, filosóficas e éticas. Em regra, os desenvolvimentos trazidos no campo da tecnologia inteligente devem funcionar para o benefício da humanidade. O uso da IA até mesmo para determinar uma medida preventiva conforme planejado pelo Ministério da Justiça da Ucrânia e esclarecido no início deste trabalho, suscita um importante problema de conformidade de tais decisões com os princípios gerais de garantia dos direitos fundamentais.

Os ganhos com a utilização da inteligência artificial foram imensos, de modo que revolucionou a forma de agir, de governar e de trabalhar no mundo atual. Conforme demonstrado neste trabalho, a IA encontra-se inserida em múltiplas áreas de trabalho, ocupando inclusive um lugar de peso no judiciário brasileiro, no qual a maioria dos tribunais no Brasil possuem iniciativas de inteligência artificial.

---

[512] DE SÁ, Maria de Fátima Freire; DE LIMA, Taisa Maria Macena. Inteligência artificial e Lei Geral de Proteção de Dados Pessoais: o direito à explicação nas decisões automatizadas. *Revista Brasileira de Direito Civil-RBDCivil*, v. 26, n. 04, p. 227, 2020.

Porém, diretamente proporcional aos ganhos advindos da IA, essa também trouxe consigo riscos que são inerentes com a utilização da máquina, uma vez que a IA é alimentada por dados, que, caso estejam enviesados, reproduzem preconceitos característicos do ser humano, como por exemplo o racismo, discriminação por gênero ou xenofobia.

Com objetivo de tentar ser um instrumento auxiliador na redução de discriminações algorítmicas, a LGPD em seu artigo 20° trouxe a possibilidade de o titular do direito solicitar revisão de decisões que são tomadas unicamente de formas automatizadas, sendo este um primeiro passo para que o usuário possa entender como e porquê a IA chegou a determinado resultado, e garantir que não existe dados enviesados em sua decisão.

Ademais, necessário salientar que houve a inclusão da proteção de dados pessoais no rol de direitos fundamentais da Constituição Federal, bem como houve a promulgação da Lei Geral de Proteção de Dados (Lei n° 13.709) sendo o direito a explicação de decisões automatizadas uma das questões previstas dentro desta normativa, portanto, é fundamental que haja um cumprimento da legislação ora em destaque.

Cumpre esclarecer ainda que a ausência de normativa regulamentadora de inteligência artificial no Brasil abre espaço para que sejam utilizados outros instrumentos normativos, como a Lei Geral de Proteção de Dados, analisada no corpo deste estudo, mas que não são capazes de abranger todos os percalços trazidos por esta nova tecnologia.

Portanto, em uma realidade ideal, seria necessário desenvolver simultaneamente a implementação da tecnologia, as suas respectivas normativas para utilização, necessários para prevenir e minimizar os riscos de abuso desta tecnologia, com diretrizes e um Código de Ética que esteja em consonância com os valores do Brasil, e do mundo, devendo ser dada uma atenção especial à legislação no domínio da proteção de dados pessoais, proteção da informação, propriedade intelectual e concorrência.

REFERÊNCIAS

BIONI, Bruno Ricardo; LUCIANO, Maria. O Princípio da Precaução na Regulação de Inteligência Artificial: seriam as leis de proteção de dados o seu portal de entrada. *Inteligência artificial e direito: ética, regulação e responsabilidade. São Paulo: Thomson Reuters Brasil,* 2019. Disponível em: <https://brunobioni.com.br/wp-content/uploads/2019/09/Bioni-Luciano_O-PRINCI%CC%81PIO-DA-PRECAUC%CC%A7A%CC%83O-PARA-REGULAC%CC%A7A%CC%83O-DE-INTELIGE%CC%82NCIA-ARTIFICIAL-1.pdf>. Acesso em: 24 nov. 2022.

BRASIL. Decreto nº 592, de 06 de julho de 1992.Pacto internacional sobre direitos civis e políticos. Diário Oficial da União, Brasilia, 06 de julho de 1992.

BRASIL. *Constituição da República Federativa do Brasil.* Promulgada em 5 de outubro de 1988. Disponível em:< http://www.planalto.gov.br/ccivil_03/constituicao/constituicaocompilado.html>

CASTRO, Beatriz. Justiça de Pernambuco usa inteligência artificial para acelerar processos. Pernambuco, 04 de maio de 2019. Disponível em: <https://g1.globo.com/pe/pernambuco/noticia/2019/05/04/justica-de-pernambucousa-inteligencia-artificial-para-acelerar-processos.ghtml>. Acesso em: 10 dez. 2022;

CAPRA, Caroline. Conheça os robôs que já dão celeridade à Justiça brasileira. 28 de janeiro de 2020. disponível em: <https://blog.advise.com.br/robos-que-dao-celeridade-a-justica-brasileira/>.Acesso em: 10 dez. 2022.

CHUBATYUK, Y. (2018). *Artificial intelligence for Ukraine – risk or possibility.* Disponível em: <https://www.everest.ua/analytics/shtuchnyj-intelekt-dlya-ukrayiny-ryzyk-chy-mozhlyvist/> Acesso em: 21 dez. 2022.

CORTIZ, Diogo. Inteligência artificial: equidade, justiça e consequências. *Comitê Gestor da Internet no Brasil (CGI). Panorama Setorial da Internet,* n. 1, 2020.

DE LIMA, Jéssica Luana Oliveira; PESSOA, Marcela; CLEGER, Sergio. *Viés em Aprendizagem de Máquina: como a inteligência Artificial pode prejudicar as minorias. 2019.* Disponível em: <https://www.researchgate.net/publication/339064294_Vies_em_Aprendizagem_de_Maquina_como_a_inteligencia_Artificial_pode_prejudicar_as_minorias>. Acesso em: 10 de Nov. 2022.

DE SÁ, Maria de Fátima Freire; DE LIMA, Taisa Maria Macena. Inteligência artificial e Lei Geral de Proteção de Dados Pessoais: o direito à explicação nas decisões automatizadas. *Revista Brasileira de Direito Civil-RBDCivil,* v. 26, n. 04, p. 227, 2020.

FACELI, Katti et al. *Inteligência artificial: uma abordagem de aprendizado de máquina.* Rio de Janeiro: LTC. Disponível em: <https://repositorio.usp.br/item/002208293>. Acesso em: 20 dez. 2022.

HARTMANN PEIXOTO, Fabiano. Direito e Inteligência Artificial. *Coleção Inteligência Artificial e Jurisdição.* Volume 2. DR.IA. Brasília, 2020. Disponível em: <https://repositorio.unb.br/handle/10482/43421>. Acesso em 19 nov. 2022.

KOLB, Jason. *The Big Data Revolution.* São Francisco: Createspace Independent Pub, 2013.

MAIA FILHO, Mamede Said; JUNQUILHO, Tainá Aguiar. Projeto Victor: perspectivas de aplicação da inteligência artificial ao direito. *Revista de Direitos e Garantias Fundamentais,* v. 19, n. 3, p. 218-237, 2018. Disponível em: <https://d1wqtxts1xzle7.cloudfront.

net/58162861/Projeto_victor_perspectivas_de_aplicacao_da_IA_ao_direito-libre.pdf?1547231164=&response-content-disposition=inline%3B+filename%3DVICTOR_PROJECT_PERSPECTIVES_OF_APPLYING.pdf&Expires=1672373468&Signature=PWZqGtOkhXkIrUPEUFvm~FriYqJ9dFT4uu1i8biYFLojBgeX-QjtG1VzZc-l4s9kglZ9fNPZVkBzv8TmzTJfXIEjKHF8sdcWO2oeTLzEsClJcKNQs45YByWNOcy8B02Fsdvr9l2ckU~lwkMs0lMwPrjsDdZaf0gqDpZDYxc5pdYZpfilTrtbel1rLhZ9Vlcm9h1qhmTzKLPQHTkdyKQPsczm2XHSjUwxrUrv0wzU7umtMV1i3oE92kgieqU~TprpjuEeYBM~izaXeaa2yAl8igCKS0fvdc-z7sDF1w~QrMAkcxm5G4w41StmKIPCsG6tjQh-gX17psX3xBHx11AkTw__&Key-Pair-Id=APKAJLOHF5GGSLRBV4ZA>. Acesso em 26 dez. 2022.

MENDES, Laura Schertel; DA FONSECA, Gabriel Campos Soares. STF reconhece direito fundamental à proteção de dados. *Revista de direito do consumidor [recurso eletrônico].* São Paulo, n. 130, 2020. Disponivel em:<https://www.researchgate.net/profile/Gabriel-Campos-Soares-Da-Fonseca/publication/344381892_STF_reconhece_direito_fundamental_a_protecao_de_dados/links/5f6e79fe92851c14bc97260e/STF-reconhece-direito-fundamental-a-protecao-de-dados.pdf>. Acesso em: 17 dez. 2022.

OCDE. *Recomendações do Conselho sobre Inteligência Artificial.* Disponível em: <https://legalinstruments.oecd.org/en/instruments/OECD-LEGAL-0449>. Acesso em 14 dez. 2022.

RUSSEL, Stuart J; NORVIG, Peter. *Artificial Intelligence: a modern approach.* 3a ed.Upper Saddle River: Pearson, 2010.

SCHWAB, Klaus. *A quarta revolução industrial.* Edipro, 2019.

SURDEN, Harry. Machine Learning and Law. Washignton Law Review, Washigton, v. 1, n. 89, p.87-114, mar. 2014. Disponível em: <https://ssrn.com/abstract=2417415> Acesso em: 28 dez. 2022.

TURING, Allan M. Computing Machinery and Intelligence. *Mind,* Oxford, v. 59, n.236, p.443-460, out. 1950. Disponível em: <http://www.jstor.org/stable/2251299>. Acesso em: 14 nov. 2022.

A UTILIZAÇÃO DO RECONHECIMENTO FACIAL COM O PROPÓSITO DE SEGURANÇA: UM CONFLITO COM A PRIVACIDADE?

MARIA BEATRIZ TORQUATO REGO[513]

1. INTRODUÇÃO

A tecnologia de reconhecimento facial é uma subárea da inteligência artificial que vem sendo adotada em diversas esferas da sociedade, em âmbito nacional e internacional e tanto no setor público quanto privado.

O uso da tecnologia vem levantando discussões em virtude da importância dos que dados são utilizados para que o sistema funcione. Necessariamente são tratados dados biométricos, dados que de acordo com a Lei nº 13.709/2018 ("LGPD" ou "Lei Geral de Proteção de Dados") são considerados como pessoais sensíveis. A categoria de dados supramencionada atinge de forma mais invasiva a intimidade do ser humano, e, por isso, as consequências de eventuais vazamentos são potencialmente mais lesivas.

Todavia, o reconhecimento facial tem sido apontado como uma ferramenta importante no combate a violência e consequentemente no fortalecimento da segurança pública. No âmbito internacional, um dos grandes exemplos da utilização de câmeras de vigilância, inclusive contendo a tecnologia do reconhecimento facial, é o Reino Unido. Em Londres é raro o uso de armas de fogo por policiais, de maneira que as câmeras ocupam um papel de relevância no combate a violência.

Nacionalmente, pelo menos vinte estados brasileiros têm, já tiveram ou estão em processo de licitação de projetos envolvendo a tecnologia de reconhecimento facial para a segurança pública,

---

[513] Advogada. Pós-graduanda em Direito Digital na Universidade do Estado do Rio de Janeiro (UERJ) em parceria com o Instituto de Tecnologia e Sociedade do Rio de Janeiro (ITS Rio) . Pós-graduada em Direito Constitucional pela Academia Brasileira de Direito Constitucional (AbdConst). Graduada em Direito pelo Centro Universitário do Rio Grande do Norte (UNI-RN). Membro do Núcleo de Estudos em Direito Digital (NEDDIG) da Universidade Federal do Rio Grande do Norte (UFRN). E-mail: mariabeatriztorquato@hotmail.com. Nota: o presente trabalho foi orientado pela professora Doutora Chiara Spadaccinil de Teffé da Universidade do Estado do Rio de Janeiro (UERJ).

com destaque para a Bahia e o Rio de Janeiro que colocaram esse assunto em destaque e tiveram casos emblemáticos.

Contudo, muito tem sido falado sobre os riscos atrelados a utilização da nova tecnologia, os potenciais vieses discriminatórios envolvidos e a linha tênue existente entre a privacidade do titular e o propósito de proporcionar maior segurança no controle de acesso e monitoramento da circulação das pessoas em espaços públicos e privados, de maneira que são apontadas ao longo do artigo medidas que podem ser adotadas para mitigar os riscos.

2. O FUNCIONAMENTO DA TECNOLOGIA DO RECONHECIMENTO FACIAL

Tem sido cada dia mais comum observar a utilização da tecnologia de reconhecimento facial em diversos segmentos, tanto no setor público quanto no privado. Com isso, cresceu o debate e a importância dada a esse assunto. O reconhecimento facial é um dos temas abarcados pela Inteligência Artificial, especificamente pelo aprendizado de máquina e combina, inevitavelmente, dois elementos importantes: o tratamento de dados pessoais e a capacidade de detecção de um rosto humano.

A tecnologia do reconhecimento facial "utiliza padrões biométricos para identificar uma pessoa com mais agilidade e precisão"[514], de maneira que "considera características únicas de um indivíduo para confirmar que ele é quem diz ser"[515]. Para tanto, é feita uma análise e comparação de um determinado rosto com imagens previamente armazenadas em uma base de dados.

O funcionamento de um sistema de reconhecimento facial ocorre em seis passos: (i) a captura da imagem; (ii) a detecção facial; (iii) normalização; (iv) extração de atributos; (v) registro ou descarte dos dados individualizados e (vi) análise. A primeira e a segunda etapa estão intimamente relacionadas a medida em que ao ocorrer a captura da imagem, ocorre em seguida a identificação ou não de rostos humanos presentes nas imagens capturadas. Para tanto, há uma segmentação da imagem visando identificar

---

[514] MENEZES, Karina. O que é reconhecimento facial?. *Idblog*, 2020. Disponível em: <https://blog.idwall.co/o-que-e-reconhecimento-facial/> Acesso em: 11 jan. 2023.
[515] Ibid, p. Internet.

o que é face humana e o que não é, e como há elementos que podem dificultar essa leitura, é fundamental reduzir ao máximo as diferenças externas, que é o que acontece na terceira fase, a de normalização, na qual é feito e aplicado um recorte padronizado em todas as imagens, no qual as alterações englobam: padrões de cor, rotação e iluminação, visando assim uma análise mais uniforme[516].

Após essas três fases, ocorre a extração de atributos, que consiste na análise dos pontos de referência da face (características que apresentam a forma, localização e distância dos componentes faciais) para extração de quaisquer informações que possam ser úteis. Em seguida ocorre a quinta fase que a depender dos resultados obtidos, os dados poderiam ser descartados e elaborado um relatório, ou ocorre de fato o registro de tais dados, que viabilize a comparação entre imagens para verificação de uma pessoa. A sexta e última fase consiste na análise dos dados obtidos, na qual é observada a verificação de similaridades entre a amostra que se quer analisar e o banco de dados previamente registrado no sistema, isto para: (i) categorizar o indivíduo de acordo com o gênero, idade, humor, etc; (ii) verificação/autenticação, no qual o objetivo da pessoa é ser reconhecida como ela mesma e (iii) identificação, situação em que o sistema busca identificar e reconhece as pessoas em um banco de dados obtido previamente[517].

O uso da tecnologia de reconhecimento facial tem sido um assunto bastante debatido em âmbito nacional e internacional, e tanto no setor público quanto no privado, especialmente no recorte referente a linha tênue existente entre o propósito de proporcionar maior segurança no controle de acesso e monitoramento da circulação das pessoas em espaços públicos e privados e a privacidade das pessoas envolvidas.

Nesse sentido, observa-se que no funcionamento da tecnologia de reconhecimento facial necessariamente ocorre o tratamento de dados pessoais, precisamente dos dados pessoais biométricos, categoria de dados que está inclusa no rol de dados considera-

---

[516] IDEC. *Reconhecimento facial e o setor privado:* guia para a adoção de boas práticas. P. 25-26. Disponível em: <https://idec.org.br/sites/default/files/reconhecimento_facial_diagramacao_digital_2.pdf> Acesso em: 19 jan. 2023.
[517] Ibid, p. 26-28.

dos como pessoais sensíveis de acordo com o que dispõe a Lei nº 13.709/2018, (“LGPD” ou “Lei Geral de Proteção de Dados”).

Conforme disposto no art. 5º, inciso II, da LGPD, o conceito de dados pessoais sensíveis consiste em “dado pessoal sobre origem racial ou étnica, convicção religiosa, opinião política, filiação a sindicato ou a organização de caráter religioso, filosófico ou político, dado referente à saúde ou à vida sexual, dado genético ou biométrico, quando vinculado a pessoa natural”[518]. Como já dito, o reconhecimento facial enquadra-se nos dados biométricos, de maneira que essa categoria atinge de forma profunda a intimidade do ser humano, haja vista que:

> Dados biométricos oferecem meios de identificar e autenticar indivíduos de maneira confiável e rápida, com base em um conjunto de dados reconhecíveis e verificáveis, que são únicos e específicos sobre seus titulares. O corpo torna-se a senha, meio único e exclusivo de individualização da pessoa. Ao contrário dos dados sensíveis mais voltados à expressão da pessoa na esfera pública, os dados biométricos – assim como os dados genéticos – não advém como regra de escolhas pessoais dos indivíduos[519].

A LGPD estabelece critérios diferentes para o tratamento dos dados pessoais e dos dados pessoais sensíveis, em virtude do maior potencial lesivo das informações e até mesmo discriminatório. Para proteger mais os dados pessoais sensíveis, o número de bases legais destinada a justificativa do tratamento de dados dessa categoria é menor do que o dos dados pessoais, sendo resumida as elencadas no art. 7º da LGPD, que englobam: o consentimento fornecido pelo titular; o cumprimento de obrigação legal ou regulatória pelo controlador; necessidade para formulação de políticas públicas; realização de estudos por órgão de pesquisa;

---

[518] BRASIL. *Lei nº 13.709, de 14 de agosto de 2018. Lei Geral de Proteção de Dados Pessoais (LGPD).* (Redação dada pela Lei nº 13.853, de 2019). Disponível em: <https://www.planalto.gov.br/ccivil_03/_ato2015-2018/2018/lei/l13709.htm> Acesso em: 01 fev. 2023.

[519] TEFFÉ, Chiara Spadaccini de. D*ados pessoais sensíveis*: qualificação, tratamento e boas práticas. Indaiatuba, SP. Editora Foco, 2022, p. 109.

exercício regular de direitos em processo judicial, administrativo ou arbitral; proteção da vida ou da incolumidade física e tutela da saúde por profissionais ou serviços da saúde; garantia de prevenção à fraude e à segurança do titular.

Nesse contexto, cabe mencionar que quando a base legal adotada para o tratamento dos dados pessoais sensíveis for o consentimento, é necessário que ele seja dado para uma finalidade específica e de forma específica e destacada, nos moldes do que aduz o art. 11, inciso I, da LGPD. A necessidade de respeito à especificidade da finalidade também se aplica para as demais bases legais aplicáveis a cada caso.

Ainda nessa conjuntura, é importante ressaltar que conforme o disposto no art. 4º, inciso III, da LGPD, a referida lei não se aplica ao tratamento de dados pessoais realizados para fins exclusivos de segurança pública, defesa nacional, segurança do Estado, ou atividades de investigação e repressão de infrações penais. Dessa forma, observa-se que as exceções que estão relacionadas à segurança pública podem ser aplicadas em cenários em que dados biométricos são tratados, como o de vigilância em locais públicos e de diferentes conjunturas nas investigações de infrações penais.

2. A UTILIZAÇÃO DO RECONHECIMENTO FACIAL COMO FERRAMENTA PARA SEGURANÇA

Em espaços públicos e privados que possuem câmeras de vigilância com o sistema de reconhecimento facial, a tecnologia funciona da seguinte forma: isola imagens faciais e extrai dados contidos nelas, e em seguida os dados são tratados e convertidos em uma assinatura facial comparada com as assinaturas da base de dados, que no cenário da segurança pública é preenchido com assinaturas faciais de sujeitos de interesse. Nesse sentido, "o resultado do tratamento de dados faciais é representado por uma porcentagem de características semelhantes entre as duas assinaturas (...) quando o resultado apresentado pelo RF é incorreto, ele se classifica em (i) falsos negativos ou (ii) falsos positivos"[520],

[520] ALMEIDA, Eduarda Costa. Os grandes irmãos: o uso de tecnologias de reconhecimento facial para persecução penal. Revista Brasileira de Segurança Pública. São Paulo, v. 16, n.

havendo consequências muito importantes em ambos os casos, isto porque:

> É relevante notar que a existência de falsos negativos e falsos positivos possui consequências relevantes para aplicação na segurança pública. Por exemplo, no uso de RF, a incidência de falsos positivos causam danos às pessoas não culpáveis, visto que a identificação errônea de um inocente como uma pessoa que cometeu um crime pode acarretar na prisão da pessoa errada e, possivelmente, na condenação de um sujeito que não cometeu nenhum crime. Não obstante, em caso de incidência de falsos negativos, o prejuízo é o da não identificação de uma pessoa que cometeu um crime[521].

Dessa forma, saliente-se que há controvérsias, tanto em âmbito nacional quanto internacional, com relação a utilização da tecnologia supramencionada no âmbito da segurança, de modo que se mostra relevante analisar alguns casos.

No âmbito internacional, cabe um grande destaque com relação ao Reino Unido, local em que o uso de armas de fogo é muito baixo, reduzido a certas unidades policiais especializadas e que, em contrapartida, as câmeras tem sido uma grande aliada no combate a violência[522].

Londres é uma das cidades mais "vigiadas" do mundo em virtude da quantidade de câmeras espalhadas pela cidade. Em virtude dos ataques terroristas, os moradores da cidade costumam ser mais flexíveis com relação a linha tênue existente no conflito entre proteção e segurança *versus* privacidade[523]. Contudo, recentemente a

---

2, fev/mar 2022, p. 268. Disponível em: <https://revista.forumseguranca.org.br/index.php/rbsp/article/view/1377/548> Acesso em: 05 jan. 2023.

521 Ibid, p. 268.

522 POLITICS.CO.UK. *Are British police armed?*. Disponível em: <https://www.politics.co.uk/reference/police-arms-and-weaponry/> Acesso em: 05 fev. 2023.

523 KAUFMANN, DORA. *Surpreendentemente,* Londres tem mais câmeras de vigilância do que Pequim. Revista Segurança Eletrônica. Disponível em: <https://revistasegurancaeletronica.com.br/surpreendentemente-londres-tem-mais-cameras-de-vigilancia-do-que-pequim/> Acesso em: 29 jan. 2023.

vigilância passou a ser alvo de críticas e questionamentos em virtude de uma polêmica tecnologia de reconhecimento facial ao vivo (AFR) que escaneia dados biométricos de criminosos procurados, que tem como propósito manter a segurança dos londrinos e encontrar pessoas procuradas por crimes violentos e graves e que já estão com mandados de prisão pendentes emitidos pelo tribunal[524].

Todavia, apesar dos supostos benefícios da inovação supramencionada, um estudo do Minderoo Center for Technology and Democracy, da Universidade de Cambridge, chegou a conclusão de que a AFR deveria ser proibido de ser utilizado em quaisquer espaços públicos, em virtude da ausência de atendimento a padrões éticos e legais mínimos, o que pode gerar violações a direitos humanos em larga escala[525].

Diante das polêmicas, o Information Commissioner's Opinion (ICO) emitiu um parecer sobre o uso da tecnologia de reconhecimento automático facial em locais públicos no qual estabelece como requisitos legais – em síntese – para que ocorra essa operação de tratamento a necessidade de que: (i) os controladores cumpram os princípios de proteção de dados estabelecidos na General Data Protection Regulation (GDPR); (ii) identificar, quando necessário, condições apropriadas para realizar o processamento de categorias de dados especiais elencadas no art. 9° da GDPR, bem como dados de ofensas criminais nos termos do art. 10° do mesmo regulamento; (iii) garantir que os titulares dos dados possam exercer os direitos deles elencados na GDPR; (iv) realizar um relatório de impacto à proteçao de dados quando se mostrar necessário e caso sejam identificados riscos que não possam mitigados pelo controlado, acionar o ICO. Além desses requisitos, também foi elencado como requisito chave para o tratamento de dados nesse contexto a

---

[524] MORRIS, Seren. Explained: The facial recognition technology the Met Police is using in London. Evening Standard, 2022. Disponível em: <https://www-standard-co-uk.translate.goog/news/uk/what-is-live-facial-recognition-met-police-technology-london-oxford-circus-b1012429.html?_x_tr_sl=en&_x_tr_tl=pt&_x_tr_hl=pt-BR&_x_tr_pto=sc> Acesso em: 10 fev. 2023.

[525] DODD, Vikram. *UK police use of live facial recognition unlawful and unethical*, report finds. The Guardian, 2022. Disponível em: <https://www-theguardian-com.translate.goog/technology/2022/oct/27/live-facial-recognition-police-study-uk?_x_tr_sl=en&_x_tr_tl=pt&_x_tr_hl=pt-BR&_x_tr_pto=sc> Acesso em: 03 fev. 2023.

necessidade do controlador identificar uma finalidade específica, explícita e legítima para a utilização da LFR em locais públicos[526].

Levando em consideração os casos práticos atrelados a essa discussão do reconhecimento facial no âmbito internacional, cabe mencionar o da Polícia de South Wales, que perdeu um caso histórico. Em segunda instância o Tribunal decidiu que a Polícia violou o seu dever de igualdade no setor público ao não investigar se os algoritmos de reconhecimento facial eram tendenciosos em termos de raça e sexo, afirmando ainda que como o AFR se tratava de uma tecnologia nova, que todas as forças policiais que pretendessem utilizá-la no futuro se certificassem de tudo o que era razoável que poderia ser feito para garantir que o software utilizado não tenha viés racial ou de gênero.[527]

Recentemente outro caso trouxe à tona novamente a polêmica envolvendo o uso de câmeras de reconhecimento facial, dessa vez no setor privado. O grupo de ativistas de privacidade Big Brother Watch apresentou uma queixa formal ao Information Comissioner's Office do Reino Unido sobre o uso da tecnologia de reconhecimento facial em câmeras em lojas britânicas da rede Co-Op. A empresa se manifestou informando que a utilização da tecnologia fez uma diferença significativa na proteção de colegas e clientes e nas lojas com histórico de crimes para proteger os funcionários[528].

Em âmbito nacional também há casos de grande repercussão envolvendo a tecnologia de reconhecimento facial, isto porque a tecnologia é considerada uma tendência no campo da segurança

---

[526] ICO. *The use of live facial recognition technology in public places*. 2021, p. 28-30. Disponível em: <https://ico.org.uk/media/2619985/ico-opinion-the-use-of-lfr-in-public-places-20210618.pdf> Acesso em: 07 fev. 2023.

[527] SABBAGH, Dan. *South Wales police lose landmark facial recognition case*. The Guardian, 2020. Disponível em: <https://www-theguardian-com.translate.goog/technology/2020/aug/11/south-wales-police-lose-landmark-facial-recognition-case?_x_tr_sl=en&_x_tr_tl=pt&_x_tr_hl=pt-BR&_x_tr_pto=sc> Acesso em: 11 fev. 2023.

[528] MOORE, James. *UK retailer Co-Op's use of facial recognition cameras face legal challenge from privacy campaigners*. Ifsec Global. Disponível em: <https://www-ifsecglobal-com.translate.goog/video-surveillance/co-op-facial-recognition-cameras-face-legal-challenge-privacy-data-protection/?_x_tr_sl=en&_x_tr_tl=pt&_x_tr_hl=pt-BR&_x_tr_pto=sc> Acesso em: 05 fev. 2023.

pública nacional. Pelo menos vinte estados brasileiros têm, já tiveram ou estão em processo de licitação de projetos[529].

A Bahia, conhecida por ser um dos estados mais pobres do Brasil, em que muitos municípios não têm sequer acesso a serviços básicos como o esgotamento sanitário adequado, foi o estado com registro da primeira prisão com o uso da tecnologia. Em dezembro de 2018 foi lançado um projeto piloto de reconhecimento facial em Salvador, as câmeras instaladas foram propagadas como instrumentos eficientes de combate à criminalidade, o que foi reforçado com a prisão de um criminoso foragido durante o carnaval[530].

Devido ao elevado custo, os gastos do governo baiano em tecnologia foram considerados o maior investimento da história em segurança pública na Bahia. Contudo, a eficácia foi questionada ao se comparar os dados de violência dos dados anteriores e observar que houve um aumento no número de mortes violentas no Estado, no primeiro semestre de 2021 foi 7,1% maior do que em 2019 e 2020. Outro dado importante é que segundo a Secretaria de Segurança Pública não há dados estatísticos sobre os falsos positivos, haja vista que a polícia só é acionada quando a taxa de similaridade é maior do que 90%[531]. Apesar da ausência de registros, há relatos de situações constrangedoras e violações envolvendo os falsos positivos na Bahia, é o caso de um jovem de 25 anos com necessidades especiais que estava a caminho de uma consulta médica com a mãe e foi confundido com uma pessoa procurada por um assalto. Segundo afirmou a mãe, ele foi abordado dentro de uma padaria e o policial já chegou direto com a arma na cabeça dele[532].

---

[529] SOUSA, Bruno. Panóptico: reconhecimento facial renova velhas táticas racistas de encerramento. Rede de Observatórios da Segurança. Disponível em: <http://observatorioseguranca.com.br/panoptico-reconhecimento-facial-renova-velhas-taticas-racistas-de-encarceramento/> Acesso em 09 jan. 2023.

[530] G1 BA. Procurado por homicídio vai para o carnaval de Salvador vestido de mulher e é preso após ser flagrado por câmera. G1, 2019. Disponível em: <https://g1.globo.com/ba/bahia/carnaval/2019/noticia/2019/03/05/procurado-por-homicidio-vai-para-o-carnaval-de-salvador--vestido-de-mulher-e-e-preso-apos-ser-flagrado-por-camera.ghtml> Acesso em: 19 jan. 2023.

[531] FALCÃO, Cíntia. *Lentes racistas:* Rui Costa está transformando a Bahia em um laboratório de vigilância com reconhecimento facial. The Intercept Brasil, 2021. Disponível em: <https://theintercept.com/2021/09/20/rui-costa-esta-transformando-a-bahia-em-um-laboratorio-de--vigilancia-com-reconhecimento-facial/> Acesso em: 05 fev. 2023.

[532] PALMA, Amanda; PACHECO, Clarissa. '*O policial já foi com a arma na cabeça dele*', diz mãe de rapaz confundido por reconhecimento facial. Correio 24 horas, 2020. Disponível

No Rio de Janeiro também há relatos de falsos positivos após a utilização da referida tecnologia. Em julho de 2019 uma mulher chegou a ser detida por engano pela polícia militar em Copacabana. Em virtude do erro no sistema de reconhecimento facial, os policiais acreditavam estar prendendo uma foragida da justiça[533].

Apesar das dúvidas quando à efetividade das câmeras com tecnologia de reconhecimento facial, "a Secretaria Estadual de Polícia Militar do Rio de Janeiro apresentou um termo de referência visando a contratação emergencial de uma empresa para a instalação de 22 câmeras de reconhecimento facial no entorno da comunidade do Jacarezinho"[534]. O propósito principal é o de registrar imagens que colaborem com o relato policial em ações judiciais. De acordo com um estudo elaborado pelo projeto Panóptico, os gastos com a potencial utilização da tecnologia envolvem quase meio milhão de reais, de maneira que com esse dinheiro seria possível custear 103 alunos no Ensino Médio da rede estadual fluminense durante um ano, bem como pagar o Auxílio Brasil à 102 famílias do Jacarezinho. Além disso, foram observadas diversas omissões no termo, dentre as quais pode-se elencar que não indica "o período de sua execução; que metodologia foi adotada para o estudo e o mapeamento técnico da área; tampouco indica se houve conversas com os moradores para conhecer melhor as necessidades e urgências locais"[535].

em: <https://www.correio24horas.com.br/noticia/nid/o-policial-ja-foi-com-a-arma-na-cabeca--dele-diz-mae-de-rapaz-confundido-por-reconhecimento-facial/> Acesso em: 17 jan. 2023.

533 G1 Rio. *Sistema de reconhecimento facial da PM do RJ falha*, e mulher é detida por engano. Disponível em: <https://g1.globo.com/rj/rio-de-janeiro/noticia/2019/07/11/sistema-de-reconhecimento-facial-da-pm-do-rj-falha-e-mulher-e-detida-por-engano.ghtml> Acesso em: 11 fev. 2023.

534 ALVES, Gabrielle; SANTOS, Isabela de Araújo; RODRIGUES, Renata Martinelli; NASCIMENTO, Thiago. *Favelas precisam de justiça racial*, não de reconhecimento facial. Le Monde Diplomatique, 2022. Disponível em: <https://diplomatique.org.br/favelas-precisam-de-justica-racial-nao-de-reconhecimento-facial/> Acesso em: 11 jan. 2023.

535 NUNES, Pablo; SILVA, Mariah Rafaela; OLIVEIRA, Samuel R. *Um rio de câmeras com olhos seletivos*: uso do reconhecimento facial pela polícia fluminense. Rio de Janeiro: CESeC, 2022, p. 14. Disponível em: <https://opanoptico.com.br/wp-content/uploads/2022/05/PANOPT_riodecameras_mar22_0404b.pdf> Acesso em: 07 fev. 2023.

3. OS RISCOS RELACIONADOS A UTILIZAÇÃO DA TECNOLOGIA DE RECONHECIMENTO FACIAL

Inicialmente, é importante destacar que a maior parte das câmeras de vigilância utilizadas com o propósito de segurança não possuem resolução suficiente para o reconhecimento facial, e ao contrário do que acontece com as impressões digitais, não há padrão para regular a qualidade das imagens, de maneira que muitas vezes são utilizadas técnicas para em certa medida reconstruir a face. Há assim inclusão artificial de informações a imagem do indivíduo, o que põe em xeque a grande marca da biometria que é a de ser um registro que torna todo indivíduo único, e, com isso, acabam ocorrendo erros que na maior parte dos casos atingem grupos minoritários e podem potenciar a ocorrência de atitudes discriminatórias.

Nesse sentido, o objetivo de prever crimes através do policiamento preditivo está cercado de problemas, sendo o foco central os dados que alimentam a tecnologia. Isto porque os algoritmos são dotados de viés e as tecnologias de reconhecimento facial possuem vieses, tendo em vista que "a inteligência artificial não é de fato inteligente: ela opera através de coordenadas estabelecidas por humanos para simplificação do mundo real, sob diretrizes muito específicas, e, por isso, pode resultar em discriminação indevida"[536]. Os vieses algorítmicos podem ser definidos como fatores não previstos, desvios cognitivos que podem ser causados por erros na seleção do conjunto de dados apresentados a inteligência artificial ou no próprio algoritmo, de maneira que sistemas de vigilância com câmera de reconhecimento facial devem ter um algoritmo que consiga utilizar uma base de dados de imagens na qual a máquina foi ensinada a considerar diferentes formas, etnias e raças, para evitar o uso da inteligência artificial com fins discriminatórios.

Partindo da perspectiva de que os bancos de dados são produzidos a partir de um referencial branco, os erros na identificação de gênero e raça acontecem porque conferem à tecnologia um caráter profundamente enviesado com relação às políticas raciais e de gênero. Dessa forma, levando em consideração como ponto de

---

[536] SILVA, Heloisa Helena. *Algoritmos de reconhecimento facial e as discriminações contra pessoas transexuais.* Internet&Sociedade, v.2, n.2, 2021, p.61. Disponível em: <https://revista.internetlab.org.br/algoritmos-de-reconhecimento-facial-e-as-discriminacoes-contra-pessoas-transexuais/> Acesso em: 03 jan. 2023.

partida a prerrogativa masculina e branca, os erros tendem a ser grandes, apresentando ameaças aos direitos fundamentais "isso porque, um dos principais problemas de grandes taxas de erro são os falsos positivos, ou seja, uma pessoa identificada erroneamente como outra"[537], que é o que tem acontecido com pessoas negras, tendo em vista que "a própria produção tecnológica, os dados que alimentam esses sistemas, e o uso que se dá a essas aplicações tecnológicas seguem lidos e inscritos sob o signo de branquitude: um padrão de racialidade não nomeada"[538] que, destaque-se, perdura desde o período colonial até a atualidade, momento em que "o racismo permeia as diversas normas e instituições jurídicas em caráter estrutural"[539].

Na prática, o que vem sendo observado no Brasil é a perpetuação do racismo existente sendo transmitida ao campo da tecnologia. Os negros são mais abordados pela polícia, são a parcela majoritária da população carcerária, são a maioria das vítimas fatais das forças de segurança e ainda são os que mais morrem por homicídio. Conforme levantamento feito pelo projeto Panóptico, desenvolvido pelo Centro de Estudos de Segurança e Cidadania (CESeC), em 2019, 184 pessoas foram presas com o uso de reconhecimento facial no Brasil e mais de 90% eram negras[540].

Um dos casos recentes em que esse tópico foi discutido foi o do projeto de reconhecimento facial Smart Sampa que prevê um investimento de setenta milhões de reais por ano e a instalação de 20 mil câmeras até 2024, e que foi duramente criticado, especialmente com relação ao fato de que o edital da Prefeitura de São Paulo não deu a devida atenção às diversas falhas das tecnologias de reconhecimento facial e ao fato de que as pessoas negras e mulheres negras são as mais atingidas com os erros de reconhe-

[537] SILVA, Mariah Rafaela; VARON, Joana. *Reconhecimento facial no setor público e identidades trans:* tecnopolíticas de controle e ameaça à diversidade de gênero em suas interseccionalidades de raça, classe e território. Rio de Janeiro: Coding Rights, 2021, p. 40-41. Disponível em: <https://codingrights.org/docs/rec-facial-id-trans.pdf> Acesso em: 02 fev. 2023.

[538] MULHOLLAND, Caitlin; KREMER, Bianca. Responsabilidade civil por danos causados pela violação do princípio da igualdade no tratamento de dados pessoais. In: TEPEDINO, Gustavo; SILVA, Rodrigo da Guia. *O Direito Civil na era da Inteligência Artificial.* 1. ed. São Paulo: Thomson Reuters Brasil, 2020, p. 581.

[539] KREMER, Bianca. *LGPD em vigor:* por que racializar a proteção de dados é tão importante? JOTA, 2020. Disponível em: < https://www.jota.info/opiniao-e-analise/artigos/lgpd-em-vigor-protecao-dados-importante-01102020> Acesso em: 05 mar. 2023.

[540] NUNES, Pablo. *Prever crimes*, a que custo? El País. Disponível em: <https://opanoptico.com.br/prever-crimes-a-que-custo-el-pais/> Acesso em: 07 fev. 2023.

cimento. Em virtude das críticas levantadas e com o Ministério Público sendo acionado, o órgão abriu um inquérito para investigar possíveis violações de direitos humanos do Smart Sampa, que foi suspenso pela prefeitura para correções[541].

Nesse contexto, cabe destacar que nos resultados da famosa pesquisa '*Gender Shades*", que avaliou três classificadores comerciais de gênero. O estudo comprovou que no geral os indivíduos do sexo masculino foram classificados com mais precisão do que os indivíduos do sexo feminino, e que o pior desempenho foi o da classificação das mulheres negras. Além disso, foi constatado que todos os classificadores funcionam melhor em faces mais claras do que em rostos mais escuros, sendo a diferença de erro de 11,8%-19,2%. Outro dado interessante e preocupante é o de que a diferença máxima na taxa de erro entre os melhores e piores grupos classificados é de 34,4%[542].

4. AS REGULAMENTAÇÕES CORRELATAS E MEDIDAS A SEREM ADOTADAS

Nessa conjuntura, volvendo-se ao que foi exposto com relação ao âmbito internacional, especialmente com relação ao Reino Unido, é relevante apontar o posicionamento da Autoridade Europeia para a Proteção de Dados com relação a utilização do reconhecimento facial. A Autoridade votou resolução pelo banimento do uso da referida tecnologia em espaços públicos por considerar uma intrusão profunda e não democrática na vida privada das pessoas[543].

No Brasil, ainda há bastante discussão com relação à regulamentação da inteligência artificial e do reconhecimento facial. Em março de 2022 foi instalada uma comissão de juristas com o

---

[541] SCHENDES, William. *Smart Sampa:* Projeto de reconhecimento facial em SP será investigado por inquérito. Olhar Digital, 2023. Disponível em: <https://olhardigital.com.br/2023/01/18/seguranca/smart-sampa-projeto-de-reconhecimento-facial-em-sp-sera-investigado-por-inquerito/> Acesso em: 10 fev. 2023.

[542] BUOLAMWINI, Joy; GEBRU, Timnit. *Gender Shades:* Intersectional Accuracy Disparities in Commercial Gender Classification. Proceedings of Machine Learning Research, 2018, p. 8. Disponível em: <http://proceedings.mlr.press/v81/buolamwini18a/buolamwini18a.pdf?_x_tr_sch=http&_x_tr_sl=en&_x_tr_tl=pt&_x_tr_hl=pt-BR&_x_tr_pto=sc> Acesso em: 04 fev. 2023.

[543] HEIKKILA, Melissa. *European Parliament calls for a ban on facial recognition*. Politico, 2021. Disponível em: <https://www-politico-eu.translate.goog/article/european-parliament-ban-facial-recognition-brussels/?_x_tr_sl=en&_x_tr_tl=pt&_x_tr_hl=pt-BR&_x_tr_pto=sc> Acesso em: 21 fev. 2023.

propósito de elaborar uma proposta de regulação da inteligência artificial no Brasil, subsidiando a elaboração da minuta do substitutivo a partir dos projetos de lei (PLs) 5.051/2019, de autoria do senador Styvenson Valentim (Podemos-RN); 21/2020, do deputado Eduardo Bismarck (PDT-CE); e 872/2021, do senador Veneziano Vital do Rêgo (MDB-PB). Os projetos têm a finalidade de definir propósitos e diretrizes para regular a inteligência artificial. O resultado do trabalho da comissão de juristas foi entregue em dezembro e está distribuído em um relatório com mais de 900 páginas que será apreciado pelos senadores. O texto é fruto de um trabalho coletivo que envolveu a oitiva de uma pluralidade de acadêmicos e representantes de diversos setores da sociedade civil[544].

Além disso, especificamente com relação a utilização da tecnologia de reconhecimento social, foi apresentado na Câmara dos Deputados o PL nº 2392/22, de autoria do Deputado Guiga Peixoto (PSC-SP), que dispõe sobre o uso de tecnologias de reconhecimento facial nos setores público e privado e busca impedir ao setor público, de se utilizar exclusivamente dessas tecnologias para fruição de serviços "tendo em vista as altas taxas de erros para determinados grupos raciais e de gênero, a Administração tem que assegurar que todos são iguais perante a Lei e possuem os mesmos direitos como cidadãos"[545], vislumbrando assim o uso desse tipo de tecnologia como exceção e não como regra, para que seja adotado apenas em situações em que se mostre realmente necessário. O projeto menciona ainda como um dever, a realização de um relatório de impacto à privacidade demonstrando a necessidade e impossibilidade de utilização de outro tipo de identificação que não realize o tratamento de dados biométricos. Isto porque a não utilização do reconhecimento facial é uma forma de reduzir os riscos, haja vista que o tratamento de dados biométricos sempre envolvem mais riscos, por serem em certa medida imutáveis e em

---

[544] AGÊNCIA SENADO. *Comissão conclui texto sobre regulação da inteligência artificial no Brasil.* Disponível em: <https://www12.senado.leg.br/noticias/materias/2022/12/06/comissao-conclui-texto-sobre-regulacao-da-inteligencia-artificial-no-brasil> Acesso em: 04 fev. 2023.

[545] CÂMARA DOS DEPUTADOS. Projeto de Lei nº 2392/22 (PL n. 2393/22). Dispõe sobre o uso de tecnologias de reconhecimento facial nos setores público e privado. Disponível em: <https://www.camara.leg.br/proposicoesWeb/prop_mostrarintegra?codteor=2205672&filename=PL%202392/2022> Acesso em: 01 fev. 2023.

caso de eventual vazamento há maior possibilidade de consequências mais lesivas.

No mais, outro tópico relevante abordado no projeto e que também pode ser observado como um ponto de melhoria para muitos locais que utilizam a tecnologia de reconhecimento facial é o da transparência. No texto do projeto, há a menção a necessidade de elaboração de um relatório anual de acesso público por instituições, seja pública ou privada, que utilizem tecnologias de reconhecimento facial.

A transparência é um dos princípios mais importantes da LGPD, sendo definida no art. 6º, inciso VI, da referida lei como "a garantia, aos titulares, de informações claras, precisas e facilmente acessíveis sobre a realização do tratamento e os respectivos agentes de tratamento, observando os segredos comercial e industrial"[546]. Para garantir a transparência e também o princípio do livro acesso aos titulares dos dados é essencial que quando houver a utilização do tipo de tecnologia supramencionado, que as seguintes informações sobre o tratamento dos dados esteja disponível: a finalidade específica; a forma e duração; identificação e informações de contato do controlador; informações acerca do uso compartilhado de dados pelo controlador e a finalidade; responsabilidade dos agentes que realizarão o tratamento e direitos do titular (Art. 9º, LGPD).

Contudo, na prática esses requisitos não vem sendo respeitados. O respeito ao princípio da transparência viabiliza ao titular maior capacidade de consciência para tomar decisões sobre o tratamento dos dados biométricos deles, e envolve medidas como a elaboração de um Relatório de Impacto à Proteção de Dados Pessoais (RIPD), que de preferência deve disponibilizado ao público e conter salvaguardas e mecanismos para mitigação dos riscos adotados, bem como mencionar os direitos fundamentais que poderão ser afetados pelo sistema. Além disso, devem ser adotadas as seguintes recomendações:

---

[546] BRASIL. *Lei nº 13.709, de 14 de agosto de 2018. Lei Geral de Proteção de Dados Pessoais (LGPD).* (Redação dada pela Lei nº 13.853, de 2019). Disponível em: <https://www.planalto.gov.br/ccivil_03/_ato2015-2018/2018/lei/l13709.htm> Acesso em: 01 fev. 2023.

> Para evitar discriminação, o treinamento dos algoritmos de reconhecimento facial deve utilizar uma base de dados com diversidade racial, de gênero e etária, isto é, deve envolver homens, mulheres, pessoas negras, indígenas e asiáticas, idosos, pessoas transexuais e gênero não binário;
> Uma vez criado determinado sistema, seus resultados e sua acurácia devem ser testados antes de sua implementação real, com o intuito de aferir se características potencialmente discriminatórias (gênero, raça, condições socioeconômicas etc.) têm influência sobre tais resultados ou acurácia. As tecnologias devem apresentar níveis de precisão equivalentes para os diferentes grupos da sociedade, não reproduzindo ou exacerbando as chances de discriminação às quais já estão expostos;
> Deve existir um esforço e treinamento ativo dos operadores finais da tecnologia – os que têm acesso aos dados anonimizados, por exemplo – para que práticas discriminatórias, como as apontadas acima, sejam prevenidas;[547]

Soma-se as boas práticas a recomendação de que o lapso temporal de armazenamento dos dados biométricos seja no menor prazo possível, bem como que o armazenamento ocorra em local seguro e criptografado, evitando assim potenciais incidentes de segurança, que em virtude do grau de sensibilidade dos dados envolvidos podem causar consequências graves aos titulares[548].

Acrescente-se a isso que observa-se que diante dos riscos envolvidos e do objetivo constante de diminuí-los, que considerar uma abordagem de governança de algoritmos para além de uma boa prática, é essencial. Ela é multifacetada e pode "variar desde os pontos de vista estritamente jurídico e regulatório até uma postura puramente técnica. Ela costuma priorizar a responsabilização, a transparência e as garantias técnicas"[549], tendo como propósito

---

[547] IDEC. *Reconhecimento facial e o setor privado:* guia para a adoção de boas práticas. P. 60. Disponível em: <https://idec.org.br/sites/default/files/reconhecimento_facial_diagramacao_digital_2.pdf> Acesso em: 19 jan. 2023.

[548] Ibid, p. 61-65.

[549] DONEDA, Danilo; ALMEIDA, Virgílio A. F. *O que é governança de algoritmos?* Politics, 2016. Disponível em: <https://www.politics.org.br/edicoes/o-que-%C3%A9-governan%-

reduzir os problemas causados pelos algoritmos. Não há uma única solução para todos os casos, é importante analisar cada situação e a partir dela planejar e implementar a governança de algoritmos.

CONSIDERAÇÕES FINAIS

Como explanado, a tecnologia de reconhecimento facial é um tema que tem suscitado muitas discussões em virtude dos potenciais benefícios e malefícios. A referida tecnologia necessariamente envolve o tratamento de dados pessoais sensíveis e a capacidade de detecção de um rosto humano.

A referida tecnologia tem sido uma aposta para diversos segmentos, especificamente com relação ao recorte da segurança. Entretanto, observa-se uma linha tênue existente entre a privacidade do titular e o propósito de proporcionar maior segurança no controle de acesso e monitoramento da circulação das pessoas em espaços públicos e privados.

Com isso, levando em consideração o pesquisado em âmbito nacional e internacional, vê-se que a possível solução não parece ser proibir de forma definitiva o uso da referida tecnologia ou permitir o uso dela de forma desenfreada e sem requisitos, mas sim buscar a mitigação de riscos através de boas práticas.

Nesse sentido, ainda que a LGPD disponha que ela não se aplica ao tratamento de dados pessoais realizados para fins exclusivos de segurança pública, é fundamental que ela e seus princípios sejam respeitados, para que assim que reduza eventuais riscos de incidentes de segurança, já que potenciais vazamentos de dados biométricos tendem a causar prejuízos lesivos, em virtude do tipo de dado tratado e da imutabilidade dele. Acrescente-se a isso as possíveis situações discriminatórias que podem ocorrer diante do mau uso da tecnologia.

Assim sendo, dentre as boas práticas para mitigar riscos, destaque-se a adoção de medidas como: menor lapso temporal possível de armazenamento, elaboração de um relatório de impacto a proteção de dados, utilização apenas quando realmente se mostrar necessário, teste de acurácia para evitar a ocorrência de vieses discriminatórios e um marco regulatório que traga mais clareza com relação às especificidades do tema.

C3%A7a-de-algoritmos> Acesso em: 05 mar. 2023.

REFERÊNCIAS

AGÊNCIA SENADO. *Comissão conclui texto sobre regulação da inteligência artificial no Brasil.* Disponível em: <https://www12.senado.leg.br/noticias/materias/2022/12/06/comissao-conclui-texto-sobre-regulacao-da-inteligencia-artificial-no-brasil> Acesso em: 04 fev. 2023.

ALMEIDA, Eduarda Costa. Os grandes irmãos: o uso de tecnologias de reconhecimento facial para persecução penal. Revista Brasileira de Segurança Pública. São Paulo, v. 16, n. 2, fev/mar 2022, p. 268. Disponível em: <https://revista.forumseguranca.org.br/index.php/rbsp/article/view/1377/548> Acesso em: 05 jan. 2023.

ALVES, Gabrielle; SANTOS, Isabela de Araújo; RODRIGUES, Renata Martinelli; NASCIMENTO, Thiago. *Favelas precisam de justiça racial*, não de reconhecimento facial. Le Monde Diplomatique, 2022. Disponível em: <https://diplomatique.org.br/favelas-precisam-de-justica-racial-nao-de-reconhecimento-facial/> Acesso em: 11 jan. 2023.

BRASIL. *Lei nº 13.709, de 14 de agosto de 2018. Lei Geral de Proteção de Dados Pessoais (LGPD).* (Redação dada pela Lei nº 13.853, de 2019). Disponível em: <https://www.planalto.gov.br/ccivil_03/_ato2015-2018/2018/lei/l13709.htm> Acesso em: 01 fev. 2023.

BUOLAMWINI, Joy; GEBRU, Timnit. *Gender Shades:* Intersectional Accuracy Disparities in Commercial Gender Classification. Proceedings of Machine Learning Research, 2018, p. 8. Disponível em: <http://proceedings.mlr.press/v81/buolamwini18a/buolamwini18a.pdf?_x_tr_sch=http&_x_tr_sl=en&_x_tr_tl=pt&_x_tr_hl=pt-BR&_x_tr_pto=sc> Acesso em: 04 fev. 2023.

CÂMARA DOS DEPUTADOS. Projeto de Lei nº 2392/22 (PL n. 2393/22). Dispõe sobre o uso de tecnologias de reconhecimento facial nos setores público e privado. Disponível em: <https://www.camara.leg.br/proposicoesWeb/prop_mostrarintegra?codteor=2205672&filename=PL%202392/2022> Acesso em: 01 fev. 2023.

DODD, Vikram. *UK police use of live facial recognition unlawful and unethical*, report finds. The Guardian, 2022. Disponível em: <https://www-theguardian-com.translate.goog/technology/2022/oct/27/live-facial-recognition-police-study-uk?_x_tr_sl=en&_x_tr_tl=pt&_x_tr_hl=pt-BR&_x_tr_pto=sc> Acesso em: 03 fev. 2023.

DONEDA, Danilo; ALMEIDA, Virgílio A. F. *O que é governança de algoritmos*? Politics, 2016. Disponível em: <https://www.politics.org.br/edicoes/o-que-%C3%A9-governan%C3%A7a-de-algoritmos> Acesso em: 05 mar. 2023.

FALCÃO, Cíntia. *Lentes racistas:* Rui Costa está transformando a Bahia em um laboratório de vigilância com reconhecimento facial. The Intercept Brasil, 2021. Disponível em: <https://theintercept.com/2021/09/20/rui-costa-esta-transformando-a-bahia-em-um-laboratorio-de-vigilancia-com-reconhecimento-facial/> Acesso em: 05 fev. 2023.

G1 BA. Procurado por homicídio vai para o carnaval de Salvador vestido de mulher e é preso após ser flagrado por câmera. G1, 2019. Disponível em: <https://g1.globo.com/ba/bahia/carnaval/2019/noticia/2019/03/05/procurado-por-homicidio-vai-para-o-carnaval-de-salvador-vestido-de-mulher-e-e-preso-apos-ser-flagrado-por-camera.ghtml> Acesso em: 19 jan. 2023.

G1 Rio. *Sistema de reconhecimento facial da PM do RJ falha*, e mulher é detida por engano. Disponível em: <https://g1.globo.com/rj/rio-de-janeiro/noticia/2019/07/11/sistema-de-reconhecimento-facial-da-pm-do-rj-falha-e-mulher-e-detida-por-engano.ghtml> Acesso em: 11 fev. 2023.

HEIKKILA, Melissa. *European Parliament calls for a ban on facial recognition*. Politico, 2021. Disponível em: <https://www-politico-eu.translate.goog/article/european-parliament-ban-facial-recognition-brussels/?_x_tr_sl=en&_x_tr_tl=pt&_x_tr_hl=pt-BR&_x_tr_pto=sc> Acesso em: 21 fev. 2023.

ICO. *The use of live facial recognition technology in public places.* 2021, p. 28-30. Disponível em: <https://ico.org.uk/media/2619985/ico-opinion-the-use-of-lfr-in-public-places-20210618.pdf> Acesso em: 07 fev. 2023.

IDEC. *Reconhecimento facial e o setor privado:* guia para a adoção de boas práticas. P. 25-26. Disponível em: <https://idec.org.br/sites/default/files/reconhecimento_facial_diagramacao_digital_2.pdf> Acesso em: 19 jan. 2023.

KAUFMANN, DORA. *Surpreendentemente,* Londres tem mais câmeras de vigilância do que Pequim. Revista Segurança Eletrônica. Disponível em: <https://revistasegurancaeletronica.com.br/surpreendentemente-londres-tem-mais-cameras-de-vigilancia-do-que-pequim/> Acesso em: 29 jan. 2023.

KREMER, Bianca. *LGPD em vigor*: por que racializar a proteção de dados é tão importante? JOTA, 2020. Disponível em: < https://www.jota.info/opiniao-e-analise/artigos/lgpd-em-vigor-protecao-dados-importante-01102020> Acesso em: 05 mar. 2023.

MENEZES, Karina. O que é reconhecimento facial?. *Idblog*, 2020. Disponível em: <https://blog.idwall.co/o-que-e-reconhecimento-facial/> Acesso em: 11 jan. 2023.

MOORE, James. *UK retailer Co-Op's use of facial recognition cameras face legal challenge from privacy campaigners.* Ifsec Global. Disponível em: <https://www-ifsecglobal-com.translate.goog/video-surveillance/co-op-facial-recognition-cameras-face-legal-challenge-privacy-data-protection/?_x_tr_sl=en&_x_tr_tl=pt&_x_tr_hl=pt-BR&_x_tr_pto=sc> Acesso em: 05 fev. 2023.

MORRIS, Seren. Explained: The facial recognition technology the Met Police is using in London. Evening Standard, 2022. Disponível em: <https://www-standard-co-uk.translate.goog/news/uk/what-is-live-facial-recognition-met-police-technology-london-oxford-circus-b1012429.html?_x_tr_sl=en&_x_tr_tl=pt&_x_tr_hl=pt-BR&_x_tr_pto=sc> Acesso em: 10 fev. 2023.

MULHOLLAND, Caitlin; KREMER, Bianca. Responsabilidade civil por danos causados pela violação do princípio da igualdade no tratamento de dados pessoais. In: TEPEDINO, Gustavo; SILVA, Rodrigo da Guia. *O Direito Civil na era da Inteligência Artificial.* 1. ed. São Paulo: Thomson Reuters Brasil, 2020, p. 581.

NUNES, Pablo. *Prever crimes*, a que custo? El País. Disponível em: <https://opanoptico.com.br/prever-crimes-a-que-custo-el-pais/> Acesso em: 07 fev. 2023.

NUNES, Pablo; SILVA, Mariah Rafaela; OLIVEIRA, Samuel R. *Um rio de câmeras com olhos seletivos*: uso do reconhecimento facial pela polícia fluminense. Rio de Janeiro: CESeC, 2022, p. 14. Disponível em: <https://opanoptico.com.br/wp-content/uploads/2022/05/PANOPT_riodecameras_mar22_0404b.pdf> Acesso em: 07 fev. 2023.

PALMA, Amanda; PACHECO, Clarissa. *'O policial já foi com a arma na cabeça dele'*, diz mãe de rapaz confundido por reconhecimento facial. Correio 24 horas, 2020. Disponível em: <https://www.correio24horas.com.br/noticia/nid/o-policial-ja-foi-com-a-arma-na-cabeca-dele-diz-mae-de-rapaz-confundido-por-reconhecimento-facial/> Acesso em: 17 jan. 2023.

POLITICS.CO.UK. *Are British police armed?*. Disponível em: <https://www.politics.co.uk/reference/police-arms-and-weaponry/> Acesso em: 05 fev. 2023.

SABBAGH, Dan. *South Wales police lose landmark facial recognition case*. The Guardian, 2020. Disponível em: <https://www-theguardian-com.translate.goog/technology/2020/aug/11/south-wales-police-lose-landmark-facial-recognition-case?_x_tr_sl=en&_x_tr_tl=pt&_x_tr_hl=pt-BR&_x_tr_pto=sc> Acesso em: 11 fev. 2023.

SCHENDES, William. *Smart Sampa:* Projeto de reconhecimento facial em SP será investigado por inquérito. Olhar Digital, 2023. Disponível em: <https://olhardigital.com.br/2023/01/18/seguranca/smart-sampa-projeto-de-reconhecimento-facial-em-sp-sera-investigado-por-inquerito/> Acesso em: 10 fev. 2023.

SILVA, Heloisa Helena. *Algoritmos de reconhecimento facial e as discriminações contra pessoas transexuais.* Internet&Sociedade, v.2, n.2, 2021, p.61. Disponível em: <https://revista.internetlab.org.br/algoritmos-de-reconhecimento-facial-e-as-discriminacoes-contra-pessoas-transexuais/> Acesso em: 03 jan. 2023.

SILVA, Mariah Rafaela; VARON, Joana. *Reconhecimento facial no setor público e identidades trans:* tecnopolíticas de controle e ameaça à diversidade de gênero em suas interseccionalidades de raça, classe e território. Rio de Janeiro: Coding Rights, 2021, p. 40-41. Disponível em: <https://codingrights.org/docs/rec-facial-id-trans.pdf> Acesso em: 02 fev. 2023.

SOUSA, Bruno. Panóptico: reconhecimento facial renova velhas táticas racistas de encerramento. Rede de Observatórios da Segurança. Disponível em: <http://observatorioseguranca.com.br/panoptico-reconhecimento-facial-renova-velhas-taticas-racistas-de-encarceramento/> Acesso em 09 jan. 2023.

TEFFÉ, Chiara Spadaccini de. *Dados pessoais sensíveis*: qualificação, tratamento e boas práticas. Indaiatuba, SP. Editora Foco, 2022, p. 109.

A LEI GERAL DE PROTEÇÃO DE DADOS E A LEI DE ACESSO À INFORMAÇÃO COMO MECANISMOS DE CONCRETIZAÇÃO DE DIREITOS FUNDAMENTAIS

JOSIKLEIA MICHARLY DO N. S. BEZERRA[550]
MARILIA GABRIELA SILVA LIMA[551]
JOSÉ ORLANDO RIBEIRO ROSÁRIO[552]

1. INTRODUÇÃO

Os direitos fundamentais são consagrados na Constituição Federal de 1988 do Brasil. A Constituição Federal é considerada a lei máxima do país e garante a proteção dos direitos fundamentais dos cidadãos brasileiros. A Constituição Federal dedica um capítulo inteiro aos direitos e garantias fundamentais (Capítulo I, artigos 5° ao 17°), estabelecendo uma série de princípios, valores e direitos que devem ser protegidos e respeitados pelo Estado e pela sociedade.

Entre os direitos fundamentais protegidos pela Constituição Federal estão o direito à vida, à liberdade, à igualdade, à segurança, à propriedade, à educação, à saúde, à alimentação, ao trabalho, à cultura e ao lazer. Além disso, a Constituição garante a proteção contra a discriminação, a tortura, a violência, a censura, entre outros. Os direitos fundamentais consagrados na Constituição Federal têm uma natureza especial, uma vez que são considerados direitos essenciais e inalienáveis da pessoa humana, garantidos pelo Estado e protegidos contra qualquer violação.

Diversas leis infraconstitucionais são utilizadas como mecanismo de materialização desses direitos fundamentais, como por

[550] Advogada da Prática Jurídica da Universidade Estadual do Rio Grande do Norte- NPJ/UERN.Mestranda em Direito pela UFRN. Pós graduada em Teoria e Prática de Processo Judicial - UNP. Conciliadora da Justiça Federal do Rio Grande do Norte/JFRN – E-mail: micharlyadv@yahoo.com.br

[551] Advogada. Mestranda em Direito pela UFRN. Pós-graduada em Propriedade Intelectual (UNOPAR). Pós-graduada em Direito Digital e Proteção de Dados (EBRADI). Email: mariliagsilvalima@hotmail.com.

[552] JGraduação em Direito pela Universidade Federal da Bahia - UFBA (1976), Mestrado em Direito pela Pontifícia Universidade Católica de São Paulo - PUC/SP (1998) e Doutorado em Direito pela Faculdade Autônoma de Direito de São Paulo - FADISP (2011). Atualmente é Professor Associado da Universidade Federal do Rio Grande do Norte e Chefe do Departamento de Direito Processual e Propedêutica desta mesma instituição. Tem experiência na área de Direito Público e Processual. E-mail: jose.orlando@ufrn.br.

exemplo a Lei Geral de Proteção de Dados (LGPD) e a Lei de Acesso à Informação (LAI), no qual busca-se aprofundar-se nesse trabalho.

A Lei Geral de Proteção de Dados é uma legislação que regula o tratamento de dados pessoais, estabelecendo regras claras sobre como empresas e organizações podem coletar, armazenar e utilizar informações pessoais. Ela busca garantir a proteção dos direitos fundamentais à privacidade e à autodeterminação, dando aos indivíduos maior controle sobre seus dados pessoais. A LGPD também cria obrigações para empresas e organizações, que devem seguir regras específicas para proteger os dados pessoais dos indivíduos e informá-los sobre como seus dados estão sendo utilizados.

A Lei de Acesso à Informação, por sua vez, é uma lei que garante o acesso a informações públicas por parte dos cidadãos. A LAI busca garantir o direito fundamental à transparência, permitindo que os cidadãos tenham acesso a informações sobre a administração pública, orçamentos públicos, gastos governamentais, entre outros temas. Este instrumento normativo também estabelece regras para a divulgação de informações, garantindo que as informações públicas sejam divulgadas de forma clara e acessível.

Tanto a LGPD quanto a LAI são importantes para a concretização de direitos fundamentais no Brasil. A LGPD busca proteger os direitos fundamentais à privacidade e à autodeterminação, garantindo que os indivíduos tenham controle sobre seus dados pessoais. A LAI, por sua vez, garante o direito fundamental à transparência, permitindo que os cidadãos tenham acesso a informações públicas e possam participar ativamente do processo democrático.

Juntas, a LGPD e a LAI contribuem para a construção de um ambiente mais justo, transparente e democrático no Brasil, protegendo os direitos fundamentais dos cidadãos e fortalecendo a participação cidadã na tomada de decisões públicas.

Os procedimentos metodológicos utilizados consistem em pesquisa de natureza aplicada, com abordagem qualitativa e objetivo exploratório, sendo desenvolvido a partir de pesquisa bibliográfica e documental.

Inicialmente, tratar-se-á dos avanços históricos e normativos ocorridos com a Lei de acesso à Informação e Lei Geral de Proteção de Dados, abordando a importância destas duas legislações.

Posteriormente será realizada uma análise sobre direitos fundamentais com abordagens filosóficas e jurídicas, especialmente no que tange o acesso à informação e a proteção de dados. Por fim, será feito um estudo acerca do direito de acesso à informação e a proteção de dados como concretizadoras de direitos fundamentais.

2 EVOLUÇÃO HISTÓRICA DA LEI DE ACESSO À INFORMAÇÃO NO BRASIL

No Brasil, os procedimentos que possibilitam o acesso à informação pública são considerados bem recentes. A saber, durante o período da ditadura militar, que ocorreu entre os anos de 1964 a 1985, o direito ao acesso à informação foi o mais cerceado dos direitos fundamentais por parte do Estado autoritário.

Contudo, a matéria acerca do direito à informação, e a promoção da transparência começou a ser pauta de diversos tratados e convenções internacionais, despertando um interesse da comunidade internacional sobre o tema. Iniciado pela Declaração Universal dos Direitos Humanos, no qual indicou em seu artigo XIX que todo ser humano detém o direito à liberdade de expressão, inclusive o de "procurar, receber e transmitir informações e ideias por quaisquer meios e independentemente de fronteiras"[553] .

Sucessivamente, outros instrumentos normativos começaram a tratar sobre o assunto, como por exemplo, o Pacto Internacional sobre Direitos Civis e Políticos[554] e a Convenção Interamericana de Direitos Humanos[555], no qual ressaltaram a relevância do direito à informação em todo o mundo. A temática também é tratada na Declaração de Princípios sobre Liberdade de Expressão[556], em que

---

[553] ORGANIZAÇÃO DAS NAÇÕES UNIDAS. Declaração Universal dos Direitos Humanos, de 10 de dezembro de 1948. Disponível em: https://www.unicef.org/brazil/declaracao-universal-dos-direitos-humanos. Acesso em: 29.09.2022

[554] Pacto Internacional sobre Direitos Civis e Políticos, de 16 de dezembro de 1966. Disponível em: https://www.oas.org/dil/port/1966%20Pacto%20Internacional%20sobre%20Direitos%20Civis%20e%20Pol%C3%ADticos.pdf. Acesso em: 27.09.2022

[555] ORGANIZAÇÃO DOS ESTADOS AMERICANOS. Convenção Americana de Direitos Humanos, de 22 de novembro de 1969. Disponível em: https://www.cidh.oas.org/basicos/portugues/c.convencao_americana.htm . Acesso em: 27.09.2022

[556] Disponível em: https://www.cidh.oas.org/basicos/portugues/s.convencao.libertade.de.expressao.htm.

asseverou que "o acesso à informação em poder do Estado é um direito fundamental do indivíduo".

Nesta senda, vale pontuar que os Estados estão obrigados a garantir o exercício desse direito"[557], e diante da constatação de que o acesso à informação deve ser tratado como direito fundamental por toda a comunidade internacional, a Convenção das Nações Unidas Contra a Corrupção[558] e a Declaração de Atlanta[559] ressaltaram sobre a necessidade de promoção da transparência governamental.

Insta salientar que somente com a ascensão da democracia no Brasil foi possível começar ampliar o diálogo sobre o acesso à informação como premissa de direito fundamental. Neste compasso, apesar da democracia não ser vista como um processo estático, mas sim, como um processo dinâmico que se modifica com o passar do tempo, de acordo com as necessidade do povo, em determinado momento histórico, o conceito de democracia sempre esteve ligado a ideia de participação popular nas decisões políticas.[560]

Corroborando, cinge-se também a definição de Paulo Bonavides (2014):

> A democracia é aquela forma de exercício da função governativa em que a vontade soberana do povo decide, direta ou indiretamente, todas as questões de governo, de tal sorte que o povo seja sempre o titular e o objeto – a saber, o sujeito ativo e o sujeito passivo de todo o poder legítimo (Bonavides, 2014, p. 575).

[557] COMISSÃO INTERAMERICANA DE DIREITOS HUMANOS. Declaração de Princípios sobre Liberdade de expressão. Aprovado pela Comissão Interamericana de Direitos Humanos em seu 108º período ordinário de sessões, celebrado de 16 a 27 de outubro de 2000. Disponível em: https://www.cidh.oas.org/basicos/portugues/s.convencao.libertade.de.expressao.htm . Acesso em: 27.09.2022

[558] ORGANIZAÇÃO DAS NAÇÕES UNIDAS. Convenção das Nações Unidas Contra a Corrupção, de 31 de outubro de 2003. Disponível em: https://www.unodc.org/lpo-brazil/pt/corrupcao/convencao.html. Acesso em: 29.09.2022

[559] INTERNACIONAL CONFERENCE ON THE RIGHT PUBLIC INFORMATION. February, 27-29, 2008. Declaração de Atlanta e plano de ação para o avanço do direito de acesso à informação. Disponível em: https://www.cartercenter.org/resources/pdfs/peace/americas/atlanta_declaration_unofficial_portuguese.pdf . Acesso em: 27.09.2022.

[560] CANOTILHO, José Joquim Gomes; MENDES, Gilmar F.; SARLET, Ingo W.; STRECK, Lenio L. (Coords). Comentários à Constituição do Brasil. São Paulo: Saraiva/Almedina, 2013, p. 349

Nos períodos democráticos anteriores ao golpe militar de 1964, não se identifica uma grande preocupação com a publicidade dos atos praticados pelo poder público, haja vista a existência de um amplo patrimonialismo naquela época. Posteriomente durante o período da ditadura militar, os meios de comunicação eram controlados pelo governo, necessitando inclusive de aprovação governamental para ser transmitida, o que culminou em uma perda informacional em massa naquela época, haja vista a impossibilidade do povo ter acesso livremente as informações, ante a ausência de disponibilização acessível. [561]

Logo, somente com o advento da Constituição Federal de 1988, os conceitos de transparência e de publicidade começaram a ser protegidos constitucionalmente, tornando-se mais um mecanismo de acesso para a população. Portanto, inferindo-se que durante a ditadura militar havia uma cultura maior de sigilo das informações, e com o advento da constituição de 1988, de fato, houve uma abertura maior para se tratar do direito de acesso a informações públicas, com previsão expressa nos seguintes dispositivos:

> - Inciso XXXIII do art. 5º: "todos têm direito a receber dos órgãos públicos informações de seu interesse particular, ou de interesse coletivo ou geral, que serão prestadas no prazo da lei, sob pena de responsabilidade, ressalvadas aquelas cujo sigilo seja imprescindível à segurança da sociedade e do Estado" (BRASIL, 1988, p.4);
> - Inciso II do § 3º do art. 37: "A lei disciplinará as formas de participação do usuário na administração pública direta e indireta, regulando especialmente: o acesso dos usuários a registros administrativos e a informações sobre atos de governo, observado o disposto no art. 5º, X e XXXIII" (BRASIL, 1988, p.47);
> - § 2º do art. 216: "Cabem à administração pública, na forma da lei, a gestão da docu-

[561] SANTOS, DESIDDEE DOS DEIS. Ditadura militar e democracia no Brasil: história, imagem e testemunho. Rio de Janeiro: Ponteio, 2013. Disponível em: https://xn--histria-o0a.ufrj.br/images/documentos/livro_ditadura_militar.pdf. Acesso em: 10 jan. 2023.

mentação governamental e as providências para franquear sua consulta a quantos dela necessitem" (BRASIL, 1988, p.159).

Portanto, o direito de acesso à informação é um tema relativamente novo no cenário [brasileiro] e, portanto, ainda encontra-se em em fase de consolidação.[562]No caso do Brasil, antes da aprovação da Lei de Acesso à informação (Lei nº 12.527, de 18 de novembro de 2011) existiam muitas legislações; medidas provisórias; decretos; resoluções; portarias e instruções normativas que não eram precisas, e que não tratavam o acesso à informação de forma específica.

Eventualmente, em razão disso, tanto o governo de Fernando Henrique Cardoso, como o governo Lula fizeram a promulgação de decretos, leis e medidas provisórias que estendem por muito tempo o prazo de sigilo dos documentos oficiais, sendo, portanto, considerados prejudiciais à sociedade ou ao Estado.[563]

Ocorre que apesar da previsão constitucional resguardar os direitos às informações públicas, deixou-se para a legislação infraconstitucional a devida regulamentação somente no ano de 2011, conforme dispõe o art. 37, § 3º, II, com o promulgação da Lei 12.527 (Lei de Acesso à Informação).

Além disso, analisando esse contexto histórico evolutivo, percebe-se que a Lei de Acesso à Informação nº 12.527/2011, é a primeira regulamentação a trazer efetivamente a publicidade como regra, e o sigilo como exceção, tratando o tema de forma mais clara, e ampliando a possibilidade de indagações acerca do assunto.[564]

---

562 O autor continua sua explanação, e afirma que em sua visão o direito de acesso às informações governamentais no Brasil, até 2011, permanecia incompleto, devido, entre outras coisas, a uma interpretação restritiva daquilo que prevê o Artigo 5º, Inciso XXXIII, da Constituição Federal. Entre o dever de sigilo e o direito à informação, a burocracia permanecia acuada, pois não possuía parâmetros legais suficientes para fundamentar as respostas aos pedidos de informação.

563 SANTOS, Cecília MacDowell. Memória na Justiça: A mobilização dos direitos humanos e a construção da memória da ditadura no Brasil. Revista crítica de ciências sociais, n. 88, p. 127-154, 2010. Disponível em: https://eg.uc.pt/handle/10316/33741. Acesso em 03 de jan. 2023.

564 LOPES, Janaina Vedoin; KONRAD, Glaucia Vieira Ramos. Arquivos da repressão e leis de acesso à informação: os casos brasileiro e argentino na construção do direito à memória e à verdade. Revista Aedos, v. 5, n. 13, 2013. Disponível em: https://seer.ufrgs.br/aedos/article/view/42160. Acesso em: 28 de dez. de 2022.

Destarte, a Lei de Acesso à Informação coroa um longo processo de lutas contra o excesso de sigilo na esfera governamental, que se iniciou há muitos anos atrás, antes mesmo do fim da ditadura militar, pondo em prática a possibilidade de efetivação de direitos fundamentais previsto na Carta Magna de 1988.

3. EVOLUÇÃO HISTÓRICA E IMPLEMENTAÇÃO DA LEI GERAL DE PROTEÇÃO DE DADOS NO BRASIL

A evolução da tecnologia nos últimos anos tem proporcionado uma enorme quantidade de dados pessoais que são coletados, processados e compartilhados por empresas e organizações. Com o objetivo de proteger os direitos fundamentais dos cidadãos em relação a esses dados, a Lei Geral de Proteção de Dados (LGPD) foi implementada no Brasil em 2020.

Esta legislação é inspirada no Regulamento Geral de Proteção de Dados da União Europeia, e estabelece uma série de direitos e obrigações para as empresas que coletam e processam dados pessoais. Neste contexto, é importante entender a evolução histórica que culminou na criação da LGPD, bem como os desafios enfrentados na sua implementação.

A evolução histórica da Lei Geral de Proteção de Dados (LGPD) no Brasil é marcada por um longo processo de discussões e debates que envolveram especialistas, organizações da sociedade civil e o poder público. A ideia de uma legislação específica para proteção de dados pessoais começou a ser discutida em meados de 2010, quando o deputado federal Paulo Teixeira apresentou um projeto de lei para regulamentar o tema.[565]

Nos anos seguintes, o assunto ganhou destaque e foi objeto de diversas discussões no Congresso Nacional e em eventos promovidos por entidades da sociedade civil. Em 2018, após uma série de debates e modificações no projeto original, a LGPD foi aprovada pelo Congresso Nacional e sancionada pelo então presidente Michel Temer.

A LGPD estabelece um marco legal para a proteção de dados pessoais no Brasil, garantindo a privacidade e a segurança dos da-

[565] BISNETO, Cícero Dantas. Reparação por danos morais pela violação à LGPD e ao RGPD: uma abordagem de direito comparado. civilistica. com, v. 9, n. 3, p. 1-29, 2020.

dos de indivíduos e impondo obrigações às empresas que coletam e processam esses dados. A lei é inspirada no Regulamento Geral de Proteção de Dados (RGPD) da União Europeia, que entrou em vigor em 2018 e estabelece uma série de direitos para os cidadãos europeus em relação aos seus dados pessoais.[566]

Além de garantir a proteção dos dados pessoais, a LGPD tem como objetivo fomentar a inovação e a economia digital no Brasil. Com regras claras e transparentes sobre o uso de dados pessoais, a lei pode contribuir para a criação de um ambiente mais seguro e confiável para empresas e consumidores. Ademais, apesar de representar um avanço significativo na proteção de dados pessoais no Brasil, a implementação da LGPD ainda enfrenta desafios, principalmente no que diz respeito à adaptação das empresas às novas regras. A Autoridade Nacional de Proteção de Dados (ANPD), órgão responsável pela fiscalização e aplicação da lei, foi criada apenas em dezembro de 2018 e ainda está em processo de estruturação[567]

Salienta-se ainda que a LGPD representa um importante marco na história da proteção de dados no Brasil e tem o potencial de transformar a forma como as empresas coletam, processam e compartilham dados pessoais no país. Ademais, a proteção de dados passou a ser tratada como direito fundamental, fruto da proposta de Emenda Constitucional nº 17/19 a EC 115/2022, dentre outras coisas, inclui o inciso LXXIX ao artigo 5º da CF, cujo texto normativo expressa o seguinte:

> [...] De fato, a privacidade tem sido o ponto de partida de discussões e regulações dessa natureza, mas já se vislumbra, dadas as peculiaridades, uma autonomia valorativa em torno da proteção de dados pessoais, de maneira, inclusive, a merecer tornar-se um direito constitucionalmente assegurado.[568]

[566] BIONI, Bruno Ricardo; RIELLI, Mariana Marques. A CONSTRUÇÃO MULTISSETORIAL DA LGPD: história e aprendizados1. Proteção de dados: contexto, narrativas e elementos fundantes. São Paulo: BR Bioni Sociedade Individual de Advocacia, p. 15-58, 2021.

[567] *Idem.*

[568] SENADO FEDERAL. Proposta de Emenda Constitucional 17/19. Brasília, 13 de março de 2019, p. 3. Disponível em: https://www25.senado.leg.br/web/atividade/materias/-/materia/135594. Acesso em: 03 de jul de 2022.

Dessa forma, a implementação da LGPD é um marco histórico para o Brasil, pois representa um avanço significativo na proteção dos direitos e da privacidade dos cidadãos brasileiros, visto que, antes da LGPD, não havia uma legislação clara e específica que viesse a regulamentar o uso e a proteção de dados pessoais no país.

3. ANÁLISE JUSFILOSÓFICA ACERCA DOS DIREITOS FUNDAMENTAIS E SUA NECESSIDADE DE TUTELA PROTETIVA

Compreendidas as premissas acerca da democracia, intimamente ligadas ao direito fundamental de acesso à informação, e a necessidade de transparência por parte do Estado, deve-se agora realizar uma análise mais consubstanciada acerca do acesso à informação e da privacidade como direitos fundamentais.

Portanto, os direitos fundamentais são aqueles direitos que receberam da Constituição um grau mais elevado de garantia ou segurança, e por isso se situam no patamar máximo de hierarquia jurídica.[569]

Neste mesmo sentido, Dimitri Dimoulis e Leonardo Martins (2014), conceituam da seguinte forma:

> Os direitos fundamentais são direitos público-subjetivos de pessoas (físicas ou jurídicas), contidos em dispositivos constitucionais e, portanto, que encerram caráter normativo supremo dentro do Estado, tendo como finalidade limitar o exercício do poder estatal em face da liberdade individual. (Dimoulis e Martins, 2014, p.44).

Desta forma, cogita-se o questionamento de qual seria o critério para determinar se um direito possui ou não caráter fundamental? O acesso à informação e a proteção de dados estaria ou deveria realmente estar no rol de direitos fundamentais? Para responder essas dúvidas, faz-se necessário analisar o que a doutrina aduz sobre a parte conceitual de direito fundamental.

---

[569] BONAVIDES, Paulo. Curso de direito constitucional. 29. ed.São Paulo: Malheiros, 2014.

Segundo o jurista Hayek, é necessário haver uma proteção do que ele considera como sendo os mais importantes direitos fundamentais contra a violação estatal. Na visão Haykeana, nenhuma enumeração de direitos protegidos constitucionalmente, poderia ser considerada completa, visto que corre o risco de ser interpretada como se apenas esses direitos fossem passíveis de proteção normativa e jurisdicional.

Ocorre que, para o autor, os maiores perigos que podem infringir o que considera-se como direitos fundamentais e a liberdade humana, ainda estariam por vir, haja vista o surgimento de novas tecnologias, e as situações que não é possível presumir a melhor proteção ante eventuais ingerências e lesões acerca da liberdade individual como direito fundamental.

Portanto, para o jurista austríaco as "garantias legais de certos direitos fundamentais nada mais são do que parte das salvaguardas da liberdade individual que o constitucionalismo proporciona". Sendo os direitos fundamentais uma ferramenta que a população tem, protegida constitucionalmente, contra ações que venham a suprimir garantias legais da população. [570]

Sobre esse tema o jurista Ingo Wolfgang Sarlet preceitua que é de suma importância haver uma distinção entre o que seriam direitos fundamentais e direitos humanos[571]. Na visão do autor deveria-se considerar que os direitos fundamentais estão correlacionados à positivação interna de um Estado, ao passo que os direitos humanos se referem aos direitos dos homens em geral,

570 HAYEK, Friedrich. O caminho da servidão. Trad. Anna Maria Capovilla, José Ítalo Stelle e Liane de Morais Ribeiro. Rio de Janeiro: Biblioteca do Exército, 1994.

571 Sobre esta questão o autor esclareceu que " Neste particular, não há dúvidas de que os direitos fundamentais, de certa forma, são também sempre direitos humanos, no sentido de que seu titular sempre será o ser humano, ainda que representado por entes coletivos (...) Em que pese sejam ambos os termos comumente utilizados como sinônimos, a explicação corriqueira e, diga-se de passagem, procedente para a distinção é de que o termo "direitos fundamentais" se aplica para aqueles direitos do ser humano reconhecidos e positivados na esfera do direito constitucional positivo de determinado Estado, ao passo que a expressão "direitos humanos" guardaria relação com os documentos de direito internacional, por referir-se àquelas posições jurídicas que se reconhecem ao ser humano como tal, independentemente de sua vinculação com determinada ordem constitucional, e que, portanto, aspiram à validade universal, para todos os povos e tempos, de tal sorte que revelam um inequívoco caráter supranacional (internacional)".

estando eles equiparados aos direitos naturais, ou seja, não necessitam de nenhuma positivação estatal. [572]

Desta forma, pode-se inferir que os direitos fundamentais são aqueles oriundos da própria natureza do homem como ser humano e se encontram normatizados e positivados nos textos constitucionais modernos, razão pela qual inadmissível sua supressão e/ou desrespeito.[573]

Em que pese alguns juristas afirmarem existir um aparente conflito entre a LAI e LGPD, ambas consagram direitos fundamentais que estão claramente consagrados na Constituição Federal de 1988 (CF/88): O direito à informação pública e o direito à proteção dos dados, inclusive das mídias digitais, nos incisos XXXIII e LXXIX do art. 5º, respectivamente.

3.1. O DIREITO DE ACESSO À INFORMAÇÃO E A PROTEÇÃO DE DADOS: LEIS CONCRETIZADORAS DE DIREITOS FUNDAMENTAIS

O direito fundamental de acesso à informação possui previsão constitucional no Art.5º, inciso XIV e diz respeito à prerrogativa que todo indivíduo possui o direito de buscar informações, sem obstáculos ou restrições que não estejam previstas constitucionalmente.

No que tange a Constituição Federal de 1988, insta ressaltar que nela também prevalece o princípio da publicidade dos atos administrativos, concatenado pelo artigo 37, caput da Constituição Federal, leia-se:

> Art. 37. A administração pública direta e indireta de qualquer dos Poderes da União, do Estado, do Distrito Federal e dos Municípios obedecerá aos princípios de legalidade, impessoalidade, moralidade, publicidade e eficiência e, também, ao seguinte: (...)

[572] SARLET, Ingo Wolfgang. A eficácia dos Direitos Fundamentais: Uma teoria geral dos direitos fundamentais na perspectiva constitucional. 10 ed. rev. atual. e ampl.; 3 tir. Porto Alegre. Livraria do Advogado Editora, 2011, p. 29.

[573] POLARINI, Giovana Meire. A eficácia vertical e horizontal das normas de direitos fundamentais. Informação e direitos fundamentais: a eficácia horizontal das normas constitucionais. São Paulo: Saraiva, p. 41, 2012.

Neste pórtico, a própria Constituição Federal atribui ao poder público a obrigatoriedade em liberar ao indivíduo a busca por informações públicas, que estejam ou não, em posse dos governantes e do poder público, respeitando primordialmente a carta magna e o princípio dos atos administrativos.

Além disso, com o objetivo de assegurar o acesso a informações que fossem de caráter próprio e pessoal que estivessem em posse do poder público, a Constituição Federal de 1988 instituiu o habeas data. No qual estabelece o seguinte:

> Art. 5º Todos são iguais perante a lei, sem distinção de qualquer natureza, garantindo-se aos brasileiros e aos estrangeiros residentes no País a inviolabilidade do direito à vida, à liberdade, à igualdade, à segurança e à propriedade, nos termos seguintes:
> XXXIII – todos têm direito a receber dos órgãos públicos informações de seu interesse particular, ou de interesse coletivo ou geral, que serão prestadas no prazo da lei, sob pena de responsabilidade, ressalvadas aquelas cujo sigilo seja imprescindível à segurança da sociedade e do Estado; (...)
> LXXII – conceder-se-á habeas data: a) para assegurar o conhecimento de informações relativas à pessoa do impetrante, constantes de registros ou bancos de dados de entidades governamentais ou de caráter público; b) para a retificação de dados, quando não se prefira fazê-lo por processo sigiloso, judicial ou administrativo;

Desta forma, o legislador inviabilizou as possíveis alternativas que viessem a prejudicar o indivíduo de ter o acesso à informação assegurado, e no mesmo passo, disponibilizou os remédios constitucionais em seu condão de garantias constitucionais, para que a população possa utilizá-los quando seu direito fundamental for negado.

Portanto, o direito à informação deve seguir algumas premissas básicas, que incluem abertura máxima, acesso fácil e gratuito à informação por parte dos cidadãos e exceções limitadas ao acesso à informação. Assim, a LAI aplicável a todo o território brasileiro é estabelecida com a regra da divulgação e exceção do sigilo (art. 3º, § 1º, da LAI). Nesse sentido, as informações de interesse público devem ser divulgadas independentemente de exigência. Além disso, qualquer pessoa pode solicitar e receber de entidades e instituições públicas informações públicas por elas produzidas ou detidas, de acordo com o princípio da transparência na administração pública consagrado no artigo 37 da CF/88.[574]

Assim como o direito à informação, a proteção de dados pessoais é um elemento essencial para salvaguardar a democracia, especialmente em uma sociedade cada vez mais orientada por dados com tecnologias em rápida mudança. Este direito permite ainda a proteção efetiva dos direitos fundamentais e a autodeterminação informativa dos cidadãos, titulares de dados pessoais. Assim, após quase dez anos de discussões entre diferentes atores, o Brasil aprovou em 2018 a Lei Geral de Proteção de Dados, que visa proteger os direitos fundamentais à liberdade e à privacidade e ao livre desenvolvimento da personalidade individual.[575]

O principal objetivo do direito à proteção de dados pessoais é proteger os direitos fundamentais à liberdade e à privacidade e ao livre desenvolvimento da personalidade das pessoas físicas, conforme estabelece em seu artigo 1º. Dessa forma, a LGPD deixa claro que a proteção de dados não está restrita à privacidade. Com a evolução conceitual e legislativa da proteção de dados pessoais - que foi abordada anteriormente -, a proteção de dados ganha independência própria. Embora a privacidade continue sendo um pilar fundamental, a própria Emenda Constitucional 115/2022 reconhece a proteção de dados como um direito fundamental autônomo, o que evidencia que este direito vai muito além da proteção de informações privadas.[576]

Em um mundo cada vez mais conectado e digital, a proteção de dados pessoais é fundamental para garantir a dignidade humana,

---

[574] MASSARO, Heloisa et al. Proteção de Dados nas Eleições: democracia e privacidade. Grupo de estudos em proteção de dados e eleições, 2020.

[575] *Idem.*

[576] BIONI, Bruno Ricardo; DA SILVA, Paula Guedes Fernandes; MARTINS, Pedro Bastos Lobo. Intersecções e relações entre a Lei Geral de Proteção de Dados (LGPD) e a Lei de Acesso à Informação (LAI): análise contextual pela lente do direito de acesso. Cadernos Técnicos da CGU, v. 1, 2022.

a autonomia e a liberdade individual. Os dados pessoais podem incluir informações como nome, endereço, número de identificação, informações financeiras, histórico médico, entre outros. Esses dados podem ser usados para traçar um perfil completo de uma pessoa, incluindo suas preferências, comportamentos e opiniões.[577]

Em outras palavras, sem uma proteção adequada, os dados pessoais podem ser coletados, compartilhados ou vendidos sem o conhecimento ou consentimento dos indivíduos, o que pode levar a violações da privacidade, discriminação e abusos. Além disso, os dados pessoais também podem ser usados para fins ilegais, como fraude e roubo de identidade.

A proteção de dados pessoais como um direito fundamental envolve a regulamentação do uso de dados pessoais, estabelecendo limites claros sobre o que pode ser coletado, como pode ser usado e com quem pode ser compartilhado. Isso inclui o direito dos indivíduos de serem informados sobre o que está sendo coletado, de dar ou não consentimento para a coleta e uso de seus dados e de solicitar a exclusão ou correção de seus dados pessoais.[578]

4. OBSTÁCULOS PRÁTICOS NA UTILIZAÇÃO DA LEI DE ACESSO À INFORMAÇÃO E NA LEI GERAL DE PROTEÇÃO DE DADOS

Portanto, cumpre destacar que, mesmo tendo ocorrido uma evolução com a implementação da Lei de Acesso à informação é possível identificar diversos obstáculos acerca deste acesso à transparência pública, no qual é possível nomear algumas dessas.[579]

Dentre os empecilhos evidenciados, identificam-se algumas práticas em desacordo com o estabelecido na lei nº 12.527. Como por exemplo, a solicitação por parte de alguns órgãos públicos, para que o pedido seja enviado e respondido de forma presencial,

[577] MENDES, Laura Schertel; DONEDA, Danilo. Reflexões iniciais sobre a nova Lei Geral de Proteção de Dados. Revista de Direito do Consumidor, 2020. Disponível em: https://revistadedireitodoconsumidor.emnuvens.com.br/rdc/article/view/1116. Acesso em: 20 fev. 2023.
[578] *Idem.*
[579] MICHENER, Gregory; MONCAU, Luiz Fernando; VELASCO, Rafael Braem. Estado brasileiro e transparência avaliando a aplicação da Lei de Acesso à Informação. 2015. Disponível em: https://bibliotecadigital.fgv.br/dspace;/bitstream/handle/10438/17936/report_the_brazilian_state_and_transparency_-_portuguese.pdf?sequence=1. Acesso em: 05 de out de 2022.

contradizendo portanto a previsão contida no parágrafo 2º do art. 10 da referida lei, tornando muitas vezes inviável para o indivíduo a busca da informação.

Neste aspecto, também foi identificado outras dificuldades no que concerne à efetividade da referida lei, como por exemplo, o indeferimento do pedido com base em interpretação ampla da cláusula de trabalho extra; envio das informações em documentos com formato não processável por máquina; utilização de padrão de agregação da informação diferente do solicitado no pedido de informação; e medidas de teor potencialmente intimidatório, como a assinatura de termos de responsabilidade pelo uso da informação.[580]

Portanto, para os estudiosos afirma que é de suma importância analisar que apenas a promulgação de uma Lei de Acesso à Informação não é suficiente. Havendo a necessidade de que compromissos políticos e administrativos sejam solucionados para o amplo uso da Lei pela sociedade civil.

No que tange a Lei Geral de Proteção de Dados esta também apresenta diversos desafios e obstáculos práticos, tanto para as empresas quanto para os órgãos públicos. Dentre os principais desafios, pode-se destacar alguns, como por exemplo: Falta de clareza na lei; Dificuldade de Mudança cultural nas empresas; Conscientização dos usuários; e ausência de Fiscalização e punição. [581]

Ademais, um dos principais obstáculos na implementação da LGPD no Brasil é a falta de cultura de proteção de dados. Muitas empresas ainda não têm uma cultura de privacidade e segurança de dados estabelecida, o que dificulta a adequação às novas regras da LGPD. Além disso, muitas empresas não possuem profissionais capacitados para lidar com a implementação da lei, o que pode gerar custos adicionais e dificuldades para a adaptação.[582]

Outro desafio na implementação da LGPD é a falta de clareza em relação às obrigações e responsabilidades das empresas em relação à proteção de dados pessoais. A LGPD é uma lei relativa-

[580] MICHENER, Gregory; MONCAU, Luiz Fernando; VELASCO, Rafael Braem. Estado brasileiro e transparência avaliando a aplicação da Lei de Acesso à Informação. 2015.
[581] SOUZA, Carolina Vilela de et al. Compliance digital: privacidade e proteção de dados à luz da lei geral de proteção de dados (lgpd) e os desafios de implementação. 2022. Disponível em: https://repositorio.ufu.br/handle/123456789/36489. Acesso em: 15 jan. 2023.
[582] *Idem.*

mente recente e muitas empresas ainda têm dúvidas sobre como aplicá-la corretamente em suas operações. Por isso, é fundamental que as empresas busquem orientação especializada para garantir a conformidade com a lei e evitar sanções e multas previstas em caso de descumprimento.[583]

CONSIDERAÇÕES FINAIS

A Lei Geral de Proteção de Dados (LGPD) e a Lei de Acesso à Informação (LAI) são dois mecanismos importantes para a concretização dos direitos fundamentais, especialmente no que diz respeito à proteção da privacidade e à transparência na gestão pública. A LGPD é uma lei relativamente recente no Brasil que tem como objetivo regulamentar o tratamento de dados pessoais por empresas e instituições públicas, buscando garantir a privacidade e a segurança dos dados dos cidadãos. Já a LAI foi criada em 2011, e busca garantir o direito de acesso à informação pública, promovendo a transparência na gestão pública e o controle social.

Ambas as leis são importantes para a proteção dos direitos fundamentais, pois atuam em campos complementares. Enquanto a LGPD garante a privacidade dos dados pessoais, a LAI garante o acesso à informação pública, promovendo a transparência e a accountability no poder público. Além disso, as duas leis são fundamentais para o exercício da cidadania e para a construção de uma sociedade mais justa e igualitária.

A LGPD, em especial, é uma lei fundamental para a proteção dos dados pessoais dos cidadãos brasileiros, garantindo que empresas e instituições públicas sejam responsáveis pelo tratamento adequado e seguro desses dados. Com a entrada em vigor da LGPD, os cidadãos passaram a ter mais controle sobre seus dados, podendo acessá-los, corrigi-los, pedir sua exclusão, e até mesmo solicitar a portabilidade dos mesmos para outras empresas.

Por fim, a implementação efetiva da LGPD e da LAI requer a adoção de uma cultura de transparência e privacidade, tanto por parte das empresas e instituições públicas, quanto pelos próprios cidadãos. A conscientização sobre a importância desses direitos

---

583 *Idem.*

fundamentais é fundamental para que possamos construir uma sociedade mais justa e igualitária, onde a privacidade e a transparência sejam valores centrais. Nesse sentido, a educação para a cidadania digital e a promoção de debates e discussões sobre esses temas são essenciais para a efetivação dos direitos fundamentais e para o fortalecimento da democracia.

REFERÊNCIAS

BERNARDES, Camila Fernandes Santos et al. O DIREITO FUNDAMENTAL DE ACESSO À INFORMAÇÃO: Uma análise sob a ótica do princípio da transparência. 2015. Disponível em: http://repositorio.ufu.br/bitstream/123456789/13238/3/DireitoFundamentalAcesso.pdf. Acesso em: 29 de set de 2022.

BIONI, Bruno Ricardo; RIELLI, Mariana Marques. A CONSTRUÇÃO MULTISSETORIAL DA LGPD: história e aprendizados1. Proteção de dados: contexto, narrativas e elementos fundantes. São Paulo: BR Bioni Sociedade Individual de Advocacia, p. 15-58, 2021.

BIONI, Bruno Ricardo; DA SILVA, Paula Guedes Fernandes; MARTINS, Pedro Bastos Lobo. Intersecções e relações entre a Lei Geral de Proteção de Dados (LGPD) e a Lei de Acesso à Informação (LAI): análise contextual pela lente do direito de acesso. Cadernos Técnicos da CGU, v. 1, 2022.

BONAVIDES, Paulo. A Constituição aberta. 2. ed. São Paulo: Malheiros, 1996, p. 17.

BONAVIDES, Paulo. Curso de direito constitucional. 29. ed.São Paulo: Malheiros, 2014.

BISNETO, Cícero Dantas. Reparação por danos morais pela violação à LGPD e ao RGPD: uma abordagem de direito comparado. civilistica. com, v. 9, n. 3, p. 1-29, 2020.

COMISSÃO INTERAMERICANA DE DIREITOS HUMANOS. Declaração de Princípios sobre Liberdade de expressão. Aprovado pela Comissão Interamericana de Direitos Humanos em seu 108° período ordinário de sessões, celebrado de 16 a 27 de outubro de 2000. Disponível em: https://www.cidh.oas.org/basicos/portugues/s.convencao.libertade.de.expressao.htm . Acesso em: 27.09.2022.

CANOTILHO, José Joquim Gomes; MENDES, Gilmar F.; SARLET, Ingo W.; STRECK, Lenio L. (Coords). Comentários à Constituição do Brasil. São Paulo: Saraiva/Almedina, 2013, p. 34.

DIMOULIS, Dimitri; MARTINS, Leonardo. Teoria geral dos direitos fundamentais. 5ª ed. Rev. Atual. Ampl. São Paulo: Atlas, 2014, p. 41.

DE OLIVEIRA BORTOLOCI, Laís; DO AMARAL, Sérgio Tibiriçá. OS DIREITOS DE INFORMAÇÃO COMO BASE DA DEMOCRACIA BRASILEIRA. ETIC-ENCONTRO DE INICIAÇÃO CIENTÍFICA-ISSN 21-76-8498, v. 5, n. 5, 2009. Disponível em : http://intertemas.toledoprudente.edu.br/index.php/ETIC/article/view/2034. Acesso em: 03 de jan. de.2023.

HAYEK, Freidrich. The Constitution of Liberty. Londres: Routledge, 2010.

HAYEK, Friedrich. O caminho da servidão. Trad. Anna Maria Capovilla, José Ítalo Stelle e Liane de Morais Ribeiro. Rio de Janeiro: Biblioteca do Exército, 1994.

HEINEN, Juliano. Comentários à lei de acesso à informação. Belo Horizonte: Fórum, 2014.

INTERNACIONAL CONFERENCE ON THE RIGHT PUBLIC INFORMATION. February, 27-29, 2008. Declaração de Atlanta e plano de ação para o avanço do direito de acesso à informação. Disponível em: https://www.cartercenter.org/resources/pdfs/peace/americas/atlanta_declaration_unofficial_portuguese.pdf . Acesso em: 27.09.2022.

KALKMANN, Tiago. A LEI DE ACESSO À INFORMAÇÃO COMO FORMA DE CONCRETIZAÇÃO DO DIREITO À VERDADE NA JUSTIÇA TRANSICIONAL BRASILEIRA.

Revista de Direito Brasileira, v. 23, n. 9, p. 83-111, 2020. Disponível em: https://www.indexlaw.org/index.php/rdb/article/view/3300. Acesso em: 28 de dez. de 2022.

LOPES, Janaina Vedoin; KONRAD, Glaucia Vieira Ramos. Arquivos da repressão e leis de acesso à informação: os casos brasileiro e argentino na construção do direito à memória e à verdade. Revista Aedos, v. 5, n. 13, 2013. Disponível em: https://seer.ufrgs.br/aedos/article/view/42160. Acesso em: 28 de dez. de 2022.

LOPES, Vera Maria de Oliveira Nusdeo. O direito à informação e as concessões de rádio e televisão. São Paulo: Revista dos Tribunais, 1997, p. 190.

MASSARO, Heloisa et al. Proteção de Dados nas Eleições: democracia e privacidade. Grupo de estudos em proteção de dados e eleições, 2020.

MARTINS, Ricardo Marcondes. Teoria Jurídica da Liberdade. São Paulo: Editora Contracorrente, 2015.

MENDEL, Toby. Liberdade de informação: um estudo de direito comparado. 2.ed. Brasília, DF: UNESCO, 2009. Disponível em: . Acesso em: 28 de dez. de 2022.

MENDES, Laura Schertel; DONEDA, Danilo. Reflexões iniciais sobre a nova Lei Geral de Proteção de Dados. Revista de Direito do Consumidor, 2020. Disponível em: https://revistadedireitodoconsumidor.emnuvens.com.br/rdc/article/view/1116. Acesso em: 20 fev. 2023.

MICHENER, Gregory; MONCAU, Luiz Fernando; VELASCO, Rafael Braem. Estado brasileiro e transparência avaliando a aplicação da Lei de Acesso à Informação. 2015.Disponível em: https://bibliotecadigital.fgv.br/dspace;/bitstream/handle/10438/17936/report_the_brazilian_state_and_transparency_-_portuguese.pdf?sequence=1. Acesso em: 05 de out de 2022.

MÜLLER, Friedrich. Quem é o povo? A questão fundamental da democracia. 3. ed. rev. e ampl. Tradução de Peter Naumann. São Paulo: Max Limonad, 2003 p. 132.

ORGANIZAÇÃO DAS NAÇÕES UNIDAS. Declaração Universal dos Direitos Humanos, de 10 de dezembro de 1948. Disponível em: https://www.unicef.org/brazil/declaracao-universal-dos-direitos-humanos. Acesso em: 29.09.2022

ORGANIZAÇÃO DAS NAÇÕES UNIDAS. Convenção das Nações Unidas Contra a Corrupção, de 31 de outubro de 2003. Disponível em: https://www.unodc.org/lpo-brazil/pt/corrupcao/convencao.html. Acesso em: 29.09.2022

ORGANIZAÇÃO DOS ESTADOS AMERICANOS. Convenção Americana de Direitos Humanos, de 22 de novembro de 1969. Disponível em: https://www.cidh.oas.org/basicos/portugues/c.convencao_americana.htm . Acesso em: 27.09.2022

Pacto Internacional sobre Direitos Civis e Políticos, de 16 de dezembro de 1966. Disponível em: https://www.oas.org/dil/port/1966%20Pacto%20Internacional%20sobre%20Direitos%20Civis%20e%20Pol%C3%ADticos.pdf. Acesso em: 27.09.2022

POLARINI, Giovana Meire. A eficácia vertical e horizontal das normas de direitos fundamentais. Informação e direitos fundamentais: a eficácia horizontal das normas constitucionais. São Paulo: Saraiva, p. 41, 2012.

ROSENFIELD, Denis Lerrer. Justiça, democracia e capitalismo. Rio de Janeiro: Elsevier, 2010.

SANTOS, DESIDDEE DOS DEIS. Ditadura militar e democracia no Brasil: história, imagem e testemunho. Rio de Janeiro: Ponteio, 2013. Disponível em: https://xn--histria-o0a.ufrj.br/images/documentos/livro_ditadura_militar.pdf. Acesso em: 10 jan. 2023.

SANTOS, Cecília MacDowell. Memória na Justiça: A mobilização dos direitos humanos e a construção da memória da ditadura no Brasil. Revista crítica de ciências sociais, n. 88, p. 127-154, 2010. Disponível em: https://eg.uc.pt/handle/10316/33741. Acesso em 03 de jan. 2023.

SENADO FEDERAL. Proposta de Emenda Constitucional 17/19. Brasília, 13 de março de 2019, p. 3. Disponível em: https://www25.senado.leg.br/web/atividade/materias/-/materia/135594. Acesso em: 03 de jul de 2022.

SARLET, Ingo Wolfgang. A eficácia dos Direitos Fundamentais: Uma teoria geral dos direitos fundamentais na perspectiva constitucional. 10 ed. rev. atual. e ampl.; 3 tir. Porto Alegre. Livraria do Advogado Editora, 2011, p. 29.

SOUZA, Carolina Vilela de et al. Compliance digital: privacidade e proteção de dados à luz da lei geral de proteção de dados (lgpd) e os desafios de implementação. 2022. Disponível em: https://repositorio.ufu.br/handle/123456789/36489. Acesso em: 15 jan. 2023.

TOGNOLI, Natália Bolfarini. A informação no contexto arquivístico: uma discussão a partir dos conceitos de informação-como-coisa e informação orgânica. Informação Arquivística, p. 113-122, 2012. Disponível em: http://www.aaerj.org.br/ojs/index.php/informacaoarquivistica/article/view/8/7. Acesso em: 03 de jan. 2023.

www.ingramcontent.com/pod-product-compliance
Ingram Content Group UK Ltd.
Pitfield, Milton Keynes, MK11 3LW, UK
UKHW021957190726
13853UKWH00004B/1592